资溪年鉴

ZIXI NIANJIAN

2024

资溪县党史和地方志研究中心◎编

中国书籍出版社
China Book Press

图书在版编目（CIP）数据

资溪年鉴．2024 / 资溪县党史和地方志研究中心编．
北京：中国书籍出版社，2024. 11. -- ISBN 978-7
-5241-0141-3

Ⅰ. Z525. 64

中国国家版本馆 CIP 数据核字第 20258NT956 号

资溪年鉴．2024

资溪县党史和地方志研究中心　编

责任编辑　王　森
责任印制　孙马飞　马　芝
封面设计　中联华文
出版发行　中国书籍出版社
地　　址　北京市丰台区三路居路 97 号（邮编：100073）
电　　话　（010）52257143（总编室）　（010）52257140（发行部）
电子邮箱　eo@chinabp. com. cn
经　　销　全国新华书店
印　　刷　三河市华东印刷有限公司
开　　本　889 毫米 ×1194 毫米　1/16
字　　数　630 千字
印　　张　19.25
版　　次　2024 年 11 月第 1 版　2024 年 11 月第 1 次印刷
书　　号　ISBN 978-7-5241-0141-3
定　　价　185. 00 元

审图号：抚州S（2025）001号

编辑说明

一、《资溪年鉴》是资溪县本级地方综合年鉴、年度资料性文献，由资溪县人民政府组织、《资溪年鉴》编辑委员会编纂，稿件由县直各单位、各乡镇场、省市驻资溪各单位提供。以马克思列宁主义、毛泽东思想、邓小平理论、“三个代表”重要思想、科学发展观、习近平新时代中国特色社会主义思想为指导，逐年全面、客观、系统记载2023年度资溪县自然、政治、经济、文化、社会等方面情况，为存史、资政、育人服务。

二、本卷年鉴基本内容分为综合情况、动态信息和辅助资料三大部分。综合情况设特载、大事记、年度关注、资溪概览等4个类目。动态信息设中国共产党资溪县委员会、资溪县人大常委会、资溪县人民政府、政协资溪县委员会、纪检监察、群众团体、军事、法治、农·林·水、乡村振兴、工业、交通运输、信息产业、商贸服务业、财政·税收、金融业、经济管理与监督、城乡建设与管理、生态环境、应急管理、教育·科技·体育、文化·传媒、生态旅游、卫生健康、社会生活、乡镇场、人物·荣誉26个类目。辅助资料包括统计资料和附录。

三、本年鉴内容层次设置仅为方便分类编辑和读者系统阅读，机关、企事业单位等排列和层次并不表示其地位和规模。年鉴内涉及有关资溪县经济和社会发展数据，以统计部门公布的数据为准，部分内容因存史补缺需要，时间有所上溯。因统计口径不同，有些数据不尽一致。个别计量单位遵从行业习惯。

政治建设

2023 年 1 月 5 日，县委十五届四次全体（扩大）会议暨县委经济工作会议召开。（县融媒体提供）

2023 年 1 月 17 日，资溪县第十八届人民代表大会第三会议召开。（帅建忠摄）

2023 年 4 月 7 日，召开省委第六巡视组巡视资溪工作动员大会。（县融媒体中心提供）

2023 年 4 月 10 日，省委党校进修班在资溪上课。（县融媒体中心提供）

2023年4月28日，县政府第二次廉政工作会议召开。（县融媒体中心提供）

2023年6月28日，全市应急管理行政执法业务培训班在资溪举行开班仪式。（县融媒体中心提供）

2023年6月30日，举行《中国共产党江西省资溪历史》（第二卷）首发式。（帅建忠摄）

2023年6月30日，举行资溪县2023年"红旗党支部""模范党支部"集中授牌大会。（帅建忠摄）

2023 年 7 月 31 日，中共资溪县委十五届五次全体（扩大）会议召开。（县融媒体中心提供）

2023 年 9 月 15 日，全县学习贯彻习近平新时代中国特色社会主义思想主题教育部署大会召开。（县融媒体中心提供）

2023 年 10 月 19 日，资溪县科学技术协会第二次代表大会召开。（县科协提供）

2023 年 11 月 29 日，资溪县第十八届人大四次会议召开。（县融媒体中心提供）

2023 年 12 月 8 日，资溪县建国家卫生县省级现场评估见面会召开。（县融媒体中心提供）

2023 年 12 月 22 日，举行资溪县离退休干部学习宣传贯彻习近平总书记考察江西重要讲话精神暨经济社会发展形势报告会。（县融媒体提供）

城市建设

2023 年泸溪河清理。（帅建忠摄）

2023 年 6 月，启动县城建设中路人行道铺设花岗石路面工程。(帅建忠摄)

特色产业

2023 年 3 月 31 日 —4 月 1 日，2023 年江西省“振兴杯”焙烤行业职能技术大赛决赛在资溪县举行。（童志荣摄）

2023 年 4 月 16 日，第九届白茶文化节。（吴志贵摄）

2023年6月21日，省委党校厅级干部进修班学员在资溪竹科技园参观。(县融媒体中心提供)

2023年7月21日，高田乡在龙英村举办首届采莲节。(童志荣摄)

2023年10月27日，第十二届中国竹文化节在资溪大觉山国际会议务中心开幕。(帅建忠摄)

2023年10月28日，资溪县养蜂协会举行第二次代表大会(帅建忠摄)

2023年11月11日，抚州生态康养产业发展大会开幕式在资溪举行。(县融媒体中心提供)

社会事业

2023 年 1 月 19 日，举行“建功新时代　唱响资溪情”先进典型颁奖仪式。（童志荣摄）

2023 年 2 月 14 日，举行“选树的资溪县首届优秀产业工人暨资溪县‘能工巧匠’代表”颁奖仪式。（童志荣摄）

2023 年 2 月 14 日，举行“资溪最美新就业群体家庭（环卫工人）‘赠送’全家福”合影和奖金仪式。（童志荣摄）

2023 年 2 月 14 日，县委、县政府为 6 对新人举办“不要彩礼要幸福”移风易俗集体婚礼仪式。（童志荣摄）

文化体育

2023 年 5 月 9 日，在行政中心大厅举办共产党人（资溪籍）家风展。（帅建忠摄）

2023 年 5 月 31 日，江西省第十四届军队离退休人员门球赛在资溪开幕。（帅建忠摄）

2023 年 6 月 3 日，江西省书法培训中心资溪教师书法班举行开学仪式。（帅建忠摄）

2023 年 9 月 11 日，2023“中国体育彩票·萨瓦杯”第十一届环鄱阳湖自行车大赛“资溪面包”抚州·资溪站举行发车仪式。（县融媒体中心提供）

2023 年 9 月 18 日，2023 资溪·新月第八届畲族民俗文化节开幕。（县融媒体中心提供）

2023 年 9 月 22 日—10 月 1 日，在乌石镇草坪村举办首届乡村稻田“村超”邀请赛。（帅建忠摄）

2023 年 10 月 22 日，举办 2023 资溪越野挑战赛。(帅建忠摄)

2023 年 10 月 30 日，举办纯净资溪“万物生杯”汽车场地越野争霸赛。(帅建忠摄)

2023 年 11 月 2 日—3 日，世界旅游小姐中国年度冠军总决赛集结仪式暨资溪文旅推介活动在资溪举行。（帅建忠摄）

2023 年 11 月 4 日—6 日，首届“大觉山杯”全国门球邀请赛在资溪举行。（刘学俊摄）

2023 年 11 月 26 日，举办 2023 第八届大觉山马拉松比赛。（帅建忠摄）

2023 年 12 月 26 日，鹤城镇大觉山村上傅小组举行古村落文化推介会。（徐爱植摄）

生态资溪

城东风光（帅建忠摄）

高阜工业园区（帅建忠摄）

高阜镇高云塔朝霞（帅建忠摄）

航拍石峡乡后坑村小组（帅建忠摄）

鹤城江家源茶场（帅建忠摄）

目 录

特 载

年度关注

资溪概览

中国共产党资溪县委员会

资溪县人大常委会

资溪县人民政府

政协资溪县委员会

纪检监察

群众团体

军　事

法　治

农·林·水

乡村振兴

工业发展

信息产业

交通运输

贸 易

财政·税收

应急管理

城乡建设与管理

环境保护·自然观测

生态旅游

卫生健康

社会事务

乡·镇·场

人物·荣誉

附 录

特　载

关于县委常委会工作的报告

在中共资溪县委十五届六次全体（扩大）会议上

县委书记　吴淑琴

（2024年2月2日）

同志们：

现在，我受县委常委会委托，向全会报告工作。

2023年，是全面贯彻党的二十大精神的开局之年，是三年新冠疫情防控转段后经济恢复发展的一年。这一年，在以习近平同志为核心的党中央坚强领导下，在省委、市委的正确领导下，县委常委会坚持以习近平新时代中国特色社会主义思想为指导，深入贯彻落实党的二十大精神和习近平总书记考察江西重要讲话精神，团结带领广大干部群众统筹做好稳增长、促改革、优生态、惠民生、防风险、保稳定等各项工作，推动全县经济社会发展和党的建设取得新成绩。资溪县级财政管理绩效综合评价连续三年位列全国前200，先后荣获全国森林康养标准化建设县、全国“四好农村路”示范县、国家避暑旅游目的地、第二批全国科普示范县；入围全国城乡交通运输一体化示范县、第四批国家农业绿色发展先行区创建名单。荣获全省“风景独好”旅游名县、全省红色物业优秀县、江西省新型工业化产业基地、江西省2023年度城市功能与品质提升先进县、全省优秀旅游服务体验城市试点县、2023省级生态园林城市等称号。

一年来，我们重点抓了三件大事：

一是深入学习宣传贯彻习近平总书记考察江西重要讲话精神。把学习宣传贯彻习近平总书记考察江西重要讲话精神作为首要政治任务和头等大事，第一时间召开县委常委会（扩大）会议、全县领导干部大会、县委理论中心组集体学习会议等进行传达学习，研究制定《关于深入学习贯彻习近平总书记考察江西重要讲话精神 奋力谱写中国式现代化资溪篇章的决定》，组织县委宣讲团到各地各部门宣讲600余次，努力把总书记的重要讲话精神传遍千家万户、变成美好现实。

二是召开县委十五届五次全会。全面对标落实党的二十大精神和省委十五届四次全会、市委五届四次全会精神，深刻把握资溪发展的趋势性变化和阶段性特征，持续完善县第十五次党代会提出的思路举措，提出争当“四个排头兵”、实施“五大战略”、开展“六大行动”的总体思路，明确了推进中国式现代化建设的资溪实践路径，得到了省委、市委的充分肯定，凝聚了全县上下的共识共为。

三是着力推动经济实现稳中向好。面对经济下行压力和各种不利因素，牢固树立正确政绩观，全面落实“三新一高”要求，千方百计稳定经济增长，推动经济发展持续恢复，主要经济指标稳中向好。虽然我县经济总量和增速不及预期，但我们的增长是在“挤水分、提质量”的背景下取得的，是实际增长的情况，我们要坚定发展信心，不断巩固提升经济发展良好势头。

2023年，县委常委会主要做了以下几方面工作。

一、扎实开展主题教育，坚持不懈用党的创新理论凝心铸魂

县委常委会认为，开展学习贯彻习近平新时代中国特色社会主义思想主题教育，是2023年党的建设的重大任务，必须按照党中央统一部署和省委、市委工作安排，在中央第八巡回督导组、省委第三巡回督导组和市委主题教育办第三联络组的指导下，牢牢把握“学思想、强党性、重实践、建新功”的总要求，坚持学查改贯通，努力在以学铸魂、以学增智、以学

正风、以学促干上取得明显成效。

持续深化理论武装。坚持把“学思想”摆在首位并贯穿县委常委会工作始终，举办县处级领导干部主题教育专题读书班，分专题、分小组深研细悟《习近平著作选读》《习近平新时代中国特色社会主义思想学习纲要》等学习材料，开展县委理论中心组集体学习20次、交流研讨9次，深刻领会习近平新时代中国特色社会主义思想的丰富内涵，推动理论学习走深走实、入脑入心。坚持和完善“第一议题”制度，建立“常委导学、重点发言、全体研讨”学习形式，及时跟进学习习近平总书记最新重要讲话和重要指示批示精神。县委常委同志带头上专题党课、“微党课”74次，精心指导分管领域、积极参加所在部门主题教育。各地各部门通过集中学习、研讨交流等形式，持续在学思践悟、融会贯通上下功夫，全县广大党员干部深刻领悟“两个确立”的决定性意义、坚决做到“两个维护”更加坚定自觉。

持续优化调查研究。制定《关于在全县大兴调查研究的实施方案》，大力弘扬唯实求真精神，聚焦基层和人民群众的“急难愁盼”问题，引领带动各级党员干部沉到一线摸实情、寻良策、解难题，使调查研究的过程成为理论向实践转化、转变工作作风、增进群众感情、提高履职本领的过程。精准选取调研主题，县级领导同志领衔课题37个，确定正面案例4个、反面案例4个。认真学习运用“四下基层”制度，县委常委同志采取“四不两直”方式，分别深入全县12个乡（镇、场）进行专题调研107次，接待群众406批784人次，开展“大排查大接访大化解”行动151次，形成指导实践、推动工作的调研报告37篇，建立调研成果转化运用清单37个，解决问题102个。

持续强化整改整治。始终把整改整治摆在突出位置，抓住整改清单列出的具体问题和专项整治的突出问题，坚持靶向发力、综合施策，动真碰硬推动真改实改，县级层面列出检视问题22个，已销号95%，完成整改措施85条，完成率98.8%，其中8个专项整治问题全部销号，整改进度100%，形成长效机制20个。中央第八巡回督导组组长巴音朝鲁、副组长黄宁生、省委第三巡回督导组俞银先、副组长徐志鸿、市委主题教育办第三联络组组长谢克侵深入我县调研指导，给予高度评价，认为资溪通过深入开展主题教育，党组织政治功能、组织功能明显增强，干部担当作为精气神更加饱满，群众获得感幸福感安全感更加充实，高质量发展势头更加强劲。

二、聚焦高质量发展首要任务，千方百计推动经济稳增长

县委常委会认为，面对错综复杂的国内外形势以及各种超预期因素的影响，必须全面落实中央决策部署和省委、市委工作要求，全面贯彻落实“三新一高”战略导向，加强对经济工作的领导，紧紧扭住高质量发展第一要务，坚持稳中求进总基调，推动经济稳定增长、提质增效。

全力稳定经济增长。强化经济运行监测和分析调度，制定出台进一步巩固提升经济回稳向好态势“30条”措施，推动经济平稳健康发展，2023年全县地区生产总值完成58.89亿元、增长5.3%；一般公共预算收入完成3.96亿元、增长15.3%；规模以上工业增加值增长13.5%；固定资产投资增幅0.8%；城镇、农村人均可支配收入分别增长7.5% 和8.5%。积极抢抓国家扩大内需政策机遇，出台系列促消费政策，大力实施商贸消费提质扩容行动，积极推进大宗消费，社会消费品零售总额同比增长0.3%，培育商贸企业入规11家，网络零售额2.63亿元，同比增长175%，实现全县中型及以上零售超市、酒店民宿应统尽统，圣觉供应链公司成为全市食品批发行业龙头企业。

全力推进工业发展。大力实施工业强县发展战略，制定资溪制造业重点产业链现代化建设“2318”行动计划，深入开展工业创新发展争先擂台赛，在全国率先成立竹产业支行，2023年全县规模以上工业企业实现产值33.11亿元，全县工业营业收入33.73亿元；规上工业用电量完成8752万千瓦时，同比增长7.78%；工业增值税1.3亿元，同比增长198.5%，新增入规企业14家。“资溪面包”荣登区域品牌影响力百强榜，不断挺起资溪工业高质量发展“脊梁”。大力开展招商引资，加快构建具有资溪特色的现代化产业体系，2023年全县新签约项目56个，投资额145.69亿元，其中工业项目35个，占比62.5%，投资额138.96亿元，优强项目实现新突破。深入实施数字经济做优做强“一号发展工程”，2023年招商引资数字经济企业10家，数字经济营收总额突破47亿元，同比增长329%，税收达2亿元；鼓励企业开展“5G+工业互联网”场景应用，大力推进“上云用数赋智”行动，新增企业上云580家。

全力扩大有效投资。坚持“项目为王”，抢抓国家扩大内需政策机遇，积极谋划争取地方政府专项债券、政策性开发性金融工具项目，加大跑项争资力度，持续扩大有效投资，2023年重点推进9个省大中

型项目，全年完成投资30.10亿元，占年度计划投资121.14%。2023年申报并通过发行专项债券项目9个，总投资17亿元，完成投资6.98亿元，使用债券额度3.05亿元，使用进度达62.24%。2023年中央预算内资金项目共6个，总投资1.68亿元，完成投资1.43亿元。2023年重大项目建设考核排名全市第二。

三、全面深化改革攻坚，持之以恒激发经济社会发展活力

县委常委会认为，改革开放是推进现代化建设的根本动力，必须弘扬先行先试、敢为人先的精神，以更大决心和力度推进改革开放，积极融入省委、市委加快打造内陆地区改革开放高地发展布局，着力激发高质量发展动力和活力。

纵深推进改革攻坚。深入实施全面深化改革十大攻坚行动，制定改革措施148项，13项改革经验做法全面推广，改革案例连续两年入选“中国改革地方全面深化改革典型案例”，6项重点改革工作得到省市领导的肯定认可。着力抓好国资国企改革、人才和科技发展体制机制等重点任务，2023年县属国有企业资产总额162亿元，营业收入18.27亿元，利润总额1.16亿元。深入推进水利改革，资溪县河权改革经验在全国推广，资溪县探索林地“三权分置”改革入选“中国改革2023年度地方全面深化改革典型案例”，成为江西首个连续两年入选全国改革典型的林业案例。

不断优化营商环境。深入推进营商环境优化升级“一号改革工程”，持续唱响“周密周全、说到做到”的“抚务周到”营商环境品牌，完善提升“赣服通”“惠企通”等服务功能，积极践行“无事不扰、无微不至、无为而治”的理念，建立健全“营商环境工单”接诉即办制度，113个事项全部纳入“惠企通”平台，办结惠企事件560件，兑现资金1.07亿元，惠及企业281家，1—11月新增减税降费8738万元，全年增值税留抵退税6172万元。推行“前店后厂”政务服务模式，推动22项“一件事”改革落地生效，深入实施“拿地即开工”，通过模拟审批、提前介入、容缺受理、预审办理等创新机制，政府投资项目审批时间从120个工作日压缩至65个工作日，社会投资项目审批时间从78个工作日压缩至40个工作日。探索“政银合作”新模式，打造2个银行网点政务服务专区、8个“家门口”政务服务站点，全县各项贷款余额93.31亿元。

强化科技人才赋能。实施研发投入攻坚行动，推动41家企业入库科技型中小企业、完成率达137%，完成率为全市第一，谋划储备4人入选省双千计划科技人才，全年工业研发投入10272.9万元，全社会研发投入强度提高0.1，高于全省0.04的平均水平，争取省市“揭榜挂帅”项目6个，科技财政支出占比6.5%，位列全市第一。落实项目补助1200余万元，带动企业研发投入5200余万元，推动科技成果转移转化，资溪县数创中心成功创建市级众创空间。持续深化柔性引才行动，扎实开展“书记部长进校园”“百博进百企”活动，制定人才引进管理实施办法，柔性引进5位博士进县重点企业担任技术顾问。创新打造首个抚州（资溪）人才康养基地，建设各级专家平台21个，一人入选2023年度赣鄱高层次高技能领军人才，4个省“双千计划”项目数量排名全市第一，其中外籍专家项目1个，实现全市外籍专家领域“零”突破。

四、持续拓宽“两山”转化路径，奋力打造美丽江西“资溪样板”

县委常委会认为，资溪作为抚州市国家生态产品价值实现机制试点市的排头兵，必须深入贯彻习近平生态文明思想，全面落实省委生态文明试验区建设和市委生态兴市战略部署，坚持“党建＋生态”理念，坚持生态产业化、产业生态化发展思路，扎实做好治山理水、显山露水文章，协同推进降碳、减污、扩绿、增长，推动生态财富加快转化为经济财富，为打造国家生态文明建设高地贡献资溪力量。

持续提升生态环境质量。成功承办全省首个“全国生态日”宣传活动，持续打好蓝天、碧水、净土保卫战，大力推进新一轮“八大标志性战役、30个专项行动”，开展河湖“清四乱”三年攻坚行动、“1+4”生态环境质量巩固提升攻坚行动，2023年全县PM2.5年均浓度15μg/m^3、排名全省第九位，空气优良天数占全年天数比率99.7%、同比上升3.3%，地表水环境质量水质综合指数排名全市前列，2个省考监测断面水质优良率均达到100%，县集中式饮用水水源地水质达标率达到100%，地表水断面无Ⅴ类和劣Ⅴ类水质。在全市污染防治攻坚战成效考核中获“优秀”等级。扎实推进生态环保督察反馈问题整改，目前完成率达100%。统筹做好“三区三线”和“三线一单”管控，开展国土绿化、森林质量提升、湿地保护修复等行动，生态系统质量和稳定性不断提升。

全力推进康养旅游产业。坚持以唱响“文化抚州、梦想之舟”品牌为引领，顺利承办2023首届中国·抚州生态康养产业大会、第六届中国森林康养产业发展大会、中医药院士专家江西行等活动，立足资溪县域实际，全面打响“九养资溪·中国睡都”生态康养品牌，持续丰富“森林＋康养、运动＋康养、中医药＋康养”等内涵，获评国家旅游避暑目的地、首届江西“避暑旅游目的地”研学基地，清凉山、法水温泉获评国家级森林康养基地，新增3处乡村森林公园，松上境民宿获得省级森林康养基地。以创建国家级旅游度假区为抓手，全面强化文旅产业惠企服务，大觉山二期、南源民宿二期等项目加快推进，冠合芳草地度假酒店开业运营，南源宿集创成国家甲级民宿；积极推广旅游营销活动，深入上海、泉州等地开展旅游宣传推广8次，“吃资溪面包·品临川牛杂”、资溪烧烤主题月等47场活动精彩纷呈，大觉溪美食村成功创建省级夜间文旅消费集聚区，2023年全县共接待游客806.4万人次，同比增长38.96%；实现旅游综合收入42.23亿元，同比增长39.53％。

不断拓宽“两山”转化通道。稳步推进碳达峰碳中和，健全碳达峰碳中和“1+N”政策体系，制定《资溪县碳达峰实施方案》《资溪县政府绿色采购工作实施方案》，有计划有步骤推进“碳达峰十大行动”，庄驰家居、吉中竹业、拓竹机械、资溪面包科技4家公司获评县级绿色工厂，正在申报市级绿色工厂，荣获全国首个县域“城市温室气体排放核查”核查声明证书。加强碳普惠（绿宝）平台建设，全县绿宝会员注册达26139人、碳币余额2658万个。探索拓宽“两山”转化之路，完成2021年GEP核算工作，大力推广林下经济收益权、森林赎买抵押贷款等产品，创新开展GEP未来收益权质押贷、林业碳汇收益权质押贷等绿色金融产品，落地全市首笔河道经营权抵押贷款2亿元、“VEP+项目贷”500万元，截至2023年底，全县生态产品价值实现各项贷款余额38.62亿元，占全县贷款余额的41.39%，较年初增加4.57亿元。《信用助力生态文明建设高质量发展》案例荣获全国优秀，为全市唯一入选县区。

推进现代农业产业发展。坚持大农业观不动摇，深入实施“藏粮于地、藏粮于技”战略，坚决扛起耕地保护和粮食安全责任，全年完成粮食种植8.67万亩、粮食产量3.86万吨，均完成年度目标任务。坚持以工业化思维发展农业，乌石镇创成首批国家农业产业强镇，“圣泽901”入选全国农业生产“三品一标”典型案例，被农业农村部列入白羽肉鸡全国唯一主导品种，圣泽生物科技发展公司获评国家肉鸡核心育种场。以创建全国农业科技现代化先行县、国家农业绿色发展先行区为引领，积极拓展“粮头食尾、农头工尾”产业链条，以农业一二三产融合发展为抓手，共创建“两品一标”农产品认证50个，国家地理标志登记保护产品1个；富硒农产品认证3个；省级农业物联网示范企业4家，“赣鄱正品”认证企业3家，“赣抚农品”认证企业4家，全国农村创业园区2个，资溪白茶荣获2023中国特色旅游商品大赛金奖。

大力推动林业创新发展。以“在林下再造一个资溪林业”目标为抓手，高标准承办第十二届中国竹文化节，打造世界首个规模最大竹结构建筑单体项目竹科技博物馆，打造了江西首个竹产业仓储网上交易平台，竺尚竹业、罗山峰公司获得国家林业产业重点龙头企业称号。紧抓全国林业改革发展综合试点机遇，深化集体林权制度改革，大力推进国家储备林、国家森林可持续经营试点、江西省林业碳汇项目，完成林权收储24万余亩，完成更新造林1.1万亩、毛竹林低改1.6万亩、退化林修复1.6万亩，完成率达123%，资溪林长制做法在全国首届林长制论坛上作典型发言，林长制考核、林业高质量发展考核位列全省前列、全市第一。积极践行“大食物观”，因地制宜大力发展林下经济产业，全面构建了以笋竹两用林、仿野生灵芝为特色的现代化林下经济产业体系，全县林下经济种植面积达8万亩，着力推动“中国特色竹乡”向“中国竹笋之乡”延伸。

五、加强民主法治和宣传思想工作，广泛凝聚团结奋斗磅礴力量

县委常委会认为，民主凝聚人心，团结就是力量，建设现代化“纯净资溪”，需要凝聚各方面的智慧和力量，必须把加强党的领导、人民当家作主和依法治国有机统一起来，加强民主法治建设，守正创新做好宣传思想工作，唱响团结奋进的时代旋律。

大力践行全过程人民民主。全力支持县人大及其常委会高水平决定、高效能监督，拓宽代表履职新渠道，开展县本级民生实事代表票决制工作，打造集“学习交流、民情汇集、民事商议、民意督办”4个中心为一体的县人大代表联络工作总站，着力构建“1+11+N”的三级一体运行平台，2023年我县被列为江西省人大常委会基层立法联系点，系全市唯一；乌石镇、嵩市镇人大代表联络工作站成功创建全省第二批省人大代表联络工作示范站。充分发挥人民政协专门协商机构作用，坚持“议政”与“实干”相结合，持续加大政协提案督办力度，扎实推进“一县一品牌”建设，不断完善“委员议事厅”“中共党员委员工作站”，围绕小县大城、康养产业等形成了一批调研协商成果。持续深化法治政府示范创建，法治资溪建设迈上新台阶。

*全面加强宣传思想文化工作。*召开全县宣传思想文化暨网络安全和信息化工作会议，打造“言‘资’以理”宣讲品牌，基层理论宣讲工作进入全市第一方阵。聚焦党的二十大胜利召开等重要节点，全方位、多角度、深层次开展宣传，在中央“四报两台”上稿20条，省市媒体上稿400余篇，学习强国上稿300余篇，央视新闻微博“爱吃面包的被江西资溪人拿捏了”微话题登上微博热搜，阅读量当天超2100万人次，十一期间“吃资溪面包，品临川牛杂”话题在全网浏览量超过3.4亿次。积极弘扬文明新风，2人分别被评为江西省第八届道德模范和“江西好人”。注重文化挖掘和传承，投资拍摄的电视剧《大道薪火》和配合创作歌曲《春到大江南》有望打破抚州市“五个一工程”获奖作品零的纪录；高质量承办首届中国（抚州）诗歌之城论坛活动，被中国诗歌学会授予“新时代大学生诗歌创作基地”。

*广泛凝聚社会各界力量。*大力推进统一战线“五大工程”建设，高质量承办全省新的社会阶层人士统战工作座谈会，加强党外代表人士队伍建设，充分发挥工商联、无党派人士和新的社会阶层人士的积极作用，推进“五强”新联会、“六好”实践创新基地建设，资溪县工商联荣获全国“五好”县级工商联；依托党外知识分子之家等平台载体，打造“知识回报社会”服务品牌。开展“万所联万会”“法律三进”“法惠千企、民企维权”等活动，纵深推进“万企兴万村”活动，着力促进“两个健康”。推进民族团结进步创建“六进”活动，荣获“江西省第六批民族团结进步示范县”称号，新月畲族村被评选为全省“双富”行动试点单位。推进“五好”宗教活动场所、“五好”宗教团体建设，蒙恩堂被评为全省“百所示范”场所，圆通古寺、饶桥教堂被评为全省“五好”宗教活动场所，县基督教“两会”被评为全市“五好”宗教团体。常态化开展“代侨探亲”，坚持“以侨为桥”，主动帮助港澳台侨人士解决实际困难，营造“尊侨、护侨、爱侨”的良好氛围。完成科协、残联换届工作，进一步增强群团组织的吸引力、凝聚力和战斗力。落实党管武装制度，完成国防动员体制改革，大力推行“尊崇工作法”，扎实推进全省双拥模范县城创建工作。

六、坚决站稳人民立场，扎实推动共同富裕走深走实

县委常委会认为，民心是最大的政治，必须深入践行以人民为中心的发展思想，把利民惠民作为一切工作的出发点和落脚点，用心用情保障和改善民生，扎实推进共同富裕，不断满足人民群众对美好生活的向往。

*用心办好民生实事。*坚持尽力而为、量力而行，把有限财力向民生领域倾斜，认真办好年初确定的民生实事，2023年全县民生支出18.9亿元，占一般公共预算支出88.4%。全面实施就业优先战略，2023年全县城镇新增就业1980人，纯净资溪创业孵化基地创成省级创业孵化基地，创建省级充分就业社区1个、市级充分就业社区3个，“资溪面包师”劳务品牌获得央视专题报道，有效保障高校毕业生等重点群体就业需求。扎实推动巩固拓展脱贫攻坚成果同乡村振兴有效衔接，守住不发生规模性返贫底线，乡村振兴成效考核评估排名全省第24、全市第3，乌石镇入选全省乡村振兴示范乡镇，乡村振兴经验入选江西新时代乡村振兴优秀案例，新月村入选全国乡村振兴村级实践交流基地。统筹实施“小县大城”发展战略，一体化推进城市功能品质提升、国家卫生县城创建等工作，制定出台《资溪县“小县大城”工作实施方案（2023—2025年）》，建立以总方案为引领，创新创业、住房保障、社会事务、和美乡村“1+4”方案体系，改造老旧小区774户，建成丽竹苑人才住房小区，新增城市停车位400余个，高标准改造城区步行道，高阜镇入选国家标准化委员会第四批新型城镇化标准化试点示范乡镇，大觉溪美丽宜居乡村建设项目荣获2023年中国人居环境范例奖、全省唯一获评范例。

*尽心推进社会事业。*加大未成年人保护工作力度，整合21个职能部门职责，创新实施“纯净资溪、阳光少年”未成年人成长指导服务“十百千万阳光行动”活动，推动未保工作走深走实。统筹推进教育优质均衡发展，大力实施义务教育学校“五大整体提升工程”，第三幼儿园、实验学校、鹤城中心小学先后建成使用，率先在全省完成50人以下小规模学校优化工作，资溪高考创下新校区办学历史最好成绩。扎

实推动健康资溪建设，积极整合乡村两级医疗机构资源，合作共建江西省人民医院资溪分院，着力构建“2+1+8+N”的大卫生医疗新体系。扎实做好国家卫生县城创建工作。扎实开展“党建＋社会救助”国家试点、“时光益站”互助养老试点，农村养老服务设施覆盖率占全县建制村80%，建成1个全国示范性老年友好型社区。

精心防范重大风险隐患。坚决扛起防范化解重大风险政治责任，树牢底线思维和忧患意识，深入贯彻落实国家安全观，定期召开会议分析研判形势，严厉打击各类渗透、破坏、颠覆、分裂活动，推动反恐维稳法治化、常态化，坚定捍卫国家政治安全和社会稳定。严格落实意识形态工作责任制，坚持净网护网综合治理、一体推进，切实防范化解敏感舆情向意识形态领域传导的风险，监督整改两个属地网站安全高危漏洞，有效防范化解敏感事件网络舆情风险。坚持过紧日子思想，在全市率先开展零基预算改革，全县一般性支出压减5%，“三保”支出占一般公共预算支出的38%。加强重点领域和民生领域风险排查和防范化解，有效守牢老百姓的“钱袋子”。严格落实安全生产责任制，持续抓好非煤矿山、建筑施工等重点领域隐患排查整治，扎实推进危化品、城镇燃气、自建房等专项集中治理，全县2023年未发生较大以上生产安全事故、未发生较大以上森林火灾事故。

耐心做实社会治理。坚持以党建引领基层社会治理，坚持和发展新时代“枫桥经验”，深化市域社会治理现代化试点，精心推出“周长生金牌调解工作室”，制作“资心人”掌上智慧社区小程序，打造“资心人、悉心助”网格治理品牌，社会治理工作得到省委常委、政法委书记罗小云同志的肯定性批示，公众安全感综合指数位列全省第一方阵，全市第一，县委政法委被授予全国党委政法委系统“新时代政法楷模”称号。扎实推进矛盾纠纷排查化解、道路交通安全风险隐患排查治理、校园及周边安全治理“三大专项行动”，2023年全县纠纷警情、行政警情、盗窃警情分别同比下降21.72%、12.11%、6.42%，道路交通事故、学生防溺水等实现双下降，公安满意度、夜间出行安全两项指标均位列全市第一，相关工作先后获得省市领导5次肯定性批示。

七、纵深推进全面从严治党，全面推动政治生态持续向上向好

县委常委会认为，办好资溪的事，关键在党、关键在人，必须深入学习贯彻习近平总书记关于党的建设的重要思想，全面落实新时代党的建设总要求和新时代党的组织路线，推动全面从严治党向纵深发展，提升党的建设质量水平，不断营造风清气正的政治生态。

树牢大抓基层鲜明导向。深入推进“书记领航”行动，全县42个书记领航项目高质量落地。积极打造“红旗（模范）党支部”，全县5个党组织获评市级“模范党支部”，8个党组织获评市级“红旗党支部”，获评率排名全市第1、获评总数全市第4，陈坊村被评为全省乡村振兴模范党组织。持续推深做实党建品牌创建，积极探索“党建＋生态”模式，成立纯净资溪生态产业协会党组织，打造“‘两山’转换·惠民强企”等党建特色品牌，在景区景点等设置党群服务驿站、党员先锋岗，持续擦亮“纯净资溪党旗红”品牌，推动党建工作融入“两山”转化实践。深化“政治引领、模范强基、连心惠企”非公党建三大工程，统筹推进各领域基层党建提质增效，持续整顿软弱涣散基层党组织。实施消除集体经济薄弱村攻坚行动，开展全县“党建引领乡村振兴”九大攻坚提升集中整治行动，村集体经济实现量质双升。成功获评全省红色物业优秀县，三个小区获评全省红色物业小区。

坚持正确用人导向。落实省委选贤任能“四个坚持、八个不”具体要求，树立“用人取其长、教人责其短”鲜明用人导向，坚持用实绩检验干部，对真抓实干、为民解忧的干部委以重任、给予舞台，2023年调整干部3批次144人。坚持能上能下用人导向，对能力突出、表现欠佳、需交流任职等19名干部进行调整。用好《资溪县领导干部勤廉建设负面计分实施办法》，2023来共有79名领导干部扣分，8人被调整岗位或转任职级公务员，在全县营造能者上、庸者下、劣者汰的良好氛围。

严肃正风肃纪反腐。召开省委巡视反馈意见整改工作动员会、“九查九改”干部作风整顿活动推进会暨警示教育大会，部署纵深推进全面从严治党工作，高标准高质量推进省委巡视反馈问题整改，省委巡视反馈问题整改完成率达94.8%，选人用人、意识形态等整改全面落实。全面开展“九查九改”干部作风整顿活动，查处营商环境领域腐败和作风问题46起67人，给予党纪政务处分25人，揪出群众身边的“蝇贪蚁腐”150起、处理225人，民生领域不正之风和腐败问题得到有效遏制。深化一体推进“三不腐”，

创新出台县纪委书记对县委书记常态化同级监督工作机制，推行领导干部“政治家访”制度，推动政治监督走深走实。深入开展纪检监察干部队伍教育整顿，锻造纯度更高、成色更足的纪检监察铁军。保持反腐高压态势，2023年全县纪检监察机关共立案103件，同比增长27.2%，挽回经济损失2281.21万元，自办1件正科级“一把手”涉嫌严重违纪违法留置案。

一年来，县委常委会高度重视加强自身建设，带头加强政治理论学习，坚持不懈用习近平新时代中国特色社会主义思想凝心铸魂，严守政治纪律和政治规矩，以更高标准和要求坚定拥护“两个确立”、坚决做到“两个维护”。带头严肃党内政治生活，落实落细加强和维护党中央集中统一领导若干规定，严格执行民主集中制，自觉维护班子团结，严格遵守请示报告制度，提高科学决策、民主决策、依法决策水平。带头开展主题教育，召开专题民主生活会，加强党性分析，认真开展批评与自我批评。带头转作风抓落实，践行“一线工作法”，发挥示范表率作用。带头落实中央八项规定精神，严守廉洁自律准则，大力践行党的群众路线，主动接受各方面监督。

成绩来之不易，奋斗成之惟艰。我们深刻感受到，在以习近平同志为核心的党中央的坚强领导下和省委、市委的正确领导下，县委常委会团结带领全县干部群众全力践行“走在前、勇争先、善作为”的殷殷嘱托，砥砺奋进、担当实干，创新性开展工作，经受了各种挑战和考验，推动全县各项事业取得新进展新成效，充分展现了资溪广大党员干部“想干事、敢干事、会干事”的精神风貌。实践再次证明，有习近平总书记领航掌舵，有习近平新时代中国特色社会主义思想的科学指引，只要全县上下团结一心、共同奋斗，就一定能攻克许多重大难题，创造许多骄人业绩。在此，我代表县委常委会，向全县广大党员干部群众表示衷心的感谢和崇高的敬意！

县委常委会分析了当前面临的困难和不足，主要是：受外部复杂环境影响，经济下行压力持续加大；县域经济总量不大、产业发展水平不高、创新能力不足的问题仍然突出，加快高质量发展的任务还很艰巨；防范化解风险压力加大，民生领域、城乡建设、营商环境、公共服务有不少短板差距；激励干部担当实干还要持续发力，反腐败斗争依然严峻复杂，等等。县委常委会将进一步坚定信心、保持定力，团结带领全县广大干部群众，深入学习贯彻党的二十大精神和习近平总书记考察江西重要讲话精神，聚焦“走在前、勇争先、善作为”目标要求，接续奋斗、砥砺前行，努力把各项工作做得更好，加快全面建设产业兴旺、生态一流、美丽幸福的现代化“纯净资溪”。

以上报告，请同志们提出意见建议。

县人大常委会工作报告

在资溪县第十八届人民代表大会第五次会议上

县人大常委会主任　张　俊

（2024年5月20日）

各位代表：

受县人大常委会委托，我向大会报告工作，请予审议，并请列席会议的同志提出意见。

2023年的主要工作

2023年是深入学习贯彻党的二十大精神开局之年。一年来，县人大常委会在县委的坚强领导下，高举习近平新时代中国特色社会主义思想伟大旗帜，深入学习贯彻党的二十大和二十届二中全会精神，全面贯彻落实习近平总书记考察江西重要讲话精神，紧扣县委“全力争当四个排头兵、深入实施五大战略、扎实开展六大行动”的目标任务，认真履行宪法法律赋予的各项职责，积极践行和发展全过程人民民主，为全面建设社会主义现代化“纯净资溪”作出积极贡献。全年召开常委会会议8次，听取和审议工作报告33个，作出决议决定7项，组织执法检查、视察调研17次，交办代表建议98件，任免国家机关工作人员26人次。2023年，资溪县人大常委会获评全市县（区）人大工作一等奖。

一、坚持思想引领，党的全面领导更加坚定有力

常委会始终坚持党的全面领导这一最高政治原则，强化政治机关第一属性，使一切行动听党指挥成为坚定的政治自觉。

坚持不懈强化理论武装。自觉用习近平新时代中国特色社会主义思想武装头脑、指导实践、推动工作，把学习宣传贯彻党的二十大精神、习近平总书记系列重要讲话精神作为年度工作主题主线，列为县人大常委会党组理论学习中心组“第一议题”。深入学习宣传贯彻习近平总书记考察江西重要讲话精神，研究贯彻实施的具体思路和措施举措。坚持在勤学、深思、细照、笃行中深刻领悟“两个确立”的决定性意义，增强“四个意识”、坚定“四个自信”、做到“两个维护”。

坚决有力推进主题教育。紧扣“学思想、强党性、重实践、建新功”总要求，落实习近平总书记“三个实实在在”重要要求，扎实开展学习贯彻习近平新时代中国特色社会主义思想主题教育，详细制定常委会班子及个人理论学习计划、调查研究方案，聚焦中央和省市县委要求、聚焦群众期盼查找工作不足，坚持把理论学习、调查研究、推动发展、检视整改贯通融合、一体推进，践行“四下基层”工作方法，常委会各班子成员分别领题开展调查研究，率队前往乡镇、社区、企业、县直机关等29次，组织开展座谈交流13场，形成高质量调研报告7篇，推动解决调研发现的问题18个。

坚定不移服从县委领导。围绕全县中心大局，确定常委会44项年度重点工作，在奋力推动资溪县答好高质量发展综合考核“三张答卷”上展现担当作为。严格落实党领导人大工作的制度和机制，及时向县委请示重要工作8次，报告重要情况5次，充分发挥人大职能作用推动县委重要决策部署贯彻落实。主动参与、积极推进重点项目建设、招商引资、乡村振兴、国家卫生县创建、老旧小区改造、旅游营销等各项工作任务。

二、服务发展大局，依法履职监督更加高效尽责

常委会坚持聚焦县委“五大战略”“六大行动”正确监督、有效监督、依法监督，助力全县经济社会高质量发展。

增强财经监督质效。挖掘预算联网监督平台功能，常态化开展数据查询、监测、分析，2023年共编印预算联网监督工作简报8期，下达预算执行预警处理意见函16份，推动政府及其相关部门更加注重预算编制执行的科学性、完整性、规范性和合理性。组织开展国民经济和社会发展计划、预决算监督审查，审议了县人民政府关于景田实业、九龙湖破产财产收

购，旅投集团股权无偿划转、林业改造升级碳汇能力提升项目、投资中科科技成果转化创业投资基金等议案。邀请部分县人大代表、专家、各专工委负责人开展重点项目、债券资金使用情况、我县财政状况管理情况、“十四五”规划纲要实施情况中期评估等调研。首次听取了政府债务管理情况的报告，参与年度审计计划制定，并与县纪委、县委巡察办、县审计局联合下发了《关于建立“四函”联系协调机制的通知》，实现了审计监督的全程参与。监督审计问题整改完成31个，整改率93.94%，完成整改金额2469.6万元。

*护航生态绿色发展。*落实中央和省级生态环境保护督察问题整改要求，听取和审议县人民政府关于2022年环境状况和环境保护目标完成情况的专项报告。推动县域探索拓宽“两山”转化路径，听取和审议全县碳达峰、碳中和进展情况的报告。审议并通过《资溪县国土空间规划（2021—2035年）》，督促政府及有关部门进一步强化永久性基本农田、生态保护红线、城镇开发边界空间管控。以“加强泸溪河流域水污染防治”为主题，紧扣河域污染控制、河道采砂监管、河湖生态流量保障等方面，持续开展“环保泸溪河行”活动。开展贯彻落实《中华人民共和国湿地保护法》《江西省湿地保护条例》情况执法检查，凝聚社会公众环保共识。积极落实省人大《关于全力打造国家生态文明建设高地的决定》，此次大会，还将首次听取和审议县人民政府关于国家生态文明建设示范县工作情况的报告。

*推进法治平安建设。*2023年5月，资溪县人大常委会被列为江西省人大常委会基层立法联系点，在全县建立了12个基层立法信息采集点，聘任14名立法信息采集员，在全省率先制定了《基层立法信息采集点工作规定》。2023年以来，我们充分发挥基层立法联系点、信息采集点作用，配合省、市人大常委会，先后开展了《江西省全民健身条例（草案）》《江西省促进革命老区振兴发展条例》《抚州市促进科技创新若干规定（草案修改初稿）》《抚州市城市地下管线管理条例（草案）》等法规（草案）的立法意见征集；对我县贯彻落实《江西省公安机关警务辅助人员条例》《抚州市电动自行车通行管理条例》等贯彻实施情况进行执法检查。强化规范性文件备案审查工作，全年共对2件县人民政府规范性文件、1件县人民法院规范性文件、50件乡（镇）人大决议等规范性文件开展备案审查，向市人大常委会报备决议6件、规范性文件2件。继续组织对政府有关工作部门工作情况、“两官”履职情况开展评议，并对我县公安队伍建设情况开展了专题调研。

*提升社会民生福祉。*首次开展县本级民生实事代表票决制工作，推动县农产品批发市场建设等8件民生实事项目落地实施；围绕“守住耕地红线”主题，开展“公益诉讼江西行”资溪活动；围绕“产业发展－壮大农业龙头企业”主题，深入开展“乡村振兴赣抚行”活动，听取县人民政府关于我县助推乡村振兴产业发展情况的报告，开展关于我县乡村旅游工作情况的调研；以“共同建设美好家园”为主题，开展“物业社区行”活动；为促进我县养老服务健康发展，对《江西省养老服务条例》开展执法检查，启动“时光益站”互助养老志愿服务活动；开展《中华人民共和国食品安全法》和《中华人民共和国食品安全法实施条例》《江西省农村供水条例》贯彻实施情况执法检查，为我县食品安全、饮水安全提供法治保障；组织开展维护新就业形态劳动者劳动保障权益工作情况、推动“小县大城”战略实施、贯彻落实“文化抚州、梦想之舟”情况等专题调研；开展“爱国卫生活动日”视察。

三、发挥代表作用，全过程人民民主更加广泛丰富

坚持一切为了人民，一切依靠人民，进一步完善践行全过程人民民主的制度机制和平台载体，努力做到民有所呼、我有所应。

*人大代表联络工作站（室）建设稳扎稳打。*立足11个（乡镇、社区）人大代表联络工作站和现有村（居）工作室，围绕打造“学习交流、民情汇集、民事商议、民意督办”4个中心建设县人大代表联络工作总站，着力构建“1+11+N”的三级一体运行平台。稳步推进“江西数字人大”资溪分厅建设，确保“八个方面贯通”工作任务高标准落实。印发了《县人大常委会机关干部挂点联系人大代表联络站（室）工作方案》，定期对各人大代表联络工作站及产业链工作室开展业务督导，高标准助力全县各人大代表联络工作站创先争优。2023年乌石镇和嵩市镇人大代表联络工作站成功创评省级示范站，全县11个工作站中有4个省级示范站，数量在全市排在第一位。

*人大“创特色、树品牌”工作再接再厉。*2023年，县人大常委会创新开展“优化代表监督方式，打造“‘6+N+6’监督新模式”的人大“创特色、树品牌”活动，聚焦民生实事项目、中心工作、代表建议、群

众关切等开展精准监督。社会保障监督小组多次组织代表前往“城乡公益性墓地建设项目”实地调研视察，协调推进项目顺利实施；监察司法监督小组组织代表参与耕保监督，推动抛荒耕地整治7166亩；财政经济监督小组关于我县财务管理状况的调研报告获政府领导批示。通过精准监督，部分群众期盼现已得到较好解决，如代表历年提出的关于要求新增社区居委会的建议，已制定实施方案并启动了报批程序；关于提升县医院医疗服务能力的建议，目前县政府与省人民医院签订了紧密型医疗体合作协议，并已开展定期坐诊活动等等。

*人大代表履职活动绘声绘色。*持续在全县人大代表中开展当好“六个角色”、争作“六个表率”主题活动，积极引导各乡镇和社区人大代表联络工作站进一步丰富代表活动形式。乌石镇以“小站”搭台、唱“产业”大戏，在推进乡村全面振兴的道路上实现了从“人大代表自己干”到“带着群众一起干”的良性连锁效应；嵩市镇以“小夜话”推动“大民生”，倾听基层声音，收集群众意见，回应群众诉求；高阜镇探索“代表＋护田员”耕地保护模式，坚决遏制耕地“非农化”和基本农田“非粮化”，守土有责、守土尽责；鹤城镇打造“微心愿”平台，聚焦群众实际需求，实现代表与群众紧密沟通，推动民生问题快速解决；马头山镇开展“代表访乡贤”活动，积极利用假期主动走访联络返乡企业家、优秀人才，收集发展良策和意见建议；高田乡开展“流动代表云履职”活动，引导外出务工代表通过江西数字人大参与学习、积极为家乡发展建言献策；石峡乡与群众“面对面，心贴心”，积极了解社情民意，为群众办好事、做实事；城市社区组织人大代表通过进站履职为群众办实事，以“连心存折”形式存储履职积分，用以兑换生活物品走访困难群众。

*人大代表建议办理有力有效。*着力抓好建议的“提出、交办、督办”等环节，将人大会期间代表提出的建议认真细致分类，并召开专项交办会议移交政府及有关部门及时办理。坚持利用《人大代表之声》简报刊发转办闭会期间代表建议。发挥数字人大功效，利用人大代表联络工作站平台，开辟建议办理快速通道，及时转交办理群众反映的热点、难点问题，2023年全县11个工作站共收集群众意见建议543件，目前已办结496件。持续开展“群众揪心事，局长进站办”活动，至2023年底共开展了6期活动，收集群众“揪心事”69件，已解决46件。开展“代表亮身份”活动，收集群众意见40件，解决32件。强化代表建议重点督办及“回头看”，选取了10件代表建议及6件2022年度办理情况B类的代表建议进行重点督办，组织开展了代表建议办理情况的调研，听取了县人民政府关于代表建议办理工作情况的报告。

四、夯实干事根基，常委会自身建设更加扎实过硬

常委会把加强自身建设作为坚持和完善人民代表大会制度的重要任务，努力打造适应新时代人大工作需要的“政治机关、国家权力机关、工作机关、代表机关”。

*党建引领作用不断加强。*切实加强常委会党组建设，严格执行党组工作条例。认真落实全面从严治党主体责任，切实履行班子成员“一岗双责”，严格遵守中央八项规定及其实施细则，积极支持派驻纪检监察组监督执纪。扎实开展“九查九改”干部作风整顿活动，对照省委巡视反馈问题，举一反三落实整改。落实意识形态工作责任制，加强党委信息报送、人大理论研究和新闻宣传工作，积极向省市人大及各主流媒体推送宣传稿件，2023年在人民网、《江西日报》、江西人大新闻网、抚州人大发布等媒体上稿120余篇。

*常委会运行机制不断完善。*优化会议时间、程序和内容，严格组成人员请假报批制度，完成《资溪县人大常委会主任会议议事规则》《资溪县人大常委会议事规则》修订，提高听取审议工作报告、询问、发言和表决的规范化水平。完成常委会无纸化会议系统提升改造，利用江西数字人大系统积极探索数字会务功能，提升会议效率。积极与省、市人大开展交流沟通，加强与“一府一委两院”的对接协调、对乡镇人大的监督指导。一年来接待省、市人大来县开展调研、视察、执法检查等15次，兄弟市、县人大考察活动6次，全市人大基层立法联系点工作推进会、“乡村振兴赣抚行”活动动员部署会先后在我县召开。

*人大队伍履职能力不断提升。*组织机关干部和各级人大代表8批次60余人参加全省人大代表人大干部履职能力提升培训班。利用人大代表联络工作站，聚焦代表如何开展联系群众活动、如何处理群众反映的问题、如何撰写议案和建议等内容有针对性地组织代表开展集中学习。在机关开展人大业务大比武活动，定期邀请法院、检察院、县直机关业务骨干为机关干部授课，人大代表和人大干部履职能力不断提

升。2023年12月，围绕规范性文件备案审查工作组织各专工委负责人开展了专题培训。

各位代表、同志们，一年来，县人大常委会能顺利完成各项目标任务、取得新的工作成绩，是习近平新时代中国特色社会主义思想科学指引的结果，是县委坚强领导和市人大常委会精心指导的结果，是“一府一委两院”积极支持、密切配合的结果，是全县各级人大上下联动、协同奋进的结果，是全体县人大代表、人大常委会组成人员、各专门委员会组成人员、县人大机关工作人员同心协力、无私奉献的结果，是全县人民、社会各界充分信任、大力支持的结果。在此，我谨代表县人大常委会，向大家表示衷心的感谢！

在总结成绩的同时，我们也清醒地认识到，县人大常委会的工作与党的要求和人民群众的期盼相比，还有一定差距。常委会会议审议的专业化科学化水平还需进一步提升，审议意见跟踪落实机制还不够完善；“江西数字人大”监督运用还不够普遍，监督的针对性和实效性还需进一步增强；服务保障代表履职的精细化、精准化水平有待进一步提高，闭会期间代表作用发挥得还不够好；人大干部队伍服务发展水平还需提升，常委会自身建设还需持续深化。对这些问题，我们将高度重视，在今后的工作中切实研究解决。

县政府工作报告

在资溪县十八届人民代表大会第五次会议上

县长　饶源中

（2024年5月19日）

各位代表：

现在，我代表县人民政府向大会报告工作，请予审议，并请县政协委员和列席同志提出意见。

2023年工作回顾

2023年是全面贯彻落实党的二十大精神的开局之年，是实施“十四五”规划承前启后的关键一年。一年来，在县委的坚强领导下，全县上下坚持以习近平新时代中国特色社会主义思想为指导，深入学习贯彻习近平总书记考察江西重要讲话精神，聚焦“生态立县、产业强县、科技引领、绿色发展”战略，持续办好打基础、利长远、增后劲、惠民生的大事要事实事，全县经济社会发展动力更足、势头更强、成色更好。我们先后建成实验学校、鹤城中心小学、第三幼儿园，与省人民医院合作共建资溪分院，全力打造智能安防小区，成功创建全省红色物业优秀县，改造老旧小区774户，人民生活更有保障。我们升级人行道7000余米，新增停车位400多个，实现中心城区主干道“白改黑”全覆盖，县域污水集中收集率提高24.45%、同比增长143.7%，生态环境综合质量持续保持全省前列，群众生活更有品质。我们获评江西“风景独好”旅游名县，高标准建设竹梦小镇，顺利承办第十二届中国竹文化节，面包文化节、白茶文化节、畲族民俗文化节、大觉山马拉松等47场节庆活动精彩呈现，百姓生活更加多彩。这一份份亮眼的“成绩单”，既是资溪发展潜力的最佳注解，更是全县干部群众辛勤汗水和不懈努力的生动体现！

一年来，我们始终用全局观念谋划发展，用科学办法破解难题，用实干担当推动落实，主要做了以下5方面工作：

*一是经济发展稳中向好。*深入实施巩固提升经济回稳向好“30条”措施，2023年全县完成地区生产总值58.89亿元、增长5.3%；财政总收入8.04亿元、增长14%；一般公共预算收入3.96亿元、增长15.3%，增幅全市第3；规模以上工业增加值增长13.5%；固定资产投资增长0.8%，增幅全市第3；城镇、农村居民人均可支配收入分别为36209元、20725元，分别增长5.2%、7.9%，增速分别列居全市第1、第3。深入开展产业链招商、精准招商，创新专业团队招商模式，成功引进项目58个，总投资121亿元，其中优强项目5个，实现优强项目新突破。深入实施“项目大会战”，加快推动全县76个重点工程项目开工、投产，陆恒食品从签约到投产仅用不到半年时间，再次刷新“资溪速度”，重大项目建设考核全市第2。

*二是绿色产业集聚壮大。*全力推动工业发展增效提速，持续打好工业创新发展争先擂台赛，大力培育绿色食品（面包）、竹木加工、智能制造、大健康等绿色低碳工业，“三园鼎立”格局日益显现。新增规上工业企业14家，全县完成工业营收33.73亿元、规上工业产值33.11亿元、工业增值税1.3亿元。两化融合管理体系贯标A级企业、两化融合示范企业、专精特新企业、省级智能制造标杆企业均实现“零”的突破，获评江西省新型工业化产业基地（绿色食品）。“资溪面包”成为央视《“县”在出发》节目“打卡”对象，并荣登区域品牌影响力百强榜。全力推动文旅康养增色添彩，冠合酒店开业运营，大觉溪美食村入选省级夜间文旅消费集聚区，南源民宿创成全国甲级民宿。精心打造“九养资溪、中国睡都”生态康养品牌，顺利承办2023首届中国·抚州生态康养产业大会、第六届中国森林康养产业发展大会等活动，获评全国森林康养标准化建设县、国家级“避暑旅游目的地”、优秀旅游服务体验城市试点，清凉山、法水温泉获评国家级森林康养基地，松上境民宿获评省级森林康养基地，“来大觉睡大觉”康养IP日益响亮。全年共接待游客806.4万人次，实现旅游综合收入42.23亿元，分别同比增长38.96%和39.53%。全力推动现代农林增产提质，严格落实耕地保护和粮食安全责

任制，认真抓好粮食生产、抛荒整治、落实耕种等工作。成功引进圣泽901原种研发养殖中心、圣溪源鱼种基地等项目，加快了现代种业发展。深化“纯净资溪”区域公用品牌推广，新增“两品一标”[1]农产品认证6个、富硒农产品认证3个、省级农业物联网示范企业4家、“赣抚农品”认证企业2家，入选第四批国家农业绿色发展先行区创建名单，“江西绿色生态”品牌建设试点县顺利通过验收考核，乌石镇成为首批国家农业产业强镇。资溪白茶荣获2023中国特色旅游商品大赛金奖。竺尚竹业获评国家林业产业重点龙头企业。建成世界首个规模最大竹结构建筑单体项目竹科技博物馆。笋竹两用林、灵芝、黄精等特色林下经济产业快速发展，全县林下经济种植面积达8万亩。

三是改革创新活力迸发。“两山”转化走实走深，持续推进信用体系与生态文明建设融合发展，“信用助力生态文明建设高质量发展”案例成功入选第五届“新华信用杯”全国优秀信用案例，是全市唯一入选县区。资溪林业综合改革经验写入中办国办《深化集体林权制度改革方案》，在全国推广。完成2021年GEP[2]核算工作，成立全国首家“绿色竹产业支行”，创新开展GEP未来收益权质押贷、林业碳汇收益权质押贷等绿色金融产品，落地全市首笔河道经营权抵押贷款2亿元、“VEP[3]+项目贷”500万元。实施“碳达峰十大行动”，荣获全国首个县域“城市温室气体排放核查”声明证书。营商环境持续优化，“一件事一次办”改革深入推进，“企业开办专窗”延伸至银行网点，113项政策事项上线“惠企通”平台，办理时限大幅压缩。常态化开展惠企特派员、政企夜谈活动，持续加大金融服务实体经济力度，全力帮助市场主体降本增效，新增减税降费8738万元。纵深推进国资国企改革，县属国有企业资产总额达162亿元，营业收入18.27亿元，利润总额1.16亿元。人才科技支撑有力，持续推动“智汇资溪”成果转化，组建江西省资溪面包产业技术创新战略联盟。深化“赣鄱俊才”“百名博士进百家企业”等柔性引才行动，实施“揭榜挂帅”项目5个。推进研发投入攻坚行动，入库科技型中小企业41家，全社会研发投入首次突破亿元，科技财政支出占比6.5%，位列全市第一。积极推进“上云用数赋智[4]”行动，全年新增上云企业580家，数字经济营收总额47亿元。

*四是百姓生活品质提升。*全面实施“小县大城”发展战略，持续完善农村公共基础设施“六位一体”建后管护体系建设，扎实推进农村移风易俗，倡导文明新风。聚焦“两不愁三保障”和饮水安全，持续巩固拓展脱贫攻坚成果同乡村振兴有效衔接，村集体经济收入全部超过10万元，脱贫人口人均纯收入增长2027元、同比增长10.8%，乌石镇入选全省乡村振兴示范乡镇，新月村入选全国巩固拓展脱贫攻坚成果村级实践交流基地，“两山学院”被评为省乡村振兴培训教学基地。完善客货邮融合发展新模式，获评全国“四好农村路”示范县、全国农村物流服务品牌，入选城乡交通运输一体化全国示范县、全省县域物流配送体系建设试点创建名单。大觉溪美丽宜居乡村建设项目荣获中国人居环境范例奖，是全省唯一获评范例；高阜镇入选国家新型城镇化标准化试点示范乡镇，和美农村展现新面貌。全域创建国家卫生城镇，大力实施城市功能与品质提升项目，累计建成休闲广场27个、小游园12处，绿色示范项目、“一河两岸”延伸段项目加快建设，荣获全省城市功能与品质提升先进县、省级生态园林城市等称号，城市功能品质再提升。坚持财力向民生倾斜，认真办好10件民生实事，民生支出占一般公共预算支出88.4%。扎实做好群众就业工作，城镇新增就业1980人，新增农村转移就业劳动者3126人。大力推进义务教育优质均衡发展，完成15所中小学基础设施提质工程，率先在全省完成50人以下小规模学校优化工作；深入开展健康资溪行动，着力构建“2+1+6+N”的大卫生医疗新体系，不断补齐教育、医疗等民生领域短板。深化市域社会治理现代化试点，打造“资心人、悉心助”网格治理品牌。高质量统筹发展和安全，严格落实安全生产责任制，持续抓好重点领域隐患排查整治，牢牢守住不发生较大以上安全生产事故底线，获评全省应急管理考核优秀县、全省信访工作示范县、全省公众安全感调查先进县，社会服务保障更有力。

*五是自身建设不断增强。*坚持把党的领导贯穿政府工作全过程各领域，扎实开展学习贯彻习近平新时代中国特色社会主义思想主题教育，大力引导党员干部学思想、强党性、重实践、建新功。深入推进法治政府建设，坚持县政府常务会学法制度，严格执行重大行政决策法定程序，自觉接受人大依法监督、政协民主监督，98件人大代表建议、75件政协提案全部办结，满意率均达95%以上。加大推进政务公开力度，相关工作经验入选全省基层政务公开“十县百乡”优秀案例，在全国率先开展基层财政直达资金公开试点，连续3年获评全省政务公开工作优秀县。严

格落实中央八项规定及其实施细则精神，带头过“紧日子”，一般公共服务支出、“三公经费”支出分别下降22.67%、0.63%，县级财政管理绩效综合评价连续3年进入全国前200名。纵深推进全面从严治党，切实抓好省委巡视反馈问题整改，扎实开展“九查九改”干部作风整顿活动，强化警示教育和以案促改，大力纠治形式主义、官僚主义，风清气正的政治生态、干事创业的激情劲头持续巩固，政府执行力、公信力、凝聚力不断提高。

此外，军民融合深度发展，连续54年无责任退兵，省双拥模范城创建通过考核验收，全民国防教育、后备力量建设、国防动员、退役军人事务等工作取得新成效。支持工青妇、红十字会、残联、科协等群团组织充分发挥作用。推动民族、宗教、对台、侨务、保密、档案、气象、水文、调查、邮政等工作迈出新步伐。

各位代表，过去一年的成绩来之不易。这得益于习近平新时代中国特色社会主义思想的科学指引，得益于县委的把航定向、科学决策，得益于全县广大干部群众的同舟共济、顽强拼搏，得益于社会各界广泛参与、鼎力支持。在此，我谨代表县人民政府，向全县人民，向各位人大代表、政协委员，向民主党派、人民团体，向驻资部队官兵、公安干警和消防救援大队指战员，向所有关心支持参与资溪发展的同志们、朋友们，致以崇高的敬意和衷心的感谢！

思危方能居安，知忧才能克难。在肯定成绩的同时，我们清醒地认识到，全县经济社会发展还面临一些深层次问题：经济总量还不大，工业产业结构还不优，自主创新能力还不强，部分重点项目建设较为滞后，稳住经济压力持续加大；城市现代化程度还不高，城市能级提升、内涵释放和产城融合发展仍需发力，基础设施建设尚有欠账，精细化管理水平有待提高；统筹发展和安全的压力较大，一些干部的进取精神和能力有待提升。对此，我们将采取有效措施，切实予以解决。

注释：

〔1〕两品一标：绿色食品、有机农产品和农产品地理标志。

〔2〕GEP：生态系统生产总值。

〔3〕VEP：特定地域单元生态产品价值评价。

〔4〕上云用数赋智：推行普惠性云服务支持政策、更深层次推进大数据融合应用、支持企业智能化改造。

县政协常委会工作报告

在政协资溪县第十届委员会第四次会议上

县政协主席　黄惠忠

（2024年5月18日）

各位委员、各位同志：

我代表政协资溪县第十届委员会常务委员会，向大会报告工作，请予以审议，并请列席会议的同志提出意见。

2023年工作回顾

2023年，是全面贯彻落实中共二十大精神的开局之年，是新冠疫情防控转段后经济恢复发展的一年。一年来，在中共资溪县委的坚强领导下，县政协及其常委会坚持以习近平新时代中国特色社会主义思想为指导，深入学习贯彻中共二十大精神和习近平总书记考察江西重要讲话精神，坚持党的领导、统一战线、协商民主有机结合，坚持发扬民主和增进团结相互贯通、建言资政和凝聚共识双向发力，聚焦县委中心任务，充分发挥专门协商机构作用，认真履职尽责，为全面建设现代化“纯净资溪”作出了新贡献。

一、坚持加强理论武装，着力夯实共同思想政治基础

坚持人民政协政治属性，加强政治理论学习，用习近平新时代中国特色社会主义思想凝心聚魂，确保我县政协事业始终沿着正确的方向前进。

把党的创新理论学习作为思想政治建设的重要任务。坚持把深入学习习近平新时代中国特色社会主义思想作为筑牢思想政治基础、坚定政治定力的根本指针，坚持“第一议题”制度，深入学习贯彻中共二十大精神、习近平总书记关于加强和改进人民政协工作的重要思想、习近平总书记考察江西重要讲话精神，形成以县政协党组理论学习中心组学习为引领，主席会议集体学、常委会专题学、委员个人学，“委员读书月”“委员大讲堂”等相配套的全方位、立体式的学习体系，使全县政协系统自觉把思想和行动统一到中央决策部署上来。

把坚持党的全面领导作为思想政治建设的重要保障。积极主动争取县委重视，高位推动政协工作，认真落实县委《关于新时代加强和改进人民政协工作的实施意见》。切实做到中央、省委、市委和县委重要会议精神及时传达，重大决策部署贯彻到位，政协重要工作主动请示、重大活动事先报告，始终与县委同心同向、同频共振。县委常委会专题听取县政协工作，审议县政协提交的调研报告并研究落实意见。在县委的坚强领导下，县政协工作方向更明、目标更清、动力更足。

把深入推进党的建设作为思想政治建设的重要手段。不断加强党组成员对党外委员的走访联系，增强党外委员对党的政策认可度，提升委员队伍向心力。持续完善中共党员委员工作站建设，更好发挥党员委员在一般委员中的示范引领作用。2023年，费歌委员议事厅被市政协评为先进工作站。县政协党组定期听取机关党建工作汇报，督导推进党建“三化”建设，鼓励支持机关党支部积极创建“模范党支部”。创新党建活动载体，与嵩市、高田等乡镇联合开展“主题党日”等活动，县政协党组成员以普通党员身份参加，引导党外干部向党组织靠拢，以高质量党建促进高质量履职。

把开展主题教育作为思想政治建设的重要法宝。牢牢把握“学思想、强党性、重实践、建新功”的总要求，认真落实“三个实实在在”的重要要求，精心制定实施方案。举办县政协集中学习会，集中开展学习交流5次，撰写心得体会26篇。利用微信小程序实现线上线下联动学习，鼓励政协委员和机关干部交流学习心得，进一步浓厚学习氛围。县政协班子成员分别领衔1个调研课题，下沉到相关单位、村镇、社区、企业实地开展调研共20余次，与当地干部群众开展座谈10余场，形成调研报告7篇，推进2个检视问题全部整改到位。调研期间，帮助解决火车站小区

栏杆安全隐患等群众关心关注问题10余个。

二、坚持服务中心大局，全力助推资溪高质量发展

紧紧围绕县委提出的争当“四个排头兵”、实施“五大战略”的工作部署，扎实开展专题协商、民主监督、委员视察等活动16场次，形成调研、视察和评议报告以及建议案23件，提案75件，获得县委、县政府主要领导批示9次，全方位助力“六大行动”。

全力助推工业经济提质行动。围绕做强面包食品产业这一首位目标，组织委员开展专题调研，就当前资溪面包产业链构建与发展路径设计等问题进行深入分析，提出了加快打造集生产、研发、人才培训、集中采购“四个中心”为一体的产业总部基地，发挥产业发展联盟的作用整合产业链上中下游企业等建议，推动面包产业集结力量再出发。

围绕助力打通产业发展瓶颈，开展“推进县域物流体系建设”专题调研，走访面包、竹木等重点产业企业，协同县交通运输局、快递协会等行业主管部门，全面摸排我县运输、仓储、配送及配套服务基本情况。完成《加快物流产业发展 助推县域经济循环》的调研报告，针对县域物流体系建设提出合理建议，为助推县域经济循环提供政协智力。

围绕助力优化产业布局，组织委员以“实地视察＋圆桌协商”方式，对资溪金凤凰科技园建设和管理运营情况开展专题视察活动并形成视察报告，提出了继续做好筑巢引凤、腾笼换鸟工作等6条意见和建议，为县委、县政府科学决策提供了有益参考。

全力助推改革开放提级行动

围绕助力进一步扩大对外开放，主席会议成员牵头召开座谈会7次，调研走访县内链上企业10余家，了解企业对丰富产业链上下游生态的需求，赴武汉、西安、泉州等地针对性开展产业链招商；同时发挥政协委员来源广泛的优势，借助委员资源大力开展以商招商、以情招商，有效推介资溪投资品牌，全年新增洽谈项目5个，金鑫木业等链上企业成功落地投产。

围绕进一步激发市场主体活力，组织法律界别委员送法律知识进企业，并在重点企业开设政协委员法律工作室，就近为企业提供法律咨询服务。组织工商界别委员进行座谈，了解企业生产经营情况，协调解决企业在融资、用工、物流、政务环境等方面遇到的困难和问题，引导企业家委员为全县经济社会高质量发展出实招、献良策。

围绕进一步优化法治化营商环境，对县工信商务局工作情况开展民主评议，对该单位履行工作职能和法定职责，特别是鼓励和支持企业依法经营、公平竞争方面开展评议，有效帮助被评议单位改进工作，提升优化营商环境水平。倾力服务挂点企业，经常性走进企业了解企业运营情况，帮助企业解决困难，县政协派驻费歌食品的惠企特派员获评全县先进。

全力助推生态建设提优行动

围绕打造“养老、养身、养心、养性”生态康养品牌，以“生态康养产业发展”为题，组织委员就探索“森林＋”融合发展模式开展专题调研，开展5次专题协商，形成《厚植资溪生态优势，发展森林康养产业》的调研报告，提出推进森林康养产业和全域旅游有机结合，引进森林医养体验商业综合体等意见建议，为资溪走出从森林旅游向森林康养的特色转型之路提供了有益参考。该报告被市政协评为2023年度优秀调研报告。

圆满完成2023首届中国·抚州生态康养产业发展大会资溪会场考察任务，全方位展现“中国睡都 九养资溪”生态康养产业业态，持续扩大资溪生态康养品牌的知名度、美誉度和影响力。创建成立大觉文化研究院，助力发掘资溪康养“睡眠”“养生”两大核心价值。联合中国健康管理协会共同举办大觉山森林康养体验活动2期，搭建“体育健身＋森林康养”平台，得到广大参与群众好评。

围绕完整准确全面贯彻绿色发展理念，紧扣坚持“生态立县”这一主线，对县内各景区走出疫情阴霾，恢复资溪全域旅游良好态势的情况开展调研。形成了《关于我县全域旅游提质增效专题调研报告》，提出了持续整合全县各产业资源、做好“旅游＋”的后半篇文章等16条建议，其中多条建议对策被相关部门采纳。

全力助推城乡融合提效行动

围绕推进乡村振兴战略，就我县和美乡村建设这一课题开展专题调研，形成了《筑梦未来乡村 建设“纯净资溪”》的调研报告，提出编制全域未来乡村建设规划和打造共同富裕基本单元的资溪样板等19条建议，为乡村全面振兴提供了政协参考。

围绕县委提出的“小县大城”战略，针对资溪城区公共服务基础设施建设、重点区域更新改造等课题，开展城市功能品质提升工作情况专题视察，提出了因地制宜建立“规划—设计—管控”体系、推进跨部门综合性管理大数据平台建设等20余条建议，推动资溪以高品质城市生活吸纳“新市民”，助力城乡加快融合。

围绕守牢耕地红线这一课题，组织委员就我县高标准农田建设与抛荒情况开展专题视察，形成《关于高标准农田建设与抛荒整治情况的专题监督报告》。科学总结我县高标准农田建设成绩，梳理积累的好经验好做法；如实反映耕地抛荒情况，直面问题并深挖背后的根源，相应提出意见建议，为守护好农业“粮袋子”建言献策。

全力助推公共服务提档行动

围绕高质量推进“双拥”工作，组织委员就我县办好尊军崇军暖心事的情况开展视察，提出建立双拥工作经费增长机制、加大对优秀退役军人的使用力度等建议，助推我县拥军优属工作不断做深做实，帮助广大退役军人和优抚对象进一步增强获得感、幸福感。

围绕群众关心关注的热点问题，积极发挥政协委员智力密集的优势，组织各领域委员深入社区开展送知识、送服务、送政策活动，如，组织医疗战线委员为社区群众免费体检，组织应急救援战线委员在暑假前为学生普及防溺水知识等。以委员的专业知识为支撑，将群众需要的公共服务送到群众身边，充分体现人民政协的为民情怀。

围绕深入挖掘宣传资溪的文化内涵，高质量承办抚州市政协志（县区篇）编纂工作现场会，并整理撰写《抚州政协志·资溪篇》报送市政协，全方位展示历届县政协助推资溪经济社会发展的历史风貌，得到市政协领导肯定。

全力助推县域治理提升行动

围绕破解基层社会治理的难题，就“城市社区网格化管理规范化建设”课题开展专题调研，梳理出社区网格化管理工作存在的五大方面问题，从六个维度提出17条建议，形成的调研报告得到县委主要领导重视并作出批示，有力推动我县城市社区基层治理向善向好。

围绕创建省级食品安全治理示范县工作，组织委员深入我县部分学校食堂、超市、小作坊、集中屠宰场，针对食品安全生产、推进社会共治、处置安全事故等重点工作开展民主监督，厘清了食品安全监管工作的基本情况。对于存在的薄弱环节，提出了建立部门协同、风险交流的长效机制，遵循“四个最严”要求开展食品安全监管等建议，得到被监督单位认可采纳。

围绕推动交通安全治理能力进一步提升，组织委员对县公安局交警大队开展民主评议，针对管理工作水平、事故预防工作成效、队伍执法水平、职业素养和服务意识等情况进行客观评价。所提的在易发生交通拥堵的路段安装电子抓拍设备、完善县道专委平台建设等10条建议得到被评议单位认可采纳，有效推动我县交通安全领域治理水平提质增效。

三、坚持践行守正创新，不断擦亮政协工作特色亮点

着眼提升工作质效，持续探索政协履职新形式，不断巩固政协履职阵地，更好服务委员履职。

*“委员议事厅”成色更足。*在市政协的有力指导下，我们赴崇仁县参加全市县（区）政协“一县一品牌”工作交流会，以“现场考察+PPT汇报”的形式，展示“委员议事厅”创建成果，与10个兄弟县（区）政协同台竞技、比学互鉴。在2022年先行试点建设一个景区议事厅的基础上，2023年增设了1个园区议事厅和1个社区议事厅，将政协委员履职阵地拓展到园区企业和社区群众身边。通过议事厅协商平台持续用好“委员示范路”，跑出乡村旅游“加速度”，相关事迹被市政协评选为“政协履职优秀创新案例”。

*委员履职渠道更宽。*积极探索履职新途径，首次将专委会牵头的重大履职工作提交县政协主席会议协商审议，进一步提升履职成效。针对事关经济社会发展和涉及群众切身利益的重大课题，邀请党政部门与政协委员列席县政协主席会议，“面对面”协商，现场提出建议，现场答疑回应，做到“议有成果、做有成效”，形成调研视察与专题协商相结合、协商监督与反馈落实相贯通的协商议政新格局，有力推进协商民主广泛多层制度化发展。

*书香政协芬芳更浓。*为不断提升县政协机关和委员的智力密度和履职水平，我们大力开展书香政协建设。与县图书馆联合创设“书香政协　悦读履职”线上读书平台，全年推荐好书近百本，帮助委员更好利用碎片化时间学习充电。举办“诗咏嘉木　悦品秋韵”读书分享会，为委员搭建展示自我、交流心得的舞台，提供更加直观的阅读正反馈，提升委员自觉开展阅读的积极性。

*提案工作特色更亮。*坚持县领导领衔督办重点提案制度，创新开展重点提案集中办理协商月活动。9月7日，县委吴淑琴书记出席提案督办会，有力提升提案督办效能。首次开展“提案入专”活动，变以

往提案委一家督办，为各专委会分类督办，大大提升提案办理效率。目前75件提案已全部办结，委员满意率达到100%。推动一批提案意见建议纳入了党政决策程序，转化为推动资溪经济社会发展、部门工作改进的具体政策举措。开展“模拟提案”活动，有效扩大政协提案工作在群众中的知晓率和认可率。在2023年江西省模拟政协提案征集活动中，我县推报的《关于正确引导中学生追星的提案》荣获中学组优秀奖。

四、坚持广泛凝聚共识，不断汇聚建功新时代正能量

坚持把广泛凝聚共识融入协商履职全过程，进一步加强联动交流，为全县高质量发展汇聚强大合力。

坚持开展交流联动。不断加强与全国、省、市政协沟通联络，积极争取省市政协领导更多地关注资溪、走进资溪，全国政协原副主席齐续春，福建省政协副主席余军，省政协副主席陈兴超，省政协副秘书长、办公厅主任傅兆良，市政协主席贺喜灿等领导先后到资溪调研指导我县政协工作。成功争取抚州市政协志（县区篇）编纂工作现场会在资召开，扩大资溪文史工作影响力。积极响应市政协开展的全员履职行动，结合县委工作部署，组织住资市政协委员和县政协委员共100余人参与行动，有效融入全市政协系统工作大格局。持续加强与兄弟县（区）政协交流互动，全年接待安徽池州、浙江云和等外县市政协来资考察调研20余批次，同时赴黎川、乐安、光泽等周边5个县区考察学习，拓展自身视野、交流工作经验、提升履职能力。积极组织县政协委员参加首次全市县（区）政协委员“看发展暨集中培训”活动，实地视察新能源汽车产业园、文昌里历史文化街区，有效凝聚了同心促发展的团结力量。

坚持联系界别群众。出台《关于县政协主席、副主席、秘书长联系界别工作的意见》《关于政协委员联系界别群众工作的制度》等文件，从制度层面保障联系界别群众工作。积极参与举办乡贤座谈会、田园书院中秋晚会等联谊活动，密切同党外知识分子、非公有制经济人士、新的社会阶层人士、民族宗教界人士、港澳台侨代表人士的沟通联络。聚焦界别群众急难愁盼问题，全年召开专题协商议事活动60余场，开展“关爱留守儿童”“情系残障人士”等各类为群众办实事好事活动40余次，有效回应界别群众呼声。

坚持参与全县工作。县政协主席会议成员认真落实县委要求，深入挂点乡镇、联系项目、服务企业等走访调研，现场协商解决发现的问题，倾力推动相关方案落实到位。积极推动粮食局片区棚改工作，召开棚改工作调度推进会3次，将任务分解到各委室、落实到个人，全年成功与9户群众签订相关协议。全力参与资溪旅游品牌营销推介，吸引642人次来资观光旅游。组织政协机关干部，深入火车站片区开展文明劝导、卫生清扫等活动，全力支持“双创”工作。拨付帮扶资金2万元帮助乌石镇长源村解决村民实际困难，选派机关干部驻村挂点帮扶，帮助争取沟渠修缮、路面硬化等项目建设资金190余万元。

坚持发好政协声音。鼓励县政协委员创作书画作品，参加全市政协系统文艺作品展，展示资溪良好风貌。依托委员议事厅广泛收集社情民意，集结成册上报县委11期，报送省政协86篇，其中6篇被转报省委或全国政协，位居全省第一方阵。持续加大信息宣传力度，在《人民政协报》《江西政协报》《赣事好商量》等国家级、省级媒体刊稿13篇，在《资溪政协》微信公众号上发表工作动态50余篇，提升群众对政协工作的知晓度和认可度，推动资溪好声音传得更远。

五、坚持强基固本增效，切实增强专门协商机构建设

加强委员队伍管理。进一步完善《资溪县政协委员履职考核办法》，建立委员履职档案，加强委员履职管理和考评。举办“委员大讲堂”5场次，邀请相关领域专家学者为委员授课，提升委员履职能力和政治向心力。创新专委会兼职副主任列席政协常委会会议，一般委员参加专题协商会议等制度，尊重支持委员依照政协章程自主履行职责，释放委员履职积极性，有效破除“年委员、季常委”怪圈。

提升专委会规范化程度。出台《资溪县政协关于加强和改进专门委员会建设的实施办法》，根据工作实际需要调整专委会分工，新增“农业农村和人口资源环境委员会”，并合理调配人员加强专委会工作力量，推动专委会实现工作更加规范有序，质效大幅度提升。

强化机关自身建设。县政协党组成员逐一与机关科级干部开展政治谈话，实现政治体检全覆盖。以开展“九查九改”干部作风整顿活动为契机，深入查摆整治机关干部作风存在的突出问题。经常性组织机关干部参加警示教育，着力营造政协系统风清气正的政治生态，推进机关作风持续向上向好。

各位委员，过去一年县政协工作取得的成绩，最根本在于习近平新时代中国特色社会主义思想的科学指引，是省市政协有力指导、中共资溪县委坚强领导、县政府和社会各界大力支持的结果，是县政协的各参加单位和各界委员团结奋斗的结果。在此，我代表县政协常委会，向忠实履职的各界委员，向所有关心、支持政协工作的各级领导、各界人士，表示崇高敬意和衷心感谢！

看到成绩的同时，我们也清醒地认识到还存在一些薄弱环节，主要表现为思想政治引领的系统性、协同性、针对性还需进一步增强；协商议政、民主监督服务党政中心工作的实际成效还需进一步提高；凝聚共识、传播共识的机制方法还需进一步探索；委员联系界别群众的制度机制还需进一步完善。这些问题要在今后的工作中认真加以研究解决。

大事记

1月

4日，市平安建设考评组（市委政法委常务副书记欧峰一行）交流会在资溪召开。

5日，县委五人小组会议召开。

同日，十五届县委第四十九次常委会会议召开。

同日，县委十五届四次全体（扩大）会议暨县委经济工作会议召开。

同日，国家统计局江西调查队总队长方正亚一行、抚州市东乡区人大常委会主任高晓英一行在资溪调研交流。

6日，省政协常委、国家统计局江西调查总队党组书记、总队长方正亚和市政协副主席、统计局局长唐永文一行在资溪开展春节走访慰问。

7日，2022年度市管领导班子和领导干部年度考核民主测评大会召开。

同日，省民宗局巡视员马徽江、市民宗局副局长游咏在资溪走访调研。

11日，全县2022年度基层党建工作述职评议会议召开。

同日，江西省交通运输厅总工程师朱晗一行在资溪座谈交流。

12日，南昌航空大学党委书记罗嗣海，市政府副市长、市公安局局长韩潮，原市人大副主任、市女企协会长杨晓梅，市妇联主席杨青等在资溪开展春节走访慰问活动。

同日，省社科院院长肖洪波一行在资溪调研。

同日，省粮食安全责任制考核检查组组长万晓波一行在资溪实地核查。

同日，省社科院院长肖洪波一行在资溪调研林下灵芝种植基地等项目。

13日，十五届县委第五十次常委会会议召开。

16日，县政协十届三次会议召开。

同日，国家绿色发展基金管理公司首席投资官纪鑫华一行在资溪调研。

17日，县第十八届人大三次会议召开。

同日，市委常委、宣传部部长孙鑫一行在资溪走访慰问。

19日，“建功新时代，唱响资溪情”先进典型评选表彰暨大合唱比赛举行。

28日，县纪委十五届三次全体会议召开。

29日，全市县处级主要领导干部学习贯彻党的二十大精神专题研讨班举行。

2月

1日，十四届全国政协委员、省政协常委、民革江西省委会主委熊皓一行在资溪调研。

2日，召开十五届县委第四轮巡察工作动员部署会。

同日，中共资溪县委十五届六次全体（扩大）会议暨县委经济工作会议召开。县委书记吴淑琴受县委常委会委托作工作报告并讲话，就《中共资溪县委关于深入学习贯彻习近平总书记考察江西重要讲话精神、奋力谱写中国式现代化资溪篇章的决定（草案）》起草情况作说明。

6日，全县重大项目协同联动开工暨2023年“项目大会战”动员大会召开。

同日，十五届县委第五十一次常委会会议召开。

7日，省农业农村厅原副厅长、省食安委专家委副主任唐安来一行在资溪县开展食品安全创建评审工作。

同日，2022年度县直单位党组织书记抓基层党建述职评议考核工作会议召开。

同日，2022年度非公有制经济组织和社会组织党组织书记抓基层党建工作述职评议会议召开。

9日，省就业创业服务中心主任郭锦亮及市人社局党组书记、局长鄢新员一行在资溪座谈交流。

同日，资溪县人民武装委员会议召开。

10日，省就业创业服务中心主任郭锦亮一行在面包科技公司考察调研。

同日，省民政厅区划地名处处长吴新传一行在资溪县开展行政区划调研，并出席座谈会议。

13日，县委五人小组会召开。

14日，全县离退休干部学习宣传贯彻党的二十大精神暨经济社会发展形势报告会召开。

同日，新华社调研组来资溪调研活动并开展座谈。

同日，资溪县贺新春群众篝火联欢活动举行。

15日，中国工艺美术学会理事长才大颖一行在资溪调研。

20日，十五届县委第五十二次常委会会议召开。

同日，省人大常委会预算工委副主任梁力一行在资溪县考察调研。

20日—21日，省委网信办主任梅毅同志在资溪县调研数字经济、面包产业、竹木加工产业发展等工作。

21日，省政府副秘书长、省机关事务管理局局长严佛元、副市长蔡青在资溪县调研生态产品价值实现、面包产业发展等工作。

23日—24日，省红十字会党组书记、常务副会长龚建辉及市红十字会党组书记、常务副会长娄红玲一行在资溪县调研红十字会工作。

27日，全县党委（党组）书记抓人才工作专项述职会议召开。

28日，省人大常委会副主任、抚河流域省级河长张小平一行在资溪调研。

同日，十五届县委第五十三次常委会会议召开。

同日，省文联副主席郚定忠一行在资溪县调研并开展座谈交流。

3月

1日，民进中央长江生态环境保护民主监督调研组陈振楼一行在资溪县调研工业园区污水处理情况。

3日，十五届县委第五十四次常委会（扩大）会议召开。

6日，全县领导干部会议召开。

同日，十五届县委第五十五次常委会会议召开。

7日，资溪县流式细胞仪及试剂项目招商引资协议签约仪式举行。

同日，2022年度县直单位综合考核述职暨满意度评价会议召开。

同日，《法治日报》驻江西记者站站长黄辉、省司法厅法治调研处处长张学智及市司法局党组书记、局长陈振华等一行在资溪县调研法治政府建设。

8日，江西倬云数字产业集团党委书记、董事长龚汉城一行在资溪开展座谈交流；省委原副秘书长朱荣辉在资溪开展座谈交流。

同日，省税务局党委委员、总经济师龚云斌一行在资溪县调研税务工作。

9日，省委常委、省委宣传部部长庄兆林一行在资溪调研。

10日，南昌航空大学副校长汤华中一行在资溪县开展现场教学活动。

同日，省委老干部局一处处长许晓军一行在资溪县核查全省离退休干部“示范党支部”并开展座谈交流。

17日，县委理论学习中心组（扩大）集中学习暨“周末课堂”召开。

同日，十五届县委第五十六次常委会议召开。

同日，省人社厅副厅长刘克琦一行在资溪县专项调研社保基金管理工作，并座谈交流。

同日，省委党史研究室副主任刘津一行在资溪县开展座谈交流。

20日，县委五人小组会议召开。

同日，十五届县委第五十六次常委会会议召开。

同日，全县领导干部会议召开。

同日，中信重工开诚智能装备有限公司基地办华东区主任韩磊一行在资溪县考察调研。

同日，中国农业发展银行信贷管理部副总经理王锦虹、农发行江西省分行副行长钟晓成一行在资溪县开展绿色信贷项目调研工作。

24日，江西省茶产业联合会会长王晓鸿一行在资溪县座谈交流。

27日，第十三届全国政协农业和农村委员会副主任、国家林业和草原局原局长张建龙在资溪开展座谈交流。

同日，2023年“小县大城·资溪山珍”烹饪大赛活动举办。

28日，国家林业和草原局原局长、第十三届全国政协农业和农村委员会副主任张建龙一行在资溪调研。

同日，以“发展森林康养、增进民生福祉”为主题的第六届中国森林康养产业发展大会在资溪县开幕。第十三届全国政协农业和农村委员会副主任、国家林业和草原局原局长张建龙，副省长史可，市委书记魏晓奎，省林业局党组书记、局长邱水文出席开幕式并致辞。县委书记吴淑琴作主旨报告并交流分享资溪经验。会上，资溪县被授予“全国森林康养标准化建设县”称号。

同日，省生态环境厅党组成员、驻厅纪检监察组组长李鹏云一行在资溪开展座谈交流。

同日，省森防指调研组张英敏一行在资溪县调研并召开座谈会。

29日，全国政协常委、副秘书长、民革中央副主席兼秘书长李惠东，民革省委会主委熊皓一行及市委副书记、市长高世文在资溪考察调研。

同日，十五届县委第五十八次常委会会议召开。

同日，“金资南”文化和旅游产业融入示范区评审专家组一行在资溪县检查相关工作。

同日，文化和旅游部文化市场综合执法监督局文化市场执法监督处处长黄卓一行在资溪开展座谈交流。

同日，江西省文化和旅游厅产业处二级调研员林小华一行在资溪进行座谈交流。

31日，2023年江西省“振兴杯”焙烤行业职业技能竞赛开幕式在资溪举办。

4月

3日，省委办公厅督查三处处长文江涛、省林业局产业发展处处长蔡德毓一行在资调研竹产业发展情况。

4日，《资溪县国土空间总体规划（2021—2035年）》专家咨询会议、资溪县矿山修复治理工作调度会召开。

6日，县委书记专题会（县委第四轮巡察情况汇报会）、经济运行分析调度会召开。

同日，十五届县委第五十九次常委会召开。

7日，省人大法制委员会副主任委员叶敏健一行在资溪县开展《江西省促进革命老区振兴发展条例（草案）》立法调研工作，并座谈交流。

10日，配合省委巡视有关工作调度会议召开。

同日，省委党校县处班学员在资溪实地考察。

同日，市委常委、纪委书记、监委主任刘玉椿在资溪调研。

11日，省红十字会筹资财务处处长周晓红一行在资溪开展财务调研工作。

12日，江西省国际生物多样性日宣传活动调研组一行在资溪考察。

13日，首都机场集团公司党委书记、江西省政府参事宋胜利一行在资溪调研。

同日，省扫黑办专职副主任、省公安厅一级警务专员胡景辉一行在资溪调研。

14日，全县领导干部工作会议召开。

17日，抚州市委常委、抚州军分区党委副书记、司令员李进伟一行在资溪调研。

同日，十五届县委第六十次常委会召开。

19日，十五届县委第六十一次常委会召开。

21日，资溪县2023年“纯净书香城，阅享新时代”全民阅读活动启动仪式举行。

23日，省第四生态环境保护督查组在资溪考察。

24日，辽宁大学宋有涛教授一行在资溪专项调研生态产品价值（GEP）核算实践与理论，并座谈交流。

同日，市委常委、宣传部部长孙鑫同志在城关社区人大代表联络工作站开展调研。

25日，福建省政协党组成员、副主席余军一行在资溪调研。

同日，省委党校第8期省直单位处级党员领导干部进修班学员到竹科技产业园、庄驰家居有限公司等地考察调研。

同日，省第四生态环境保护督察组一行在资溪实地督察。

27日，安徽省池州市政协党组书记、主席张夏林一行在资溪调研。

28日，县政府第二次廉政工作会议、县政府党组会议、县政府常务会议召开。

5月

8日，十五届县委第六十二次、六十三次常委会会议（党建专题会议）召开。

同日，资溪县2023年度世界红十字日暨“5·8人道公益日”表彰大会召开。

10日，省委党史研究室主任梅仕灿一行赴苏区纪念馆、党史教育基地、两山转化中心等地调研。

11日，资溪县生物医药MAH平台项目签约仪式举行。

15日，由南昌大学、抚州市人民政府主办，资溪县人民政府、南昌大学江西发展研究院承办的2023年探索“两山”转化新路径、高质量建设美丽江西样板研讨会在大觉山国际酒店会议中心召开。中国科学院院士刘嘉麒，南昌大学教授、博士生导师，江西省原省委常委、副省长朱虹，南昌大学原校长，流域碳中和教育部工程研究中心主任、教授周创兵，中国人民大学教授、博士生导师蓝虹出席并作主旨报告。县委书记吴淑琴致欢迎辞。

同日，中国科学院院士刘嘉麒一行在资溪调研。

同日，省委第六巡视组组长罗亦斌在资溪圣农食品、资溪面包公司调研。

16日，省政协副秘书长、办公厅主任傅兆良一行在资溪调研。

17日，省政协党组成员、副主席陈兴超一行在资溪调研。

同日，市委常委、市委统战部部长郭新春在资溪调研。

18日，省金融监管局党组成员、副局长万良顺一行在资溪调研绿色金融改革。

19日，省电力公司总经理助理兼发展策划部主任万卫一行在资溪调研。

22日，省政府副省长陈敏一行在资溪调研。

同日，省质标院院长曾建华一行在资溪调研。

同日，江西省2023年国际生物多样性日宣传活动启动仪式在资溪举行。

23日，市委常委、宣传部部长孙鑫在高田乡调研。

24日，省文联副主席毛国典一行就省书法培训中心在资溪举办老师书法培训班进行调研。

25日，省老干部局局长、省委组织部副部长郭素芳，市委常委组织部部长肖妮娜一行在资溪调研老干部工作。

30日，“中医药高层次人才”江西行（抚州专场）暨人才康养系列活动筹备组在资溪实地考察。

同日，市审计局原二级巡视员魏建平实地考察两山林业公司、司前社区、电信公司创评市级模范党支部工作。

6月

1日，国家林业和草原局科技司副司长王连志一行在资溪县竺尚竹业、未家竹科技、拓竹机械等企业考察，并参加林草科技成果推广转化工作座谈会议。

同日，面包食品产业城基础设施建设项目（二期、三期）调度会、220KV变电站项目建设工作调度会召开。

2日，县政府系统全面从严治党专题会议、全县安全生产重大事故隐患专项排查整治2023行动动员部署会、全县政务公开工作推进会、资溪县创建全国四好农村路示范县推进会、资溪县申报全国农村物流服务品牌推进会、资溪县申报全国农村物流服务品牌推进会、县政府第33、34次党组（扩大）会议、县十八届人民政府第34次常务会议召开。

5日，十五届县委第六十五次常委会会议召开。

6日，省残联副理事长一行在资溪进行调研。

同日，上海金塘农业科技发展有限公司董事长刘必江一行在资溪进行项目考察。

7日，中医药高层次人才江西行（抚州专场）暨人才康养系列活动筹备调度会召开。

同日，省专用通信局局长陈金梅一行在资溪开展专用通信工作检查。

8日，浙江省丽水市人大常委会副主任沈根花一行在资溪调研生态产品价值实现机制试点工作。

同日，资溪县第十八届人民政府第35次常务会议召开。

9日，国家统计局调研组一行在资溪调研。

15日，省人大常委会原副主任、省总工会原主席谢亦森，省农业厅原书记陈日武，市政协原主席谢发明，市人大常委会副主任赵立，市人大常委原副主任许四星等省、市关工委调研组一行在资溪调研。

同日，南昌航空大学党委书记李德平在鹤城镇走访慰问。

16日，人民网江西总经理、总编辑吴跃军一行在资溪调研。

19日，十五届县委第六十六次常委会召开。

同日，省委常委、省军区政委鲍泽敏一行在资溪调研。

同日，省委党校第112期市厅级领导干部进修班在资溪开展现场教学。

20日，省委党校第112期市厅级领导干部进修班学员，先后到资溪县竹科技创新中心、面包食品产业城、“两山”转化中心等地考察调研，县委书记吴淑琴向参训学员分享生态产品价值实现机制的实践与探索经验。

同日，北京工业大学教授张大林在资溪调研。

同日，三维锂电池项目研判会、陆恒食品项目调度会召开。

同日，创建国家卫生县第一轮现场评估和技术指导组来资溪检查指导。

26日，省农发行副行长孙建成一行在资溪开展乡村振兴工作调研，并走访慰问困难群众。

28日，副市长、市公安局局长韩潮在资溪调研督导。

29日，十五届县委第六十七次常委会召开。

同日，中盈集团股东、执行董事方丹一行在资溪调研。

30日，省军区战建局局长封晓冰、市军分区司令员李进伟在资溪调研。

同日，资溪县2023年度“红旗党支部”“模范党支部”集中授牌大会召开。

同日，《中国共产党江西省资溪历史》第二卷（1949–1978）首发仪式在县行政中心三楼会议室举行。

7月

3日，县委书记吴淑琴在县行政中心三楼会议室召开资溪县实施“小县大城”发展战略动员部署会。

同日，云南省政府参事一行在资溪调研生态产品价值实现机制工作。

6日，南昌航空大学党委常委、组织部部长邓瑾一行在资溪调研。

10日，市委原常委吴建华同志率领市工业运行调研组一行在资溪开展工业经济相关调研。

同日，市委秘书长刘俊福在资溪调研。

13日，省应急厅二级巡视员裴建元一行在资溪县督导检查安全生产重大事故隐患排查整治工作。

14日，中央挂职干部调研组在资溪调研。

17日，市政府副市长江志坚在资溪调研。

同日，2023年资溪县“阳光少年成长营”第一期公益夏令营开营仪式举行。

19日，省人大农委副主任邓保生一行在资溪开展种子法执法检查。

21日，省建行副行长一行在资溪调研并召开调研座谈会。

24日，十五届县委第七十次常委会会议召开。

同日，上海现代服务业摄影协会一行在资溪考察调研。

25日，省总工会党组成员、副主席饶冬梅一行在资溪走访慰问。

26日，省卫健委研讨班在资溪举行座谈会。

27日，掌护医疗及艾肯集团在资溪考察。

同日，副省长孙洪山一行在资溪调研。

31日，中共资溪县委十五届五次全体（扩大）会议、县委全面依法治县委员会第五次全体会议召开。

8月

9日，省文明办一行在资溪调研。

15日，省委常委、常务副省长任珠峰在资溪调研乡村振兴、林下经济等工作。

16日，十五届县委第七十二次常委会召开。

17日，举行资溪县离退休干部党支部授牌授奖暨省市老干部系统知识竞赛颁奖仪式。

22日，十五届县委第七十三次常委会召开。

23日，市委副秘书长曾建华等市委调研督导组一行在资溪调研督导。

同日，江西旅游商贸职业学院院长彭元、市金融办主任吴伟军一行在资溪县调研碳达峰碳中和及绿色金融工作，并开展座谈交流。

29日，市委常委、宣传部部长孙鑫一行在资溪调研。

同日，国家林业和草原局华东院党委书记、院长吴海平一行在资溪调研。

同日，市委政研室（改革办）副主任徐明一行在资溪调研。

30日，省委办公厅调研处宋小敏一行在资溪调研。

同日，省农村信用联社发展战略研究中心主任李辉华一行在资溪调研绿色金融和乡村振兴工作。

9月

1日，中国法学会副会长江必新，市委常委、政法委书记姚飞翔一行在资溪调研。

4日，县委五人小组会议、县委全委（扩大）会召开。

同日，市人大原副主任曾龙昌、市政协原副主席帅歌柳一行在资溪调研。

同日，十五届县委第七十四次常委会召开。

5日，创建国家级甲级民宿专家组一行在资溪调研。

同日，国家文化和旅游部市场管理司司长候振刚一行在资溪调研。

6日，国家金融监督管理总局江西监管局党委书记、局长李赛辉一行在资溪调研。

同日，省民宗局民族社会事务处处长缪星宇一行在新月村考察座谈。

8日，省侨联副主席罗丽都在资溪调研。

11日，2023“中国体育彩票·萨瓦杯”第十一届环鄱阳湖国际自行车大赛资溪面包抚州资溪站发车仪式启动。

12日，广东省医药企业协会在资溪考察并召开座谈会议。

同日，县委五人小组会议召开。

同日，市政协主席贺喜灿一行在资溪调研生态康养工作。

14日，县委第七十五次常委会召开。

同日，全县学习贯彻习近平新时代中国特色社会主义思想主题教育部署大会召开。

同日，省委统战部副部长、省民宗局局长喻志勇一行在资溪调研民族宗教工作。

同日，2023资溪·新月第八届畲族民俗文化节开幕。

20日，十五届县委第七十六次常委会议召开。

同日，资溪县委宣传部学习贯彻习近平新时代中国特色社会主义思想主题教育工作部署会召开。

同日，举办县级领导干部专题读书班开班仪式。

22日，以"点燃乡村梦想，助力乡村振兴"为主题的乌石镇首届稻田"村超"邀请赛，在资溪县乌石镇草坪村野狼谷景区举行。县委副书记、县长饶源中出席开幕式并宣布比赛开幕。

25日，县委书记专题会议、十五届县委第七十七次常委会会议召开。

26日，主题教育省委第三巡回督导组在资溪调研。

同日，举行资溪220千伏变电站开工仪式。

10月

8日，县委副书记毛奇锋召开"党建引领，群团联建"工作会议，推动党建群团与社会基层治理深度融合发展。

11日，市政协副主席伍旭鸿一行在资溪开展"加快培育'专精特新'企业，打造我市工业发展新引擎"专题调研。

12日，湖北黄冈市麻城市委政法委副书记李家明一行在资溪考察调研。

同日，赣东学院创新创业教育学院陈坚副校长一行在资溪考察调研。

17日，省双拥工作考评组在资溪检查。

同日，省地方志研究院副院长张棉标一行在资溪调研。

18日，省统计局设管处处长刘卫红，市统计局党组书记、局长郑海文一行在资溪调研统计基层基础建设有关工作。

19日，十五届县委第七十八次常委会、十五届县委国安委第二次全体会议暨县防范化解重大风险工作领导小组会议召开。

同日，全县领导干部大会召开。

20日，资溪农商银行举行竹产业支行揭牌仪式。

同日，举行资溪县2023年重阳节文艺展演活动。

同日，建设省级生态园林城市核查组在资溪检查。

同日，市委副秘书长、政研室主任、改革办副主任左锋一行在资溪调研。

22日，2023首届资溪越野挑战赛在资溪开幕。县委书记吴淑琴出席开幕式并宣布活动开赛。县委副书记、县长饶源中致辞。

23日，第113期省委党校市厅级干部进修班在资溪调研。

24日，全市地厅级退休人员在资溪考察"开局之年看发展"相关工作。

同日，省委巡视组开展巡视期间执行作风纪律情况后评估工作。

25日，省军区政工局在资溪县收集考证革命军事馆专题馆史料召开。

26日，省政府党组成员陈小平在资溪考察。

27日，第十二届中国竹文化节在资溪县举办。

同日，国家林业和草原局生态保护修复司司长张炜一行在资溪县考察调研。

同日，省委网信办主任梅毅在资溪县调研。

28日，第十二届中国竹文化节竹乡座谈会在资溪召开。中国竹产业协会秘书长杨淑艳主持会议。中国竹产业协会专家委员会主任刘红，县委副书记、县长饶源中先后致辞。

30日，十五届县委第七十九次常委会、县委全面从严治党专题会召开。

11月

1日，教育部基础教育司与中国教育科学研究院一行在资溪调研。

2日，全县三季度经济形势分析暨综合考核工作推进会、十五届县委第八十次常委会会议召开。

同日，省统计调查总队队长方正亚一行在资溪县走访记账户、调研竹科技博物馆。

7日，住房和城乡建设部二级巡视员一行在资溪县核查中国人居环境奖创评工作。

8日，市人大常委会副主任赵立一行在资溪调研。

同日，中铁建投资集团薛俊一行在资溪察看弋阳—南丰（资贵）高速公路进展情况。

10日，2023首届中国·抚州生态康养产业发展大会开幕式在资溪举行。

同日，生态康养考察团在资溪考察。

同日，南昌交投集团一行在资溪调研。

13日，十五届县委第八十一次常委会会议召开。

14日，省气象局局长傅敏宁一行在资溪调研。

15日，省宣传部领导一行在资溪调研。

22日，市委常委、政法委书记姚飞翔在资溪调研矛盾纠纷多元化解一站式中心建设等工作。

23日，省委宣传部副部长、省文明办主任龚建文一行在资溪调研未成年人思想道德建设、移风易俗工作。

24日，中央党校调研组一行在资溪调研。

27日，十五届县委常委会第八十二次会议召开。

29日，县第十八届人民代表大会第四次会议召开。

同日，省水利厅二级巡视员郭泽杰一行在资溪考核县域节水型社会达标建设情况。

12月

1日，中国农业发展银行江西省分行副行长熊壮一行在资溪考察调研。

同日，省巩固拓展脱贫攻坚成果考核组在资溪考核。

5日，赣东专员办一行在资溪调研。

同日，省委党校第128期县处级党员领导干部进修班学员在资溪县考察。

同日，无锡市台商协会常务副会长林志和一行在资溪考察。

同日，市督导组一行在资溪督导专项债项目建设。

同日，红色名村省验收组陈安一行到嵩市镇高陂村、高阜镇高阜村开展省级评估验收。

6日，省人大常委会外侨民宗工委主任韩军一行在资溪开展旅游、民族和宗教等工作调研。

7日，国家卫生县省级现场评估组在资溪实地检查。

8日，市委常委、组织部长肖妮娜一行在资溪调研。

11日，十五届县委第八十三次常委会、县委全面深化改革委员会第十六次会议召开。

12日，2023年度资溪县平安资溪建设工作考评述职大会召开。

同日，省委统战部一级巡视员刘伟旗在资溪考察。

同日，福建圣农发展股份有限公司董事长兼党委书记傅光明在资溪县面包科技发展公司考察调研并召开座谈会议。

同日，市政协副主席、芦河市级河长唐永文一行在资溪巡河调研。

13日，省委主题教育第三巡回督导组一行在资溪督导相关工作。

同日，省委统战部一级巡视员刘伟旗，市委常委、市委统战部部长郭新春一行在资溪调研新的社会阶层人士统战工作。

同日，县委副书记毛奇锋调度“资溪事件”史迹陈列馆打造国家安全教育基地，进一步提升广大群众国家安全意识。

14日，由资溪县“党建引领·群团联创”阳光建功行动领导小组办公室主办的“小县大城”青年职工联谊系列活动启动仪式在县工人文化宫举行，县委副书记、县长饶源中出席并致辞。

同日，省粮食和物资储备局文峰处长一行在资溪开展省耕地保护和粮食安全责任制考核工作。

15日，县委副书记、县长饶源中率队赴上饶市婺源县参加央视新闻2023《“县”在出发》节目，并作文旅推介。

16日，副市长江志坚在资溪调研灵芝全产业链项目。

19日，中央调研组在资溪调研。

22日，南昌航空大学党委副书记、校长卢超一行在资溪调研。

同日，全县离退休干部学习宣传贯彻习近平总书记考察江西重要讲话精神暨经济社会发展形势报告会召开。

25日，省司法厅创建“全国普法守法示范县”考评组在资溪考察。

同日，十五届县委第八十四次常委会召开。

28日，省委信访局副局长曾小平一行在资溪调研。

同日，市委基层党建工作巡查反馈会在资溪召开。

年度关注

资溪县纵深推进康养旅游产业纪略

随着森林生态产品的不断延伸，森林康养，作为森林生态和服务价值的一种新发现，成为新时期林业发展新业态。根据国家林业和草原局统计，包括森林康养产业在内的林业旅游和休闲服务业产值2017年首次突破1万亿元，成为林业三大支柱产业之一。江西是南方重点集体林区，森林覆盖率为63.35%，在全国率先实现“国家森林城市”设区市全覆盖。2022年，国家林业和草原局与江西省政府合作共建江西现代林业产业示范省。森林康养作为林业特色产业之一，被列入示范省建设和林下经济发展的重点支持内容。

2023年3月28日，以“发展森林康养 增进民生福祉”为主题的第六届中国森林康养产业发展大会在资溪县开幕，大会上，中国林业产业联合会认定江西省资溪县为“全国森林康养标准化建设县”。而这一荣誉的背后是资溪对“生态立县”的长期坚持，日益壮大绿色实力，并探索“森林+”融合发展模式，推动森林旅游向森林康养转型升级，走出了一条具有资溪特色的康养之路。

资溪地处江西省东部、武夷山脉西麓，森林覆盖率87.7%，空气中负氧离子含量平均为3万个/立方厘米，是中国的天然氧吧，发展森林康养产业得天独厚。近年来，资溪县深入贯彻习近平生态文明思想，积极践行“绿水青山就是金山银山”理念，探索“森林+”融合发展模式，塑造特色康养品牌。先后荣获国家可持续发展试验区、国家森林康养示范基地、全国森林旅游示范县、国家生态文明建设示范县、国家全域旅游示范区、国家“绿水青山就是金山银山”实

3月28日，第六届中国森林康养产业发展大会在资溪县举行。（县融媒体中心供图）

践创新基地等“国字号”名片，清凉山森林公园入选国家级森林康养试点建设基地。在推进森林康养产业发展过程中，资溪县主要围绕三个方面发力。

第一，敢谋新篇、找准路径。2002年，资溪在全省率先实施“生态立县”战略，将绿水青山视为资溪最大财富、最大品牌，一张蓝图绘到底、一任接着一任干，守护好绿色“金饭碗”。一是科学定位。始终秉承绿色发展理念，确定“生态立县、产业强县、科技引领、绿色发展”战略，构建了以生态工业、生态旅游为主导的绿色产业，推进森林康养产业和全域旅游有机结合。二是治山添绿。在全国率先实施“山长制”的基础上，创新实施“林长+警长”、领导干部生态审计等生态保护机制，层层压实森林管护责任。制定“最优森林”实施方案，大力实施低产低效林改造、森林抚育、森林“四化”等工程，有效提升森林资源质量。全县活立木蓄积量突破1000万立方米、年均增长4.2%以上，山林面积稳定在168万亩左右。三是规划布局。围绕全域旅游发展格局，优化生产、生活、生态“三生”空间，一体推进康养产业体系发展，确保森林康养产业规范有序、健康发展。

第二，融合发展、塑造业态。突出森林康养核心要素，打造一体化发展的森林康养产业链条。一是突出精品引领。成立产业引导基金，放活投资经营机制，鼓励社会资本参与旅游康养产业，促进森林康养资源市场化配置。近年来，资溪引进20多亿元社会资本进入旅游康养产业，建成大觉山国家AAAAA级和大觉溪、真相乡村、御龙湾、野狼谷等4个国家AAAA级景区，以及法水森林温泉、南源宿集等一批森林康养精品景区，全县森林景观利用面积超过38万亩。2022年全县森林旅游综合收入超过32亿元，占全县GDP比重的57%。二是推进产业融合。以满足多层次市场需求为导向，培育多业态融合的森林康养产业体系。推行“森林康养+药食”，深入践行习近平总书记“树立大食物观，向森林要食物”的重要要求，大力发展竹笋、白茶、食用菌、中药材及蜜蜂养殖等森林食品产业，全县“三品一标”农产品认证51个，林下经济发展面积突破10万亩。推行“森林康养+工业”，按照“产城景”融合发展思路，高标准打造面包食品产业城、竹科技产业园两大生态园区，推动生态资源转化为发展动能。推行“森林康养+医疗”，与江西中医药大学共建全省首个热敏灸森林康养小镇，在绿水青山中“保健养生”。推行“森林康养+运动”，常态化举办森林旅游节、半程马拉松、山地自行车等各类节庆赛事运动，满足个性化森林康养需求，成功承办全省首届森林旅游节。推行“森林康养+文化”，成立生态文化大觉研究院，围绕习近平生态文明思想开展研究，挖掘和传承传统优秀生态文化，丰富森林康养文化内涵。三是完善服务保障。以创建国家级旅游度假区、国家森林城市、全国基层中医药示范县、全省食品安全治理示范县为抓手，完善泰伯公园、森林步道、星级公厕等基础服务设施，让群众更好走进森林、亲近自然。大觉山景

3月28日，资溪县获评全国森林康养标循化建设县。（县融媒体中心供图）

区、南源民宿等多个森林康养基地被纳入上级劳模（人才）疗休养基地，形成较完备的特色康养项目。

第三，创新机制、共享森林。重点推进生态产品价值机制试点，深化森林经营机制创新，打通“资源—资产—资金”转化通道，共享森林红利。一是搭建转化平台。借鉴银行“存”“贷”理念，在全省率先成立“两山”转化中心，搭建“四中心一平台”（生态资源价值评估中心、资源收储中心、资产运营中心、金融服务中心和资产交易平台），推动生态资源规模化、产业化。至2023年3月，全县收储山林23万余亩，吸引双枪科技、未家家居为代表林业龙头企业落地资溪。创新绿色金融，在全省率先落地“林权补偿收益权质押贷款”等金融产品，颁发全国首张林下经济收益权证，为森林康养产业注入金融“活水”。“森林赎买抵押贷款”获全省金融创新一等奖。二是创新运营模式。以“纯净资溪”区域公用品牌为引领，成立纯净资溪生态产业协会，发挥国有企业引导作用，推动行业资源共享、发展互促，构建生态资源市场化运营机制。三是释放森林红利。以全国林业改革发展综合试点为契机，开展集体林地承包经营权延期试点，全县林地承包期再延长30年。大力发展乡村旅游及民宿产业，鼓励村集体、农户通过林地流转，与森林康养项目主体结成利益共同体，助力乡村振兴。全县林权流转率为43%，毛竹林流转价格由每亩每年12元涨到40—50元。建成国家级、省级森林乡村、公园26个、精品民宿47家，带动1.2万余名农户参与森林经营活动，户均年均增收1万余元。

党的二十大报告指出，“必须牢固树立和践行绿水青山就是金山银山的理念，站在人与自然和谐共生的高度谋划发展”。森林康养是践行“绿水青山就是金山银山”理论的重要途径，资溪将进一步立足自身优势，瞄定“森林+”模式，不断做大做强森林康养产业，持续为抚州生态康养名城建设增色添彩。

（吴淑琴）

资溪县推动竹产业高质量发展纪略

习近平总书记视察江西时指出："绿色生态是江西最大财富、最大优势、最大品牌，一定要做好治山理水、显山露水的文章。"近年来，资溪县牢记习近平总书记的嘱托，深入贯彻习近平生态文明思想，把发展竹产业作为促进"两山转化"、助推乡村振兴的重要抓手，按照"做优一产、做强二产、做特三产"的发展思路，以资源培育为基础，以产业发展为核心，以三产融合为重点，以科技创新为动力，推动竹产业转型升级、高质量发展。

资溪县是重点毛竹产区，被评为"中国特色竹乡"，全县竹林面积为53.95万亩，分布在全县各乡镇场93个村（工区），21167个小班。全县集体竹林46.73万亩，其中鹤城镇3.18万亩、高阜镇8.38万亩、嵩市镇8.98万亩、马头山镇12.83万亩、乌石镇2.43万亩、石峡乡10.35万亩、高田乡0.58万亩；国有竹林4.87万亩，其中高阜林场1.34万亩、石峡林场1.58万亩、陈坊林场0.8万亩、株溪林场0.12万亩、马头山林场0.83万亩、县林科所0.2万亩。

（一）做优一产，培育好竹资源

大力开展竹林抚育。资溪县实施最优森林生态工程，广泛开展竹林科学培育，加快推进大径竹、笋竹两用林、高效丰产竹林建设，全面推广竹林使用有机肥、病虫害生物防治、纯天然竹笋加工等新技术，年实施毛竹低产林改2.6万亩、累计完成毛竹林低产低效林改造20万亩，年采伐优质竹材1200万株，毛竹资源由"量"向"质"转变。推动规模化经营。创新竹林收储机制，鼓励林农以竹山入股、租赁、流转等多种方式，组建民营林场、专业合作社等新型经营主体。全县国有收储竹林4.6万亩，示范带动竹林流转26万余亩，有效促进竹林经营逐步形成规模化、标准化、专业化、现代化模式。强化基础设施建设。加快推进竹林经营道路建设，全县竹林道路提高到2000余千米，道路网覆盖为80%以上。创新竹林道路节点硬化，降低建设成本，每年新建维修竹林道路300公里，解决毛竹雨天下山难问题，毛竹下山运输由230天提高到280天，保障竹原材料供应，稳定产业发展基础。

资溪竹科技创新中心（帅建忠　摄）

（二）做强二产，实施竹科技产业

建设专业园区。落实竹产业供给侧改革，高起点、高标准，投资20亿元规划建设的江西省首个3000亩竹科技产业园，构建竹材加工全产业链、聚集发展。引进双枪、大庄、庄驰家居等23余家竹材加领头企业入驻，定位打造全国竹科技产业基地，年加工毛竹2000万根，形成从毛竹下山到精深加工全产业链条。凝聚行业合力。设立2亿元竹木产业发展基金和2000万元的木竹收购周转资金，支持竹产业全链条式发展。探索竹仓储建设，创新打造江西首个竹产业仓储网上交易平台，推动竹产品线上交易、线下交割。强化科技引领。实施"智汇资溪"行动，先后与国际竹藤组织、中国林业产业联合会、林科院木材工业研究所、南京林业大学、福建农林大学等20余家知名高校和科研院所建立合作关系，借智借力加快竹科技产业发展。打造县级"中国资溪竹科技创新中心"，与高校和科研院所共建竹材加工技术研发，全县拥有竹生产加工专业发明和技术86项。

（三）做特三产，推动竹文旅融合

发展竹文化旅游。在道路沿线、景区景点、城市绿地、微景观、乡村庭院等建设注入竹元素、塑造竹景观，大力发展竹康养产业，竹旅游、打造法水竹林温泉、石峡竹海康养、御龙湾度竹林假区、南源竹林民宿村、马头山原始竹林探险等以观光、体验、休闲等竹林景观20余处。2023年，资溪县接待游客突破800万人次。全面凸显竹乡特质。持续挖掘资溪传统竹传统文化，资溪竹烙画获评省级非物质文化遗产。规划建设竹梦小镇，建成竹文化园和世界最大规模的竹结构单体建筑——竹科技博物馆，实现“产、城、景”融合发展，“竹梦小镇”成为资溪最具有亮点特色的网红打卡胜地，结合秀美乡村建设，构筑最亮丽的“竹林风景线”。倡导“以竹代塑”先行先试。响应“以竹代塑”倡议，鼓励政府机关、企事业单位带头使用竹制生产生活用品，扩大竹产品在社会各领域应用，大力实施竹制品“六进工程”（进景区、进民宿、进酒店、进馆所、进商超、进街区）。全县新建政务场所全部使用竹材料装修、竹办公家具等，政务接待宾馆完成竹梳子、竹牙刷、竹剃须刀、竹筷、竹吸管等“以竹代塑”产品的更替。

（四）发挥优势，推进竹笋产业发展

科学规划。根据立地条件（土壤、坡度、海拔、水源、交通）等综合因素筛选，择优选取10万亩适合发展笋用林的基地，科学确定发展范围。稳步推进。2023年全县完成笋竹两用林建设2万亩。木信公司完成厂房建设，江西丰枫食品有限公司在高阜镇港口村、云端笋业在乌石镇、马头山港东村张水清、卿辉竹业在石峡乡双斜村洪家地初加工点完成建设。聘请专家。为发展好竹笋产业，聘请中国林科院亚林所竹类首席专家顾小平教授对资溪县笋用林建设全方程指导。与省林科院共建合作，省林科院委派竹类研究所余林博士挂职县林业局副局长，对竹笋产业发展进行规划。

（五）建立保障，夯实竹发展方向

全面强化组织领导。成立以县委书记、县长双组长制的毛竹产业发展领导小组，设立毛竹产业协会。将林长制作为推动竹产业发展的工作保障，出台《资溪县竹木产业链链长制工作方案》，各级林长履行竹产业发展职责，因地制宜发展竹产业，形成一级抓一级、层层抓落实的工作格局。全面强化政策扶持。制定《资溪县竹产业高质量发展实施方案》《资溪县竹笋产业发展2023—2025年发展实施方案》等一系列扶持政策文件，强化部门协同，县财政每年安排2000万元用于竹林资源培育，在资金、项目、政策等生产要素保障上给予支持。全面强化环境保障。构建竹全产业链服务，聚焦竹产业“供、产、销”，努力打造“资易办、溪心服”政务服务品牌。全面提升竹产业品牌价值，推动55万亩竹林FSC森林认证，加快资溪竹产品走向国际市场。创新竹产业金融扶持，成立全国首家“绿色竹产业支行”，围绕竹产业积极探索绿色金融产品和模式，为竹资源培育、竹加工、竹文旅康养提供全流程金融服务，2023年，全县涉及竹产业贷款4.86亿元，位居全省前列。

资溪县以习近平总书记“因地制宜发展竹产业，让竹林成为美丽乡村风景线”重要指示精神为指导，持续发挥特色优势，坚定生态发展之路。发挥资溪县丰富毛竹资源优势，努力践行“两山”理念，在做活竹产业这篇文章上久久为功、持续发力，实现将生态财富转化为经济财富。

产业联动发展，构建现代竹产业体系。以“弘扬竹文化、创新竹科技、共享竹生活”为发展思路，明确竹建材、竹家具、竹家居、竹食品、竹机械、竹康养为发展方向，打造区域性特色化竹产业集群，做优做精“竹特产”。2023年成功举办“第十二届中国竹文节”，唱响资溪竹产业亮点与品牌，构建起现代竹产业发展体系。

产业提质扩效，打通“两山”转化通道。通过高起点、高标准建设竹科技产业园区，形成从上游竹拉丝至中游竹板材，下游竹家具、竹家居、竹生活用品，以及竹下脚料利用产业链条，多个竹木产品在行业领先，有效破解林业效益不高、龙头企业不多、产业链条不全等难题。以“龙头带动产业链”，让“一根竹子串起一条产业链”，资溪毛竹价格由10年前的5—6元/株提升到15—20元/株，原竹销售价格位居全省前列。

突出科技创新，产业发展显成效。资溪连续举办五届“中国资溪竹产业高峰论坛”，邀请国内外竹产业相关领导、专家、企业代表齐聚资溪，为竹产业高质量发展提供智力。顺应“以竹代塑”发展趋势，加快竹科技创新的成果转化。依托资溪县竹科技创新中心建设，全面提升竹企科研能力，为资溪县竹产业

县委副书记、县长饶源中开展竹产业发展调研（县融媒体中心供图）

资溪竹林（帅建忠　摄）

高质量发展提供强有力的人才保障，科研和技术支撑。资溪县竹科技产业园全面实现自动化，智能化正在逐步使用。搭建竹产品网络平台，引导各类竹企借助“互联网”平台拓展销售渠道，全竹菜板、竹日用品、竹工艺品、竹家具网络销售量近60%以上。

推动乡村振兴，助力共同富裕。搭建村集体经济参与毛竹产业齐头共进发展，构建“村集体经济＋农户”、林业企业、家庭林场、专业大户专业合作社，开展多种形式合作与联合，千余名农村参与毛竹抚育、采伐、运输等劳务，实现家门口就业致富。林地流转价格稳步提升，毛竹林由每亩每年12元提高到40—50元，林农户年增收1万余元。

（县政府办）

资溪概览

2023年概况

资溪位于江西省抚州市东部，介于北纬27°28′~27°55′、东经116°46′~117°55′之间。辖5镇2乡5场，总面积1251平方千米，其中城区建成面积15平方千米，耕地面积0.63万公顷，有林面积10.19万公顷，森林覆盖率87.7%。2023年末户籍人口11.25万人，常住总人口9.39万人。全年实现国内生产总值58.89亿元，比2022年可比增长5.30%。其中，第一产业增加值4.52亿元，比2022年可比增长3.50%；第二产业增加值17.75亿元，增长10.70%；第三产业增加值36.62亿元，增长3.20%。一、二、三产业比为7.67∶30.13∶62.19。工业总产值33.11亿元，比2022年同比增长5.58%。主要工业产品有肉类及烘焙类食品、竹制品、木制品等。规模以上工业增加值增幅比2022年可比增长13.5%，营业收入33.73亿元。农业总产值7.78亿元，比2022年同比增长3.7%。主要农产品：粮食总产量3.7万吨、白茶产量75吨、水果产量577吨、西瓜产量1484吨，生猪（出栏）3.11万头、家禽（出笼）54.36万只。固定资产投资25.89亿元，比2022年增长0.8%。财政总收入8.04亿元，比2022年增长14.0%，其中公共财政预算收入4.00亿元，比2022年增长15.3%；财政总支出17.86亿元，比2022年增长1.54%。城镇居民人均可支配收入36209元，比2022年增长5.2%；农村居民人均可支配收入20725元，比2022年增长7.9%。金融机构各项存款余额90.09亿元，较年初增长11.53%，其中个人储蓄存款余额75亿元，较年初增长15.58%；金融机构各项贷款余额93.31亿元，较年初增长10.36%。社会消费品零售总额31.82亿元，比2022年增长0.3%。

主要矿产资源有铜、铁、磁铁、铀、钨、花岗石、萤石、瓷土、稀土等。地方特产有面包、白茶、玉兰片、竹荪、鳗鱼、草莓等。主要旅游景区（点）有大觉山旅游区、大觉溪田园综合体、真相乡村旅游带、野狼谷景区、御龙湾景区、九龙湖景区、马头山原始森林、尚莲清凉山庄、狮子山度假村、方家山龙潭瀑布群、北宋大思想家李觏故里、泰伯公园、泰伯楼、中央苏区纪念馆、田园书院和百越文化村等，其中马头山林区为国家级自然保护区，清凉山为国家森林公园，大觉山景区为国家AAAAA级旅游景区，真相乡村、大觉溪、野狼谷、御龙湾国际旅游度假区为国家AAAA级景区。

【资溪县入选中国改革2023年度地方全面深化改革典型案例】 12月13日，“中国改革2023年度地方全面深化改革典型案例”200个名单发布，资溪县以《探索林地“三权分置”改革，推进林下经济高质量发展》位列其中。资溪县作为全国林业改革发展综合试点试验区，坚持以“四问”（即“山怎么分？树怎么砍？钱从何来？单家独户怎么办？”）为导向，推动林改走深走实，推进“三权分置”改革：深化集体林权制度改革，颁发《林下经济收益权证》，消除林业生产经营者后顾之忧，促进林下产业可持续发展。探索建立收储运营机制，推进林地经营零星化、碎片化整合。由此，全县国有林业经营平台累计收储

航拍资溪县城夜景（徐爱植　摄）

林权23万亩，为林下经济经营主体提供规模化经营空间，推动灵芝、茯苓、黄精等林下种植规模化、集约化、市场化发展，形成优质资产包。创新金融产品，开发林下经济收益权质押贷款，解决林下经济经营主体融资难的问题；构建代偿担保机制，出台《林权代偿收储担保管理办法（试行）》，解决银行涉林不良贷款处置难等问题。“三权分置”改革的实行，为全县乡村振兴的推进注入新动力。

【资溪县入选第五届“新华信用杯”全国优秀信用案例】 11月14日，资溪县“信用助力生态文明建设高质量发展”案例，入选第五届“新华信用杯”全国优秀信用案例。近年来，该县利用生态资源优势，着力推进信用体系与生态文明建设融合发展，构建生态环境信用治理、信用助力生态产业发展、信用助力生态产品价值转换三大体系，成功探索出一条具有资溪特色的“两山转化”新路子。即以信用为激励手段，发动广大群众加入生态乡镇治理，建立居民诚信积分评价机制，构建信用助力生态治理机制。创新推出信用“面包贷”“竹企贷”等金融信贷产品，建立“生态信用”评价体系，成立纯净资溪生态产业协会，全县180余家生态企业入会，有效缓解企业在创业发展中的融资难、融资贵问题，以金融信用助力面包食品、竹产业、生态旅游产业、白茶等绿色产业发展。

【资溪承办2023首届中国·抚州生态康养产业大会】 3月28日，第六届中国森林康养产业发展大会在资溪县举行。大会主题为“发展森林康养，增进民生福祉”，围绕森林康养与健康中国、乡村振兴、民生福祉、两山转化、双碳目标、林业改革等核心主题展开交流。此次大会包括抚州森林康养产业博览会、主旨报告、签约仪式等内容，并发布《全国森林康养高质量发展行动方案》《森林康养师宣言》等成果。大会深入总结全国森林康养产业发展成效和经验，研究森林康养产业发展新思路、新模式、新路径，提高森林康养服务水平，加快森林康养产业高质量发展，繁荣康养文化，向社会提供多层次、多种类、高质量、智慧型的森林康养服务。大会为5个“国家级全域森林康养试点建设市”授牌，为2021及2022年度共18个“国家级全域森林康养试点建设县市区”授牌，并特授资溪县为“全国森林康养标准化建设县”。

【第十二届中国竹文化节在资溪县举行】 10月26日至28日，由国家林业和草原局、江西省人民政府、国际竹藤组织主办，中国竹产业协会、江西省林业局、抚州市人民政府承办，国际竹藤中心协办，资溪县人民政府和江西省竹产业协会执行承办的第十二届中国竹文化节在资溪县举行。本届中国竹文化节，以“弘扬竹文化、创新竹科技、共享竹生活”为主题，活动内容包括：开幕式、植纪念竹、招商推介、高峰论坛、企业家沙龙、竹乡座谈会、竹主题文艺晚会、篝火晚会、竹产业展览及为资溪栖凤竹园揭幕等。全国各产竹省市自治区行业主管部门领导、国际竹藤组织官员、行业协会负责人、科研院校专家学者、竹产业知名企业家和媒体记者300余人参加开幕式。期间，专家学者、企业家还实地考察了资溪县高阜镇和竹业企业。近年来，该县坚持以习近平生态文明思想为指导，践行“两山”观念，致力金融创新，创立全国首家竹产业存储支行，实现碳汇赋能金融，聚焦“以竹代塑”高科技竹产业发展取得显著成就。

【资溪县大觉溪获2023年中国人居环境范例奖】 12月26日，资溪大觉溪美丽宜居乡村建设项目获2023年中国人居环境范例奖，为全省唯一获评范例。资溪大觉溪田园综合体位于鹤城镇境内，东西两端接国家AAAAA级景区大觉山和资溪高速出入口，全长7.3公里，面积约40平方公里。近年来，大觉溪通过流域治理、环境整治、景观提升把分布在大觉溪沿岸的大觉山、排上、沙苑等14个村庄贯穿起来，将村落、田园、山体形成有机的衔接；并创新打造多元化的生态旅游产品，该项目建成后，引导村民参与发展民宿、农家乐、农特产品销售，各类农特产品销售超百万元，推动村民变成乡村振兴的参与者、经营者、受益者。带动了沿线村庄经济的快速发展。

【法水温泉获评国家级森林康养基地】 11月30日，资溪县嵩市镇法水温泉景区被中国林业产业联合会授予2023年“国家级森林康养基地”称号。该景区地理位置优越，位于资溪县嵩市镇法水村，距离资溪县城约25千米，附近有高速出入口，交通便利；生态环境优良，森林覆盖率为92.4%，资源类型丰富，森林山水生态和乡村田园生态特色鲜明，加之古村古宅、古树名木，尤其是独特的冷热温泉水质，有助于发展康养事业。近年来，该景区不断加大资金投入，完善基础设施，提升服务水平，推出了一系列特色温泉产品和森林康养项目，受到了广大游客的青睐和好评。该称号的获得，进一步提升法水温泉的品牌影响力和市场竞争力，为其未来发展注入了新的动力和活力，同时，也为资溪县森林康养产业的发展起到示范推动作用。

【资溪白茶荣获2023中国特色旅游商品大赛金奖】 9月1日，2023中国特色旅游商品大赛在天津市国家会展中心落下帷幕。资溪县选送的正鸿祥·资溪白茶从全国1893套2万多件参赛商品中脱颖而出，获得金奖。该茶系国家地理标志产品，以其满叶披毫，如银似雪而得名，为无农药、无化肥的有机绿色产品。近年来，资溪县发挥地理生态优势，大力发展资溪白茶产业，全县种植有机白茶面积达3.78万亩，发展种植及加工企业19家。其中，9家获得有机产品认证书，有机白茶品牌12个。“资溪白茶”在2023年中国茶叶区域公用品牌价值评估中的品牌价值为7.12亿元，成为该县“富民富商、强企强县”的一大支柱产业。

自然环境

【区域位置】 资溪位于江西省抚州市东部、武夷山脉西麓，地处北纬27° 28′~27° 55′ 东经116° 46′~117° 55′ 之间，东邻福建省光泽县，南交黎川县，西毗南城县，西北接金溪县，东北界鹰潭市贵溪市。东西部凸出，南部凹进。县东西最宽51千米，南北最长48千米，总面积1251平方千米，占全市总面积6.65%，占全省总面积0.75%。鹰厦铁路纵贯资溪南北，316国道穿越县境东西，鹰瑞高速、资光高速在县内设有互通。县治所在地鹤城镇距北京铁路里程2217千米，距省城南昌市铁路里程215千米，距市政府所在地抚州市高速公路里程101千米。

【地质地貌】 资溪属山区，县境东北部横亘着武夷山脉，形成东南高、西北低的地势。群山之中有泸阳、高阜两块较大的谷地，蜿蜒曲折的泸溪从峡谷中自南向北穿越县境。西半部地势渐次平缓，形成低山区和丘陵区，欧溪、高田涧、桐埠溪流经分布在低谷、丘陵之中的横山、欧溪、高田3块较大的谷地。县境西北部的嵩市、五里山、高田一带及西南部的石峡一带均为前震旦纪变质岩浆或前寒武纪地层；中部为混合岩层；东北部的马头山、北部的高阜、西南部的乌石和东南部的鹤城一带均为大片的燕山期花岗岩，局部有加里东期花岗岩。全县地形复杂，按海拔高度可分为山地、丘陵两大类。县境东北部山峦起伏，连绵不断，海拔高度800米以上，相对高度大于500米，是县内的主要林区；中部山地海拔高度500~800米，相对高度300~500米，是县内杉木的主要产地；西南部山地，海拔高度300~500米，相对高度200~300米，是县内毛竹的主要产区。县境中部与西北部为丘陵地区，海拔高度100~300米，相对高度50~200米，为县内主要农田耕作区，经济林分布较多。

【山岭】 县境中部有出云峰、狮子岩、天子崠、三十六峰，形成一条隆起带，将全县分成东、西两部分。东半部的东、南、西三面层峦叠嶂，连绵起伏，向北倾斜，主要山峰有鹤东峰、黄连坑、目峰山、野鸡岭、排尖崠、梨头尖、笔架尖，海拔均在1000米以上。西半部的东北边境有武夷山支脉和出云峰，向西南倾斜，地势渐次平缓，形成低山区和丘陵区，主要山峰有大山崠、大竹山、胡墩磜、葫芦岭、罗汉崠、葫芦崠等。

昌坪山　位于县境东部，属武夷山正脉，是全县最高处。南北走向，北接贵溪市的郎港山，南连光泽县的大坪山。在此山系中超过海拔1000米的山峰有20余座，以鹤东峰为最高，海拔1364米。

株溪山　位于县境南部，属武夷山余脉。东北接昌坪山，西北接云溪山，南麓为黎川县境。最高峰葫芦岭，海拔1100.7米。

云溪山　位于县境西部，南北走向，北连云林山，南接株溪山，西麓为南城县境。最高峰为大竹山，海拔1107.8米。

云林山　位于县境北部，北接金溪西岗山，南北走向，接狮子岩、天子崠、三十六峰，为一中间隆起带。最高处为出云峰，海拔1278米。

【河流】 县内无大江大河，但小河山涧遍布。县中部的隆起地带把全县分成东、西两部分，故河流亦分成两部分。东部属信江水系，以泸溪为主，控制流域面积约占全县总面积的60%，总水量为8.75亿立方米；西部属抚河水系，以欧溪为主，控制流域面积约占全县总面积的40%，总水量为5.83亿立方米。

信江水系　泸溪是县境内一条主要河道，发源于福建省光泽县境内的凤形山（海拔1213米）南麓的铁关河，与发源于凤形山北麓的增坊河在鹤城镇三江汇合而成，往北经高阜镇、马头山镇流入贵溪的白塔河，再注入信江，全长61千米，平均宽度77米，控制流域面积835平方千米，在县境流域面积654平方千米，河道弯曲，河岸较高，谷深滩险，暗礁多，不宜通舟。泸溪在县内的主要支流有铁关河、增坊河、斗垣涧、马头山涧、泉坑涧、石陂涧、霞阳涧等。

抚河水系　境内抚河水系有欧溪、株溪、桐埠溪、架上水、后坑水，欧溪流入金溪的芦河，最后注入抚河。株溪、桐埠溪、架上水、后坑水经南城的黎滩河注入洪门水库，最后流进抚河。

【土地资源】　全县共有土壤面积116655.2公顷。可分为红壤、黄壤、石灰土、水稻土、潮土5个土类，10个亚类，122个土种。全县人均土地1.11公顷，但利用率及生产水平较低，农业发展潜力大。红壤有红壤、黄红壤2个亚类，37个土种，面积约92933.33公顷，占土壤总面积79.7%，丘陵和低山区均有分布。黄壤有黄壤、黄壤性土2个亚类，11个土种，面积约16733.33公顷，占土壤总面积的14.3%，出现在山地垂直带谱中，主要分布在县内东部和北部海拔800~1300米的山区。水稻土有淹育型水稻土、潴育型水稻土、潜育型水稻土、侧渗型水稻土4个亚类，70个土种，面积6633.07公顷，占土壤总面积的5.7%（其中淹育型水稻土面积300公顷、潴育型水稻土面积5075.25公顷、潜育型水稻土面积1244.49公顷、侧渗型水稻土面积13.33公顷），多分布在丘谷、河谷及鹤城、高阜、高田、乌石横山等宽谷盆地。石灰土有1个亚类、1个土种，分布在高阜采育林场的九龙窠石灰岩地段，面积55.2公顷，占土壤总面积的0.05%。潮土有1个亚类、3个土种，是河流冲积物经人为熟化形成的旱作土壤，主要分布在上游、大港、里木、高阜、水东、泸声等河溪两岸，面积300公顷，占土壤总面积0.26%。

【矿产资源】　全县矿产资源较丰富，金属矿藏有铁、铜、钨、铝、铅、锌、铀、稀土等，非金属矿藏主要有石墨、萤石、钾长石、云母、瓷土、石灰石、花岗岩等。全县花岗岩总蕴藏量约5亿立方米。

【水资源】　县内水资源丰富，全县年平均水资源量为14.59亿立方米，人均水资源量13905.17立方米，耕地亩均有水12090.96立方米。县域内地下水水位较高，储量丰富，居民采用地下水随处可见。在马头山、株溪、大觉山等地均有矿泉水点，泉水从高山石缝中源源流出，清澈透明。县境内有温泉一处，位于嵩市镇法水村，名为法水温泉。温泉出水口位于芙蓉山半山腰，有一冷一热两个泉眼，为全国罕见的自喷温泉，出水温度约43.5℃，日流量120万千克以上，富含多种对人体有益的微量矿物质元素，属于优质碳酸型温泉。

资溪县河溪纵横，且东南高、西北低，河流落差大，水力资源十分丰富。全县水能理论蕴藏量6.11万千瓦。全县共有山塘水库194座，建有小水电站49座。

【植物资源】　县内有种子植物163科、767属、1666种（含亚种、变种及少数栽培种），其中裸子植物9科、22属、53种，被子植物154科、745属、1613种。木本植物90科、328属、828种，其中乔木植物416种、灌木植物342种，木质藤本植物75种。草本植物73科、439属、838种。县内有国家级保护植物20种，其中国家一级4种、国家二级16种，省级保护植物14种。

木类　主要有松、杉、槠、栲、柏、枫、樟、檀、柞、楮、茶、楠、栎、杨、柳、棕、枣、檫、杞、柰、漆、栗、柿、桂、槲、柘、槐、栖、柯、板栗、梓、榆、桦、桐、椿、油桐、泡桐、油茶、苦楝、杜鹃、乌药、杨梅、山楂、牡荆、木莲、铃木、杜英、薯豆、鼠刺、檵木、蜡梅、栀子、冬青、乌桕、樱桃、青冈、红稠、青稠、荷树、女贞、杜仲、山矾、蕈树、黄端木、猴欢喜、乌饭树、山仓子、映山红、山合欢、米饭花、厚皮香、算盘珠、重阳木、山胡椒、花香树、鹅耳枥、紫金牛、朱砂根、胡枝子、盐肤木、黄连木、悬铃木、蚊母树、灯台树、深山含笑、石灰花楸、水杉、伯乐、香果、银杏、红椿、福建柏、天竺桂、红豆树、白辛树、鹅掌楸、长序榆、美毛含笑、江南油杉、长叶榧树、南方红豆杉、罗浮栲、拟赤杨、台湾松、青榨槭、木荷、米槠、甜槠等珍稀树种。

竹类　有毛竹、金竹、紫竹、斑竹、猫竹、白竹、淡竹、实竹、墨竹、桂竹、刚竹、水竹、苦竹、箬竹、孝顺竹、罗汉竹、凤尾竹、小山竹。

花类　主要有梅花、桂花、石榴、菊花、紫荆、铁树、蜡梅、芙蓉、海棠、凤仙、月季、幽兰、瑞香、鸡冠、玫瑰、山茶、杜鹃、茉莉、牵牛、芭蕉、木槿、牡丹、紫薇、芸香、绣球、栀子、荷花、兰莲、苎菊、芍药、棣棠、野蔷薇、含羞草、夜来香等。

草类　有蕨、薇、蓼、莆、艾、菅稗、莠、茅、蒿、萍、苔、荇芦、鼠耳、凤尾、龙须、积雪、断肠、草席草、灯芯草等。

药材类　县内野生中医药材达数百种，主要有穿参、紫丹参、苦参、土党参、玄参、太子参、前胡、山栀、半夏、甘菊、生地、土茯苓、苍耳子、蓖麻子、青相子、山苍子、五倍子、女贞子、香附子、车前子、天南星、麦冬、葛根、桔梗、桂皮、土茵陈、石斛、山楂、麦芽、小茵、石乳香、土花椒、皂角、石菖蒲、苏艾下、海桐皮、土丘加皮、旋复花、金银花、野菊花、闹阳花、厚朴花、青皮枫等。

【动物资源】　县内有脊椎动物4纲、27目、69科、206种。其中兽纲8目、18科、41种，两栖纲2目、7科、14种，爬行纲3目、8科、22种，鸟纲14目、36科、129种。

兽类　主要有华南虎、金钱豹、豺、狼、獐、貉、麂、狐、水獭、黑熊、野猪、野猫、獾、鼬獾、黄鼬、蝙蝠、刺猬、鬣羚、松鼠、田鼠、刁鼠、山牛、山羊、岩羊、梅花鹿、恒河猴、穿山甲、小灵猫、大灵猫、果子狸、挖鳅狸、黄鼠狼等。

鸟类　有雁、燕、鸬、鹳、凫、鹞、野鸡、竹鸡、锦雉、野鸭、百舌、斑鸠、麻雀、喜鹊、乌鸦、鹌鹑、鹰、鹫、猫头鹰、鹡鸰、画眉、杜鹃、鹰鸪、白鹭、白鹇、鹳鸽、翡翠、鸱鸮、啄木鸟、鸳鸯、八哥、鹧鸪、秧鸡、黄鹂、百灵、布谷鸟、白头翁、野鹭鸶。在县内东北部的深山中还发现有绶带鸟、三宝鸟、尖嘴雕、红嘴蓝鹊、红嘴相思鸟等珍稀鸟类。

鱼类　有鲤、鲫、鲭、鳜、鲩、鲢、鳙、鲶、鳙、草鱼、刺鲃、花鲭、华鳊、餐鲦、泥鳅、黄鳝、马口鱼、厚唇鱼、黄颡鱼、团鲂、鲅等。20世纪80年代引进非洲罗非鲫鱼种。

介贝类　有乌龟、甲鱼、团鱼、螃蟹、河蚌、田螺、虾等。

蛇类　有棋盘蛇、眼镜蛇、青竹蛇、金环蛇、银环蛇、松花蛇、菜花蛇、麻七寸、竹节蛇、五步蛇、两头蛇、七节蛇、水蛇、蜥蜴、壁虎、青草蛇、猪婆蛇、泥蛇、蝮蛇、蕲蛇等。

蛙类　有青蛤蟆、癞蛤蟆、虎斑蛙、棘胸蛙（石鸡）等。

昆虫　有萤、蝉、蝴蝶、蚂蚁、蜻蜓、螳螂、蜈蚣、蜘蛛、蜉蝣、螺蠃、蟋蟀、蠹虫、螽斯、螟蛉、蚯蚓、草鞋虫、金龟子、蜣螂、蝼蛄、天牛、蝎、地蚕、蜓蝎、尺蠖、铁甲虫、水蛭、地鳖虫、纺织娘等。

【旅游资源】　资溪群山连绵，河溪遍布，自然风光集山岳、河川风景于一身，融“奇秀美”特色于一体，一年四季、时时处处都是清新的山水画卷，拥有可供开发旅游资源单体120余个。开发的生态旅游景点包括马头山国家级自然保护区、大觉山国家AAAAA级景区、清凉山国家级森林公园、御龙湾国家AAAA级景区、真相乡村国家AAAA级景区、大觉溪国家AAAA级景区、野狼谷、法水温泉度假区、方家山道教风景旅游胜地及九龙湖生态旅游度假区等。

建置区划

【资溪溯源】　资溪先秦属百越之地，闽越国北部（今福建与江西交界处）。百越之地系未开发“南蛮之地”，山高水冷，交通阻塞，至今马头山姚家岭、石峡王木地、后坑等偏远山村中仍保留有百越民居、生产、生活及语言和风俗等原始文化特征。

明万历初年，建昌知府王之屏同属下南城县令范涞议事中，提及原设在“南城东北境”的派出机构“泸溪巡检司，因隔南城县一百余里，山川险阻，治化难暨，议改巡司设县治”，并呈“户部复议奏便遂得，割南城之五十六都至七十二都析为泸溪县”，获准，万历六年（1578年），置泸溪县，隶属建昌府（北宋思想家李觏及其族侄仕至副枢密使李山甫的世居地，即在此割出置县范围内的今高阜镇港口村和高田乡龙英村）。民国3年（1914年），为避湖南省泸溪县同名，奉命改名资溪。时黎川有人在京城当官，误言泸溪之泸水是从黎川的资福桥发源，逐建议改名“资溪县”。从此，泸溪县改名为资溪县。

【历史沿革】 资溪春秋属吴。秦始皇二十三年（公元前224年），秦灭楚，属秦；二十六年（公元前221年），分天下为三十六郡，属九江郡。汉高帝四年（公元前203年）改九江郡为淮南国，领九江、庐江、衡山、豫章等四郡，江西则为豫章郡；六年（公元前201年），析豫章郡南郡立南城县，资溪在南城县境内。三国时属吴境，豫章郡分析为6郡57县；太平二年（257年）分豫章郡东部为临川郡，县治临汝，南城县归隶之；隋开皇九年（589年），置洪州总管府，改临川郡为抚州；大业三年（607年）复改抚州为临川郡；治临川，领临川、南城、崇仁、邵武4县。唐武德五年（622年）复改临川郡为抚州；太宗贞观元年（627年）分天下为十道，抚州属第八道——江南道；开元二十一年（733年）复分天下为十五道，江南道划为东西两道，抚州属江南西道；开宝八年（975年）北宋灭南唐。宋太平兴国四年（979年）改建武军为建昌军，治南城，领南城、南丰、新城、广昌4县；真宗天禧四年（1020年）分江南为东、西两路，抚州、建昌军并属江南西路。元至元十四年（1277年）改建昌军为建昌路；至正二十一年（1361年），朱元璋平定江南，建昌路为朱元璋部所辖；至正二十二年（1362年）二月改建昌路为肇昌府，九月改为建昌府，府治设南城，隶属江西行中书省；明洪武九年（1376年）革中书省，置江西承宣布政使司；复分为五道，建昌府属湖东道；万历六年（1578年），置泸溪县，隶属建昌府。

民国初年（1912年）冬，废除府、直隶州恢复县，各县均直辖于省。民国3年（1914年），国民政府将全国划分为89道，江西分为4道，泸溪属豫章道。民国15年（1926年）废道，属省。民国21年（1932年），江西省分设13个行政区，资溪县属第七行政区。民国22年（1933年）1月，闽浙赣根据地红十一军解放资溪县及邻县边境地区；2月，成立资溪县革命委员会，隶属闽浙赣省苏维埃政府；5月，成立资溪县苏维埃政府，划归中央苏区闽赣省；年底，资溪苏区失陷。民国24年（1935年），全省缩为8个行政区，资溪县属第七行政区。民国31年（1942年）8月，改为9个行政区，资溪县属第七行政区。

1949年5月8日，资溪解放，始属赣东北行政公署贵溪区督察专员公署，同年8月改属抚州分区专员公署。1951年7月抚州分区改为抚州专区，1971年又改为抚州地区，资溪属之。2000年10月，抚州撤地建市，资溪属抚州市。

【行政区划】 明清时期，划县城及附近为四坊，东隅曰来福坊、南隅曰凤翔坊、北隅曰拱辰坊、西隅曰贤良坊，辖43村，编为4里。其余分为4个乡，曰归仁乡、崇礼乡、遵义乡、顺化乡，辖16都、24里、239村。

民国元年（1912年），全县划为4个乡（城区乡、东北乡、南乡、西乡）。民国18年（1929年），改设4个区（泸阳、乌石、嵩市、高阜）。

1949年5月8日资溪解放，随即成立资溪县人民政府，全县划为一（泸阳）、二（嵩市）、三（高阜）3个区，区下设乡，一区辖泸阳、乌石、石峡3个乡，二区辖嵩市、高田2个乡，三区辖高阜、饶桥2个格。10月，析一区增设四区（乌石），辖乌石、石峡2个乡。1956年5月撤区并乡，全县设1镇15乡，即泸阳镇、长兴乡、泸阳乡、嵩市乡、许坊乡、潮水乡、高田乡、饶桥乡、湖石乡、乌石乡、草坪乡、马头山乡、石峡乡、高阜乡、港口乡、茶园乡。1958年10月人民公社化，实行政社合一，全县成立6个人民公社（泸阳、高阜、饶桥、嵩市、乌石、石峡）、2个场（株溪农林综合垦殖场、饶桥综合垦殖场）。1959年6月将嵩市人民公社西部分出，成立高田人民公社，全县共有7个人民公社、84个大队，333个生产队。1984年机构改革，改公社为乡，改大队为行政村，全县有1镇（鹤城镇）、9乡（泸阳、乌石、饶桥、马头山、高阜、嵩市、欧溪、高田、石峡）、5个采育林场（“五·七”、马头山、陈坊、株溪、石峡），共74个村民委员会。

2001年，撤销泸阳乡，成建制划归鹤城镇；撤销欧溪乡，成建制划归高田乡管辖；撤销马头山乡，成建制划归饶桥镇管辖，调整后，饶桥镇更名为马头山镇。全县有2乡（高田乡、石峡乡）、5镇（鹤城镇、高阜镇、马头山镇、嵩市镇、乌石镇）、5个林场（高阜林场、马头山林场、陈坊林场、株溪林场、石峡林场），含8个居民委员会，70个村民委员会、693个村小组。

国民经济和社会发展状况

【县域经济概况】 2023年，全县实现生产总值58.89亿元，增长5.3%。其中，第一产业实现增加值4.52亿元，增长3.5%；第二产业实现增加值17.75亿元，增长10.7%；第三产业实现增加值36.62亿元，增长3.2%，三次产业比由2022年的8.3∶28.97∶62.73调整为7.68∶30.14∶62.18，第三产业占比下降0.55个百分点。人均生产总值为62379元，比2022年增长4.24%。规模以上工业增加值增长13.5%；城镇化率62.87%。固定资产投资增幅0.8%；社会消费品零售总额31.82亿元，增长0.3%；农村居民人均可支配收入为20725元，增长5.2%，城镇居民人均可支配收入36209元，增长7.9%。

【人口发展】 2023年末，全县常住人口数为93935人，平均人口94401.5。其中，城镇人口59057人，占全县常住人口62.87%；乡村人口34878人，占全县常住人口37.13%。出生率5.80‰，死亡率6.55‰，自然增长率-0.74‰。男性人口48509人，女性人口45426人，总性别比106.79。

【农业发展】 2023年，全县实现农业总产值7.77亿元，实现增加值4.82亿元，增长3.7%。全年粮食播种面积86600亩，增长0.03%；粮食总产量37005吨，增长1.16%。蔬菜产量4.03万吨，增长3.3%；茶叶（白茶）产量75吨，增长4.2%；水果总产量577吨，增长3.78%。生猪（出栏）31124头，上升8.7%；肉类总产量3546吨，上升14%；家禽产蛋量299吨，下降10%。

【工业和建筑业】 2023年，全县规模以上工业增加值增长13.5%。实现主营业务收入33.73亿元，下降6.24%；实现利润总额3.05亿元，上升81.46%。月度新增规模以上工业企业3家，年度新增规模以上工业企业11家。新开工工业项目31个，亿元以上13个，技改及数字化转型项目8个，新投产工业项目28个。

建筑业企业实现增加值3.92亿元，增长12.5%，资质内建筑业企业完成总产值12.02亿元，同比增长达56.14%。

【固定资产投资和房地产业】 全年房地产投资1.53亿元，商品房销售建筑面积3.69万平方米。固定资产投资增长0.8%。5000万元以上投资项目59个，其中制造业投资项目26个。5000万元以下投资项目19个，其中制造业投资项目12个；工业技改项目2个。民间投资占固投比重51.1%。

【贸易业】 全县实现社会消费品零售总额31.82亿元，比2022年增长0.3%。分行业来看，批发业销售额7.50亿元，增长9.8%，零售业销售额27.45亿元，增长0.1%，住宿业销售额3406万元，增长17.7%，餐饮业销售额4.62亿元，增长9.1%。全年共组织促销活动20余场，进一步释放夜间消费新活力。全年网络零售额实现2.63亿元，增长175%。累计发放消费券约135万元，拉动消费近3000万元。实现全县中型及以上零售超市、酒店民宿全部入统，圣觉供应链公司在全市食品批发行业中成为龙头。

【财政及金融】 2023年，全县财政总收入8.04亿元，增长14.0%，其中公共财政预算收入3.96亿元，上升15.3%。财政支出17.86亿元，上升1.54%。金融机构各项存款余额为90.09亿元，比年初增长11.53%。其中：住户存款余额75亿元，比年初增长15.58%。全县金融机构贷款余额93.31亿元，比年初增长10.36%。金融机构各项存、贷款总体运行情况良好。

【旅游及交通】 2023年，全县共接待游客806.4万人次，增长38.96%；实现旅游综合收入42.23亿元，增长39.53 %。为御龙湾景区、野狼居酒店、全龙影视城等8个链上企业筹集财园信贷通资金7500万元，发放文旅消费券20万元，兑现奖励848.20万元。县文化馆、县图书馆接待人次25万余人，县博物馆接待游客8.6万余人。交通运输、仓储及邮电通信业实现增加值2.50亿元，增长8.4%。

【教育及卫生】 2023年，全县拥有小学11所（含九年一贯制学校），教职工444人，在校生5830人；有初级中学6所（含九年一贯制学校），教职工297人，在校生3568人；普通高中1所，教职工166人，在校学生2057人；职业中学1所，教职工97人，在校学生1522人；有幼儿园12所，学前教育幼儿在园1997人。全县有医疗卫生机构101个、医生295人、医疗卫生机构床位610张，每千人拥有的卫生技术人员数、床位数分别为6.81名和6.36张。

（张越亚）

中国共产党资溪县委员会

综 述

2023年，资溪县坚持以习近平新时代中国特色社会主义思想为指导，深入贯彻落实党的二十大和习近平总书记考察江西重要讲话精神，认真贯彻尹弘书记在资溪调研讲话精神，完整、准确、全面贯彻新发展理念，切实做好稳增长、防风险、保稳定、惠民生等各项工作，加快推动高质量发展，努力推动经济实现质的有效提升和量的合理增长。2023年全县地区生产总值完成58.89亿元、增长5.3%；一般公共预算收入完成3.96亿元、增长15.3%；规模以上工业增加值增长13.5%；社会消费品零售总额增长0.3%；固定资产投资增幅0.8%；城镇、农村人均可支配收入分别为36209元、20725元，分别增长5.2%和7.9%。资溪县级财政管理绩效综合评价连续三年位列全国前200，“资溪面包”荣登区域品牌影响力百强榜。先后获评全国森林康养标准化建设县、全国“四好农村路”示范县、第二批全国科普示范县、国家旅游避暑目的地，入围全国城乡交通运输一体化示范县、第四批国家农业绿色发展先行区创建名单；获评全省“风景独好”旅游名县、全省红色物业优秀县、江西省新型工业化产业基地、江西省2023年度城市功能与品质提升先进县、全省优秀旅游服务体验城市试点县、2023省级生态园林城市等称号；县委政法委获评“新时代政法楷模集体”称号，县科协荣获2023年度全国科普日活动优秀组织单位。

坚持强攻工业、大抓产业，在壮大县域经济上精准发力。始终牢牢扭住工业这个“牛鼻子”，以强攻工业引领产业转型升级。一是壮大产业集群。大力实施工业强县发展战略，制定资溪制造业重点产业链现代化建设“2318”行动计划，深入开展工业创新发展争先擂台赛，在全国率先成立竹产业支行，2023年全县规模以上工业企业实现产值33.11亿元，全县工业营业收入33.73亿元；规上工业用电量完成8752万千瓦时，比2022年增长7.78%；工业增值税1.3亿元，增长198.5%，新增入规企业14家。“资溪面包”荣登区域品牌影响力百强榜，不断挺起资溪工业高质量发展“脊梁”。二是提升承载能力。以创建省级产业园为抓手，打造世界首个规模最大竹结构建筑单体项目竹科技博物馆，持续完善“一区三园”基础设施，提升园区吸附力、保障力，面包产业城、竹科技产业园、金凤凰科技园标准厂房建设加快推进。圣农牛肉厂、陆恒食品、巧克力厂、庄驰三期、双枪竹木等项目建设有序推进。2023年全县新签约项目56个，投资额145.69亿元，其中工业项目35个，占比62.5%，投资额138.96亿元，优强项目实现新突破。积极推进企业“升规”培育，新增入规企业14家。引导大庄竹业、新兴家居总部搬迁至资溪。三是扩大有效投资。坚持“项目为王”，抢抓国家扩大内需政策机遇，积极谋划争取地方政府专项债券、政策性开发性金融工具项目，加大跑项争资力度，持续扩大有效投资，2023年重点推进9个省大中型项目，全年完成投资30.10亿元，占年度计划投资121.14%。2023年申报并通过发行专项债券项目9个，总投资17亿元，完成投资6.98亿元，使用债券额度3.05亿元，使用进度62.24%。2023年中央预算内资金项目共6个，总投资1.68亿元，完

县行政中心（帅建忠　摄）

成投资1.43亿元。2023年重大项目建设考核排名全市第二。

*坚持生态优先、拓宽路径，在推动绿色发展上协同勠力。*深入践行“绿水青山就是金山银山”理念，大力推进生态产品价值实现机制试点。一是加快旅游转型升级。顺利承办2023首届中国·抚州生态康养产业大会、第六届中国森林康养产业发展大会、中医药院士专家江西行等活动，持续丰富“森林+康养、运动+康养、中医药+康养”等内涵，全面打响“九养资溪·中国睡都”生态康养品牌，获评国家旅游避暑目的地、首届江西“避暑旅游目的地”研学基地，清凉山、法水温泉获评国家级森林康养基地，新增3处乡村森林公园，松上境民宿获得省级森林康养基地。以创建国家级旅游度假区为抓手，全面强化文旅产业惠企服务，大觉山二期、南源民宿二期等项目加快推进，冠合芳草地度假酒店开业运营，南源宿集创成国家甲级民宿；积极推广旅游营销活动，深入上海、泉州等地开展旅游宣传推广8次，“吃资溪面包·品临川牛杂”、资溪烧烤主题月等47场活动精彩纷呈，大觉溪美食村成功创建省级夜间文旅消费集聚区，2023年全县共接待游客806.4万人次，同比增长38.96%；实现旅游综合收入42.23亿元，增长39.53%。二是拓宽两山转化通道。制定《资溪县碳达峰实施方案》《资溪县政府绿色采购工作实施方案》，有计划有步骤推进“碳达峰十大行动”，庄驰家居、吉中竹业、拓竹机械、资溪面包科技4家公司获评县级绿色工厂，荣获全国首个县域“城市温室气体排放核查”核查声明证书。加强碳普惠（绿宝）平台建设，全县绿宝会员注册达26139人、碳币余额2658万个。顺利承办全省首个“全国生态日”宣传活动，探索拓宽“两山”转化之路，完成2021年生态系统生产总值（GEP）核算工作，大力推广林下经济收益权、森林赎买抵押贷款等产品，创新开展GEP未来收益权质押贷、林业碳汇收益权质押贷等绿色金融产品，落地全市首笔河道经营权抵押贷款2亿元、“VEP+项目贷”500万元，截至2023年底，全县生态产品价值实现各项贷款余额38.62亿元，占全县贷款余额的41.39%，较年初增加4.57亿元。《信用助力生态文明建设高质量发展》案例荣获全国优秀，为全市唯一入选县区。三是大力发展现代农业。坚决扛起耕地保护和粮食安全责任，全年完成粮食种植8.67万亩、粮食产量3.86万吨，均完成年度目标任务。坚持以工业化思维发展农业，乌石镇创成首批国家农业产业强镇，“圣泽901”入选全国农业生产“三品一标”典型案例，被农业农村部列入白羽肉鸡全国唯一主导品种，圣泽生物科技发展公司获评国家肉鸡核心育种场。深化“纯净资溪”区域公共品牌推广，推动资溪农业向特色农业、绿色农业、品牌农业发展，资溪白茶荣获2023中国特色旅游商品大赛金奖。高标准承办第十二届中国竹文化节，打造世界首个规模最大竹结构建筑单体项目竹科技博物馆，紧抓全国林业改革发展综合试点机遇，深化集体林权制度改革，大力推进国家储备林、国家森林可持续经营试点、江西省林业碳汇项目，完成林权收储25万余亩。积极践行“大食物观”，因地制宜大力发展林下经济产业，全面构建了以笋竹两用林、仿野生灵芝为特色的现代化林下经济产业体系，全县林下经济种植面积8万亩。

*坚持深化改革、创新驱动，在释放发展活力上持续用力。*坚持用好改革创新“关键一招”，推动经济发展的活力动力持续释放。一是深入推进改革攻坚。深入实施全面深化改革十大攻坚行动，制定改革措施148项，13项改革经验做法全面推广，改革案例连续两年入选“中国改革地方全面深化改革典型案例”，6项重点改革工作得到省市领导的肯定认可。着力抓好国资国企改革、人才和科技发展体制机制等重点任务，2023年县属国有企业资产总额162亿元，营业收入18.27亿元，利润总额1.16亿元。深入推进水利改革，资溪县河权改革经验在全国推广，资溪县探索林地“三权分置”改革入选“中国改革2023年度地方全面深化改革典型案例”，成为江西首个连续两年入选全国改革典型的林业案例。二是大力优化营商环境。深入推进营商环境优化升级“一号改革工程”，积极践行“无事不扰、无微不至、无为而治”的理念，113个事项全部纳入“惠企通”平台，办结惠企事件560件，兑现资金1.07亿元，惠及企业281家，2023年新增减税降费8738万元，全年增值税留抵退税6172万元。推行“前店后厂”政务服务模式，推动22项“一件事”改革落地生效，深入实施“拿地即开工”，通过模拟审批、提前介入、容缺受理、预审办理等创新机制，政府投资项目审批时间从120个工作日压缩至65个工作日，社会投资项目审批

时间从78个工作日压缩至40个工作日。探索“政银合作”新模式，打造2个银行网点政务服务专区、8个“家门口”政务服务站点，全县各项贷款余额93.31亿元。三是不断强化科技赋能。实施研发投入攻坚行动，推动41家企业入库科技型中小企业、完成率达137%，完成率为全市第一，谋划储备4人入选省双千计划科技人才，全年工业研发投入10272.9万元，全社会研发投入强度提高0.1，高于全省0.04的平均水平，争取省市“揭榜挂帅”项目6个，科技财政支出占比6.5%，位列全市第一。资溪县数创中心成功创建市级众创空间。创新打造首个抚州（资溪）人才康养基地，建设各级专家平台21个，一人入选2023年度赣鄱高层次高技能领军人才，4个省“双千计划”项目数量排名全市第一，其中外籍专家项目1个，实现全市外籍专家领域“零”突破。深入推进数字经济做优做强“一号发展工程”，数字经济营收总额突破47亿元，同比增长329%，税收达2亿元；鼓励企业开展“5G+工业互联网”场景应用，大力推进“上云用数赋智”行动，新增企业上云580家。

*坚持人民至上、增进福祉，在厚植为民情怀上用情用力。*深入践行以人民为中心的发展思想，不断满足人民群众对美好生活的需要。一是扎实推进乡村振兴。聚焦“两不愁三保障”和饮水安全，持续巩固拓展脱贫攻坚成果同乡村振兴有效衔接，成效考核评估排名全省第24、全市第3，乌石镇入选全省乡村振兴示范乡镇，乡村振兴经验入选江西新时代乡村振兴优秀案例，新月村入选全国乡村振兴村级实践交流基地。深入推进乡村建设行动和农村宅基地改革，扎实开展农村人居环境五年提升行动，着力壮大新型农村集体经济，持续深化移风易俗、倡导文明新风，加快建设宜居宜业和美乡村，大觉溪美丽宜居乡村建设项目荣获2023年中国人居环境范例奖、为全省唯一获评范例。二是提升城市功能品质。统筹城乡融合发展，全面实施“小县大城”发展战略，出台《资溪县“小县大城”工作实施方案（2023—2025年）》，建立以总方案为引领，创新创业、住房保障、社会事务、和美乡村“1+4”方案体系，探索山区县域新型产业化城镇化之路，高阜镇入选国家标准化委员会第四批新型城镇化标准化试点示范乡镇。深入推进城市功能与品质再提升行动，统筹推进国家卫生县城创建、绿色示范、棚户区改造等项目，全面推进城区污水管网、城乡供水一体化、城区步行道改造等项目建设，提升打造“一河两岸”延伸段，塑造城市新风貌。三是全面落实民生实事。坚持尽力而为、量力而行，把有限财力向民生领域倾斜，认真办好年初确定的民生实事，2023年全县民生支出18.9亿元，占一般公共预算支出88.4%。扎实做好群众就业工作，2023年全县城镇新增就业1980人，纯净资溪创业孵化基地创成省级创业孵化基地，创建省级充分就业社区1个、市级充分就业社区3个，“资溪面包师”劳务品牌获得央视专题报道，有效保障高校毕业生等重点群体就业需求。大力推进全国义务教育优质均衡发展、健康资溪行动，不断补齐教育、医疗等民生领域短板。深化县域社会治理现代化试点，打造“资心人、悉心助”网格治理品牌，县委政法委被授予全国党委政法委系统“新时代政法楷模”称号。严格落实安全生产责任制，持续抓好防汛、自建房、城镇燃气等重点领域隐患排查整治，2023年全县纠纷警情、行政警情、盗窃警情分别比2022年下降21.72%、12.11%、6.42%，道路交通事故、学生防溺水等实现双下降，公安满意度、夜间出行安全两项指标均位列全市第一，守住不发生较大以上安全生产事故底线。

*坚持党建引领、全面从严，在优化政治生态上不遗余力。*深入贯彻新时代党的建设总要求和新时代党的组织路线，纵深推进全面从严治党。一是建强基层组织堡垒。深入推进“书记领航”行动，全县42个书记领航项目高质量落地。树立大抓基层鲜明导向，深化落实“党建工作日”制度、流动党员“红色驿站”，

持续整顿软弱涣散党组织，加强流动党员教育管理。有序推进第二批主题教育工作，先后开展专题读书班、自学研讨等活动，迅速掀起学习贯彻习近平新时代中国特色社会主义思想的热潮。扎实开展第二批“红旗（模范）党支部”创评，压实党组织书记党建政治责任，全县5个党组织创评市级“模范党支部”，8个党组织成功创评市级“红旗党支部”，获评率排名全市第1、获评总数全市第4，陈坊村被评为全省乡村振兴模范党组织。统筹推进各领域基层党建提质增效，创新党建带群建引领基层治理模式，打造“党建引领·群团联创”阳光建功党建工作和群团工作品牌。二是树立正确用人导向。落实省委选贤任能“四个坚持、八个

不”具体要求，树立“用人取其长、教人责其短”理念，树立“用人取其长、教人责其短”鲜明用人导向，强化“把个人交给事业，把进步交给组织”干事创业导向，全面落实《推进领导干部能上能下规定》，鲜明选用忠诚干净担当的高素质专业化干部。建立优秀干部人才库，加大优秀年轻干部培养使用力度，选派11名干部至珠三角、闽东南等地驻点招商，拓宽培养锻炼干部渠道。三是涵养良好政治生态。召开县纪委十五届三次全会、省委巡视反馈意见整改工作动员会、“九查九改”干部作风整顿活动推进会暨警示教育大会，部署纵深推进全面从严治党工作，高标准高质量推进省委巡视反馈问题整改、“九查九改”干部作风整顿活动，锲而不舍落实中央八项规定及其实施细则精神。截至目前，省委巡视反馈问题整改完成率94.8%。加强对“一把手”和领导班子监督，创新出台县纪委书记对县委书记常态化同级监督工作机制，推行领导干部“政治家访”制度，推动政治监督走深走实。坚持一体推进“三不腐”，保持惩治腐败高压态势，风清气正的政治生态建设不断巩固发展。

（卢嘉庆）

重要会议

【县委常委会议】 2023年在县委常委会议室召开县委常委会36次。会议主要内容是学习党的上级组织的各类文件，传达贯彻各级会议精神，听取、讨论县委重要报告并形成决议，对全县重大突发问题进行研究、决定等。

1月5日，县委书记吴淑琴主持召开2023年度第一次常委会会议。会议组织学习习近平总书记12月31日发表的2023年新年贺词（观看视频）；学习习近平总书记12月26日至27日在中共中央政治局民主生活会上的重要讲话精神，12月30日在全国政协新年茶话会上的重要讲话精神；习近平总书记重要文章《为实现党的二十大确定的目标任务而团结奋斗》（《求是》杂志2023年第1期）；传达学习上级通报文件；研究《2023年元旦春节前后县四套班子重大集体活动安排（审议稿）》；审议《县委常委会工作报告（审议稿）》《中共资溪县委关于深入学习宣传贯彻党的二十大精神，加快全面建设产业兴旺、生态一流、美丽幸福的现代化“纯净资溪”的决定（草案）（审议稿）》；研究人事议题。

1月13日，县委书记吴淑琴主持召开第二次常委会会议。会议研究《关于召开县第十八届人大三次会议有关事项的请示》《关于召开政协资溪县第十届委员会第三次会议有关事项的请示》；审议《政府工作报告（审议稿）》《资溪县2022年国民经济和社会发展计划执行情况与2023年国民经济和社会发展计划草案的报告（送审稿）》《2022年主要经济指标完成情况和2023年主要经济指标计划情况》《资溪县2023年民生项目计划表》《关于资溪县2022年县级预算执行情况和2023年预算草案的报告（送审稿）》《资溪县2023年预算草案（送审稿）》；审议《资溪县人民法院2022年度工作报告（审议稿）》《资溪县人民检察院2022年度工作报告（审议稿）》；审议《中国共产党资溪县第十五届纪律检查委员会第三次全体会议上的工作报告（审议稿）》；审议“创先争优”先进典型拟表彰名单。

2月6日，县委书记吴淑琴主持召开第三次常委会会议。会议传达学习习近平总书记近期重要讲话精神，习近平总书记重要文章《在二十届中央政治局第一次集体学习时的讲话》（《求是》杂志2023年第2期）《全面从严治党探索出依靠党的自我革命跳出历史周期率的成功路径》（《求是》杂志2023年第3期）；书面传达学习江西省第十四届人民代表大会第一次会议和江西省政协十三届一次会议主要精神；传达学习市委副书记、市长高世文在全市县处级主要领导干部学习贯彻党的二十大精神专题研讨班开班式上的辅导动员讲话和总结讲话精神；传达学习上级通报文件；李亮通报财贸口相关工作（含医保征缴等）情况；刘文波通报近期全县综合考核工作情况；邵吉明通报金凤凰科技园区近期工作情况；徐江英通报科教文卫口相关工作（含全县义务教育优质均衡发展工作等）情况；郑长泽通报工业口相关工作（含工业强攻战、生态环境整治等）情况；李晔通报农口相关工作（含全县耕地抛荒整治等）情况；黄鑫通报建口相关工作（全县城乡环境整治等）情况；詹晓武通报森林赎买和林下经济发展工作情况；听取县人大常委会党组、县政府党组、县政协党组、县纪委县监委、县法院党组、县检察院党组2022年工作汇报；审议《县委常委班子2022年度民主生活会暨从龚建华案件中汲取教训做好以案促改工作专题民主生活会对照检查材料（审议稿）》。

2月20日，县委书记吴淑琴主持召开第四次常委会会议。会议传达学习习近平总书记近期重要讲话精神；习近平总书记重要文章《当前经济工作的几个重大问题》（《求是》杂志第4期）；传达学习习近平总书记关于统计工作的重要批示精神、国家统计局相关调研报告主要精神；省委常委会、市委常委会相关贯彻落实精神；全市统计工作布置会议主要精神，并研究贯彻落实意见；传达学习省委书记尹弘在抚州考察调研讲话精神，并研究贯彻落实意见；传达学习全省、全市宣传部长会议主要精神，并研究贯彻落实意见；通报县委、县政府主要领导2023年1月份以来率队赴部分省直单位、省属国有企业走访对接情况；传达学习全国、全省、全市统战部长会议精神并研究贯彻落实意见；传达学习全市存量土地消化、补充耕地、成片开发方案编制三项重点工作调度会精神并研究贯彻落实意见；通报2022年度和2023年1月份落实全面从严治党主体责任情况；通报创建国家卫生县城近期工作情况；通报近期全县综合考核工作情况；通报“智汇资溪”工作情况；通报全县信访工作情况；通报招商引资工作情况；审议《2023年第十二届中国竹文化节筹备工作方案（审议稿）》（套开：2023年第十二届中国竹文化节调度会）；审议《资溪县“小县大城”工作实施方案（2023—2025年）（审议稿）》；审议《资溪县设置街道办事处组织实施总体方案（审议稿）》；审议《关于促进资溪（抚州）金凤凰科技园招商引资工作的实施办法（审议稿）》；审议《2023年度全县开放型经济工作实施方案（审议稿）》；书面通报资溪县（嵩市）有机农业科技示范建设项目工程PPP项目合同解除、资溪（抚州）园区珍展鞋业土地及资产收储、资溪县灵芝全产业链项目补充协议等相关事宜。

2月28日，县委书记吴淑琴主持召开第五次常委会会议。会议研究人事议题；审议《资溪县2023年农业农村工作要点（审议稿）》；审议《关于召开2023年全县工业创新发展暨开放型经济动员大会的通知（审议稿）》《资溪县贯彻实施全市工业创新发展争先擂台赛暨2023年开放型经济工作实施方案（审议稿）》；审议《关于表彰2022年度工业创新发展及开放型经济工作先进企业和先进个人的决定（审议稿）》；研究《关于调整县委书记、副书记及常委分工的通知（审议稿）》；通报《资溪（抚州）金凤凰科技园服务有限公司相关事项》；书面通报资溪县流式细胞仪及试剂项目招商引资相关事宜。

3月3日，县委书记吴淑琴主持召开第六次常委会会议。会议研究资溪县医疗、医美产业集群项目招商引资协议。

3月6日，县委书记吴淑琴主持召开第七次常委会会议。会议传达学习习近平总书记近期重要讲话精神，习近平总书记重要文章《新时代党和人民奋进的必由之路》（《求是》杂志第5期）；传达学习全国、全省纪检监察干部教育整顿动员部署会议主要精神，并研究贯彻落实意见；通报2023年第七届资溪面包文化节筹备工作情况；通报第六届中国森林康养产业发展大会筹备工作；通报2023年第九届资溪有机白茶文化节筹备工作情况；通报共建农业科技先行县相关工作情况；通报财贸口相关工作（含生态产品价值实现、重点项目工程建设、医保征缴等）情况；通报创建省级食品安全治理示范县工作进展情况；通报建口相关工作（全县城乡环境整治、全县新增耕地项目落实耕种等）情况；通报森林赎买和林下经济发展工作情况；通报金凤凰科技园区近期工作情况；通报全县义务教育优质均衡发展工作情况；通报资溪县中医院医技大楼建设项目（一期）EPC总承包实施方案。

3月20日，县委书记吴淑琴主持召开第八次常委会会议。会议传达学习习近平总书记近期重要讲话精神，习近平总书记重要文章《加快建设农业强国　推进农业农村现代化》（《求是》杂志第6期）；传达学习全国“两会”主要精神（套开全县领导干部会议）；传达学习全国、全省、全市组织部长会议和全省基层党建工作重点任务推进会议主要精神，并研究贯彻落实意见；通报县委、县政府主要领导2023年3月份以来率队赴国家文化和旅游部、部分省直单位、高校和相关协会走访对接情况；通报创建国家卫生县城近期工作情况；通报近期全县综合考核、2023年1—2月份全县基层党建工作情况；通报全县信访工作情况；通报全县开放型经济工作情况；通报近期旅游相关工作情况及下一步打算、资溪县耕地抛荒整治工作情况；通报危房整改工作情况；通报营商环境测评工作情况。

3月23日，县委书记吴淑琴主持召开第九次常委会会议。会议组织学习中央关于巡视工作的有关精神、《中共中央办公厅印发〈中央巡视工作规划（2023—2027）〉的通知》；传达学习《江西省被巡视党组织配合省委巡视工作的实施办法》《关于巡视资溪县的通知》；研究《配合省委第六巡视组来资巡视工作方案（审议稿）》及相关工作方案。

3月29日，县委书记吴淑琴主持召开第十次常委会会议。会议传达学习省委巡视工作领导小组《关于印发〈关于进一步推进市县巡察工作高质量发展的意见〉的通知》（赣巡发〔2023〕40号）；通报市纪委党风室对资溪县“两个责任”系统查重发现问题情况；通报全县粮食购销领域腐败专项整治及工作情况（套开全县粮食购销领域腐败案件问题整改工作推进会）；审议《中共资溪县委关于推进2023年全面从严治党的实施意见（审议稿）》；审议《资溪县纪委监委开展纪检监察干部队伍教育整顿实施方案（审议稿）》；审议《资溪县纪委书记对县委书记开展同级监督实施细则（审议稿）》《资溪县纪委书记对县委书记开展同级监督常态化规范化实施办法（试行）（审议稿）》；审议《资溪县碳达峰实施方案（送审稿）》；审议《2023年资溪县生态文明建设工作要点（审议稿）》《2023年资溪县国家生态产品价值实现机制试点工作要点（审议稿）》《2023年资溪县碳达峰碳中和工作要点（审议稿）》《2023年资溪县推动长江经济带发展工作要点（审议稿）》；研究人事议题；书面通报《资溪县长保面包项目招商引资协议》《资溪县千新生物体外诊断试剂产业化项目招商引资协议》《资溪县投影仪及智能门锁生产项目招商引资协议》相关事宜。

4月6日，县委书记吴淑琴主持召开第十一次常委会会议。会议传达学习2023年全省巡视巡察工作会议暨十五届省委第三轮巡视动员部署会主要精神；传达学习省委第七巡视组巡视抚州市工作动员会主要精神；通报配合省委第六巡视组巡视资溪相关事项；审议《中共资溪县委工作汇报（审议稿）》；研究人事议题。

4月17日，县委书记吴淑琴主持召开第十二次常委会会议。会议传达学习习近平总书记近期重要讲话精神，并提出贯彻落实相关要求；传达学习《中央保密委员会关于2022年全国窃密泄密案件情况的通报》《中共抚州市委办公室关于印发〈王爱东、魏晓奎同志在省委第七巡视组巡视抚州市工作动员会上的讲话〉的通知》，并提出贯彻落实相关要求；传达学习《中共江西省纪委关于鹰潭市委原书记郭安严重违纪违法的通报》、全省“提升对村（社区）巡察质效”试点工作总结暨成果推广会精神，并研究贯彻落实意见；传达学习《中共中央关于在全党深入开展学习贯彻习近平新时代中国特色社会主义思想主题教育的意见》《中共江西省委关于在全省深入开展学习贯彻习近平新时代中国特色社会主义思想主题教育的实施方案》，并提出贯彻落实相关要求；传达学习《关于进一步规范领导干部离抚审批和外出报备工作的通知》（抚值字〔2023〕1号），并提出贯彻落实相关要求；通报金凤凰科技园区近期工作情况；通报全县义务教育优质均衡发展工作情况；通报建口相关工作（全县城乡环境整治、全县新增耕地项目落实耕种、重点项目工程建设等）情况；通报森林赎买和林下经济发展工作情况；通报“智汇资溪”工作情况；通报生态产品价值实现工作情况；通报创建省级食品安全治理示范县工作进展情况；审议《资溪县生态环境保护工作报告（审议稿）》；听取十五届县委第四轮巡察综合情况的汇报；审议《资溪县政协2023年度协商与监督工作计划（审议稿）》；审议《资溪县创建全国医养结合示范县实施方案（审议稿）》；审议《资溪县“小县大城”创新创业专项工作方案（审议稿）》；审议《资溪县“小县大城”社会事务专项工作方案（审议稿）》；审议《资溪县关于进一步巩固提升经济回稳向好态势的若干政策措施（审议稿）》；审议《资溪县重点项目建设管理考评奖惩办法（审议稿）》；审议《关于进一步做好地方隐性债务风险防范化解工作方案（审议稿）》；审议《资溪县选人用人专题工作报告（审议稿）》；审议《中共资溪县委落实组织人事工作专题汇报（审议稿）》；审议《资溪县深入推进“智汇资溪”工作实施方案（审议稿）》；书面通报关于收储财富汽车项目、收储乐曲酒厂部分土地及2栋厂房相关工作。

4月19日，县委书记吴淑琴主持召开第十三次常委会会议。会议审议《中共资溪县委工作汇报（审议稿）》《中共资溪县委落实巡视等各类监督整改情况专题汇报（审议稿）》；审议《资溪县纪检监察工作专题汇报（审议稿）》《中共资溪县委巡察工作专题汇报（审议稿）》；审议《中共资溪县委落实意识形态工作责任制专题汇报（审议稿）》。

5月8日，县委书记吴淑琴主

持召开第十四次常委会会议。会议传达学习习近平总书记近期重要讲话精神；吴淑琴同志传达学习省委书记尹弘在《学习时报》发表的署名文章《坚定不移加快推进高质量发展　奋力谱写中国式现代化江西篇章》；传达学习《抚州市论坛活动专项清理整治工作实施方案》（抚办发电〔2023〕25号），2023年全市网络安全和信息化工作高质量发展推进会会议精神，并研究相关贯彻落实意见；传达学习市委书记魏晓奎在市商务局《工作情况汇报》上作的批示，并研究相关贯彻落实意见；通报创建国家卫生县城近期工作情况；通报资溪县2022年度推进高质量跨越式发展成效考卷和满意度评价考卷情况、市巩固拓展脱贫攻坚成果办公室对我县驻村第一书记和工作队成员暗访督查情况；通报全县信访工作情况；通报全县开放型经济工作情况；通报近期旅游相关工作情况及下一步打算、全县耕地抛荒整治工作情况；通报全县2022年度市场主体年报进展情况；通报危房整改工作情况；审议《资溪县2023年重点项目建设计划（审议稿）》；审议《资溪县2023年民生实事工程安排方案（审议稿）》；研究《关于〈资溪县（嵩市）有机农业科技示范建设项目工程PPP项目合同提前终止协议〉的请示》；研究《关于与江西狮子山生态旅游度假村有限公司（罗加亮）签订〈股权并购意向书〉等协议的请示（审议稿）》。

5月8日，县委书记吴淑琴主持召开第十五次常委会会议，党建专题会议。会议传达学习《关于加强党的政治建设的意见》，并研究贯彻落实意见；传达学习《中共中央关于加强对“一把手”和领导班子监督的意见》《省委关于开展政治谈话加强对一把手和领导班子监督的意见》（赣发〔2020〕24号）《中共江西省委印发〈关于进一步加强一把手和领导班子监督的若干措施〉的通知》《市纪委关于4起违反中央八项规定精神典型问题的通报》，并研究贯彻落实意见；传达学习《中央办公厅关于印发〈党委（党组）意识形态工作责任制实施办法〉的通知》，并研究贯彻落实意见；传达学习中央、省委和市委统一战线工作领导小组2023年第一次全体会议精神，并研究贯彻落实意见；通报2023年第一季度全面从严治党有关工作情况；通报2023年市级红旗（模范）党支部重点创评单位、2023年3—4月基层党建工作情况；研究资溪县2022年度党（工）委书记抓基层党建述职评议考核综合评价等次、《2023年全县基层党建重点任务清单（审议稿）》；审议《中共资溪县第十五届委员会常务委员会工作规则（审议稿）》。

5月17日，县委书记吴淑琴主持召开第十六次常委会会议，全面从严治党专题会议。会议传达学习《党委（党组）落实全面从严治党主体责任规定》，并研究贯彻落实意见；传达学习《中共江西省委办公厅关于进一步规范政治谈话工作的通知》，并研究贯彻落实意见；通报2022年度全县各单位党风廉政建设责任制考评情况；审议《2023年度资溪县委落实全面从严治党主体责任个性任务清单（审议稿）》。

6月5日，县委书记吴淑琴主持召开第十七次常委会会议。会议传达学习近期习近平总书记重要讲话精神，并研究贯彻落实意见；传达学习《中共中央办公厅关于在全党大兴调查研究的工作方案》《中央办公厅关于总结推广浙江“千万工程”经验推动学习贯彻习近平新时代中国特色社会主义思想走深走实的调研报告》《中共江西省委办公厅关于在全省大兴调查研究的实施方案》，并研究贯彻落实意见；传达学习全省文物工作电视电话会议主要精神，2023年抚州市文化建设推进大会会议主要精神，并研究贯彻落实意见；审议《资溪县国土空间总体规划（2021—2035年）》；审议《资溪县“小县大城”幸福宜居专项工作实施方案（审议稿）》；审议《资溪县“小县大城”社会事务专项工作实施方案（审议稿）》；审议《资溪县“小县大城”和美乡村专项工作实施方案（审议稿）》；审议《县委常委会2023年工作要点（审议稿）》。

6月19日，县委书记吴淑琴主持召开第十八次常委会会议。会议传达学习近期习近平总书记重要讲话精神，并研究贯彻落实意见；传达学习市纪委通报文件，并研究贯彻落实意见；传达学习全省、全市优化营商环境工作推进大会主要精神，并研究贯彻落实意见（书面）；通报创建国家卫生县城近期工作情况，并就创建国家卫生县第一轮现场评估和技术指导工作作布置；通报财贸口相关工作（含重点项目工程、“智汇资溪”、生态产品价值实现、1—5月工业和商贸服务业指标运行分析）等情况；通报资溪县执行承办中医药高层次人才江西行（抚州专场）暨人才康养系列活动相关工作情况；通报金凤凰科技园区近期工作情况；通报巩固脱贫攻坚成果同乡村振兴有效衔接工作督查相关情况；通报林业及市场监管相关工作（含创建省级食品安全治理示范县、全县2022年度市场主体年报、资溪县森林赎买和林下经济发展）等情况；通报建口相关工作（含全县城乡环境整治、全县新增耕地项目落实耕种、全县中心城区棚户区改造）等情况，并就危房整治工作进行布置；通报获得国家级和省级、市级荣誉（奖项）、试点情况及拟创建上级荣誉、试点情况；审议《关于在全县大兴调查研究的实施方案（审议稿）》；审议《资溪县“党建引领·群团联创”阳光建功行动实施方案（审议稿）》。

6月29日，县委书记吴淑琴主持召开第十九次常委会会议。会议传达学习近期习近平总书记重要讲话精神，并研究贯彻落实意见；传达学习2023年全省旅游产业发展大会主要精神，全市县（区）委书记座谈会主要精神，并研究相关贯彻落实意见；传达学习近期省、市纪委监委通报文件，并研究贯彻落实意见；传达学习中央政法委督查江西省贯彻落实《中国共产党政法工作条例》反馈问题整改工作会议主要精神、全市信访问题源头治理三年攻坚行动动员部署会暨市信访工作联席会议全体（扩大）会议主要精神，并研究贯彻落实意见；传达学习中央统战部治理非法宗教活动工作座谈会、全省党政领导干部学习贯彻党的二十大精神做好新时代民族宗教工作培训班暨“两个专项”推进会主要精神，并研究贯彻落实意见；传达学习《省委办公厅 省政府办公厅关于2022年度市县巩固脱贫攻坚成果考核情况的通报》，并研究贯彻落实意见；传达学习2023年省、市级总河湖长会议和省、市级总林长会议精神主要精神，并研究贯彻落实意见；传达学习《国务院调查组关于湖南长沙“4·29”特别重大居民自建房倒塌事故调查报告》，并研究贯彻落实意见；审议《资溪县文化产业提质扩容三年行动方案（2023—2025年）》（审议稿）；审议《2023年资溪县文化旅游产业高质量发展工作方案》（审议稿）；审议《资溪县竹笋产业2023—2025年高质量发展实施方案》（审议稿）；审议资溪县2023年县级“红旗（模范）党支部”拟命名对象；审议《资溪县2022年巩固拓展脱贫攻坚成果同乡村振兴有效衔接考核评估反馈问题整改工作方案》（审议稿）；研究《关于收购江西景田实业有限公司破产财产的请示》；研究《关于收购江西九龙湖旅游度假区有限公司破产财产的请示》；研究《关于恳请同意资溪县国货预制菜大单品项目招商引资协议的请示》；研究《关于恳请同意资溪县生物医药MAH平台项目招商引资协议的请示》；研究《关于旅投集团股权无偿转让的请示》；研究人事议题。

7月4日，县委书记吴淑琴主持召开第二十次常委会会议。会议研究市管干部民主推荐和干部考察事宜。

7月16日，县委书记吴淑琴主持召开第二十一次常委会会议。会议传达学习近期习近平总书记重要讲话精神及《关于加强安全生产工作十五条硬措施》，并研究贯彻落实意见；传达学习省委书记尹弘在抚州资溪调研时的讲话精神，并研究贯彻落实意见；传达学习尹弘、叶建春在全省扩大开放推动经济高质量发展暨推进内陆开放型经济试验区建设工作大会上的讲话（赣办通报〔2023〕第9期），并研究贯彻落实意见；传达学习江财智库报告《我省林业经济现代化发展的困境与破解之路——基于资溪全竹产业的调查研究》，并研究贯彻落实意见；学习习近平总书记关于巡视工作的重要讲话精神、省委书记尹弘听取十五届省委第三轮巡视情况汇报时的讲话要求以及省委第七巡视组巡视抚州市情况反馈会议精神，审议《中共资溪县委关于成立省委第六巡视组巡视资溪县反馈意见整改工作领导小组的通知》《关于设立省委第六巡视组巡视资溪县反馈意见整改工作领导小组办公室的通知》《中共资溪县委关于认真做好省委第六巡视组巡视资溪县反馈意见整改工作的通知》（审议稿）；审议《关于认真做好省委巡视落实意识形态工作责任制专项检查反馈意见整改工作的通知》（审议稿）；审议《关于认真做好省委巡视县委巡察工作专项检查反馈意见整改工作的通知》（审议稿）；审议《关于认真做好省委巡视选人用人工作专项检查反馈意见整改工作的通知》（审议稿）。

7月24日，县委书记吴淑琴主持召开第二十二次常委会会议。会议传达学习近期习近平总书记重要讲话、重要文章、重要回信精神；传达学习中共江西省委十五届四次全体（扩大）会议主要精神，并研究贯彻落实意见；传达学习《中央密码工作领导小组关于认真学习贯彻习近平总书记重要批示的通知》《省国安办工作提示》，并研究贯彻落实意见；传达学习《中共江西省纪委办公厅关于“觥角”等不良文化突出问题及其教训的警示通报》，并研究贯彻落实意见；审议《2023年度资溪县文化旅游产业发展奖励办法》（审议稿）；传达学习省委巡视抚州反馈意见整改工作暨开展“九查九改”干部作风整顿活动动员部署会主要精神，审议《资溪县开展“九查九改”干部作风整顿活动的实施方案》（审议稿）；审议《2023年意识形态和宣传思想文化工作要点》（审议稿）；研究《关于审议〈资溪县三维锂电池产业园项目招商引资协议〉的请示》；研究《关于审议〈创新性医疗器械产业集群招商引资协议〉的请示》；研究《关于审议〈创新性医疗器械综合服务平台招商引资协议〉的请示》；研究《关于审议〈资溪县大觉山景区大觉空客配套子项目招商引资协议〉的请示》；研究《关于恳请同意〈资溪县国货预制菜大单品项目补充协议〉的请示》；听取十五届县委第五轮巡察综合情况的汇报；听取全县财政运行及跑项争资情况汇报；研究干部处分事项；研究2022年度综合考核结果；研究人事议题。

7月29日，县委书记吴淑琴主持召开第二十三次常委会会议。会议传达学习近期习近平总书记重要讲话精神，并研究贯彻落实意见；传达学习省委整治形式主义为基层减负专项工作机制暨全省形式主义加重基层组织负担问题专项整治会议主要精神，并提研究贯彻落实意见；审议《关于召开中共资溪县委十五届五次全体（扩大）会议的通知（审议稿）》《在县委十五届五次全体（扩大）会议上关于县委常委会工作的报告（审议稿）》《吴淑琴同志在县委十五届五次全体（扩大）会议上的讲话（审议稿）》。

8月16日，县委书记吴淑琴主持召开第二十四次常委会会议。会议传达学习近期习近平总书记重要讲话、重要文章、重要回信精神；传达学习省委常委、常务副省长任珠峰来资调研时的讲话精神，并研究贯彻落实意见；观看《提高警惕　筑牢防线——对美斗争保密形势警示教育片》，并研究贯彻落实意见；传达学习上级通报文件，并研究贯彻落实意见；通报2023年上半年财经工作情况（套开2023年县委财经委员会第一次会议）；通报工业创新发展相关工作情况（套开全县工业创新发展调度会）；通报关于2023年上半年全面从严治党有关情况；通报省委巡视反馈意见整改工作进展、省专家组对我县创国卫工作现场评估（调研）和技术指导情况反馈暨第15次督查情况；通报优化营商环境对标提升进展、全县重大事故隐患专项排查整治行动工作情况；通报全县义务教育优质均衡发展情况；通报资溪县乡村振兴实绩考核主要问题，并研究下一步工作打算；审议《资溪县开展消除村级集体经济薄弱村攻坚行动的实施方案（审议稿）》；研究资溪县市县级乡村振兴担当作为好支书推荐名单；审议《资溪县全民国防教育“十四五”规划（审议稿）》；研究《关于审议〈资溪县国货预制菜大单品项目招商引资协议之“5000万产业扶持资金”和“购买科研用地”补充协议〉的请示》；研究《关于审议〈资溪县进口替代矫平机及激光自动化二期项目招商引资协议〉的请示》；研究《关于审议〈资溪县跨境汽车电商运营中心项目招商引资协议〉的请示》；研究《关于审议〈资溪县中心城区2023年棚户区改造工程项目（EPC总承包）实施方案〉的请示》；研究《关于审议〈资溪县人民政府与中科院创业投资管理有限公司的战略合作框架协议〉的请示》《关于审议〈资溪县人民政府与苏州纳方科技发展有限公司的战略合作框架协议〉的请示》《关于审议〈资溪县人民政府与广州中科环能科技有限公司的战略合作框架协议〉的请示》。

8月22日，县委书记吴淑琴主持召开第二十五次常委会会议。会议研究市纪委关于征求市管领导干部处分意见相关事宜。

9月4日，县委书记吴淑琴主持召开第二十六次常委会会议。会议传达学习近期习近平总书记重要讲话、重要文章、重要回信精神；传达学习《中央纪委国家监委对十起加重基层负担的形式主义、官僚主义典型问题的通报》，并研究贯彻落实意见；传达学习《中共中央办公厅　国务院办公厅印发关于建立领导干部应知应会党内法规和国家法律清单制度的意见》、市委保密委员会和市委密码工作领导小组全体（扩大）会议主要精神，并研究贯彻落实意见；传达学习全市中医药综合改革先行区建设暨中央财政支持中医药传承创新发展示范试点项目推进会会议主要精神，并研究贯彻落实意见；传达学习全市补充耕地、恢复耕地、耕地和永农划定成果核实处置、存量土地消化、违法用地整改五项重点工作调度会议主要精神，并研究贯彻落实意见；通报财贸口相关工作（含重点项目工程、“智汇资溪”、生态产品价值实现、6—8月工业和商贸服务业指标运行分析）等情况；通报近期获得和拟创建上级荣誉（奖项）、试点情况；通报金凤凰科技园区近期工作情况；通报工业口相关工作（含工业创新发展争先擂台赛、生态环境整治等）情况；通报林业及市场监管相关工作（含创建省级食品安全治理示范县、森林赎买和林下经济发展）情况；通报建口相关工作（含全县城乡环境整治、全县中心城区棚户区改造）情况；通报公众安全感相关工作（含2023年上半年江西省公众安全感和政法部门满意度测评结果、2023年上半年江西省公众安全感民意调查存在问题）情况；听取十五届县委第六轮巡察工作情况汇报；听取县委、县人大常委会、县政府、县政协班子部分领导同志2023年上半年工作汇报；研究干部处分事项。

9月14日，县委书记吴淑琴主持召开第二十七次常委会会议。会议传达学习近期习近平总书记重要讲话、重要文章、重要回信精神；传达学习中央和全省主题教育第一批总结暨第二批部署会议、全市主题教育动员大会主要精神，并研究贯彻落实意见；传达学习全省、全市组织工作会议主要精神，并研究贯彻落实意见；审议《中共资溪县委关于在全县开展学习贯彻习近平新时代中国特色社会主义思想主题教育的实施方案（审议稿）》《中共资溪县委学习贯彻习近平新时代中国特色社会主义思想主题教育领导小组成员名单（审议稿）》（套开中共资溪县委学习贯彻习近平新时代中国特色社会主义思想主题教育领导小组第一次会议）。

9月20日，县委书记吴淑琴主持召开第二十八次常委会会议。会议传达学习近期习近平总书记重要指示、重要文章和重要贺信精神；传达学习《中共江西省委办公厅关于印发习近平总书记重要指示批示件办理工作细则的通知》《中共江西省委办公厅印发关于当前我省意识形态领域情况的通报》，并研究贯彻落实意见；通报省委巡视反馈意见整改相关工作情况；通报创建国家卫生县城相关工作情况；通报社会综合治理（含“资心人·悉心助”、信访等）相关工作情况；通报全县开放型经济和服务规上工业企业相关工作情况；通报今年以来全县旅游工作开展情况；通报全县耕地保护各项（含耕地抛荒整治、耕地保护考核五个“一票否决”等）工作情况；通报森林赎买和笋竹两用林工作情况；研究《关于同意五个国有林场竹林经营权流转给双枪科技股份有限公司的请示》；. 研究《关于审议〈奶油生产项目招商引资补充协议〉的请示》；研究《关于审议〈资溪县圆柱电池制造项目招商引资协议〉的请示》；研究《关于恳请同意投资江西陆恒食品有限公司相关事宜的请示》；审议《资溪县2023年度综合考核实施意见（审议稿）》《资溪县2023年度乡（镇、场）及县直单位综合考核实施方案（审议稿）》；审议《关于做好新时代资溪宗教工作的实施方案（审议稿）》；研究《关于召开资溪县科学技术协会第二次代表大会的请示》；研究人事议题。

9月25日，县委书记吴淑琴主持召开第二十九次常委会会议。会议传达学习近期习近平总书记重要指示、重要讲话和重要贺信等精神；审议《中共资溪县委关于省委第六巡视组巡视反馈意见整改进展情况的报告（审议稿）》《中共资溪县委关于落实省委书记专题会议点评事项整改进展情况的报告（审议稿）》；审议《中共资溪县委关于省委第三轮巡视落实意识形态工作责任制专项检查反馈意见整改进展情况的报告（审议稿）》；审议《中共资溪县委关于省委第三轮巡视选人用人专项检查反馈意见集中整改进展情况的报告（审议稿）》；审议《中共资溪县委关于省委第三轮巡视县委巡察工作专项检查反馈意见整改进展情况的报告（审议稿）》；审议《中共资溪县纪委关于市委提级联动巡察反馈意见整改进展情况的报告（审议稿）》；审议《中共资溪县委组织部关于市委提级联动巡察反馈意见整改进展情况的报告（审议稿）》；研究县委学习贯彻习近平新时代中国特色社会主义思想主题教育正面典型案例和反面典型案例事宜；研究《关于县委常委分工的请示》；研究人事议题。

10月19日，县委书记吴淑琴主持召开第三十次常委会会议。会议传达学习近期习近平总书记重要指示、重要讲话和重要文章等精神；吴淑琴同志传达学习全省、全市领导干部会议主要精神，并研究贯彻落实意见；传达学习近期省、市纪委通报文件精神；传达学习《中华人民共和国野生动物保护法》，并研究贯彻落实意见；传达学习全市巩固拓展脱贫攻坚成果工作领导小组会议主要精神，通报2023年省乡村振兴局第二期督导暗访资溪县问题反馈情况，并研究下一步工作打算；通报县委、县政府主要领导率队赴交通运输部、部分省直单位、高校、省属国有企业和相关协会走访对接情况；通报“小县大城”相关工作情况；通报2023年前三季度推进全面从严治党有关工作情况；通报近期获得和拟创建上级荣誉（奖项）、试点情况，全县综合考核工作情况；传达学习二十届中央国安委第一次会议主要精神（套开：十五届县委国安委第二次全体会议暨县防范化解重大风险工作领导小组会议）；审议《资溪县加快消费提质扩容打造特色消费目的地实施方案（2023—2025年）（审议稿）》；研究《关于审议〈资溪县万物生汽车改装二期项目招商引资协议〉的请示》；研究《关于审议〈资溪县黑熊全产业链项目招商引资协议〉的请示》；研究《关于审议〈资溪县新能源智能装备制造项目招商引资协议〉的请示》；研究《关于审议〈资溪县黄精全产业链项目招商引资协议〉的请示》；研究《关于审议〈资溪县日兴砖厂构筑物及机器设备类资产征收补偿协议〉的请示》；研究《关于撤销中国共产党资溪县委教育科技体育工作委员会和中国共产党资溪县委卫生健康委员会工作委员会的请示》；审议《资溪县制造业重点产业链现代化建设“2318”发展计划（2023—2026年）（审议稿）》。

10月30日，县委书记吴淑琴主持召开第三十一次常委会会议。会议传达学习近期习近平总书记重要指示、重要讲话和重要文章等精神；传达学习市委国安办会议主要精神，并研究贯彻落实意见；传达学习《中共江西省委关于认真学习宣传贯彻习近平总书记考察江西重要讲话精神的通知》《中共抚州市委关于印发学习宣传贯彻习近平总书记考察江西重要讲话精神工作方案的通知》，并研究贯彻落实意见；传达学习《中华人民共和国土地管理法实施条例》，并研究贯彻落实意见；通报全县综合考核相关工作情况；通报十五届县委第一至第五轮巡察整改相关工作情况；通报财贸口相关工作（含重点项目工程、三季度经济运行等）情况；通报主题教育相关工作情况；通报招商引资相关工作情况；通报森林赎买和林下经济发展相关工作情况；通报耕地保护考核五个“一票否决”、全县城乡环境整治等相关工作情况；传达学习《党委（党组）落实全面从严治党主体责任规定》（套开：资溪县委落实全面从严治党主体责任专题会议）；审议《十五届资溪县委巡察工作规划（审议稿）》；研究人事议题。

11月2日，县委书记吴淑琴主持召开第三十二次常委会会议。会议传达学习近期习近平总书记重要讲话、重要贺信和重要文章等精神；传达学习《中华人民共和国环境保护法》，并研究贯彻落实意见；研究人事议题。

11月13日，县委书记吴淑琴主持召开第三十三次常委会会议。会议传达学习近期习近平总书记重要讲话、重要贺信和重要文章等精神；传达学习省委书记尹弘在抚州调研主要精神，并研究贯彻落实意见；通报近期创建国家卫生县城相关工作情况；通报近期“智汇资溪”相关工作情况；通报近期全县综合考核、获得和拟创建上级荣誉（奖项）、试点情况；通报近期林下经济（笋竹两用林）发展相关工作情况；通报近期全县义务教育优质均衡发展相关工作情况；通报近期创建全国信访工作示范县相关工作情况；研究《关于召开资溪县供销合作社联合社第一次代表大会及一届一次理事会和监事会会议的请示》；听取十五届县委第七轮巡察综合情况的汇报；研究资溪县供销社常务理事等人选批复事宜；研究市纪委关于征求市管领导干部处分意见相关事宜。

11月27日，县委书记吴淑琴主持召开第三十四次常委会会议。会议传达学习近期习近平总书记重要讲话、重要贺信和重要文章等精神；传达学习魏晓奎、汪华辉在全市新型工业化推进大会暨2023年三季度工业创新发展擂台赛季赛上的讲话精神，并研究贯彻落实意见；传达学习《省委宣传部关于进一步加强落实意识形态工作责任制评价工作的指导意见（试行）的通知》，并研究贯彻落实意见；传达学习全省、全市第二批主题教育调研成果转化暨整改整治工作推进会议精神以及《江西省委学习贯彻习近平新时代中国特色社会主义思想主题教育领导小组办公室关于在第二批主题教育中进一步学习推广“四下基层”制度的通知》文件精神，并研究贯彻落实意见；传达学习《中共江西省委办公厅关于深入学习运用“浦江经验”进一步深化领导干部下接访工作方案》，并研究贯彻落实意见；通报全县综合考核、全县学习宣传贯彻习近平总书记考察江西重要讲话精神相关工作情况；通报生态产品价值实现、全县社保及医保征缴相关工作情况；通报全县主题教育相关工作情况；通报2021年以来招商引资项目进展相关工作情况；通报近期林下经济（笋竹两用林）发展相关工作情况；研究《关于审议〈资溪县农田水利基础设施提升工程（一期）EPC总承包〉的请示》；研究《关于审议〈圣农圣泽901原种鸡研发中心项目合作协议〉的请示》；研究《关于审议〈江西省圣溪源渔业工厂化养殖及加工产业集群项目合作协议〉的请示》；研究《关于审议〈资溪县医疗、医美产业集群项目招商引资补充协议〉的请示》；研究《关于召开县第十八届人大四次会议的请示》；审议主题教育县委常委班子正反面典型调研报告暨《关于资溪县生态产品价值实现新机制，探索“两山”转化新路径的调研》《关于资溪县惠农资金拨付环节风险漏洞的调研》。

12月11日，县委书记吴淑琴主持召开第三十五次常委会会议。会议传达学习近期习近平总书记重要讲话、重要贺信和重要文章等精神；通报全县综合考核情况；通报全县重点项目工程推进相关工作情况；通报获得和拟创建上级荣誉（奖项）、试点情况；通报资溪县2023年度省巩固拓展脱贫攻坚成果考核反馈问题，新引进江西圣溪源渔业工厂化养殖及加工产业集群、圣农圣泽901原种鸡研发中心项目情况；通报全县信访相关工作情况；学习习近平总书记在中央全面深化改革委员会第三次会议上的重要讲话精神（套开：中共资溪县委全面深化改革委员会第十六次会议）；研究干部处分事项；研究人事议题。

12月25日，县委书记吴淑琴主持召开第三十六次常委会会议。会议传达学习近期习近平总书记重要讲话、重要贺信和重要文章等精神；传达学习全省宣传思想文化工作会议主要精神、全市重大舆情分析会议主要精神，市委书记魏晓奎在五届市委第78次常委会上对新闻宣传和舆情管控工作做出的指示精神，并研究贯彻落实意见；传达学习省委经济工作会议主要精神，并研究贯彻落实意见；传达学习近期省委办公厅通报文件精神，并研究贯彻落实意见；通报全县综合考核、“小县大城”相关工作情况；通报创建国家卫生县省级现场评估情况；通报主题教育开展相关情况；通报2024资溪县“吃资溪面包，品畲乡美食”庆元旦活动安排；传达学习《江西省平安建设条例》（套开：资溪县平安建设领导小组第四次会议）；审议《资溪县林业改造升级碳汇能力提升项目实施方案（审议稿）》；审议《资溪县国民经济和社会发展第十四个五年规划纲要实施情况的中期评估报告（审议稿）》；研究《关于审议〈资溪县“互联网＋第四方物流”供销集配体系建设项目招商引资协议〉的请示》；审议《资溪县紧密型县域医疗卫生共同体建设的实施方案（审议稿）》《关于成立资溪县紧密型县域医疗卫生共同体管理委员会的通知（审议稿）》；研究《关于审议〈江西省人民医院与资溪县人民政府合作框架协议〉的请示》；研究《关于投资中科科技成果转化创业投资基金（广东）合伙企业（有限合伙）并合作设立相关子基金的请示》。

（卢嘉庆）

决策部署

【全力推进康养旅游产业】 坚持以唱响“文化抚州、梦想之舟”品牌为引领，承办2023首届中国·抚州生态康养产业大会、第六届中国森林康养产业发展大会、中医药院士专家江西行等活动，立足资溪县域实际，全面打响“九养资溪·中国睡都”生态康养品牌，持续丰富“森林＋康养、运动＋康养、中医药＋康养”等内涵，获评国家旅游避暑目的地、首届江西“避暑旅游目的地”研学基地，清凉山、法水温泉获评国家级森林康养基地，新增3处乡村森林公园，松上境民宿获得省级森林康养基地。以创建国家级旅游度假区为抓手，全面强化文旅产业惠企服务，大觉山二期、南源民宿二期等项目加快推进，冠合芳草地度假酒店开业运营，南源宿集创成国家甲级民宿；努力推广旅游营销活动，在上海、泉州等地开展旅游宣传推广8次，“吃资溪面包·品临川牛杂”、资溪烧烤主题月等47场活动精彩纷呈，大觉溪美食村成功创建省级夜间文旅消费集聚区。2023年全县共接待游客806.4万人次，比2022年增长38.96%；实现旅游综合收入42.23亿元，增长39.53%。

【不断拓宽“两山”转化通道】 稳步推进碳达峰碳中和，健全碳达峰碳中和“1+N”政策体系，制定《资溪县碳达峰实施方案》《资溪县政府绿色采购工作实施方案》，有计划有步骤推进“碳达峰十大行动”，庄驰家居、吉中竹业、拓竹机械、资溪面包科技4家公司获评县级绿色工厂，荣获全国首个县域“城市温室气体排放核查”核查声明证书。加强碳普惠（绿宝）平台建设，全县绿宝会员注册达26139人、碳币余额2658万个。探索拓宽“两山”转化之路，完成2021年GEP核算工作，重点推广林下经济收益权、森林赎买抵押贷款等产品，创新开展GEP未来收益权质押贷、林业碳汇收益权质押贷等绿色金融产品，落地全市首笔河道经营权抵押贷款2亿元、“VEP+项目贷”500万元，截至2023年底，全县生态产品价值实现各项贷款余额38.62亿元，占全县贷款余额的41.39%，较年初增加4.57亿元。《信用助力生态文明建设高质量发展》案例荣获全国优秀，为全市唯一入选县区。

【推动林业创新发展】 以“在林下再造一个资溪林业”目标为抓手，高标准承办第十二届中国竹文化节，打造世界首个规模最大竹结构建筑单体项目竹科技博物馆，打造了江西首个竹产业仓储网上交易平台，竺尚竹业、罗山峰公司获得国家林业产业重点龙头企业称号。紧抓全国林业改革发展综合试点机遇，深化集体林权制度改革，大力推进国家储备林、国家森林可持续经营试点、江西省林业碳汇项目，完成林权收储24万余亩，完成更新造林1.1万亩、毛竹林低改1.6万亩、退化林修复1.6万亩，完成率123%，资溪林长制做法在全国首届林长制论坛上作典型发言，林长制考核、林业高质量发展考核位列全省前列、全市第1。努力践行“大食物观”，因地制宜大力发展林下经济产业，全面构建以笋竹两用林、仿野生灵芝为特色的现代化林下经济产业体系，全县林下经济种植面积8万亩，着力推动“中国特色竹乡”向“中国竹笋之乡”延伸。

【用心办好民生实事】 坚持尽力而为、量力而行，把有限财力向民生领域倾斜，认真办好年初确定的民生实事，2023年全县民生支出18.9亿元，占一般公共预算支出88.4%。全面实施就业优先战略，2023年全县城镇新增就业1980人，纯净资溪创业孵化基地创成省级创业孵化基地，创建省级充分就业社区1个、市级充分就业社区3个，“资溪面包师”劳务品牌获得央视专题报道，有效保障高校毕业生等重点群体就业需求。持续推动巩固拓展脱贫攻坚成果同乡村振兴有效衔接，守住不发生规模性返贫底线，乡村振兴成效考核评估排名全省第24、全市第3，乌石镇入选全省乡村振兴示范乡镇，乡村振兴经验入选江西新时代乡村振兴优秀案例，新月村入选全国乡村振兴村级实践交流基地。统筹实施“小县大城”发展战略，一体化推进城市功能品质提升、国家卫生县城创建等工作，制定出台《资溪县“小县大城”工作实施方案（2023—2025年）》，建立以总方案为引领，创新创业、住房保障、社会事务、和美乡村“1+4”方案体系，改造老旧小区774户，建成丽竹苑人才住房小区，新增城市停车位400余个，高标准改造城区步行道，高阜镇入选国家标准化委员会第四批新型城镇化标准化试点示范乡镇，大觉溪美丽宜居乡村建设项目荣获2023年中国人居环境范例奖、全省唯一获评范例。

（卢嘉庆）

深化改革

【概况】 年内，县委全面深化改革委员会认真贯彻习近平总书记关于全面深化改革的重要论述和考察江西重要讲话精神，准确把握党的二十大改革决策部署、省委十五届四次全会和市委五届四次全会改革工作要求，全力打造资溪特色改革品牌，推动全面深化改革向纵深挺进。2023年资溪县获评全国森林康养标准化建设县、全省“风景独好”旅游名县、全省优秀旅游服务体验城市试点县、第二批全国科普示范县；入围全国城乡交通运输一体化、国家农业绿色发展先行区创建名单；6项改革经验获省领导批示肯定、6项经验做法被国家级官方媒体肯定推介。持续推进十大改革攻坚行动，制定148项改革措施，至年底完成全部结项。

【实施全面深化改革攻坚行动】 县委深改委着力抓好国资国企改革、人才和科技发展体制机制等重点任务，2023年县属国有企业资产总额161.34亿元，营业收入17.27亿元，利润总额1.06亿元。财税金融、农业农村等重点领域改革取得有效进展，加强对金融、地方政府债务、房地产等重点领域风险排查和防范化解。持续推进水利改革，资溪县河权改革经验在全国推广；深化全国林业改革试点，林长制考核、林业高质量发展考核位列全省前列、全市第1。

【优化营商环境】 县委深改委重点推进营商环境优化升级“一号改革工程”，纵深推进“一件事一次办”改革，“企业开办专窗”从传统政务大厅延伸至银行网点，103项政策事项上线“惠企通”平台，兑现时限压缩至1—5天，唱响“周密周全、说到做到”的“抚务周到”营商环境品牌。常态化开展惠企特派员、政企夜谈活动，努力帮助市场主体降本增效，2023年全县新登记经营主体4210户，办理“个升企”28户。加大金融服务实体经济力度，各项贷款余额93.31亿元。

【强化科技创新能力】 县委深改委实施研发投入攻坚行动，谋划储备4人入选省双千计划科技人才，2023年工业研发投入15351.3万元，比2022年增长5126.3万元，增长率50.13%；入库科技型中小企业41家，争取各类科技创新奖补资金1300万元。持续深化“揭榜挂帅”“百名博士进百家企业”等柔性引才行动，增强创新需求与科研之间的融通对接。不断推进数字经济做优做强“一号发展工程”，鼓励企业开展“5G+工业互联网”场景应用，推进“上云用数赋智”行动。

【深化乡村振兴体制机制改革】 县委深改委加快城乡融合，乌石镇创成首批国家农业产业强镇，“圣泽901”入选全国农业生产“三品一标”典型案例，被农业农村部列入白羽肉鸡全国唯一主导品种；以“休闲、康养”主题，全力推进“美丽活力乡村+民宿”联动建设先行县建设，持续巩固拓展脱贫攻坚成果同乡村振兴有效衔接；资溪县林改相关做法写入《中共中央办公厅、国务院办公厅印发深化集体林权制度改革方案》文件，完成林权收储24.2万亩，推动竹笋、菌菇、中草药等林下经济发展；加快资溪县“互联网+第四方物流”供销级配体系建设规范化、标准化、品牌化建设，全面推行“财农信贷通白名单”工作机制。

【生态产品价值实现机制试点创新改革】 县委深改委坚持绿色发展，承办全省首个“全国生态日”宣传活动，出台《资溪县领导干部生态系统生产总值（GEP）离任审计暂行办法》《资溪县重点建设项目GEP审查及补偿办法（试行）》；荣获全国首个县域“城市温室气体排放核查”核查声明证书，制定印发《2023年资溪县碳达峰碳中和工作要点》等政策文件，初步完成森林碳储量的模拟计算工作，成功实现DNDC和LPJml等模型的运行模拟试验；成立全国首家“绿色竹产业支行”，利用“5G+AI”等智慧监测平台，森林资源管护实现“林长治”；印发《关于印发全面建设美丽资溪实施方案的通知》，进一步落实生态环境保护“党政同责”“一岗双责”；制定《“两山”银行运行管理规范》，资溪《信用助力生态文明建设高质量发展》案例荣获全国优秀案例，资溪白茶荣获2023中国特色旅游商品大赛金奖；落地全市首笔河道经营权抵押贷款2亿元、“VEP+项目贷”500万元，至年底，全县生态产品价值实现各项贷款余额38.62亿元，占全县贷款余额的41.39%；印发《资溪县湿地资源运营中心实施方案》，推进“湿地资源运营中心”试点建设。

【完善民生保障制度改革】 统筹城乡融合发展，县委深改委全面实施“小县大城”发展战略，出台《资溪县“小县大城”工作实施方案（2023—2025年）》，建立以总方案为引领，创新创业、住房保障、社会事务、和美乡村“1+4”方案体系，探索山区县域新型产业化城镇化之路，高阜镇入选国家标准化委员会第四批新型城镇化标准化试点示范乡镇。深入推进城市功能与品质再提升行动，统筹推进国家卫生县城创建、绿色示范、棚户区改造等项目，全面推进城区污水管网、城乡供水一体化、城区步行道改造等项目建设，提升打造“一河两岸”延伸段，塑造城市新风貌；坚持财力向民生倾斜，认真办好年初确定的民生实事，重点推进全国义务教育优质均衡发展、健康资溪行动，不断补齐教育、医疗等民生领域短板。

【医药卫生体制机制改革】 县委深改委出台《资溪县医疗服务能力全面提升三年行动方案（2023—2025年）》，建立“资溪县医养结合示范县评分标准及责任分工表”，全面开展紧密型县域医共体建设，加大县人民医院与省人民医院、南大一附院、南大二附院进行交流合作，实现与省内高水平医院合作共建新模式；开展中医药传承创新及抚州市中医药先行区建设资溪中医药重点工作，制订资溪县中医药传承创新发展实施方案，举办热敏灸技术培训班，切实加强全县中医药人员的业务培训。

【推进市域社会治理现代化改革】 筑牢安全屏障，深化市域社会治理现代化试点，打造“资心人、悉心助”网格治理品牌，纵深推进未成年人保护工作，成立未成年人成长指导服务工作委员会，新设指导中心（副科级单位），与“刘莹姐姐工作室”进行深度融合，加强校园“刘莹姐姐”和校外“刘莹姐姐”团队培育工作，持续开展以“纯净资溪、阳光少年”为主题的各项活动，共开展65场，服务近5000名师生及家长，县委政法委被授予全国党委政法委系统“新时代政法楷模”称号。

【文化体制改革】 坚定文化自信，纵深推进县级媒体融合发展，构建全媒体传播、网上网下一体、内宣外宣联动的主流舆论格局。通过挖掘本地非物质文化遗产、畲族民俗文化等特色文化资源，开发畲族民俗生活体验、民族风情表演等旅游业态；加强民俗文化与文旅融合，高质量办好十二届中国竹文化节、资溪面包文化节等特色节庆活动，实现以节造势、以势聚客；出版发行《中国共产党江西省资溪历史》第二卷，拍摄2部红色微电影，组织爱国主义教育、红色文化为主研学实践教育等活动。

【推进“三不腐”体制机制改革】　先后召开县纪委十五届三次全会、省委巡视反馈意见整改工作动员会、“九查九改”干部作风整顿活动推进会暨警示教育大会，部署纵深推进全面从严治党工作，高标准高质量推进省委巡视反馈问题整改、“九查九改”干部作风整顿活动，锲而不舍落实中央八项规定及其实施细则精神；制定下发《乡村振兴领域不正之风和腐败问题专项整治工作方案》《风腐同查、同审、同析、同治工作机制》等文件，加大对酒驾等违法违纪行为背后“四风”问题的查处力度，2023年共查处乡村振兴领域不正之风和腐败问题150起255人，挽回经济损失78.78万元，小微权利“监督一点通”访问量170万人次，受理问题8个，打通监督最后一公里。

（邓裕欢）

县委办公室工作

【概况】　年内，县委办公室按照常规工作抓规范，重点工作抓突破，特色工作抓创新的思路，不断提高“三服务”工作水平，认真做好文稿材料起草、会议活动筹办、文件管理、政治督查等工作，努力打造县委放心、群众满意、部门对标的模范机关。

【文稿起草及报送】　县委办树立文稿精品意识，超前谋划文稿工作，规范文稿审批流程，高质量起草完成县委领导讲话、汇报材料、经验报告等各类文稿280余篇；在省市级刊物、新闻和平台发表文章30余篇，多篇文章在新华社、《人民日报》等主流媒体刊登报道。努力发挥党委信息下情上达、上情下达的枢纽作用，完善信息报送制度，拓宽信息来源渠道，围绕全县中心工作，加强信息选题、谋划、撰写和报送，一年来，上报信息1126篇，采用246篇，重要信息上报6篇，采用4篇，《资溪县“四聚焦”打造资溪面包“百年老店”》被市委重要信息（第21期）采用，上报国安信息137篇，采用40篇。

【政务督查】　县委办坚持高标准、严要求、重实效的原则，主动作为、真督实查。抓牢政治督查，坚持将第一批主题教育有关要求上下联动贯通起来，聚焦村组织挂牌乱象、会议多、文件多、微信群多等形式主题加重基层负担问题，先后组织开展明察暗访3轮次，先后赴10余个县直部门、单位，7个乡（镇、场）和部分村明察暗访，发现开会、发文、考核、挂牌等方面问题10余项并督促整改。共清理村级组织指导目录外挂牌100余块、迁移网络200余个，做到应散尽散、应迁尽迁；2023年全年重点精简类文件比2022年减少11.4%，县级层面减少9%。抓实决策落实，组建3个专项督查工作组，重点督查督办领导批示落实、产业项目建设、民生重点工作等领域，全年办理县委主要领导重点批示件和指示要求实现300余项，落实280余件，落实率90%以上；受理办结群众来信来访、民声通道、人民网留言22件，办结率100%。抓好问题整改，聚焦省委巡视反馈问题整改工作，成立工作专班抓落实、抓落地。省委巡视资溪115条整改措施销号109条，销号率94.8%，省委巡视抚州134条整改措施销号132条，销号率98.5%。

【政策研究】　县委办不断增强参谋服务意识，把握参谋服务重点，提高参谋服务能力，聚焦中央和省委、市委决策部署以及县委中心工作，围绕小县大城、产业发展、基层治理等重点领域，持续开展调查研究，先后起草《资溪县未成年人心理健康的调研报告》等调研材料20余篇。利用春节、中秋和国庆假期，组织全县开展假日微调研活动，收集并整理假日微调研110篇，为县委、县政府科学决策提供参考。

【会务活动】　年内，县委办认真做好会务活动统筹协调，以“绣花精神”提高重大会议和活动“精细化”程度，不断提高办会水平和质量。共筹办召开县委常委会36场、起草常委会会议纪要36期，其他各类全县性会议、重点工作调度会、工作推进会、专题汇报会等160余场，高质量协调承办中国森林康养大会等重大会议活动50余场，获得省市各级领导一致好评。

【公文处理】 县委办按照《党政机关公文处理工作条例》，严格把关文件管理工作。年内，共把关收文处理955份，下发领导批示件22份，办理书记批示转办件213余份，下发各类文件95份，收集整理领导干部请假报备情况共1040人次。

【涉台工作】 县委办高标准推进对台工作，接待台胞台商团组30人来资溪参观考察，承办全市对台招商引资工作调度会，走访台企并组织27名台胞台属参加中秋活动，处理并上报3起台胞台属涉企、纠纷案件，满意度100%。

【保密管理】 县委办稳步做好国安保密机要工作。开展18项全民国家安全教育日宣传教育活动，国家安全宣教活动被国家级媒体刊登5条、省市级媒体刊登6条。收发、传输办理电报1502份，对全县12个乡（镇、场）和部分重点单位开展保密检查，严肃处理3起泄密事件。选派2名干部参加机要人员培训，完成510屏蔽机房改造、红机专线通信工程，高标准建设第二涉密会议室。高质量完成2023年度高考保密工作和内网分级保护测评工作。制订2024—2027年全县信创计划，全县信创工作安全稳定。

（陈子健、黄 茜）

组织工作

【概况】 2023年，县委组织部坚持以习近平新时代中国特色社会主义思想为指导，深入践行新时代党的建设总要求和新时代党的组织路线，扎实推动全县主题教育工作，统筹推进党的政治建设、基层组织建设、干部人才队伍建设，为全面建设“产业兴旺、生态一流、美丽幸福”的现代化纯净资溪提供强有力的组织保证。

【开展主题教育】 县委组织部围绕“学思想、强党性、重实践、建新功”的总要求，以学习开头、以调研开路、以实干开局、向问题开刀，稳步推进主题教育活动。召开主题教育动员大会、领导小组会议5次，县委常委会专题研究部署主题教育工作4次，举办专题读书班1次，组织理论中心组暨主题教育专题学习5次，开展专题研讨9次。各基层组织开展学习讨论816次，讲党课617次。依托“三网促学”，为流动党员、“三新”组织党员、年老体弱党员寄送学习资料1110余册，结对帮学年老体弱党员216人次。主题教育宣传上稿284篇，资溪县主题教育相关经验做法在中央、省市主题教育简报上稿24篇，简报上稿总分排全市第二。重点跟进调查研究，切实找准基层和群众的“急难愁盼”问题，县处级领导干部确定“两山”转化、基层治理等正反面案例和调研课题37个，深入行业部门、企业、乡村等基层一线实地调研107次，形成调研报告37篇，建立调研成果转化运用清单37个，召开调研成果交流会4次。坚持把开展调查研究同推动全县中心工作结合起来，在调研中发现102个问题，并全部解决。围绕项目建设、产业链发展和消费升级等重点领域，找准方向，理清思路，破解高质量发展难题18个。弘扬推广“四下基层”优良传统，认真开展“三进三问三解”活动，进农村社区解决基层治理、民生实事、安全生产和群众关注的热点难点等方面问题和化解矛盾28个，化解信访积案3件；进企业开展问需活动，针对企业现有的发展困难，谋划措施35条，解决企业用工80余人，协助解决企业融资贷款问题3个，安全生产问题5个；进“三新组织”开展实地调研33次，推动解决问题30余个。同时，主动回应民生关切，向社会发布教育、安居、养老、医疗等13个民生项目清单，并全部完成。检视问题并全面整改。聚焦总书记、党中央关心关注的问题、影响制约高质量发展的问题、人民群众急难愁盼的问题等6个方面，县四套领导班子共检视问题22个，制定整改措施86条，完成整改措施85条；全县319个基层党组织查摆问题短板512个，全部完成整改。把建章立制贯穿理论学习、调查研究、推动发展、检视整改各方面全过程，建立健全理论学习、议事决策、综合考核等30余项制度机制。

【教育培训】 县委组织部持续抓实理论学习，引导党员干部不断增强“政治三力”。坚持把习近平新时代中国特色社会主义思想、党的二十大精神及习近平总书记考察江西重要讲话精神等作为党员干部学习教育的重要内容，全县319个基层党组织制定学习计划，并抓好贯彻落实。同时，每月下发《关于做好主题党日的通知》，组织广大党员干部通过“三会一课”、主题党日、“学习强国”等方式学原文、悟原理、知原义。

用活红色资源，引导各级党组织组织党员干部深入县苏区馆、红七军团旧址、下张村党支部等红色教育基地，开展党性教育。开展教育培训见行见效。坚持理论学习与业务学习两手抓两促进，举办科级领导干部学习贯彻党的二十大精神集中培训班、基层一线党员学习贯彻党的二十大精神县级示范培训班等培训班9期，培训2311人次。抓好干部网络学院在线学习，1569人参与考核，参训和完成率均为100%。制定《资溪县2023年度乡村干部培训工作方案》《资溪县村干部学历水平提升行动实施方案》《资溪县2023年度乡村干部教育培训计划》，举办2023年度深化乡村振兴主题培训班2期，培训380人次，全面提升理论功底，夯实业务基础。

【党建工作】　以抓基层为鲜明导向，夯基础、补短板、强弱项，稳步推进全县基层党建工作。严格落实党内政治生活制度，对全县57个党委（党组）“党建工作日”制度落实进行全面督查，下发工作提示单、督办单32次。全年各类组织活动上传党建云平台3595个，其中党员大会369个、支部委员会1134个、党课316个、主题党日1456个。扎实推进党建重点任务，制定《2023年全县基层党建工作重点任务清单》，分九大领域对44项党建重点工作任务进行细化分解，制定具体工作措施107条。围绕乡村振兴、基层治理、项目落实、队伍建设等工作，确定42个“书记领航”项目，推动各级党组织书记当好关键引领、尽到关键责任、发挥关键作用。精心谋划开展“红旗（模范）党支部”创评工作，成功推动5个党组织创评市级“模范党支部”，8个党组织创评市级“红旗党支部”，获评总数全市并列第四。（其中，“红旗党支部”获评数比2022年增加1个，获评率全市第一；市级“模范党支部”获评数增加4个，获评数全市并列第三，获评率从全市倒数第二跃升至全市第一。）持续推深党建品牌创建，立足生态优势，一方面积极探索“党建＋生态”模式，成立纯净资溪生态产业协会党组织，打造“‘两山’转换·惠民强企”等党建特色品牌，推动党建工作融入“两山”转化实践，创建全省首个“两山”转化中心，推出“百福·碳汇贷”“竹木产业链融资”等多种生态权益金融业务，生态产品价值实现各项贷款余额38.88亿元；推进“网格化管理＋人居环境整治”治理模式，1200余名在职党员下沉一线参与生态治理。另一方面加大旅游产业链党建工作力度，以大觉山景区党委为龙头，开展党建联建共建，引导链上党员亮身份、亮职责、亮承诺，在景区景点、宾馆饭店、特色民宿等旅游服务一线设置10处党群服务驿站、50处党员先锋岗，擦持续亮“纯净资溪党旗红”品牌。

【城市基层治理】　着力提升城市基层治理效能。完善网格管理服务，构建“社区党委—网格党支部—楼栋党小组”的组织架构，按照扁平化管理模式在全县范围内科学设置网格40个，设立网格党支部40个、楼栋党小组534个。选聘20名退出领导岗位的职级公务员入网担任网格长、网格员，公开招录36名高素质网格员，构建支部依托网格建、治理围绕网格转、服务跟着网格办良好局面。完善健全联动机制，以社区党组织为核心，以驻区单位党组织为补充，严格落实《资溪县“社区吹哨、部门报到”工作实施方案》《资溪县委常委挂点指导社区党建工作制度》等工作制度，将党组织、物业服务企业、业委会、居民代表、共建单位等多方力量凝聚在一起，定期组织召开五方联席圆桌会议，商讨提升小区治理水平相关事项。全年成立62支党员志愿服务队，1200余名县直单位在职党员进社区报到，入户300余次，解决群众急难愁盼问题200余个。完善“红色物业”阵地建设，制定《关于开展选树“红色物业”小区的评选方案》，从党建联建、业主自治、物业管理三方面打造红色物业阵地建设，强化党建引领作用。积极参与红色物业优秀县创评，经常性实地察看拟推荐小区，了解最新进展、推进困难解决，会商下步举措，主动对接省市指导检查。参与红色物业优秀县创评，资溪县获评全省红色物业优秀县，金水湾小区、格兰雅栖小区、皇家花园小区获评全省红色物业小区。

【干部管理】　坚持把党管干部原则和新时代好干部标准贯穿干部“选育管用”全过程，着力锻造忠诚干净担当的干部队伍。坚持能上能下用人导向，发现选拔敢于负责、勇于担当、善于作为、实绩突出的干部，对真抓实干、为民解忧、取得实实在在业绩的干部委以重任，给予舞台。2023年，共调整4批次干部169人，其中提拔58人、进一步使用25人、交流43人、免职及其他43人。开展乡镇班子届中分析专题调研，了解全县7个乡镇班子整体运行情况和干部工作实绩、精神状态等情况，对能力突出、表现欠佳、需交流任职等19名干部进行及时调整配备。严格落实领导干部勤廉建设负面计分实施办法，扣减79名领导干部分数，7人启动黄色预警，8人因不适宜担任现职被调整岗位或转任职级公务员。突出干部发现培养使用，更新维护干部人才管理信息系统，确保全县1069名干部的信息更新及时。汇总各单位党委（党组）表现较好和表现欠佳干部名单，建立优秀干部人才库并定期更新。拓宽培养锻炼干部渠道，抽调6名新提拔干部到信访局跟班，选派14名干部至珠三角、闽东南等地驻点招商，选配年轻干部到乡镇、园区、重点项目等一线“蹲苗”成长，加强干部多岗位锻炼，及时调动条件成熟的优秀干部。强化干部监督管理，拓宽选人用人监督举报渠道，全年共受理举报件6件，其中市委组织部转办5件，12380受理1件，均联合相关部门调查核实，并作信访了结。面向全县850名公务员开展违规经商办企业问题排查，共19名存在违规经商办企业或企业兼职的公职人员均在规定时限内整改到位。扎实开展因私出国（境）证件专项清理工作，全面梳理汇总上一轮巡视以来新提拔145名的科级干部，及时到县公安局出入境管理部门重新备案。抓实抓细职级公务员管理，严格落实《资溪县实施公务员职务与职级并行制度工作方案》，开展两批次职级晋升，共136人（含公检法）。下发《关于报送职级公务员管理情况的通知》，定期要求各地、各单位更新报送退出领导岗位职级公务员分工和履职情况，对全县168名退出领导岗位的职级公务员实行备案制管理，并对部分职级公务员开展履职情况公示，将履职情况作为职级晋升重要依据。做好离退休老干部管理服务工作，召开全县学习贯彻党的二十大精神暨经济社会发展形势报告会、离退休干部党支部书记工作会议、“联学双促”片区会议、全县离退休干部主题教育工作推进会等会议20余次。做优老干部服务工作，落实“五必访”制度，全年走访离休老党员150余人；在全县范围内开展为离退休干部“送清凉，促健康”活动，开展率100%。县老干部活动中心获评全市老干部工作部门信息宣传工作先进单位、全市离退休干部学深悟透党的二十大精神答题竞赛先进单位，全县有5个离退休支部分别获得省级2个，市级3个“示范党支部”荣誉称号。

【人才引进】 聚焦人才引领创新、人才支撑发展战略，在聚才引智、深化合作上打出人才优先发展“组合拳”。坚持党管人才，全年开展全县党委（党组）书记抓人才工作专项述职会议、县委人才工作领导小组会、重点工作推进会10次，及时疏通人才工作难点、堵点。全面落实党委联系服务专家制度，安排县四套班子领导联系服务62名专家人才，帮助解决困难问题49件。多措并举引才，围绕县域社会经济发展需要，深入开展“百博进百企”、“书记部长进校园”、大学生实习实训、乡村振兴大学生专职村干选聘、紧密型医联体合作等引才活动，全年引进五类及以上高层次人才36人（二类人才8人、三类3人），高素质和急需紧缺人才543人，接纳157名大学生学子实习实训，感召30余名乡贤返乡创业，向乡村振兴一线输送18名年轻大学生。优化留才环境，创新打造抚州（资溪）人才康养基地，承办“中医药院士专家江西行”抚州专场暨2023“人才康养抚州行”、全市高层次人才国情研修班系列人才活动，吸引千余名专家企业家来资康养体验、洽谈合作。全面兑现人才政策，对符合条件的3所专家工作站通过“惠企通”平台兑现70万元建站补贴；打造2家企业人才工作示范点，并分别给予3万元补助；做好省“双千计划”项目补助资金管理，及时兑现205万元补助资金。大力实施“小县大城”幸福宜居专项行动，推进人才公寓二期、高级人才公寓建设。用才赋能产业，持续做好重点人才项目申报和组织实施，获批2023年度“揭榜挂帅”项目市级项目5个，项目数量全市排名第二，推动历年获批的6个“揭榜挂帅”项目成果转化，形成新产品1个，研发产品4个，申请专利2件，共完成攻关技术指标19个。组织10名专家申报2023年“赣鄱俊才”项目，其中，龚若蕾高技能人才项目通过省级审核（为全市唯一）。新增省级平台载体2个、市级平台5个，产业创新能力不断增强。推动竹科技小院作用发挥，邀请驻院专家江西农业大学杨光耀师生团队到县开班授课，着力培养一批笋竹农技推广技术骨干，助力乡村振兴。

【综合考核工作】 与省、市综合考核办法跟进匹配、做好承接，以高质量考核推动全县高质量发展。根据省、市2022年度综合考核工作要求，收集梳理40项考核加分项及佐证材料，撰写《资溪县2022年度高质量发展成效情况分析报告》，总结资溪县推进高质量跨越式发展成效，向省市突出工作亮点。压实工作责任，健全考核机制。有效推进“牵头县领导统筹调度+分管县领导督促推进+责任部门具体落实”的工作运行机制。将分管县领导召开考核指标调度会、责任部门赴上级部门沟通对接、考核指标日常监测等情况在常委会上进行通报。针对日常监测考核指标排名靠后的，下发工作提醒单4份。精简优化指标，合理制定考核方案。以“走在前、勇争先、善作为”的标准和要求，突出个性化考核，设置“争先创优”指标，科学制定《资溪县2023年度综合考核实施意见》《资溪县2023年度乡（镇、场）及县直单位综合考核实施方案》等文件。

（华滋雯）

宣传工作

【概况】 2023年，全县宣传思想文化系统以深入学习贯彻习近平新时代中国特色社会主义思想为指导，以学习宣传贯彻党的二十大精神为主线，举旗帜、聚民心、育新人、兴文化、展形象，为全县高质量发展建设提供坚强思想保证和强大精神力量。加深文化品牌打造，创成江西省2023年“风景独好”旅游名县。承办首届中国（抚州）诗歌之城论坛活动，被中国诗歌学会授予“新时代大学生诗歌创作基地”。

【强化理论武装】 县委以上率下加强理论学习，2023年县委理论学习中心组开展集体学习19次，其中交流研讨9次。县委领导示范带动全县党员领导干部深入农村、社区、企业、学校等一线宣讲党的二十大精神、宣讲习近平总书记考察江西讲话精神，第一时间组建县委宣讲团开展宣传宣讲活动，有力抓实宣传宣讲工作，唱响言资以理宣讲品牌，全年组织开展各类宣讲1000余场次。同时，县委领导常态化到各中小学校宣讲党的重要会议精神并讲思政课，教育引导青年学生“扣好人生第一粒扣子”。

【媒体宣传】 围绕县委县政府中心工作，组织开展网络名人座谈会、自媒体主题采风、短视频大赛等活动，引导网络自媒体制作图文、短视频作品30余个，助力纯净资溪形象宣传、宣扬正能量。在县融媒体中心开设“学习贯彻习近平新时代中国特色社会主义思想主题教育”“全面深入学习贯彻党的二十大精神”“融媒看资溪”“资溪新闻”“创建全省双拥模范县”等专题专栏，通过“资溪融媒体中心”抖音号、“资溪发布”视频号制作短视频100多部。做好对外宣传，依托“森林康养”“面包文化节”、中国第十二届“竹文化节”、汽车场地越野争霸赛、资溪首届越野跑挑战赛、第八届大觉山马拉松赛等重要活动，通过报送选题、邀请上级媒体等形式，讲好资溪故事、唱响资溪声音。2023年，在中央和省市媒体上稿400余篇，中央主流媒体刊发16条，各级主流新闻网站上稿613篇，“学习强国”上稿131条，全面展示产业兴旺、生态一流、美丽幸福的现代化“纯净资溪”形象。

【文明创建】 持续开展身边好人、道德模范等典型评选工作，推荐3人参评“江西好人”“中国好人”。组织开展资溪县第四届“五好文明家庭”和“好婆婆、好媳妇”评选活动，评选出“五好文明家庭”20户，“好婆婆、好媳妇”21名，培育一批有示范带动作用的家庭、个人先进典型。建立资溪好人库，收集各类好人信息109人。开展新时代好少年评选活动，推荐5人参加市级评选，推荐1人参加省级评选。扎实推进文明实践，举办“学雷锋

2023年3月17日，县委理论学习中心组（扩大）集中学习暨周末课堂。（县融媒体中心提供）

60周年志愿服务月”启动仪式，开展第四届优秀志愿者、优秀志愿服务组织、学雷锋标兵和学雷锋评选活动。重点培育和践行社会主义核心价值观，大力弘扬奉献友爱互助进步的志愿精神。印发《“好人宣讲‘声’入人心”活动实施方案》，组建好人宣讲队伍，在校园开展宣讲4场，覆盖面1000余人。举办首届新时代文明实践社会化志愿服务项目大赛，其中红十字“小棉袄”服务项目获评全省社会化志愿服务一类项目品牌，“衣循环，爱循环”服务项目获评全省社会化志愿服务二类项目品牌。

【繁荣文化事业】 加大文化供给力度。组织开展“建功新时代，唱响资溪情”合唱比赛、“贺新春，闹元宵”群众篝火联欢晚会、音乐啤酒嘉年华、“畲迪”广场舞大赛暨5.19中国旅游日主题活动等文艺活动16场。完成送戏下乡30场，服务群众6000余人次；送电影下乡1046场，观影群众9万余人次；送图书进校园、进景区、进机关等6次，送出图书1565册。开展文化进万家活动9场，服务人次1.4万余人；组织文艺志愿服务43场，服务人次9.8万余人。开设免费成人书法班、成人爵士舞班、成人架子鼓班等11个种类培训班，组织开展红色文化大讲座、公益书法讲座等公益性讲座5场，为广大群众提供更加优质的文化服务。

【文化保护和传承】 开展不可移动文物安全隐患排查检查工作，检查文物单位48个，发现、整改安全隐患4个。启动下张党支部旧址修缮及环境整治项目，编制修缮计划和陈展大纲。开展全县窑址调查，筹备第七批省保申报工作。持续推进馆校联合机制，精心开发红色乡土教育课程，将革命文物资源融入教育体系，组织革命文物巡回展览走进校园、社区、景区活动10余场（次）。

（俞盛荣）

网络信息安全

【概况】 2023年，资溪县坚持以习近平总书记关于网络强国的重要思想为指引，围绕网信工作任务，在壮大网络主流思想舆论、深化网络综合治理、保障网络安全、推动信息化建设、强化队伍建设等方面持续发力，为县域经济社会高质量发展提供可靠网络安全保障和有力信息化支撑。

【强化网络正面宣传】 利用“资溪发布”微信公众号、“纯净资溪”App等县内新媒体平台开设“学习贯彻习近平新时代中国特色社会主义思想主题教育”“学习贯彻党的二十大精神”等专题专栏，对党的创新理论进行宣传宣讲。参与省委网信办主办的“人与自然和谐共生”网络主题宣传活动，全力动员做好《点赞中国城》活动，借助网络媒体、网络名人力量，全面展示“纯净资溪，面包之乡”形象。围绕我县生态文明建设、面包产业、竹木产业等中心特色工作在中央级主流媒体上稿336篇，其中《香味｜江西资溪：山城小县 把香甜送进千家万户》《第六届中国森林康养产业发展大会在资溪举行》《江西资溪：生态美景催生写生经济》等51篇稿件在人民网、新华网首页刊发。

【提升网络综合治理能力】 深入开展“清朗”“净网”系列专项行动，严格落实网络日常巡查工作，累计发现4家网站被篡改为涉黄涉赌网站，并移交县公安局及时进行处置。深化网络谣言治理，组建网络文明志愿者队伍，建立完善群众舆情举报处置工作机制，在县融媒体中心新媒体平台公开谣言举报邮箱和电话，畅通网民投诉举报渠道。2023年，处理网络谣言3起。加强专班信息搜集报送，报送重要信息1586条，敏感信息1467条。

【网络安全宣传】 在纯净资溪App开设网信普法专题，推送网络安全内容20余条；组织全县各单位召开2023年网络安全工作培训会，并依托新时代文明实践活动开展网络安全宣讲60余场（次），实现线上线下同频共振。利用“4·15”全民国家安全教育日、开学第一课、“国家网络安全宣传周”等载体，在学校、企业、社区、村镇开展宣传教育活动，累计发放网络安全宣传资料1万余份。印发《资溪县2023年切实维护全县网络安全工作清单》，督促全县各单位开展网络安全自查，及时发现漏洞，补齐短板。主动寻求网络安全专业机构支持，搭建网络安全监测平台，及时掌握县域网络安全态势，加强对全县重点领域网络安全风险隐患的监测预警。依托监测平台，积极开展网络安全日常巡查工作，及时发现并消除安全风险隐患。

【推动信息化建设】 推动数字素养提升，严格落实《资溪县提升全民数字素养与技能行动实施方案》，制定全民数字素养与技能提升工作台账报送制度。召开全民数字素养与技能提升月推进会，督促各单位结合自身职能，通过培训会、集中宣传、现场答疑等形式，丰富全民数字素养与技能提升月活动。抓好IPv6部署工作，县委网信中心联合工信商务局、工业园区、大数据中心等部门，成立联合工作专班，定期会商分析调度，开展走园区进企业宣传活动，增强企业参与主动性。对完成升级改造的14家单位、企业定期走访督导防范回弹。作为全市固定网络改造单位的资溪县人民医院完成IPv6改造提升。做实数字乡村建设，按照省、市重点任务部署和要求，全面推动我县数字乡村建设发展。稳步推进乡村数字基础设施建设，全县光纤宽带网络实现100%覆盖，全县所辖行政村4G网络覆盖率100%。推动5G基站及每万人拥有量巩固提升，实现城区、重点景区及各乡镇（场）所在地全覆盖。

（余进）

统战工作

【概况】　2023年，资溪县统一战线工作部门牢固树立“一盘棋”意识，不断完善民族、宗教、新的社会阶层、党外人士等工作机制，推动各级党委带头学习、宣传和落实统一战线理论方针政策。组织全县统战系统成员参加“统战大讲堂”学习活动，举办基层统战干部专题培训班，组织全县统战干部开展“岗位大练兵　业务大比武”学习党的二十大精神暨统战业务知识竞赛，全面提升全县统战工作水平。

【开展民族团结宣传活动】　县委统战部坚持以铸牢中华民族共同体意识为主线，促进各民族相互交融、共同繁荣。建立铸牢中华民族共同体意识宣传教育机制，深入推进民族团结进步“六进”，用好“两个阵地”，做实“两线宣传”，依托4个少数民族流动人口服务管理工作站及各新时代文明实践所开展民族团结进步宣传活动，多层次多领域多样化增进各民族之间的交往交流交融。2023年资溪县获“江西省第六批民族团结进步示范县”称号。

【推进民族村组产业振兴】　为稳步推进民族村组巩固拓展脱贫攻坚成果同乡村振兴有效衔接，集中资源做优做强旅游产业，县委统战部利用文化资源、生态资源优势，推进文农旅融合发展；推进第六轮对口支援少数民族乡村工作指导新月村配合抓好各项支援工作的落地落实，合理使用资金，统筹安排项目。以全县“资心人 悉心助”网格治理品牌为主体，延伸“红石榴籽”少数民族流动人口服务管理工作子品牌。建立4个少数民族流动人口服务管理工作站，将165名资溪籍少数民族人口、18名少数民族流动人口纳入网格管理，形成“多网合一、一网多元、一格全能，一套体系、一抓到底”的党建引领网格化治理新格局。

【推进“五好”宗教活动场所建设】　县委统战部采取“一对一”结对指导模式，持续推进“五好”宗教活动场所建设，制定“五好”宗教活动场所创建举措，明确创建标准、任务分工和时间节点。指导宗教活动场所进一步建立健全财务管理、场所安全、卫生防疫等日常管理制度，落实16处场所不动产权登记工作。及时对上年度财务进行公示，做好财务收支规范。组织开展爱国爱教、弘扬传统文化、崇俭戒奢等专题活动，引导宗教人士严守戒律清规，营造良好教风，树立良好形象。

【完善新联会制度建设】　县委统战部将统战工作融入基层党建和社会治理体系，成立新的社会阶层人士党组织全覆盖工作领导小组，选派党建指导员，建立动态管理机制，明确组建基数，打造新的社会阶层人士党组织全覆盖实践点。落实“三同步”，采集企业、自由职业、新媒体、网络数创、社会中介组织中从业人员信息，每年定期检查党建工作，并纳入年度考核重要指标，推动党建工作，发挥党组织和党员作用。

【营造政企亲清关系】　为凝聚思想共识，搭建沟通平台，县委统战部先后赴所属商会、外埠商会积极开展党的二十大精神进商会进民企学习宣讲活动10余次，组织民营经济人士赴韶山开展理想信念教育活动，进一步筑牢民营经济人士共同思想政治基础。为营造亲清关系，搭建政企连心桥。助力发展和改革双“一号工程”，发挥中心职能作用，持续优化营商环境，全年受理非公企业诉求18件，均办结完成；强化政企沟通机制，组织产业链链长与企业家面对面沟通、心对心交流，了解各行各业具体情况，共举办8期政企夜谈和1期政企圆桌会。

【加强侨务工作】 县委统战部组织侨界人士开展党的二十大精神宣讲会及知识竞答活动，通过以赛促学，营造学习贯彻党的二十大精神的浓厚氛围。利用资溪县旅游资源，组织开展“乡亲桑梓行·浓浓赣港情”——“同心·智汇资溪”文化交流活动，邀请40余名香港人士回乡，感受传统文化，增强家国情怀。摸清侨情底数，画好凝心聚力“同心圆”。协同公安、外事办开展侨情普查，以乡（镇、场）、社区为单位，将全部侨情按对象总体分为海外华侨华人、归侨侨眷两大类，并分别设计调查表格，确定调查人员，选取调查方法，层层压实责任，明确专人负责，深入细致做好侨情普查工作，完善侨情数据库。深化服务举措，当好侨界群众“贴心人”。组织开展侨界人士茶叙会，举办“浓情迎端午·粽香暖侨心”端午节主题活动，凝聚侨心侨力。开展走访慰问活动，为困难侨胞侨眷送去慰问金及慰问品，帮助侨胞解决证件逾期补办、沟通回乡祭扫等事宜，落实为侨服务职责；开展侨法宣传活动，发放宣传手册200余份，营造依法“尊侨、护侨、爱侨”的良好氛围。

（万玲　李双）

民族和宗教

【概况】 2023年，县民宗局坚持贯彻习近平总书记关于加强和改进民族工作的重要思想和关于宗教工作的重要论述精神，坚持以铸牢中华民族共同体意识为民族工作主线，以坚持我国宗教中国化方向为主题，持续深入推进全县民族宗教工作高质量发展。

【开展教学培训】 县民宗局在县委党校的村（社区）基层干部培训班上开设民族宗教课程，提高300余名村（社区）干部（网格员、协管员）的民族宗教工作水平；在县社会主义学院开设为期2天的统战人士培训班上邀请40余名民族宗教界人士参加政治培训，强化民族宗教界人士政治引领。年内，面向乡（镇、场）、城市社区，村（社区）两级基层干部和民族宗教界人士开展民族宗教政策法规培训8次；面向民族宗教界人士开展民族宗教政策法规，参训人次500余人。

【规范民族宗教事务管理】 县民宗局在每个乡（镇、场）和城市社区确定1名统战委员具体负责民族宗教事务、1名专兼职干部协助开展民族宗教工作，将民族宗教事务纳入网格化管理体系，在每个村（社区）配备1名民族宗教网格员（协管员）。制定下发《资溪县县级宗教工作责任清单、乡（镇、场）、社区管委会、村（社区）两级宗教工作责任清单、负面清单及宗教教职人员、宗教活动场所负面清单》，指导基层干部明确责任、掌握政策、抓实工作。同时，以县委党校村（社区）干部专题培训班为契机，全面开展民族宗教工作专题培训，基层干部做好民族宗教工作打牢坚实理论基础。

【打造民族研学基地】 县民宗局整合“绿色、红色、特色”资源，重点打造以真相乡村观光带、畲族风情馆、新月村史馆、乌石镇知青博物馆、人民公社为主题的5个研学实践基地，由县教科体局、县面包旅行社导入研学资源，将畲族风俗和地域文化融入青少年研学过程，将促进各族群众交往交流交融作为“研学游”的重要主题，实现景区深度游览、民族文化深度体验。真相乡村景区全年接待游客20余万人次。

【支援民族振兴项目】 县民宗局推进第六轮对口支援少数民族乡村工作，引导新月畲族村主动对接省自然资源厅、市委统战部、市林业局、市财政局，争取支援资金与项目，省自然资源厅每年拨付支援资金15万元并派遣技术人员对新月村内饮用水资源进行勘探，计划引入瓶装天然矿泉水生产线，市委统战部拨付支援资金3万元，市财政局拨付支援资金3万元，市林业局拨付支援资金3万元。指导新月村配合抓好各项支援工作的落地落实，合理使用资金，统筹安排项目，上下联动、层层发力，共同提升支援质效。

【促进社区综合治理】 县民宗局建立4个少数民族流动人口服务管理工作站，按照“六有”标准完善站点功能，在每个工作站配备2名工作人员；设立少数民族法律咨询窗口，定期邀请法律工作者在窗口轮值。联合社区对城市社区少数民族流动人口开展摸排行动，掌握城区民族工作基数。联合公安、人社等部门明确少数民族流动人口服务管理工作职责与负责人员，做好外来少数民族群众便民服务、入户宣传、纠纷调解和民族团结进步创建等工作，促进社区综合治理和民族团结进步创建工作。

【开展爱国主义学习教育】 县民宗局在宗教界广泛开展“三爱”“四史”学习活动，并纳入各宗教团体、宗教活动场所年度学习计划，支持县基督教“两会”组织人员赴瑞金、井冈山开展党史学习教育活动，进一步深化宗教界人士“五个认同”。

【强化宗教政策法规培训】 县民宗局以“两个条例”为基础，以“三个办法”为重点，将其作为“五好”宗教活动场所和宗教团体考核内容，督促各宗教团体和宗教活动场所开展自学。结合“三送”（送宗教政策法规、送免费医疗服务、送科普宣传知识）工作安排深入各宗教活动场所对宗教政策法规进行宣传，散发条例、办法总计1500余份，开设培训6次。

【创新探索民间信仰事务管理方式】 县民宗局按照属地管理原则对民间信仰场所进行摸底调查，构建统战（宗教）部门牵头管理，乡（镇、场）城市社区管委会主体管理，村（社区）责任管理，行业部门协同管理，场所自我管理的工作机制。同时对民间信仰场所进行甄别分类，确保民间信仰场所管理规范有序。

（万玲　李双）

巡察工作

【概况】 2023年，县委巡察办以习近平新时代中国特色社会主义思想为指导，以纪检监察干部队伍教育整顿和省委巡视巡察工作专项检查反馈问题整改为抓手，不断推进县委巡察工作向深拓展、向专发力、向下延伸，先后召开领导小组会、书记专题会、县委常委会定期听取巡察工作19次。

【政治巡察】 稳步有序开展常规巡察，紧跟市委巡察步伐，按照上下联动工作要求，围绕不断拓展党的建设和党的事业新目标，加强对党组织“一把手”及领导班子成员的监督，把辨别“两面人”、工作作风不实和损害基层群众利益的问题作为巡察重点，全面释放巡察无盲区、监督无死角的强烈信号。全年共计开展4轮常规巡察，对19个县直单位党组织及15个村级党组织进行常规巡察，发现普遍性、倾向性问题853个，移交问题线索6件。

【巡察整改】 县委巡察办认真落实省委巡视资溪巡察专项监督检查反馈问题整改工作，对照反馈4个方面9个具体问题，将推动巡视整改作为改进工作、破解难题的有效抓手，细化15条整改措施并于9月15日前完成销号。配合抓实巡察反馈问题整改，县委巡察办定期开展综合分析，列出共性问题清单，尤其针对巡察反复发现的问题，及时向县委汇报，并适时在县委常委会上予以通报，十五届县委以来，先后有20余次常委会单列议题研究部署巡察工作，推动实现发现一个问题、解决一类问题、补齐一批短板。在县委统筹推动下，十五届县委第一轮至第五轮巡察反馈的590个问题完成销号571个，整改率96.8%。对全县各级党组织抓整改持续传导压力，结合县委书记点人点事台账及被巡察单位整改实际情况，将相关问题纳入约谈问题清单，实现以点带面，强化警醒。2023年，县委巡察工作领导小组就“挪用救助站款项”“违规发放劳务补助”等问题整改不到位的情况，对县民政局、县交通运输局等8个单位负责人进行了严肃约谈。严格落实“五方签字”把关制度，层层把关，不断完善整改情况报告制度，健全整改公开机制和日常监督机制，推动形成分管县级领导、纪检监察机关、组织部门、巡察机构、被巡察党组织对巡察整改方案、整改报告等审核把关，共同压紧压实整改政治责任。

【提高巡察工作水平】 加强巡察干部日常学习，每轮巡察前，邀请财政、审计、宣传、组织口专业人员对巡察干部针对被巡察单位不同情况进行专题业务培训。先后共邀请8人次不同领域的专业人员对巡察机构干部开展巡前集中培训，培训140余人；巡察过程中，结合上级下发的最新讲话精神、文件要求，巡察机构不定期组织开展集中学习，同时结合纪委干部夜校活动，进一步增强巡察干部能力素质培养。注重强化巡察工作宣传效果，定期总结巡察工作的经验做法，共向上级巡察机构报送工作信息、动态10余条。注重锻造规范化巡察干部队伍，从严教育管理巡察队伍，调整2名巡察组组长，调离1名巡察组副组长，巡察干部队伍结构得到进一步优化。注重以干代训提升能力，有计划、分批次选派业务干部参与省委巡视工作、市委巡察工作，学习好做法、好经验，锤炼实战本领，共派1人参加省委巡视锻炼，3人参与市委巡察工作。

（陈强）

机构编制管理

【概况】 2023年，资溪县招录公务员25人，事业编制人员31人（其中7人为备案制岗位），政策性安置27人。招募“三支一扶”5名，农业林业定向生6名。县直事业单位引进高素质人才5人、卫生系统引进急需短缺人才10人（其中备案制岗位9人）。周转行政编制3名，事业编制6名。

【机构编制调整】 稳步推进开发区管理机构改革任务，落实中央、省委和市委关于促进开发区创新发展的决策部署，按照《关于印发〈抚州市清理规范开发区管理机构促进开发区创新发展工作方案〉的通知》（抚编发〔2022〕76号）文件要求，下发《中共资溪县工业园区工作委员会 资溪县工业园区管理委员会职能配置、内设机构和人员编制规定》（资办字〔2023〕6号），重新核定机构设置、职能规定和领导职数。有效推进关于国防动员体制改革的决策部署，县发展和改革委员会加挂县国防动员办公室牌子，增设内设机构“国防动员股”，明确相关职责。整合县信用中心等单位及相关职能，组建县国防动员发展服务中心，赋予新职责，划转人员1名，有效衔接确保工作有效开展。持续推进疾控机构改革任务，资溪县卫生健康委员会加挂资溪县疾病预防控制局牌子，增设专职局长1名，兼任县卫健委副主任。整合县疾病预防控制中心和卫监大队，组建资溪县疾病预防控制中心，保留县卫生健康综合监督执法大队牌子。落实上级下达的各项改革任务和县委、县政府推动的改革事项，将县公安局森林分局更名为县公安局生态环境与食品药品犯罪侦查大队，理顺职责，重新核定领导职数；规范县政协专门委员会机构设置为5个；根据县委办公室工作需要，重新调整县委办内设机构和职能，增设专职副主任1名；成立资溪县未成年人成长指导中心，进一步提升未成年人身心健康教育指导工作水平；资溪县委办加挂“资溪县档案局”牌子；资溪县文化广电新闻出版旅游局加挂“资溪县文物局”牌子。

【统筹管理编制资源】 制定编制使用管理制度，下发《关于印发〈资溪县统筹使用事业编制资源的暂行办法〉》（资编发〔2023〕14号）、《关于印发〈资溪县机关事业单位编制周转使用管理办法（试行）〉的通知》（资编发〔2023〕15号）。科学配置编制资源，动态调整部门编制，加强重点领域工作力量，让编制资源跨部门、跨领域流动起来，有效缓解编制不足问题。结合机构编制工作实际，统筹优化重点领域机构设置和职能配置，加快健全完善与现代化县城建设相适应的机构职能体系和体制机制，持续聚焦经济社会改革发展的重点领域、关键环节，6月开展相对集中行政许可权改革试点情况调研，形成调研文章《优化营商环境：一枚印章管审批 改革红利惠群众》，入围2023年全省机构编制业务技能大赛优秀案例选篇；11月在县直及乡镇17支执法队伍开展执法领域专题调研，全面摸清情况、找准症结、提出对策，为县委编委下一步深化推进综合执法改革夯实基础。

（屈雪云）

信访工作

【概况】 2023年，全县共受理、办理人民群众信访事项405件，比2022年上升7.58%，其中来访70件，下降55.97%；来信33件，下降41.07%；网上投诉302件，上升96.10%。发生进京上访1批2人次，上升100%；赴省上访17批28人次，上升600%；到市上访13批28人次，上升100%。收到省委第六巡视组移交59件信访事项，省委第七巡视组移交4件信访事项，市委提级联动巡察6件信访事项均办结，办结率100%。资溪县在全省信访工作综合考核中取得优异成绩，创评全省信访工作示范县，圆满完成全国“两会”、杭州亚运会等重要敏感时期信访保障任务，实现“三个未发生”工作目标，获得市信访工作联席会议通报表扬。

【信访制度建设】 坚持“为民解难，为党分忧”根本宗旨，着力构建“党委统揽、协调各方、分级负责、齐抓共管”一体化信访工作格局使全县信访工作规范有序，取得明显成效。将信访工作纳入重要议事日程，县委常委会、县政府常务会每季度研究1次信访工作，累计研究部署信访工作9次，重点听取重复访、越级访和信访积案化解情况汇报，分析全县当前信访工作形势，研究部署工作。领导干部下访接访常态化制度化，县委、县政府主要领导接访下访包案11次、批示推进信访工作20余次。分管县领导每两个月组织召开信访工作联席会议全体（扩大）会，开展实地督导10余次。其他县领导认真履行“一岗双责”，推动化解各类信访矛盾。资溪县委统一领导、政府组织落实、联席会议协调、信访部门推动、各方齐抓共管的信访工作大格局日益形成。全年县级领导接待信访群众200余批700余人次，包案化解“骨头案”“钉子案”35余件。

【信访制度改革】 坚持和发展新时代“枫桥经验”，将县综治中心、人民来访接待中心、诉讼服务中心、公共法律服务中心等统一整合到矛盾纠纷多元化解一站式中心。实行“多中心合一”“一体多功能”，实现群众矛盾诉求只进一个门、只跑一地。全年全县信访事项及时受理率100%，办结率100%，群众参评满意率99.68%，责任单位参评率95.95%，求决类初访比率96.76%，初次信访比率下降22.50%，重复信访占比17.17%，初信初访平均办结时限13.09天，回访率100.00%，国家局转交件占比下降23.52%。按照硬件配套“五个有”、办内信息“五公开”、组织管理“五到位”、信访化解“五定期”的要求，持续推进乡镇信访工作联席会议实体化规范化运行，进一步发挥信访工作联席会议在信访问题化解的阵地作用。

【信访法治宣传】 开展“《信访工作条例》实施一周年主题宣传”活动，发放宣传材料500余份，现场设立咨询台、摆放宣传展板，在全县营造学条例、用条例、守条例的浓厚氛围。开展信访工作法治化宣传活动，印制《信访法治化工作指南》500余份，县委信访局、县公安局、县人民法院、县人民检察院、县人社局、县住建局、县自然资源局、县退役军人事务局各印制分领域“导引图”及说明等材料1000余份，县委信访局在县人民来访接待中心张贴党委和政府依法依规处理信访事项“导引图”和依法依规“路线图”。邀请市委信访局领导到县委党校为全县中青干部和信访干部宣讲《信访工作条例》和信访工作法治化内容，提高干部宣传引导工作水平。同时县委信访局联合公检法司等部门建立法治服务小分队，在社区、农村、企业开展法律宣传教育、法治服务，走访全县12个乡镇场70个行政村，接待群众200余批500余人次，并解决120余件信访问题。

【矛盾纠纷调处】 县委信访局班子成员经常性联合责任单位主要领导开展夜间敲门行动，帮助协调解决诉求，当面进行思想疏导和法治教育，妥善化解信访积案6件。坚持“日调度、周排位、月通报、年考核”和“四函”警醒机制，一手推进条块联动化积案，一手精准调度指导防倒流。印发《每月信访分析》9期，《每周专报》52期，《重要访情专报》2期，下发工作提示函、风险警示函、领导批示单等80余份，国家信访局交办的15件信访积案全部化解，化解率100%。在全国“两会”、暑期、国庆及亚运会期间等重要敏感时期，对重点领域常态化开展信访风险排查，定期研判，加大协调处置力度，确保矛盾及时就地处理，防止矛盾升级、上行。2023年，将29件信访积案分解落实，由13名县级领导包案解决，逐案落实“一个案件、一名领导、一套班子、一个方案、一抓到底”的工作要求。

（张帅）

史志研究

【概况】 2022年，资溪县党史和地方志研究中心持续推进红色基因传承，开展党史宣讲20余场次，赠送史志书籍800余本，《资溪年鉴》（2023卷）、《中国共产党资溪历史》（第二卷）出版发行。创新开设“党史今日”宣传栏，在全省地方志工作会议上受到通报表扬。协助打造和修缮红一、三军团指挥部旧址，红七军团指挥部旧址，资溪中央苏区纪念馆，下张党支部等红色教育基地。

【《中国共产党资溪历史》（第二卷）出版】 6月，该书正式出版发行，全书22万余字，记述上自1949年5月资溪解放，下至1978年12月中共十一届三中全会召开的29年期间，在党的领导下，资溪全县人民进行社会主义革命和建设的历史。县史志研究中心在完成征求意见稿后，先后打印20余本呈送县领导、上级党史业务部门专家、退休老干部及历史亲历者审核，根据修改意见再次对文稿内容进行推敲、修改和补充。综合各方面意见对史稿再次反复斟酌修改和完善，翻阅1949—1978年档案，坚持以事实为依据，力求真实记载历史。主动与县摄影爱好者沟通，多方征集反映资溪在社会主义建设时期历史图片40余张。该书是记述地方党史的重要载体，能够帮助广大党员干部群众深入开展党史学习教育，更好地延续资溪红色基因传承。

【《资溪年鉴》(2023卷)出版】 3月，县委办、县政府办联合下发组稿通知，县史志研究中心编辑人员根据任务分工及各单位的实际情况，上门进行业务指导，帮助各单位解决在编写过程中遇到的实际困难，5月底完成140余个单位的入鉴资料征集工作。6月，开始编辑文稿，9月形成约50万字的总纂初稿，同时申报书号，11月完成三审三校工作，由吉林文史出版社出版发行。全书计44余万字，含31个类目，全面、系统、详实地记载全县2022年度自然、政治、经济和社会各方面情况，突出展示资溪县生态文明绿色发展、面包产业做大做强等地方特色。

【创建“党史今日”宣传专栏】 县史志研究中心认真贯彻落实党的二十大精神和习近平总书记关于做好新时代档案工作的重要指示，8月，联合资溪县融媒体中心在微信公众号《资溪发布》上创建“党史今日”专栏。利用县档案馆馆藏档案，深挖蕴藏在档案资料中的红色资源，展示中国共产党党史、中共资溪党史、资溪县地方志（资溪县地情文化）等内容，创新红色资源转化利用，盘活红色档案和地方文化，发挥档案在传播红色记忆、弘扬革命精神方面的重要作用。

【开展业务培训】 4月，县史志研究中心在新档案馆五楼会议室举行2023年资溪年鉴、档案业务知识培训会，全县140余个单位的年鉴编纂者、档案管理员参加。县政府分管地方志工作的副县长出席开班仪式并讲话。市党史办地方志科科长及市档案馆接收利用科科长分别对年鉴编纂及档案管理相关内容进行授课。通过此次培训，进一步提高资溪年鉴编纂质量和档案规范化水平。

（刘佳警）

档案管理

【概况】 资溪县档案馆系省二级国家综合档案馆，建筑总面积1470平方米，其中库房面积594平方米。2023年，县档案馆内共有全宗183个，馆藏档案78076卷、172955件，报刊14899册，族谱1套。档案门类有文书、人事、科技、照片、录像、林权证、婚姻、会计、新安江移民、知青、土地、改制企业、报刊、民国档案、重大活动和事件、奖牌、公章等实物17类专业档案。全年为改制企业下岗工人提供档案1070余起，为全县各单位查阅档案660余次，服务群众利用其他档案680余次。

【创评档案规范化管理省一级单位】 县档案馆努力提升档案管理水平，规范各类档案，根据省档案局档案工作规范化管理相关文件要求，建立和完善立卷归档制度、档案利用制度、档案保管制度、档案保密制度、档案鉴定销毁制度、分管领导责任制等多项规章制度，强化档案工作的实效。申报档案规范化管理省一级单位评定，10月通过市档案局、馆评审验收。

【档案管理】 县档案馆进一步加强和规范全县档案整理工作，严格按照上级文件要求规范指导，明确工作要求、凝聚工作合

4月26日，召开《资溪年鉴》(2023卷)编纂动员会暨业务培训会。(帅建忠　摄)

力，严把质量关，稳步加强档案工作。1月，接收并整理县政府办2019年至2021年文书档案，共计12014件。4月，将县档案馆本级1949年至2023年所有文书及凭证档案进行整理，共计113册、2957件，进一步规范档案管理水平。

【开展档案安全专项检查】　根据省、市关于进一步加强档案安全的工作要求，县档案馆联合县委办（县档案局）组成2022年档案安全专项联合执法检查组。6月，联合执法检查组对县卫健委、县农业农村局、县工信局和县消防大队开展了一次全面的安全专项检查，仔细排查档案安全隐患，督促各单位部门树立档案安全生产意识和安全发展理念，推动全县档案事业高质量安全发展。

【举办档案宣传活动】　6月，县档案馆在鹤城花园广场举办“奋进新征程　兰台谱新篇——6·9国际档案日”宣传活动。活动发放宣传册500余册，向现场群众普及新《档案法》《江西省档案管理条例》，并展示资溪本地红色档案及档案编研成果，增强群众保护档案和利用档案意识。5月，在县行政中心大厅举办“中国共产党人（资溪籍）家风展”，利用蕴含党的初心使命的红色档案，展示家风故事，推动资溪新时代良好家风建设。

（刘佳繁）

党校教育

【概况】　2023年，县委党校把旗帜鲜明讲政治融入办学工作的全过程和各方面，围绕党的理论课程和党性教育，举办各类培训10期，配合相关部门完成各类活动、会议13场。努力提高教学、办学质量，建设人才队伍，打造现场教学示范点，提升“两山”理念教育培训核心竞争力，发挥党校教育、宣传的职责使命。

【干部教育培训】　举办各类培训，先后举办“全县科级领导干部学习贯彻党的二十大精神集中轮训班”两期、“2023年全县入党积极分子培训班”、全国村党组织书记和村委会主任视频培训班、“全县基层一线党员学习贯彻党的二十大精神示范培训班”、“全县村、社区书记、驻村工作队乡村振兴专题培训班”、换届以来担任科级干部学习贯彻党的二十大精神主题学习班暨干部专业化能力提升培训班、县级领导干部专题读书班、全国新录用公务员初任培训班、“十四五”干训第三期中青年干部培训班。开发党性教育课《继承和发扬苏区干部好作风》。设置工业经济、人工智能等课程。联合县法院设置“庭审课堂”。邀请援越抗美老兵、省劳模进课堂。

【打造现场教学示范点】　打造乌石乡村振兴示范点，面包食品产业城、竹科创中心、南源民宿、大觉溪、花儿写生基地、真相乡村、两山转化中心、笋竹两用林基地、森林康养基地、野狼谷、

6月9日，县档案馆开展国际档案日宣传活动。（帅建忠　摄）

红色（资溪事件）基地、生态康养——热敏灸小镇、马头山蜂蜜养殖基地、竹科技博物馆、红七军团指挥部旧址等现场教学示范点，并落实责任单位、讲解员、情况介绍等。

【理论宣讲】 在第八个全民国家安全教育日，开展“党校青年说，国安云课堂”活动，录制两堂国家安全知识微视频课，在县委党校公众号发布宣传。县委党校青年宣讲团获资溪县“五四奖章”集体称号。在“全县基层理论微宣讲”比赛中，教师罗珍获三等奖。7月1日，全校教职工录制视频发布公众号共同庆祝党的生日。8月份推送理论宣讲报告1篇参加全市理论宣讲内部工作表彰活动。教师邓洁获“理响抚州”全市基层理论微宣讲大赛优秀奖。3名教师分别获文旅短视频大赛一等奖、三等奖、优胜奖。

【科研资政】 选送5篇理论文章参加全市党校行政院校系统学习贯彻党的二十大精神理论研讨会征文活动，选送1篇理论文章参加全省统一战线与中国式现代化学术研讨会征文活动。申报的年度课题《立足“小精美”定位建设“小县大城”》在全市党校行政院校系统社会科学研究课题结项等次为优秀。在全市党校行政院校系统“为党育才，为党献策干部教育事业高质量发展”征文活动中，选送的1篇获得三等奖，并获得征文活动优秀组织奖。文章《资溪县践行“两山”理念的探索与经验启示》获得2023（首届）抚州社会科学学术年会优秀论文一等奖。

（周辉玉）

老干部工作

【概况】 资溪县老干部活动中心为中共资溪县委组织部管理的公益一类全额拨款副科级事业单位，负责服务管理全县离休干部及退休干部。2023年，服务管理的离休干部5人（其中享受副县级待遇 2人，一般待遇3人），副县级以上退休干部30人。县林业局和县教科体局离退休干部党支部获得第三批全省离退休干部“示范党支部”称号，县林业局、教科体局和农业农村局获得第二批全市离退休干部“示范党支部”称号。县委老干部局获评2022年度全市老干部工作部门信息宣传工作先进单位。

【老干部服务管理】 不断强化精准服务理念，做优服务管理工作。开展春节、七一、重阳等重大节庆日和过生日、生病住院走访慰问离退休干部159人次。下发《关于酷暑时节开展为离退休干部“送清凉，促健康”活动的通知》文件，在全县范围内开展为离退休干部“送清凉，促健康”活动，活动开展覆盖率100%。实施政府购买居家养老服务措施，为4名离休干部提供上门清洁、代购等服务。进一步完善特困老干部帮扶机制，向省老干部局申报2名特困离休干部补助并落实到位。落实所有离休干部生活完全不能自理护理费。

【开展志愿服务活动】 根据全县各单位退休人员专业特长，组织全县离退休干部党支部开展志愿服务活动10余次。县关工委召开全县“树家风、育新人”主题活动现场会暨关心下一代工作会，推进“树家风、育新人”主题活动开展。县老年体协把老年体育工作与建设“美丽幸福的健康资溪”紧密结合起来，让老年人“动起来、练起来、学起来、乐起来”，组织开展系列活动8次，全县老年体育事业蓬勃发展。县花协举办兰花种植培训讲座，为广大学员普及兰花养护知识，提高兰花种养技术。

【组织老干部开展活动】 围绕党的二十大主题，举办3次学习宣传贯彻党的二十大精神专题报告会。组织开展“建言二十大”和“我看中国特色社会主义新时代”老干部座谈调研活动。组织老干部观看中央离退休干部工作公众号上的线上报告会2次。在老干部中开展“增添正能量，共筑中国梦”“携手新时代，助力新跨越”为党和人民的事业增添正能量活动。老干部活动中心与县残联、县金融服务中心、县公安局联合开展“关爱助残”和“非法集资、养老诈骗”活动。老干部活动中心与团县委、县老年体协门球协会联合举办2022年“建党节、感党恩、跟党走”门球友谊赛。协助县老年体协在全县乡镇（场）、县直部门单位老年体协和县老年体协各专业协会中，开展“喜迎二十大、激情动起来”老年体育健身活动。县委组织部和资溪县老年大学联合举办“喜迎二十大，奋进新征程”文艺汇演。

【提升老年教育】 县老年大学领导班子坚持“走出去，请进来”的工作方法，主动到市老年大学求教办学思路，参观学习兄弟县老年大学办学经验。得到县委、县政府支持，划拨原资溪县第三小学地域扩大校园面积，并增加办学经费。在全市率先成立由县委、县政府主要领导任组长，县委组织部、县人社局、县教科体局等十余个单位负责人为成员的资溪县老年教育领导小组。充实校委班子成员，增加校办公室专职工作人员。坚持以学习宣传贯彻党的二十大精神为主线，开设政治课，举办专题讲座、报告会紧密配合全县开展主题教育活动。6月27日，与宜黄县老年大学共同举办“丹心向党、助力复兴”庆七一文艺联谊汇演活动，社会反响良好。10月20日，县委、县政府在两山学院举办“资溪县2023年重阳节文艺展演”活动，县老年大学和县老年体协共同承担演出节目。器乐班、太极武术班、越剧班、采茶剧班多次在乡镇、社区、企业、敬老院等组织“送戏下乡”活动，得到社会称赞和群众欢迎。

【帮扶青少年】 开展创建“五好六有”基层关工委活动，把“党建带关建”纳入各级党建联席会议议事日程和高质量发展综合考评。构筑“9·9”帮扶帮教系列工程，统一制定《帮扶帮教爱心手册》，推进农村留守儿童和困境儿童健康发展。联合县妇联、团县委、总工会、未成年人成长指导中心等单位开展“激扬家国情，书香飘资溪”亲子阅读、“情暖童心，喜迎六一”主题系列活动。着力创新关心下一代工作联动体制，建立以县委书记为组长的“党建带关建”工作领导小组联动体制。成立县委书记、县长为牵头领导的“资溪县未成年人成长指导中心”，为全省第一家青少年教育的综合体。加强宣传工作力量，2023年在省级以上媒体（人民日报客户端、人民网，中国火炬微信公众号，《育人》杂志等）上稿178余篇。重点抓好畲族文化教育基地、兰念瑛劳模工作室、蒋友良法律明白人调解工作室、家风家教基地、高阜红色教育基地建设。在乌石镇召开全县“树新风、育新人”主题活动现场会暨关心下一代工作会议。

（华溢雯）

老年体协活动（刘学俊摄）

资溪县人大常委会

综 述

资溪县人民代表大会（简称县人大）下设常委会和法制委员会、财政经济委员会、社会建设委员会三个专门委员会，常设机关是县人大常委会，在县人大闭会期间负责日常工作。县人大常委会下设办公室、预算审查工作委员会、教育科学文化卫生工作委员会、监察和司法工作委员会、备案审查工作委员会、农业和环境资源保护工作委员会、选举和任免联络工作委员会，另下设全额拨款事业单位资溪县人大代表履职服务中心（资溪县人大预算联网中心）。

2023年，县人大常委会深入学习贯彻党的二十大精神和二十届二中全会精神，高举习近平新时代中国特色社会主义思想伟大旗帜，全面贯彻落实习近平总书记考察江西重要讲话精神，紧扣县委“全力争当四个排头兵、深入实施五大战略、扎实开展六大行动”的目标任务，认真履行宪法法律赋予的各项职责，积极践行和发展全过程人民民主，为全面建设社会主义现代化“纯净资溪”作出贡献。全年召开常委会会议8次，听取和审议工作报告33个，作出决议决定7项，组织执法检查、视察调研17次，交办代表建议98件，任免国家机关工作人员26人次。各乡镇人大按要求开好一年2次人民代表大会，认真审查各项报告并提出建议。乡镇人代会期间专门组织开展人大代表视察调研活动，发挥乡镇人民代表大会和人大代表的作用。2023年，资溪县人大常委会获评全市县（区）人大工作一等奖。资溪县在省第十三届人民代表大会代表有王锋、高香云（女）；省第十四届人民代表大会代表有饶源中、王锋、黄彦慧、张俊；市第五届人民代表大会代表有孙鑫、韩潮、尧宇斌、徐来发、章卫华（女）、艾春晴（女）、兰念瑛（女、畲族）、吴淑琴（女）、饶源中、王锋、邹锋、方胜、赵起超（女）、兰玲（女、畲族）、付远征、龚雪英（女）、傅细明、丁永安、钟德泉（畲族）。

（方婷婷）

重要会议

【县十八届人民代表大会】 1月17日至19日，召开县十八届人民代表大会第三次会议，出席会议的代表164人，列席人员98人。会议补选曹真、邓烨（女）为资溪县第十八届人民代表大会常务委员会委员。

11月29日至30日，召开县十八届人民代表大会第四次会议，出席会议的代表163人。会议接受王锋辞去县第十八届人大常委会主任职务，选举张俊为县第十八届人大常委会主任。

【县人大常委会会议】 2023年，县人大常委会召开第十次至第十七次常委会会议，会议在县人大常委会会议室举行。

表1　2023年资溪县人大常委会会议一览表

会次	时间	会议内容
第十次	1月14日	表决通过县第十八届人大三次会议有关事项。接受胡建祥辞去县第十八届人大常委会委员职务、曹真辞去县第十八届人大财经委委员职务请求。
第十一次	3月29日	表决通过关于批准县公安局对有关代表采取刑事强制措施的决定（草案），决定任命林莉同志（女）为县人民代表大会常务委员会教育科学文化卫生工作委员会副主任、游卫攀同志任县人民法院审判委员会委员、曾梦怡同志（女）任县人民法院审判委员会委员、立案庭（诉讼服务中心）庭长。

续表

会次	时间	会议内容
第十二次	5月26日	听取和审议县人民政府关于资溪县碳达峰、碳中和工作进展情况的报告、县人民政府关于县2022年生态环境状况和环境保护目标完成情况的报告。决定任命李明华同志为县人民检察院副检察长。接受叶文华辞去资溪县人大常委会委员职务请求、杨坚辞去资溪县第十八届人民代表大会法制委员会委员职务的请求、陈新华等辞去资溪县第十八届人大代表职务请求。
第十三次	6月29日	表决通过《资溪县人民代表大会常务委员会关于批准资溪县国土空间总体规划（2021—2035年）的决议（草案）》。
第十四次	7月27日	听取和审议县人大常委会执法检查组关于检查《中华人民共和国食品安全法》《中华人民共和国食品安全法实施条例》实施情况的报告、县人民政府关于我县维护新就业形态劳动者劳动保障权益工作情况的报告、县人民政府关于助推乡村振兴产业发展工作情况的报告，听取县人民政府有关工作部门（发改委、审计局、统计局、卫健委、市场监督管理局、民政局、退役军人事务局、交通运输局、水利局、城管局）2023年上半年工作情况的报告并开展满意度测评。表决通过县人民政府《关于提请审议收购江西景田实业有限公司破产财产的议案》、县人民政府《关于提请审议收购江西九龙湖旅游度假区有限公司破产财产的议案》、县人大常委会关于批准《关于提请审议旅投集团股权无偿转让的议案》的决议（草案）。决定任命任波同志（女）为县人民代表大会常务委员会备案审查工作委员会主任、县人民代表大会法制委员会副主任委员，接受杨军文辞去资溪县第十八届人大代表职务请求。
第十五次	9月28日	听取和审议县人民政府关于2023年重点督办代表建议和 2022年B 类代表建议“回头看”督办件办理情况的报告、县人民政府关于2023年上半年国民经济和社会发展计划执行情况的报告、县人民政府关于2022年县级决算和2023年上半年预算执行情况的报告、县人民政府关于资溪县2022年政府债务管理情况的报告、县人民政府关于2022年度县级预算执行和其他财政收支的审计工作报告、县公安局关于县公安队伍建设情况的专项工作报告、县人大常委会关于2022年度规范性文件备案审查工作情况的报告，表决通过资溪县人民代表大会常务委员关于同意设置泸阳街道办事处撤销石峡乡的决定（草案），批准2022年县级决算、2023年新增地方政府债务限额及县级预算调整方案，决定任命赵起超同志（女）为县文化广电新闻出版旅游局局长。
第十六次	11月27日	听取和审议县人民政府关于资溪县第十八届人大三次会议和闭会期间代表建议办理情况的报告，听取县人民法院法官、县人民检察院检察官2023年度个人履职情况报告，并开展满意度测评。会议表决通过县第十八届人大四次会议有关事项。接受吴开发辞去资溪县人大常委会副主任和县人大财经委主任委员职务请求、陈淑萍辞去资溪县人大社会建设委员会委员职务请求，接受吴开发等辞去县第十八届人大代表职务请求。
第十七次	12月28日	听取和审议县人民政府关于全县国民经济和社会发展第十四个五年规划纲要实施情况中期评估报告、县人民政府关于2022年度全县国有企业资产管理情况的专项报告、县人民政府关于资溪县乡村旅游工作情况的报告、县人大常委会执法检查组关于检查《江西省养老服务条例》实施情况的报告、县人大常委会关于开展2023 年“公益诉讼江西行”资溪活动情况的报告、县人大常委会执法检查组关于检查《中华人民共和国湿地保护法》《江西省湿地保护条例》实施情况的报告、县人民政府关于开展2023年环保泸溪河行活动情况的报告，听取和审议县人民政府关于2022年度县级预算执行和其他财政收支审计查出问题整改情况的报告，开展满意度测评。表决通过县人民政府关于提请审议资溪县林业改造升级碳汇能力提升项目的议案、县人民政府关于提请审议资溪县投资中科科技成果转化创业投资基金（广东）合伙企业（有限合伙）并合作设立相关子基金的议案、资溪县人民代表大会常务委员会关于加强经济工作监督的决定（草案），批准《资溪县国民经济和社会发展第十四个五年规划纲要实施情况的中期评估报告》。决定任命吴剑同志为县行政审批局局长、龚明明同志为资溪县监察委员会副主任、代理资溪县监察委员会主任职务、石岩同志为资溪县人民法院副院长。接受吴国庆辞去资溪县人大常委会副主任职务请求、接受邹锋辞去县监察委员会主任职务请求。

（方婷婷）

讨论决定重大事项和选举任免

【讨论决定重大事项】 年内，县人大常委会表决通过关于批准县公安局对有关代表采取刑事强制措施的决定（草案）、《资溪县人民代表大会常务委员会关于批准资溪县国土空间总体规划（2021—2035年）的决议（草案）》、县人民政府《关于提请审议收购江西景田实业有限公司破产财产的议案》、县人民政府《关于提请审议收购江西九龙湖旅游度假区有限公司破产财产的议案》、县人大常委会关于批准《关于提请审议旅投集团股权无偿转让的议案》的决议（草案）、资溪县人民代表大会常务委员关于同意设置泸阳街道办事处撤销石峡乡的决定（草案）、县人民政府关于提请审议资溪县林业改造升级碳汇能力提升项目的议案、县人民政府关于提请审议资溪县投资中科科技成果转化创业投资基金（广东）合伙企业（有限合伙）并合作设立相关子基金的议案、资溪县人民代表大会常务委员会关于加强经济工作监督的决定（草案）。

【选举任免】 1月14日，资溪县第十八届人大常委会第十次会议接受胡建祥辞去县第十八届人大常委会委员职务、曹真辞去县第十八届人大财经委委员职务请求。

1月19日，资溪县第十八届人民代表大会第三次会议补选曹真、邓烨（女）为资溪县第十八届人民代表大会常务委员会委员。

3月29日，资溪县第十八届人大常委会第十一次会议决定任命林莉同志（女）为县人民代表大会常务委员会教育科学文化卫生工作委员会副主任、游卫攀同志任县人民法院审判委员会委员、曾梦怡同志（女）任县人民法院审判委员会委员、立案庭（诉讼服务中心）庭长。决定免去陈新华县第十八届人大常委会备案审查工委主任职务、吴翔县第十八届人大常委会教育科学文化卫生工作委员会副主任（挂职）职务，免去张海太的资溪县人民法院审判委员会委员职务、石岩的资溪县人民法院立案庭庭长职务、饶新葱的资溪县人民法院综合审判庭副庭长审判员职务、胡世平的资溪县人民法院审判员职务。

5月26日，资溪县第十八届人大常委会第十二次会议决定任命李明华同志为县人民检察院副检察长。接受叶文华辞去资溪县人大常委会委员职务请求、杨坚辞去资溪县第十八届人民代表大会法制委员会委员职务的请求、陈新华等辞去资溪县第十八届人大代表职务请求。免去周学军的资溪县人民法院副院长职务、黄振华的资溪县人民检察院副检察长职务、付朝武的资溪县人民检察院检察员职务、陈文坚资溪县人民检察院检察员职务。

7月27日，资溪县第十八届人民代表大会常务委员会第十四次会议决定任命任波（女）为资溪县人民代表大会常务委员会备案审查工作委员会主任、资溪县人民代表大会法制委员会副主任委员。

9月28日，资溪县第十八届人民代表大会常务委员会第十五次会议决定任命赵起超（女）为资溪县文化广电新闻出版旅游局局长，决定免去李芳（女）的资溪县行政审批局局长职务、李卫中的资溪县文化广电新闻出版旅游局局长职务、赵起超（女）的资溪县退役军人事务局局长职务。

11月27日，资溪县第十八届人民代表大会常务委员会第十六次会议决定接受吴开发辞去资溪县第十八届人民代表大会常务委员会副主任和资溪县第十八届人民代表大会财政经济委员会主任委员职务的请求、接受陈淑萍（女）辞去资溪县第十八届人民代表大会社会建设委员会委员职务的请求。

12月28日，资溪县第十八届人民代表大会常务委员会第十七次会议决定接受吴国庆辞去资溪县第十八届人民代表大会常务委员会副主任职务的请求、接受邹锋辞去资溪县监察委员会主任职务的请求，决定任命龚明明为资溪县监察委员会副主任，代理资溪县监察委员会主任职务；决定任命吴剑为资溪县行政审批局局长、石岩为资溪县人民法院副院长；决定免去李增的资溪县人民法院审判委员会委员、审判员职务，免去王冰倩（女）的资溪县人民法院综合审判庭副庭长、审判员职务，免去邓春辉、邓木林的资溪县人民法院审判员职务；决定免去何晡的资溪县人民检察院副检察长职务。

（方婷婷）

监督工作

【概况】 年内，资溪县人大及

其常委会认真开展《中华人民共和国食品安全法》《中华人民共和国食品安全法实施条例》《江西省养老服务条例》《中华人民共和国湿地保护法》《江西省湿地保护条例》贯彻落实情况执法检查。

【听取和审议工作报告】 年内，县人大常委会会议听取和审议县人民政府关于我县碳达峰、碳中和工作进展情况的报告、县人民政府关于资溪县2022年生态环境状况和环境保护目标完成情况的报告、县人民政府关于资溪县维护新就业形态劳动者劳动保障权益工作情况的报告、县人民政府关于助推乡村振兴产业发展工作情况的报告、县人民政府关于2023年重点督办代表建议和2022年B类代表建议“回头看”督办件办理情况的报告、县人民政府关于2023年上半年国民经济和社会发展计划执行情况的报告、县人民政府关于2022年县级决算和2023年上半年预算执行情况的报告、县人民政府关于资溪县2022年政府债务管理情况的报告、县人民政府关于2022年度县级预算执行和其他财政收支的审计工作报告、县公安局关于资溪县公安队伍建设情况的专项工作报告、县人大常委会关于2022年度规范性文件备案审查工作情况的报告、县人民政府关于资溪县第十八届人大三次会议和闭会期间代表建议办理情况的报告、县人民政府关于全县国民经济和社会发展第十四个五年规划纲要实施情况中期评估报告、县人民政府关于2022年度全县国有企业资产管理情况的专项报告、县人民政府关于资溪县乡村旅游工作情况的报告、县人大常委会关于开展2023年“公益诉讼江西行”资溪活动情况的报告、县人民政府关于开展2023年环保泸溪河行活动情况的报告。

【开展代表专题调研】 开展“小县大城”工作专项调研、2023年上半年经济运行情况调研、产业振兴专项调研，对资溪县重点项目、债券资金使用情况、县财政状况管理情况、“十四五”规划纲要实施情况中期评估等开展专题调研，对县公安队伍建设情况、乡村旅游工作情况、贯彻落实“文化抚州、梦想之舟”情况、代表建议办理情况开展专题调研。

（方婷婷）

县人大代表视察充电桩安装工程（帅建忠摄）

办理人大代表议案和建议

【概况】 在县第十八届人大三次会议期间以及闭会期间，县人大代表对政府工作共提出建议98件（其中会议期间收到代表建议77件，闭会期间21件），其中完成答复的代表建议97件，满意率和基本满意率96.91%，不满意率3.1%。

【办理代表建议】 县人大常委会坚持领导带头、委室对口督办、代表共同参与的督办机制，对10件建议进行重点督办，对2022年B类代表建议（6件）办理落实情况“回头看”。采取会议调度、现场督办、结果核查、询问跟踪等方式方法，强化对代表建议办理的监督刚性。持续对代表建议办理工作开展评比，评选出优秀建议、先进承办单位、先进承办个人，促进代表建议办理实效提升。

（方婷婷）

资溪县人民政府

综 述

2023年，资溪县坚定不移以习近平新时代中国特色社会主义思想为指导，深入贯彻落实习近平总书记考察江西重要讲话精神，按照中央和省委、市委决策部署，聚焦县域经济高质量发展，全力以赴拼经济、搞建设、抓发展、上项目，着力推动生态大县、旅游大县向产业强县、发展强县跃升。年内，全县完成地区生产总值58.89亿元、增长5.3%，城镇、农村居民人均可支配收入分别为36209元、20725元，增长5.2%、7.9%，增速全市第1、第3，县级财政管理绩效综合评价连续三年进入全国前200名，全县经济运行总体呈现稳中向好态势。

一、聚焦转型提质、融合发展，全力培育高质量发展新动能

工业升级增效提速。紧扣工业创新发展三年倍增目标，持续打好工业创新发展争先擂台赛，聚力培育绿色食品（面包）、竹木加工“1+1”、智能制造、大健康等绿色产业，不断完善“一区三园”基础设施建设，积极推进企业“升规”培育，加快推动工业高质量发展。全县完成工业营业收入33.73亿元，累计新增规模以上工业企业14家，实现规模以上工业产值33.11亿元，获评“江西省新型工业化产业基地（绿色食品）”称号。文旅康养增色添彩。以创建国家级旅游度假区为抓手，重点推进大觉山二期、南源民宿二期等项目建设，冠合芳草地度假酒店开业运营，南源名宿创成甲级民宿，大觉溪美食村入选第三批省级夜间文旅消费集聚区，获评江西省“风景独好”旅游名县。积极探索以生态康养文化为核心的文旅产业融合，联合南城、金溪开展国家文化产业和旅游产业融合发展示范区创建，积极创建国家森林城市，承办第十二届中国竹文化节，第六届中国森林康养产业发展大会、中医药院士专家江西行、全省首个“全国生态日”宣传活动等系列活动，获评全国森林康养标准化建设县、首届江西“避暑旅游目的地”研学基地。全年共接待游客806.4万人次，增长38.96%；实现旅游综合收入42.23亿元，增长39.53%。现代农林增产提质。严格落实耕地保护和粮食安全责任制，坚持以工业思维发展农业，入选第四批国家农业绿色发展先行区创建名单，“江西绿色生态”品牌建设试点县顺利通过验收考核，乌石镇创成首批国家农业产业强镇。深化“纯净资溪”区域公共品牌推广，推动资溪农业向特色农业、绿色农业、品牌农业发展，资溪白茶获2023中国特色旅游商品大赛金奖。紧抓全国林业改革发展综合试点机遇，深化集体林权制度改革，完成林权收储23.15万亩，推动生态资源集约化、产业化。树牢“大食物观”，大力发展以笋竹两用林、食用菌为特色的林下经济，完成笋竹林建设2万亩，全县林下经济种植面积8万亩。

二、聚焦改革开放、创新驱动，全面激发高质量发展新活力

有效投资持续释放。牢固树立“项目为王”理念，深入实施“项目大会战”，抓好用地、用电、用能等要素保障，全力以赴推进项目建设，强化项目资金申报统筹，加快项目竣工验收。其中，陆恒食品项目从签约到投产仅用半年时间，再次刷新“资溪速度”，2023年重大项目建设考核全市第2。牢固树立“招商引资是经济工作生命线”的理念，按照“链群配”要求，深入开展产业链招商、精准招商，引进项目58个，总投资121亿元，其中招引优强项目5个，实现优强项目“零”的突破。改革开放纵深推进。积极探索拓宽“两山”转化之路，林长制考核位列全省前列、全市第1，“探索林业生态产品价值实现多元化路径”入选全国林业改革发展典型案例，“探索林地‘三权分置’改革，推进林下经济高质量发展”案例入选中国改革2023年度地方全面深化改革典型案例。完成2021年GEP核算工作，创新开展GEP未来收益权质押贷、林业碳汇收益权质押贷等绿色金融产品，获全国首个县域“城市温室气体排放核查”核查声明证书。深入推进营商环境优化升级“一号改革工程”，“企业开办专窗”从传统政务大厅延伸至银行网点，113

项政策事项上线“惠企通”平台，兑现时限压缩至1—5天。着力抓好国资国企改革、人才和科技发展体制机制等重点任务，县属国有企业资产总额达162亿元，营业收入 18.27亿元，利润总额1.16亿元。科技创新成效明显。持续推进数字经济做优做强“一号发展工程”，鼓励企业开展“5G+ 工业互联网”场景应用，重点推进“上云用数赋智”行动，全年新增上云企业580家，数字经济营收总额突破47亿元。持续推动“智汇资溪”成果转化，深化“揭榜挂帅”“百名博士进百家企业”等柔性引才行动，激发高层次人才双创活力，实施研发投入攻坚行动，全社会研发投入破亿，科技财政支出占比6.5%，位列全市第一。

三、聚焦城乡融合、民生福祉，努力绘就高质量发展新画卷

推动乡村振兴提速。聚焦“两不愁三保障”和饮水安全，持续巩固拓展脱贫攻坚成果同乡村振兴有效衔接，乌石镇入选全省乡村振兴示范乡镇，新月村入选全国巩固拓展脱贫攻坚成果村级实践交流基地，“两山学院”被评为省乡村振兴培训教学基地。大觉溪美丽宜居乡村建设项目荣获中国人居环境范例奖。完善客货邮融合发展新模式，获评2022年度“四好农村路”全国示范县、第四批全国农村物流服务品牌，入选第三批城乡交通运输一体化全国示范县、全省县域物流配送体系建设试点县创建名单。推动城市品质提升。统筹城乡融合发展，全面实施“小县大城”发展战略，出台《资溪县“小县大城”工作实施方案（2023—2025年）》，高阜镇入选国家标准化委员会第四批新型城镇化标准化试点示范乡镇。深入推进城市功能与品质再提升行动，统筹推进国家卫生县城创建、绿色示范、棚户区改造等项目，全面推进城区污水管网、城乡供水一体化、城区步行道改造等项目建设，提升打造“一河两岸”延伸段，获评江西省2023年度城市功能与品质提升先进县、2023省级生态园林城市。推动民生福祉提档。坚持财力向民生倾斜，认真办好年初确定的民生实事，扎实做好群众就业工作，城镇新增就业1980人，新增农村转移就业劳动者3126人。持续推进全国义务教育优质均衡发展、健康资溪行动，率先在全省完成50人以下小规模学校优化工作，推动紧密型医疗联合体建设，不断补齐教育、医疗等民生领域短板。深化市域社会治理现代化试点，全力打造“资心人、悉心助”网格治理品牌，创成“红色物业优秀县”，严格落实安全生产责任制，持续抓好防汛、自建房、城镇燃气、环保等重点领域隐患排查整治，守住不发生较大以上安全生产事故底线，获评全省应急管理考核“优秀”县，全省信访工作示范县、全省公众安全感调查先进县。

（胡少昆）

重要会议

【概况】 2023年，县政府在县委常委会议室召开政府常务会议21次。会议主要内容是学习上级政府文件，传达贯彻各次会议精神，落实县委重大决策部署，审议、研究本级经济社会发展重要工作，对全县重大突发问题进行研究、决定，通报大额资金支出事项等。

【县十八届政府常务会议】 1月12日，县长饶源中主持召开县十八届人民政府第25次常务会议。会议审议《政府工作报告（送审稿）》《资溪县2022年国民经济和社会发展计划执行情况与2023年国民经济和社会发展计划草案的报告（送审稿）》《2022年主要经济指标完成情况和2023年主要经济指标计划情况》《资溪县2023年民生项目计划表》；研究《关于恳请同意资溪县面包食品产业城基础设施建设项目三期一标段（EPC总承包）项目实施方案的请示》；审议《关于资溪县2022年县级预算执行情况和2023年预算草案的报告（送审稿）》《资溪县2023年预算草案（送审稿）》。

1月18日，县长饶源中主持召开县十八届人民政府第26次常务会议。会议传达学习江西省第十四届人民代表大会第一次会议精神和省政协十三届一次会议精神；传达学习省委、省政府关于印发《江西省贯彻落实中央八项规定精神实施办法》的通知和省委、市委经济工作会议精神；传达全国、全省安全生产电视电话会议精神和龙南市“1·4”事故、南昌县“1·8”重大交通事故的通报，并研究贯彻落实意见；研究《关于恳请同意资溪县美丽乡镇建设项目（一期）工程（EPC总承包）实施方案的请示》《关于恳请同意资溪县2023年笋竹两用林基地建设项目一标段（EPC总承包）实施方案的请示》《关于恳请同意资溪县农村农业融合建设项目一期（EPC总承包）实施方案的请示》《关于审议〈资溪县校具、凉亭生产项目招商引资协议（送审稿）〉的请示》。

2月19日，县长饶源中主持召开县十八届人民政府第27次常务会议。会议组织学习《中华人民共和国民事诉讼法》；传达学习全市存量土地消化、补充耕地、成片开发方案编制三项重点工作调度会精神及通报全县落实耕种情况，并研究贯彻落实意见；传达学习《中华人民共和国审计法（新修订）》、习近平总书记关于统计工作的重要批示精神、国家统计局相关调研报告主要精神、2月5日省委常委会会议精神及全市统计工作布置会议精神，并研究贯彻落实意见；传达学习2月8日全国危险化学品安全监管工作会议精神及贯彻落实意见；审议《2023年第十二届中国竹文化节筹备工作方案（送审稿）》《资溪县"小县大城"工作实施方案（2023—2025年）（送审稿）》《资溪县设置街道办事处组织实施总体方案（送审稿）》《"资溪面包"网红门店推进工作实施方案（送审稿）》，研究《关于恳请成立〈溪有蛋糕品牌运营管理有限公司〉的请示》；审议《资溪县全面推进农村公共基础设施管护体制改革实施方案（送审稿）》《2023年度全县开放型经济工作实施方案（送审稿）》《关于促进资溪（抚州）金凤凰科技园招商引资工作的实施办法（送审稿）》《资溪县2023年推进文化旅游高质量发展"1236"行动计划（送审稿）》《关于进一步深化预算管理制度改革的实施意见（送审稿）》《关于印发资溪县非法集资举报奖励实施细则的通知（送审稿）》；研究《关于恳请印发〈资溪县金融突发事件应急预案〉的请示》《关于解决资溪县（嵩市）有机农业科技示范建设项目工程PPP项目合同解除有关事宜的请示》《关于资溪（抚州）园区珍展鞋业土地及资产收储有关事宜的请示》《关于审议〈资溪县灵芝全产业链项目补充协议〉的请示》。

2月28日，县长饶源中主持召开县十八届人民政府第28次常务会议。会议组织学习《江西省生活垃圾管理条例》；传达学习国家、省、市统计工作会议精神及《江西省统计局关于4起典型统计违法案件的通报》，并研究贯彻落实意见；审议《资溪县2023年农业农村工作要点（送审稿）》《资溪县贯彻实施全市工业创新发展争先擂台赛暨2023年开放型经济工作实施方案（送审稿）》《关于表彰2022年度工业创新发展及开放型经济工作先进企业和先进个人的决定（送审稿）》《关于进一步促进资溪县中心城区房地产业良性循环和健康发展的补充措施（送审稿）》；研究《关于成立〈资溪（抚州）金凤凰科技园服务有限公司〉的请示》《关于恳请同意〈资溪县流式细胞仪及试剂项目招商引资协议〉的请示》。

3月3日，县长饶源中主持召开县十八届人民政府第29次常务会议。会议研究《关于恳请同意〈资溪县医疗、医美产业集群项目招商引资协议〉的请示》《关于恳请同意〈资溪县医技大楼建设项目EPC总承包实施方案〉的请示》。

3月28日，县长饶源中主持召开县十八届人民政府第30次常务会议。会议审议《资溪县碳达峰实施方案（送审稿）》《2023年资溪县生态文明建设工作要点（送审稿）》《2023年资溪县国家生态产品价值实现机制试点工作要点（送审稿）》《2023年资溪县碳达峰碳中和工作要点（送审稿）》《2023年资溪县推动长江经济带发展工作要点（送审稿）》；研究《关于审议〈资溪县长保面包项目招商引资协议〉的请示》《关于审议〈资溪县千新生物体外诊断试剂产业化项目招商引资协议〉的请示》《关于审议〈资溪县投影仪及智能门锁生产项目招商引资协议〉的请示》。

4月6日，县长饶源中主持召开县十八届人民政府第31次常务会议。会议组织学习《中华人民共和国反有组织犯罪法》；传达学习全国两会有关精神，中共中央办公厅、国务院办公厅《关于进一步加强财会监督工作的意见》；审议《关于进一步做好地方隐性债务风险防范化解工作方案》，并听取关于专项债券申报发行使用情况汇报，研究部署下步重点工作；审议《资溪县创建全国医养结合示范县实施方案（送审稿）》《资溪县关于进一步巩固提升经济回稳向好态势的若干政策措施》《2023年资溪县金融工作要点和目标任务（送审稿）》《资溪县政府中小微企业续贷周转金实施细则（送审稿）》；听取全县重大金融风险有关情况汇报，研究部署下步重点工作；审议《资溪县深入推进"智汇资溪"工作实施方案（送审稿）》《资溪县重点项目建设管理考评奖惩办法（送审稿）》《资溪县2023年重点项目建设计划（送审稿）》；听取全县信访和"治理重复信访、化解信访积案"专项情况汇报，研究部署下步重点工作；听取全县巩固拓展脱贫攻坚成果同乡村振兴有效衔接工作情况汇报，研究部署下步重点工作；听取落实“六个江西”专项工作（创新江西、富裕江西、美丽江西、幸福江西）情况汇报，研究部署下步重点工作；听取全县环保督察反馈问题整改情况汇报，研究部署下步重点工作；审议《资溪县“小县大城”社会事务专项工作方案（送审稿）》《资溪县“小县大城”创新创业专项工作方案（送审稿）》《关于推进全县水利高质量发展的实施方案（送审稿）》；研究《关于同意启动收储财富汽车项目的请示》《关于启动收储乐曲酒厂部分土地及2栋厂房的请示》《关于审议〈2023年土地储备计划和国有建设用地供应计划〉的请示》，并通报2019年以来土地储备及出让情况；研究《关于审议〈面包之家大酒店（原绿岛大酒店）宾馆主楼的产权进行拍卖〉的请示》《关于恳请同意〈资溪县乌石镇乡村振兴建设项目EPC总承包实施方案〉的请示》。

4月28日，县长饶源中主持召开县十八届人民政府第32次常务会议。会议组织学习《江西省矛盾纠纷多元化解条例》；传达学习省、市安全生产电视电话会议暨省、市安委会全体成员会议精神，并研究贯彻落实意见；通报县政府交办事项督查落实情况；审议《关于深化“放管服”改革提升一体化政务服务能力的若干措施（送审稿）》《关于进一步推进资溪县惠企政策兑现改革的实施方案（送审稿）》《资溪县2023年民生实事工程安排方案（送审稿）》；研究《关于审议〈资溪县（嵩市）有机农业科技示范建设项目工程PPP项目合同提前终止协议〉的请示》；审议《关于进一步完善机关事业单位编外用工管理工作实施细则》；研究《关于明确大觉山国际酒店一宗土地证用地红线的请示》《关于恳请批复七宗国有建设用地使用权出让方案的请示》《关于与江西狮子山生态旅游度假村有限公司（罗加亮）签订〈股权并购意向书〉等协议的请示》《抚州市金色年华养老基地建设项目（EPC总承包）实施方案的请示》；听取大额资金拨付情况汇报。

5月7日，县长饶源中主持召开县十八届人民政府第33次常务会议。会议听取资溪县林权收储情况汇报，并研究下步工作；研究《关于审议〈资溪县生物医药MAH平台项目招商引资协议〉的请示》。

6月2日，县长饶源中主持召开县十八届人民政府第34次常务会议。会议组织学习《抚州市门前三包管理规定》；传达学习《关于4起违反中央八项规定精神典型问题的通报》；传达学习中共中央纪委关于河南虞城“麦田里长出高楼”相关问题查处情况的通报及省长的批示精神，并研究贯彻落实意见；传达学习《湖南长沙4·29特别重大居民自建房倒塌事故调查报告》《全市自建房排查整治工作调度会会议精神》，并研究贯彻落实意见；传达学习全省文物工作电视电话会议精神，并研究贯彻落实意见；传达学习《江西省气象高质量发展纲要（2023—2035年）》，并研究贯彻落实意见；传达学习5月26日全市政务公开工作现场交流会议精神及贯彻落实意见；通报全县1—5月跑项争资情况、资溪县松材线虫病防治工作情况；审议《资溪县“小县大城·幸福宜居”专项工作实施方案》《资溪县“小县大城”和美乡村专项工作实施方案》《资溪县大型活动和公务会议碳中和实施方案》《资溪县国土空间总体规划（2021—2035年）》；研究《关于恳请制定资溪县征地区片综合地价标准的请示》《关于恳请批复三宗国有建设用地使用权出让方案的请示》《关于〈安溪县人民政府　资溪县人民政府对口合作框架协议〉的请示》《关于审议〈资溪县锂电池盖帽生产项目招商引资协议〉的请示》《关于审议〈资溪县高尔夫球钉等竹制品生产项目招商引资协议〉的请示》。

6月8日，县长饶源中主持召开县十八届人民政府第35次常务会议。会议研究《关于恳请同意〈资溪县国货预制菜大单品项目招商引资协议〉的请示》《关于收购江西景田实业有限公司破产财产的请示》《关于收购江西九龙湖旅游度假区有限公司破产财产的请示》。

6月29日，县长饶源中主持召开县十八届人民政府第36次常务会议。会议组织学习《习近平法治思想纲要》；传达学习《中共中央、国务院关于加强禁毒工作的意见》《中共江西省委、省政府关于加强禁毒工作的意见》文件精神，研究贯彻落实意见；听取县工信商务局2023年上半年工作情况汇报、县商务发展服务中心2023年上半年工作情况汇报、县工业园区2023年上半年工作情况汇报；传达学习省、市安委会全体成员会议暨全省、全市安全生产电视电话会议精神，研究贯彻落实意见；审议《资溪县人民政府工作规则（送审稿）》《关于公布规范性文件清理结果的决定

（送审稿）》《资溪县2022年巩固拓展脱贫攻坚成果同乡村振兴有效衔接考核评估反馈问题整改工作方案（送审稿）》《资溪县原中央苏区振兴发展2023年工作要点（送审稿）》《资溪县文化产业提质扩容三年行动方案（2023—2025年）（送审稿）》《2023年资溪县文化旅游产业高质量发展工作方案（送审稿）》《2023年度资溪县文化旅游产业发展奖励办法（送审稿）》《资溪县竹笋产业2023—2025年高质量发展实施方案（送审稿）》《关于推进“资溪面包师”劳务品牌建设的实施意见（送审稿）》《资溪县超标粮食处置预案（送审稿）》；研究《关于审议〈资溪县丽竹苑项目（EPC总承包）实施方案〉的请示》《关于审议〈资溪县小型灌区续建配套与节水改造工程（EPC总承包）实施方案〉的请示》《关于旅投集团股权无偿转让的请示》；通报资溪县木材深加工项目招商引资协议相关事项，资溪县美客美家食品加工配送、品牌连锁项目招商引资协议相关事项；研究《关于恳请为江西大觉山景区集团有限公司提供担保的请示》。

7月11日，县长饶源中主持召开县十八届人民政府第37次常务会议。会议研究《关于恳请同意〈资溪县国货预制菜大单品项目补充协议〉的请示》；通报资溪县菌类调味酱生产项目招商引资协议相关事项。

7月21日，县长饶源中主持召开县十八届人民政府第38次常务会议。会议传达学习全省第二季度巩固拓展脱贫攻坚成果同乡村振兴有效衔接重点视频调度会会议精神及全市巩固拓展脱贫成果同乡村振兴有效衔接工作会议精神，并研究贯彻落实意见；传达学习全省农村厕所革命现场推进会会议精神，并研究贯彻落实意见；传达学习省委、市委全面依法治省、治市委员会第六次会议精神，并研究贯彻落实意见；听取县教科体局2023年上半年工作情况汇报、县卫健委2023年上半年工作情况汇报；审议《资溪县2022年度全面推进乡村振兴实绩考核通报问题整改方案（送审稿）》《资溪县农村公共基础设施建后管护市场化运作实施方案（送审稿）》《资溪县“乡村振兴资村贷”支持乡村振兴村级集体经济发展实施方案（送审稿）》；研究《关于恳请批复一宗国有建设用地使用权出让方案的请示》《关于审议〈创新性医疗器械产业集群招商引资协议〉的请示》《关于审议〈创新性医疗器械综合服务平台招商引资协议〉的请示》《关于审议〈资溪县进口替代矫平机及激光自动化项目招商引资协议〉的请示》《关于审议〈资溪县三维锂电池产业园项目招商引资协议〉的请示》《关于审议〈资溪县大觉山景区大觉空客配套子项目招商引资协议〉的请示》；通报资溪县压缩空气储能电站示范项目合作框架协议相关事项；研究《关于审议〈资溪县面包食品产业城基础设施建设项目四期（EPC总承包）实施方案〉的请示》《关于审议〈资溪县2023年度老旧小区建设项目（EPC总承包）实施方案〉的请示》。

8月16日，县长饶源中主持召开县十八届人民政府第39次常务会议。会议组织学习《中华人民共和国环境保护法》；传达学习全省以正确的政绩观引领高质量发展专题培训暨推动全省经济持续全面好转工作部署会精神，并研究贯彻落实意见；传达学习任珠峰同志、孙洪山同志在资溪调研讲话精神，并研究贯彻落实意见；听取7月份全县信访形式分析情况汇报、县农业农村局今年以来工作情况汇报、县乡村振兴局今年以来工作情况汇报；传达学习全市数字经济做优做强“一号发展工程”推进会精神，并研究贯彻落实意见；研究《关于深化我县公办养老机构改革实施方案的请示》《关于审议〈资溪县国货预制菜大单品项目招商引资协议之“5000万产业扶持资金”和“购买科研用地”补充协议〉的请示》《关于审议〈资溪县跨境汽车电商运营中心项目招商引资协议〉的请示》《关于审议〈资溪县高端新型农业一二三产融合项目招商引资协议〉的请示》《关于审议〈资溪县生态鹅全产业链项目招商引资协议〉的请示》《关于审议〈资溪县进口替代矫平机及激光自动化二期项目招商引资协议〉的请示》《关于审议〈再生资源供应链项目招商引资协议〉的请示》《关于审议〈资溪县中心城区2023年棚户区改造工程项目（EPC总承包）实施方案〉的请示》《关于审议〈面包军投资款延期收回〉的请示》《关于审议〈资溪县人民政府与中科院创业投资管理有限公司的战略合作框架协议〉的请示》《关于审议〈资溪县人民政府与苏州纳方科技发展有限公司的战略合作框架协议〉的请示》《关于审议〈资溪县人民政府与广州中科环能科技有限公司的战略合作框架协议〉的请示》；审议《资溪县2022年县级决算和2023年上半年预算执行情况的报告》《2023年县级财政预算第一次调整方案

（草案）》。

9月5日，县长饶源中主持召开县十八届人民政府第40次常务会议。会议组织学习《中华人民共和国野生动物保护法》；传达学习全省油茶产业高质量发展推进会议精神，并研究贯彻落实意见；传达学习全市补充耕地、恢复耕地、耕地和永农划定成果核实处置、存量土地消化、违法用地整改五项重点工作调度会议精神，并研究贯彻落实意见；传达学习全市城镇燃气安全整治工作调度会暨城镇燃气安全专项整治工作专班会议精神，并研究贯彻落实意见；通报2023年度民生实事票决项目推进情况，并提出相关落实意见；听取县水利局今年以来工作情况汇报、县文广新旅局今年以来工作情况汇报；审议《关于2022年一般债券部分项目调整方案（草案）的说明》《关于做好新时代资溪宗教工作的实施方案》《关于创建资溪县农村综合改革标准化试点（农村生态系统保护修复）实施方案》《资溪县知识产权优势示范企业评定管理办法（试行）》；研究《关于恳请解决御龙湾景区运营补贴扶持资金的请示》《关于恳请解决大觉山景区出让重叠问题的请示》《关于恳请同意启动聚贤公寓商住楼项目部分土地及店铺收储工作的请示》《关于恳请批复一宗国有建设用地使用权出让方案的请示》《关于审议〈资溪县圆柱电池制造项目招商引资协议〉的请示》《关于审议〈资溪县松上境森林木屋旅游项目招商引资协议〉的请示》《关于同意五个国有林场竹林经营权流转给双枪科技股份有限公司的请示》。

9月19日，县长饶源中主持召开县十八届人民政府第41次常务会议。会议观看安全生产专题片《生命重于泰山》；组织学习《中华人民共和国土地管理法实施条例》；传达学习省委、省政府《关于加强耕地保护的意见》文件精神，并研究贯彻落实意见；传达学习《省市场监管局等部门关于印发江西省开展妨碍统一市场和公平竞争的政策措施清理工作方案的通知》文件精神，并研究贯彻落实意见；听取县自然资源局今年以来工作情况汇报、县住建局今年以来工作情况汇报；通报2023年省乡村振兴局第二期督导暗访资溪县问题反馈情况，并研究贯彻落实意见；传达学习全市巩固拓展脱贫攻坚成果工作领导小组会议精神，并研究贯彻落实意见；审议《资溪县国资国企提质增效三年行动方案（2023—2025年）》《资溪县粮食应急预案（送审稿）》《2023年资溪县耕地保护和粮食安全重点工作部门职责清单（送审稿）》《资溪县重点建设项目GEP审查及补偿办法（试行）（送审稿）》；研究《关于审议〈奶油生产项目招商引资补充协议〉的请示》《关于审议〈资溪县黑熊全产业链项目招商引资协议〉的请示》《资溪县属林业发展有限公司组建工作方案（送审稿）》《合资组建资溪县属林业发展有限公司协议》《关于恳请同意投资江西陆恒食品有限公司相关事宜的请示》。

10月18日，县长饶源中主持召开县十八届人民政府第42次常务会议。会议组织学习《中华人民共和国退役军人保障法》《中华人民共和国文物保护法》；传达学习中共中央办公厅《关于加强年轻干部教育管理监督的意见》，并研究贯彻落实意见；传达学习《关于8起违反中央八项规定精神典型问题的通报》《关于5起违反中央八项规定精神典型问题的通报》、全市五经普单位清查工作调度会精神及汇报我县五经普清查小组工作进展情况；听取县发改委今年以来工作情况汇报、县财政局今年以来工作情况汇报；审议《资溪县加快消费提质扩容打造特色消费目的地实施方案（2023—2025年）（送审稿）》《资溪县林业改造升级碳汇能力提升项目实施方案（送审稿）》《资溪县既有民用建筑外立面脱落安全隐患专项整治工作实施方案（送审稿）》《资溪县优秀旅游服务体验城市创建工作方案（送审稿）》《资溪县制造业重点产业链现代化建设“2318”发展计划（2023—2026年）（送审稿）》；研究《关于恳请同意部分道路、桥梁、广场和行政村命名更名的请示》《关于恳请批复一宗国有建设用地使用权出让方案的请示》《关于恳请同意收储泰丰城镇开发有限公司（原榕盛木业地块）国有建设用地使用权的请示》《关于审议〈资溪县万物生汽车改装二期项目招商引资协议〉的请示》《关于审议〈资溪县新能源智能装备制造项目招商引资协议〉的请示》《关于审议〈资溪县黄精全产业链项目招商引资协议〉的请示》《关于审议〈资溪县日兴砖厂构筑物及机器设备类资产征收补偿协议〉的请示》。

11月14日，县长饶源中主持召开县十八届人民政府第43次常务会议。会议组织学习《江西省征收土地管理办法》《乡村振兴责任制实施办法》；传达学习全市巩固拓展脱贫攻坚成果工作领导小组会议精神并研究贯彻落实意见；

传达学习《关于6起乡村振兴领域不正之风和腐败典型问题的通报》；传达学习全市数字经济片区调研座谈会并研究贯彻落实意见；听取县人社局今年以来工作情况汇报、听取县行政审批局今年以来工作情况汇报；通报县政府主要领导调度工作及批示落实情况、各副县长通报挂点片区创卫情况；研究《关于恳请同意设立资溪县文工团的请示》。

11月24日，县长饶源中主持召开县十八届人民政府第44次常务会议。会议组织学习《中华人民共和国妇女权益保障法》；传达学习习近平总书记、李强总理关于山西吕梁重大火灾事故重要指示批示及全省、全市安全生产工作电视电话会议精神，并研究贯彻落实意见；传达学习财政部关于地方政府隐性债务问责典型案例的通报精神，并研究贯彻落实意见；传达学习全市新型工业化推进工作会议暨2023年三季度工业创新发展争先擂台赛活动主要精神，并研究贯彻落实意见；研究《关于审议〈资溪县农田水利基础设施提升工程（一期）EPC总承包〉的请示》；审议《资溪县创建江西省中医药综合改革先行区建设方案》；研究《关于审议〈圣农圣泽901原种鸡研发中心项目合作协议〉的请示》《关于审议〈江西省圣溪源渔业工厂化养殖及加工产业集群项目合作协议〉的请示》《关于审议〈医美产业集群项目招商引资补充协议〉的请示》。

12月19日，县长饶源中主持召开县十八届人民政府第45次常务会议。组织学习《行政复议法》；传达学习中央经济工作会议精神，并研究贯彻落实意见；传达学习《中共中央办公厅　国务院办公厅关于进一步加强矿山安全生产工作的意见》《江西省重大事故隐患排查整改核实责任追究办法》精神，并研究贯彻落实意见；传达学习全省科技创新工作推进会议精神，并研究贯彻落实意见；传达学习全省冬春农田水利暨高标准农田建设工作会议精神，并研究贯彻落实意见；传达学习省、市领导对金溪县环保问题整改工作的指示批示精神，部署全县开展“地毯式”“拉网式”环境安全隐患排查整治工作；通报关于5起“中梗阻”典型问题的通报、全县社保医保征缴情况、资溪县2023年度省巩固拓展脱贫攻坚成果考核反馈问题，并研究贯彻落实意见；通报全县五经普清查工作情况（套开：全县五经普工作专题会议）；审议《关于对新增纳入统计范围的规模以上服务业企业给予财政资金奖励的办法（送审稿）》《资溪县国民经济和社会发展第十四个五年规划纲要实施情况的中期评估报告（送审稿）》《资溪县卫生健康服务能力全面提升三年行动方案（2023—2025年）（送审稿）》《资溪县紧密型县域医疗卫生共同体建设的实施方案（送审稿）》《关于成立资溪县紧密型县域医疗卫生共同体管理委员会的通知（送审稿）》；研究《关于审议〈江西省人民医院与资溪县人民政府合作框架协议〉的请示》《关于审议〈资溪县“互联网＋第四方物流”供销集配体系建设项目招商引资协议〉的请示》《关于审议〈资溪县茶叶萃取项目招商引资协议〉的请示》《关于投资中科科技成果转化创业投资基金（广东）合伙企业（有限合伙）并合作设立相关子基金的请示》。

（黄奇）

施政纪略

【生态环境保护】 为有效防治地质灾害，避免和减轻地质灾害给人民生命财产造成的危害和损失，维护人民生命和财产安全，进一步合理开发利用地质环境资源，切实保护地质环境，促进国民经济与社会的可持续发展，依据《资溪县人民政府办公室关于县“十四五”专项规划编制工作有关问题的通知》有关地质灾害防治的工作要求，结合资溪县实际情况，印发《江西省抚州市资溪县地质灾害防治“十四五”规划》。

【帮扶企业】 为建立健全与劳动力市场基本适应、与企业经济效益和劳动生产率挂钩的工资决定和正常增长机制，增强企业活力和动力，促进企业实现高质量发展，推动国有资本做强做优做大，根据江西省人民政府《关于改革国有企业工资决定机制的实施意见》（赣府发〔2018〕24号）和国家有关收入分配政策规定，制定《资溪县出资监管企业工资总额管理暂行办法》。

【加强规范性文件管理】 为加快推进法治政府建设，进一步加强行政规范性文件管理，根据《资溪县人民政府办公室关于印发〈资溪县2023年行政规范性文件清理工作方案〉的通知》（资府办字〔2023〕18号）文件要求，对以县政府（含县政府办公室）及县政府各部门制定或实施的现行有效的行政规范性文件进行清理，经县政府常务会议研究，决定继续有效的规范性文件12件，废止的规范性文件3件，失效的规范性文件5，修改的规范性文件6件，纳入非规范性文件管理7件。

【制定政府工作规则】 根据《中华人民共和国宪法》和《中华人民共和国地方各级人民代表大会和地方各级人民政府组织法》等有关法律法规，参照《国务院工作规则》《江西省人民政府工作规则》《抚州市人民政府工作规则》，结合资溪实际，制定并印发《资溪县人民政府工作规则》。

【推动教育发展】 为激发广大教师和教育工作者的工作热情，营造尊师重教的良好社会氛围，表彰先进，树立典型，经县政府研究，印发《关于表彰李国平等78位教体系统先进个人的通报》，决定表彰33位优秀教师、18位优秀班主任、7位优秀教育工作者、20位“四有”好老师。促进受表彰的个人进一步发挥先锋模范作用，牢固树立“躬耕教坛，强国有我”的志向与抱负，坚守三尺讲台，潜心教书育人，为培养德智体美劳全面发展的社会主义建设者和接班人、全面建设社会主义现代化国家不断作出新贡献。

【建立企业破产处置工作机制】 为深入贯彻落实新发展理念和党的二十大精神，加快供给侧结构性改革，稳妥推进企业破产和“僵尸企业”处置工作，进一步优化全县营商环境，防范化解重大风险，印发《资溪县企业破产处置府院协调联动工作机制》，建立资溪县企业破产处置府院协调联动工作机制。

【加强文物保护管理】 根据《中华人民共和国文物保护法》《中华人民共和国文物保护法实施条例》《江西省文物保护条例》等相关规定，将52处县级文物保护单位保护范围予以公布，印发《关于公布资溪县县级文物保护单位保护范围的通知》，要求各有关部门进一步贯彻“保护第一、加强管理、挖掘价值、有效利用、让文物活起来”的文物工作方针，认真落实保护措施，依法做好文物保护和管理工作，确保全县文物安全。

【推进制造业产业发展】 为贯彻《江西省制造业重点产业链现代化建设“1269”行动计划（2023—2026年）》《抚州市制造业重点产业链现代化建设“2416”发展计划（2023—2026年）》文件精神，全面贯彻落实县委、县政府决策部署，全力打好工业创新发展强攻战，推动产业基础高级化、产业链现代化，构建资溪现代化产业体系，特制定《资溪县制造业重点产业链现代化建设“2318”发展计划（2023—2026年）》。

【制定碳达峰实施方案】 为深入贯彻中共中央、国务院关于碳达峰、碳中和重大战略决策，全面落实省委、省政府，市委、市政府关于碳达峰重要工作部署，扎实推进全县碳达峰行动，根据《中共江西省委　江西省人民政府关于完整准确全面贯彻新发展理念做好碳达峰碳中和工作的实施意见》《江西省碳达峰实施方案》《中共抚州市委　抚州市人民政府关于完整准确全面贯彻新发展理念做好碳达峰碳中和工作的实施意见》《抚州市碳达峰实施方案》《中共资溪县委　资溪县人民政府关于完整准确全面贯彻新发展理念做好碳达峰碳中和工作的实施意见》等文件精神，结合资溪实际，制定并印发《资溪县碳达峰实施方案》。

【提升卫生健康水平】 为落实《抚州市人民政府关于印发抚州市卫生健康服务能力全面提升三年行动计（2023—2025年）的通知》（抚府发〔2023〕10号），全面提升全县卫生健康服务能力与水平，有力促进医疗资源优化布局、提质扩容、普惠共享，高质量推进健康资溪建设，全方位全周期保障人民健康，制定并印发《资溪县卫生健康服务能力全面提升三年行动方案（2023—2025年）》。

（胡少昆）

县政府办工作

【概况】 2023年，县政府办围绕县委、县政府中心工作和重大决策部署，主动服务经济社会发展大局，各项工作取得明显成效，被评为江西省政务公开标准化规范化县、全市政务公开工作先进集体。

【公文处理】 修订完善办公室制度27项，进一步规范常务会议会务，高效收发各类文件4000余份，全年未出现文件遗失的情况，周密组织县政府常务会、党组会38次。高质量完成县政府工作报告、省市调研等重要文稿起草任务，完成国务院办公厅约稿53篇、上报政务信息800余条，配合市政府办起草的《加快“以竹代塑”发展三年行动计划》政策解读，在《抚府研参》刊发呈市政府领导参阅；政务信息《“三措并举”推进国家储备林建设》获副省长陈敏批示，并赴县实地调研。

【政务公开】 政务公开持续巩固，开展“政府开放日”活动15场，财政资金直达基层信息公开工作作为典型案例，在《江西政能亮》栏目播出；承办全市政务公开工作现场交流会。

【督查督办】 坚持把抓落实作为办公室工作的生命线，围绕县委、县政府重点工作部署跟进督查。长效常态开展《政府工作报告》、常务会议研究事项落实情况督查。稳步推进巡视整改，县政府办牵头负责第二专项组的22项整改措施，全部在规定时限内完成销号；及时受理交办12345政务热线、县长信箱1023件，办结率100%；98件人大代表建议、75件政协委员提案全部按期办复。

【金融工作】 金融服务持续创新，成立全国首家“绿色竹产业”支行，创新“VEP+项目贷”、乡村振兴资村贷，绿色金融经验做法，获省长叶建春点赞认可。智汇资溪持续深化，构建1+4组织体系，新签约高校院所4家，落地校企“揭榜挂帅”项目5个，开展旅游宣传“走进高校”活动20次，接待写生采风4.36万人次。精心组织第六届中国森林康养产业发展大会、第十二届中国竹文化节等重大会议活动，得到社会各界广泛好评，中国竹产业协会、委内瑞拉驻华大使馆致函感谢。

（李盼盼）

行政审批

【概况】 资溪县行政审批局主要负责对划转行政审批事项的审批，组织实施行政审批涉及的联合踏勘，对进驻政务服务中心的部门的协调、指导、监督职责，规范全县政务服务行为，协调推进全县“放管服”、行政审批制度改革，负责12345政务热线平台运行管理。2023年，全县各实体大厅共受理办件465639件，其中，县政务服务中心累计办件量439171件，为群众企业提供错时延时预约服务8140件次。县“12345”政务热线共受理办理群众诉求工单2378件，共反馈办结工单2033件。

【推动政务服务便利化】 持续推进简政放权，严格规范行政许可事项清单管理，梳理并公布县本级行政许可事项清单（2023版），涉及全县28个部门共计262项。清理规范行政备案事项，梳理全县行政备案事项清单163项，对通过日常监督、信息共享等方式能够实现备案目的的，原则上不再要求备案。强化政务服务一体化平台支撑能力。推进电子证照、电子印章在办事场景中的应用，2023年全县电子证照用证率为94.52%、累计用证15686次，电子印章使用率110.59%。大力推进一网通办。依托江西政务服务网和赣服通平台，2964项依申请类政务服务事项网上可办率100%，事项办理承诺时限压缩比99.28%，“好差评”好评率99.99%，差评整改率100%。持续推动“赣服通”资溪分厅迭代升级。赣服通资溪县分厅2023年上线140项高频事项，查询办理事项覆盖率100%；完善数字乡村专区、人才服务专区，分别上线4个涉农事项与人才相关的事项、8个赋权园区事项，提升线上办事体验。夯实拓宽异地通办。出台资溪县“跨省通办”“全省通办”“全市域通办”事项清单，相继与山东惠民县、福建光泽县、福建泉州市等地开展政务服务“跨省通办”合作模式。2023年，共办理“省内通办”事项2696件，“跨省通办”事项1527件，“全市域通办”事项41件，共计1254件。

【推动政务服务精细化】 探索“政银合作”新模式。利用银行网点优势，推动窗口前移，打造身边的“政务大厅”，设置政务服务专区，可提供企业设立登记、印章刻制、银行开户、申领发票和税控设备、社保卡制卡、社保登记、公积金缴存登记等35项政务服务。2023年，打造2个银行网点政务服务专区，8个“家门口”政务服务站点。启动“前店后厂”政务服务新模式。依托赣服通”、“赣政通”两大平台，企业群众通过“赣服通”资溪分厅前端申请，审批部门通过“赣政通”进行线上审批，让审批部门可“即时批”“就地批”。上线涉及市场监管、行政审批局、卫健委、住房保障中心4个部门的8个赣政通审批事项。深入推行投资项目模拟审批，通过模拟审批、提前介入、容缺受理、预审办理等创新机制，政府投资项目审批时间从120个工作日压缩至65个工作日，社会投资项目审批时间从78个工作日压缩至40个工作日。优化社会团体审批服务。为解决社会团体审批中材料多、时限长、流程繁、成本高的“肠梗阻”问题，出台《关于优化社会团体审批服务助力全县社会组织健康发展的若干措施》，从精简流程、压缩时限、全程帮办等8个方面优化社会团体审批服务。优化政务热线工作。建立健全“营商环境工单”接诉即办制度，健全完善“12345”热线工作考核制度，首推实行每季度热线创卫专报制度，更新发布1号预约制度内容。

【推动政务服务优质化】 持续推行一次办好，以“一件事一次办”为目标，推动国家、省级部署的22项“一件事”改革落地生效，同时结合实际，自主推出市政设施类行政许可和市场主体证照联销、歇业备案一件事改革。2023年，全县“一次不跑”办件量185100件、“只跑一次”办件量387453件。持续优化网上中介超市服务。编制形成《资溪县行政许可中介服务事项清单（2023年版）》，共28项。2023年中介超市共发布项目602件，涉及服务金额2328万元，增长2.5倍，中介超市使用率持续升高。积极开展帮办代办服务，设置帮代办专窗，承担企业群众需要政府及政府职能部门帮助协调解决事项的受理、调查、协调、转办、督办、回访、考核、汇总等工作。2023年，梳理帮办代办事项清单76项，帮办代办累计办件量6524件，其中：帮办4034件，代办917件，上门办1573件，办结率100%。完善惠企兑现机制。梳理全县惠企政策兑现服务事项清单，全县26个部门的113个事项全部纳入清单。2023年，入驻“惠企通”平台企业6196家，通过“惠企通”平台共办结560件，兑现资金13676万元，惠及企业317家，企业覆盖率35.57%，全市排名第二。

（许晓京　张青）

公共资源交易

【概况】 2023年，资溪县公共资源交易中心强化服务职能，优化公共资源交易营商环境，努力打造“政治型、服务型、实干型”公共资源交易平台，保障全县重点项目和日常交易。共完成交易项目143项，总成交金额23.92亿元，节约资金2512.3万元，节约率1.05%，比2022年提高三倍。其中：房建及市政工程共27项，成交金额20.4166亿元；公路工程1项，成交金额0.1971亿元；水利工程5项，成交金额0.3825亿元；政府采购项目83项，成交金额1.7289亿元；产权交易类6项，成交金额155.0288万元，产权交易增收资金13.2372万元，增值率8.53%。生态资产交易总任务金额4.805亿元，完成交易总任务金额3.32亿元，完成比例144.73%。

【优化营商环境】 持续推行“不见面开标”+“远程异地评标”系统，深化公共资源交易领域“放管服”改革，优化公共资源交易领域营商环境，为企业群众提供便利。在节约各方主体时间、成本和提高效率的同时，通过全程可视，全面留痕，实时监管，避免投标人与招标人、评标专家的“线下”接触，降低围标串标的概率，促使监管更高效。2023年，实施不见面开标102个；远程异地开标67个，提供客场30次。

【规范见证服务】 安排专人对每个开评标现场进行见证管理，及时处理解决开评标过程中出现的设施故障或系统故障等突发性问题，确保开评标工作的顺利进行，减少项目流标和重评等现象。对代理机构和评标专家行为进行现场巡查，并在监控室进行监控巡查。对巡查中发现的问题，及时提醒、制止、纠正。对比较严重的行为，及时报告相关监督部门，保证评标质量。

【加强保证金管理】 制订《投标保证金管理制度》，完善保证金退付流程，安排专人负责收取保证金退还资料，并加强与招标人、招标代理的联系，主动对接招标代理机构，督促其按时报送未中标通知书，督促业主及时发放中标通知书和合同等资料，2023年，工程项目共收到362家企业保证金，总金额2668.5万元，所有投标保证金都做到及时退付，有效减少企业资金占用时间。推进电子保函替代现金缴纳保证金，全年共收到电子保函6320份，总金额87570万元，减轻企业参与招投标活动的负担，为中小微企业增加投标机会创造条件，避免投标信息泄露造成围标串标的情况，保障交易环境的公开、公平、公正，持续优化营商环境、促进区域经济协同发展。

（李雯）

机关事务

【概况】 2023年，县机关事务管理中心坚持以习近平新时代中国特色社会主义思想为指引，秉持绿色发展理念，不断提高机关公车管理效能、推进公共机构节能工作。重点推广使用新能源、新产品、新技术，公共机构节能和机关后勤保障工作取得一定成效，被评为2022年度全市节能工作优秀县区。

【公车管理】 严格规范公车管理程序，公车平台车辆调度工作遵循先重后轻、先急后缓、厉行节约的原则，严格落实省公务用车信息化平台申请、审核、派车制度，截至11月，平台共出车17702次，行驶858616公里；建立单车油耗台账，做好2023年度全县保留车辆油耗台账；严格执行公务用车回单位或指定地点停放制度。稳步提升服务水平，制定《关于进一步完善江西省公务用车信息化平台系统信息的工作提示》，全县各地各单位按照《江西省公务用车信息化平台管理规范（试行）》要求，落实公务用车全省“一张网”管理，有效实现公务出行高效保障和公务用车规范管理；加强安全教育，开展交通安全教育培训和驾驶员毒检工作，采集驾驶员的毛发进行毒品检测，提高公车平台安全运营水平。强化日常监管，对问题单位下发整改通知，督促其整改落实到位；制定下发《关于开展全县公务用车维修费用检查的通知》《关于〈进一步规范规范全县公务用车维保费用管理〉的通知》，压实公车使用监管责任，加强日常监管，发现制度机制漏洞要及时查漏补缺，立行立改，从制度上规范公务用车管理；加快完善公车基础数据资料，建立公车管理台账，实现一车一档。2023年，全年度全县共计处置车辆4辆，报废车辆1辆，实际购置10辆，其中5辆新能源汽车；公务用车实有数238辆，其中“一中心两平台”42辆，实物保障用车16辆，执法执勤用车76辆，特种专业技术用车111辆，业务用车15辆。

【公共机构节能管理】 围绕节能工作目标任务，推进单位“无废机关”创建，稳步开展能耗统计改造工作，组织开展节能宣传周活动、垃圾分类宣传周活动、“零距离”节水宣传活动、世界粮食日活动，并与县交通运输局开展绿色出行宣传月活动，在全县公共机构节能方面取得明显成效。截至9月，全县人均能耗36.57千克标煤/人、单位建筑面积能耗1.87千克标煤/平方米、人均水耗9.22吨/人、单位建筑面积碳排放21.72千克二氧化碳/平方米，相较于2020年分别下降20.90%、11.37%、51.04%和10.17%，较好地完成了“十四五”节能目标阶段性任务。扎实日常监管，严格办公用房使用标准。下发《关于做好2023年度全县党政机关办公用房信息统计报告工作的通知》，开展全县办公用房情况实地巡查，结合人员编制、职级情况及实际需求，指导相关单位进行整改。转发《江西省机关事务管理局印发〈关于全省党政机关办公用房管理若干问题的意见〉的通知》，并下发办公用房使用管理方面的工作提示单，审批全县13个单位办公用房改造材料，改造金额达966余万元，节省财政资金90余万元，不断规范全县行政事业单位办公用房维修改造工作。

【后勤保障服务】 注重安全维护，提升治理能力。打造一流集中办公区，针对行政中心大楼可能发生的突发事件，开展消防安全、上访诉求等应急演练，全面提升大楼安保能力。截至11月，进出大楼人员21000人次，上访人员215人次，未发生越访等危害公共安全事故，保障大楼正常运转。扎实推进公共机构绿色食堂，通过预约报餐，引导按需消费，设立食堂用餐红黑榜，强化监管，倡导“光盘行动”，提高用餐人员节约粮食意识；通过微信公众号，每周发布菜谱，持续提升用餐人员满意度。5月，县行政中心职工食堂投入运营使用，保障县行政中心及周边单位800余名干部职工每日用餐。

【闲置资产盘活】 创新施行“公物仓”管理模式，将资溪行政事业单位的闲置资产按用途分类统一纳入公物仓管理，让“沉睡”的资产再次“流动起来”。当行政事业单位须购置资产时，优先通过从公物仓调剂的方式完成配置。全县共开辟三处公物仓库房，完成两处200余平方米的建设并投入使用。在实体公物仓基础上，打造线上公物仓管理系统，系统移动端内嵌于“赣政通”平台，让用户可在线上查看在库资产信息。全县公物仓共入仓资产89件，出仓资产20批68件，账面原值1125852元。

（林裕清）

政协资溪县委员会

综 述

2023年，县政协及其常委会坚持以习近平新时代中国特色社会主义思想为指导，深入学习贯彻中共二十大精神和习近平总书记考察江西重要讲话精神，坚持党的领导、统一战线、协商民主有机结合，坚持发扬民主和增进团结相互贯通、建言资政和凝聚共识双向发力，聚焦县委中心任务，充分发挥专门协商机构作用，认真履职尽责，为全面建设现代化“纯净资溪”作出新贡献。

突出政治协商职能。十届三次会议期间，共收到75件提案，经审查后立案75件，办复率和委员满意率都为100%。首次开展“提案入专”活动，将全部提案按类别分配到各专委会，变以往提案委一家督办，为各专委会各司其职，大大提升提案督办效率。开展“模拟提案”活动，向社会征集模拟提案、进行模拟办理，有效扩大政协提案工作在群众中的知晓率和认可率。“委员议事厅”履职品牌特色更亮，2023年增设1个园区议事厅和1个社区议事厅，将政协委员履职阵地拓展到园区企业和社区群众身边。通过议事厅协商平台持续用好“委员示范路”，跑出乡村旅游“加速度”，相关事迹被市政协评选为“政协履职优秀创新案例”。

发挥政协参谋作用。一年来县政协突出主责主业，按照年初制定的监督与协商计划，围绕基层社会治理、城市功能品质提升、和美乡村建设、康养产业发展等课题，共组织政协委员200余人次，扎实开展专题协商、民主监督、委员视察等活动16场次，形成调研、视察和评议报告以及建议案23件，获得县委、县政府主要领导批示9次，全方位助力县委提出的“六大行动”。

积极参与中心工作。县政协班子成员全力参与重点项目建设、挂点帮扶、抗旱救灾、开放经济、乡村振兴、旅游营销、城市双创、棚户区改造等中心工作。尽政协之责，倾政协之力，组织委员就办好尊军崇军暖心事的情况开展视察，提出建立双拥工作经费增长机制、加大对优秀退役军人的使用力度等建议。推动粮食局片区棚改工作，召开棚改工作调度推进会3次，将任务分解到各委室、落实到个人，全年与9户群众签订相关协议。全力参与资溪旅游品牌营销推介，吸引642人次来资旅游观光。县政协机关全员行动，在挂点火车站片区开展文明劝导、卫生清扫等活动，有力支持“双创”工作。

持续强化自身建设。进一步完善《资溪县政协委员履职考核办法》，建立委员履职档案，加强委员履职管理和考评。举办“委员大讲堂”5场次，邀请相关领域专家学者为委员授课，提升委员履职能力和政治向心力。出台《资溪县政协关于加强和改进专门委员会建设的实施办法》，进一步加强专委会规范化建设，根据工作实际需要调整专委会分工，新增“农业农村和人口资源环境委员会”，并合理调配人员加强专委会工作力量，实现工作更加规范有序，质效大幅度提升。

政协宣传亮点纷呈。鼓励县政协委员创作书画作品，参加全市政协系统文艺作品展，有效展示资溪良好形象。积极依托委员议事厅广泛收集社情民意，集结成册上报县委11期，86篇报送省政协，其中6篇被转报省委或全国政协，位居全省第一方阵，有效传递群众心声。持续加大信息宣传力度，在《人民政协报》《江西政协报》《赣事好商量》等国家级、省级媒体刊稿13篇，在《资溪政协》微信公众号上发表工作动态50余篇，提升群众对政协工作的知晓度和认可度，推动资溪政协在更广范围发出好声音。

重要会议

【县政协十届三次全体会议】 中国人民政治协商会议资溪县第十届委员会第三次会议，于2023年1月16至18日在县行政中心举行。会议听取并赞同饶源中所作的《政府工作报告》，会议审议并同意汤庆慧代表十届县政协常务委员会所作的工作报告和石仕忠代表十届县政协常务委员会所作的提案工作情况报告。中共资溪县委书记吴淑琴代表县委作讲话。

【县政协十届常委会议】 1月14日，召开县政协十届六次常委会。协商通过县政协十届三次会议日程安排、会议议程、出列席人员名单；审议通过县政协十届常务委员会工作报告及提案工作报告；协商讨论《政府工作报告》及县财政、发改委有关报告。

1月16日，召开县政协十届七次常委会。审议政协资溪县第十届委员会第三次会议选举办法，总监票人、监票人和计票人员名单，秘书长候选人名单。

1月17日，召开县政协十届八次常委会。审议通过政协资溪县第十届委员会第三次会议选举办法，总监票人、监票人和计票人员名单，秘书长候选人名单，提案审查情况的报告，会议决议。

3月24日，召开县政协十届九次常委会。审议通过《县政协2023年度协商与监督计划》《2023年度县领导领衔督办重点提案情况》《2023年县政协委员培训计划》《政协资溪县第十届委员会专门委员会组成人员名单》。协商同意黄耀平为县政协办公室主任，陈新华任县政协社会和法治委员会主任，免去任波县政协办公室副主任职务。

6月21日，召开县政协十届十次常委会。协商讨论《“书香政协 悦读履职”活动方案》《资溪县政协常委会议议事规则》，协商讨论《关于资溪县城市功能品质提升工作报告》等调研报告。

9月8日，召开县政协十届十一次常委会。专题学习党的二十大精神。传达学习《全市政协系统贯彻落实市委五届四次全体（扩大）会议精神全员行动方案》，协商讨论《找准“融”点抓整合 提升“热”度聚人气》等调研报告。

12月26日，召开县政协十届十二次常委会。协商讨论《筑梦未来乡村 建设“纯净资溪”》《“破短板、扬优势”构建面包食品产业发展新路径》等调研报告。审议听取2023年县政协委员履职考核情况汇报，研究讨论关于表彰2023年度优秀县政协委员、优秀提案、优秀社情民意信息、提案办理先进单位和个人名单。协商同意毛东文辞去县政协常委职务，葛小柏、雷兰珍辞去县政协委员职务，唐卫清任县政协经济委员会主任，陈新华任县政协社会法制和港澳台侨外事民族宗教委员会主任，郑杨任县政协教科卫体和文化文史学习委员会主任。

重大活动

【民主评议】 8月23日，资溪县政协民主评议县工信商务局工作动员会在县工信商务局会议室召开，县政协主席黄惠忠出席并讲话，邀请县政府副县长郑长泽、县政协副主席曾莉等出席会议，县政协评议组成员、县工信商务局全体干部职工参加会议。10月11日，资溪县政协民主评议县公安局交警大队工作动员会在县公安局会议室召开，县政协主席黄惠忠出席并讲话，邀请县政府副县长熊迎春等出席会议，县政协评议组成员、县公安局交警大队局全体干部职工参加会议。

【文史出版】 根据市政协编撰《抚州市人民政协志》工作要求，高质量承办抚州市政协志（县区篇）编纂工作现场会，并整理撰写《抚州政协志·资溪篇》报送市政协，全方位展示历届县政协助推资溪经济社会发展的历史风貌。

专门委员会工作

【提案委员会工作】 政协资溪县第十届委员会第三次会议期间，共收到提案75件，经审查，立案75件。经过协商办理，提案收到回复共75件，答复率和委员满意率均为100%。推进“提案入专”，将75件提案分为经济综合、教科文卫旅游、农业农村林业、社会民生、面包茶产业发展6大类，分别由政协6个委室以电话督办、走访承办单位、协商座谈、实地视察和专题调研等形式牵头督办。实施“书香政协 悦读履职”计划，组织“诗咏嘉木 悦品秋韵”等线下分享活动，推动“读书+履职”深度融合，全面加强政协队伍履职能力建设。组织部分政协委员对县内企业深入调研考察，形成调研报告《“破短板、扬优势”构建资溪面包产业发展新路径》。

【经济委员会工作】 全年围绕医疗保障、小县大城等课题开展调研，并完成《关于发展资溪县“小县大城”建设的调研情况报告》《加快物流产业发展 助推县域经济循环》等调研报告。12月，对县财政2023年预算执行情况的民主监督。组织开展“爱心暖人心，幸福过兔年”走访慰问困难儿童、高考期间“爱心送考”、走进城市九员驿站开展“情系环卫工，炎夏送清凉”慰问等为民办实事活动。在南源民宿“委员讲堂”组织举办1期由该委委员授课的“构建社会共治，防范食安风险”主题讲座。

【社会法制和港澳台侨外事民族宗教委员会工作】 5月，专委会成立调研组，先后到县城市社区、有关乡镇和山东济南青岛等地开展调研，形成《建强基层小网格 优化治理大服务》的调研报告。7月，配合市政协社法委“社会救援队伍规范化建设”课题调研，在资溪开展相关调研工作，形成《资溪县社会救援队伍规范化建设情况汇报》材料并上报市政协。10月，组织委员就资溪县拥军优属工作开展委员视察活动，形成《大觉山下赓续鱼水情 泸溪河畔争创双拥县》的视察报告。11月，就未成年人保护工作情况，专委会组织部分政协委员开展专项民主监督，并形成相关监督报告。组织开展“浓情迎端午粽香暖侨心”“情系残疾人，委员献爱心”等为民办实事活动。

【教科卫体和文化文史学习委员会工作】 6—8月，围绕“森林康养产业”课题开展专题调研，形成《厚植生态优势 发展森林康养产业》调研报告。8月，组织委员对资溪“食品安全监管工作”开展民主监督，指出相关部门履行食品安全监管职责中存在的问题并提出相关建议。10月，组织委员成立评议组对县公安局交警大队2022年以来的工作进行民主评议。8月25日，组织部分委员和相关承办单位开展提案协商办理座谈会，就18个提案以及重点提案《我县中草药产业发展的思考和建议》的办理进度和落实情况开展协商座谈。以社区委员议事厅为平台，举办2次委员大讲堂。组织开展“珍爱生命 不做孤泳者”防溺水宣传、“九九重阳节，浓浓敬老情”走访慰问等为民办实事活动。

【农业农村和人口资源环境委员会】 5月，围绕“以全域旅游提质增效为抓手，打造全国知名休闲旅游度假目的地”课题组织委员开展专题调研，完成题为《找准“融”点抓整合 提升“热”度聚人气》专题调研报告。8月，对县工信商务局2022年以来的工作情况开展民主评议，于10月底将民主评议报告上报县委县政府。配合市政协农业农村委员会做好农田水利基础设施建设专题调研，提交资溪县农田水利基础设施情况汇报。依托费歌“委员议事厅”组织开展“推进涉案企业合规，优化法治营商环境”法律课堂、党的二十大精神进社区宣传、“关爱留守儿童，共度温情六一”“情系端午节·爱在养老院”等系列活动。

（占征宇）

政协文艺联欢晚会（帅建忠摄）

纪检监察

综 述

2023年，在市纪委市监委和县委的坚强领导下，资溪县纪委监委牢记嘱托使命“走在前”，紧跟部署要求“勇争先”，聚焦中心大局“善作为”，积极发挥监督保障执行、促进完善发展作用，协助县委持续深化全面从严治党，巩固反腐败斗争压倒性胜利，各项工作取得显著成绩，县党风廉政教育中心主任、第四纪检监察室负责人叶颂华受到省纪委省监委嘉奖表彰，县委第二巡察组和县纪委监委纪检监察干部监督室被评为全市纪检监察系统先进集体，李涛、邹伟、方婷3人被评为全市纪检监察系统先进工作者，5名干部受到市纪委市监委嘉奖表彰。1月28日，中共资溪县第十五届纪律检查委员会第三次全体会议召开，会议以习近平新时代中国特色社会主义思想为指导，深入学习贯彻党的二十大精神，深化落实习近平总书记视察江西重要讲话精神，按照二十届中央纪委二次全会、省纪委十五届三次全会、市纪委五届三次全会和县委十五届四次全会部署要求，总结2022年纪检监察工作，部署2023年主要工作任务。

中共资溪县纪律检查委员会、资溪县监察委员会实行合署办公，共有行政编制48名（机关34名，派驻14名），事业编制12名，工勤编制1名，副科级以上领导职数27名（班子成员8名，机关室主任13名，派驻纪检监察组组长7名，党风廉政教育中心主任1名）。委机关有内设机构13个，分别为办公室、组织部、干部监督室、宣传部、党风政风监督室、信访室、案件监督管理室、第一至第五纪检监察室、案件审理室；下属事业单位党风廉政教育中心1个，派驻纪检监察组7个。

（邹伟　陈强　万志明）

廉政建设

【概况】　全县纪检监察机关认真学习习近平新时代中国特色社会主义思想，不断增强践行“两个维护”的自觉性。开展学习贯彻习近平新时代中国特色社会主义思想主题教育和纪检监察干部队伍教育整顿，全县纪检监察干部深入查摆自身存在的差距与不足，高质量整改问题480个，以前所未有的力度纯洁思想、纯洁组织，刀刃向内，严防“灯下黑”。

【开展下基层“巡回”接访活动】　重点宣传推广基层小微权力“监督一点通”平台，主动拓宽群众合理诉求渠道。全年累计受理检举控告类信访举报问题70件，“监督一点通”平台访问量超122万次，群众反映问题均得到及时转办、处理、回复，群众满意度100%，相同题重复访问率下降超40%。

【廉政教育建设】　深化以案促改，组织召开庭审警示教育大会，用身边案警示教育身边人。针对案件暴露的责任落实、制度机制等方面问题，向案发单位、行业主管部门制发8份《监察建议》，向33名市管领导干部送达《履职建议书》，提醒督促强化责任落实、堵塞漏洞、建立健全齐抓共管监督制约格局。以资溪事件史迹陈列馆和资溪县党性党风党纪教育馆等市级廉洁文化教育基地为依托，推动12个乡（镇、场）探索升级符合地域特色的勤廉文化建设工作，开辟乡镇勤廉文化“新阵地”，加快推进勤廉资溪建设。推出《竹语清廉》竹廉主题片、竹廉文化logo，打造资溪竹廉文化品牌，持续营造崇廉尚廉浓厚氛围，引导党员、干部进一步筑牢“不想腐”的思想自觉。

（邹伟　陈强　万志明）

监察工作

【概况】　县纪检强化基层纪检监察监督实效，以片区协作机制为基础，建立纪检监察室与派驻机构、乡镇纪委负责人轮岗交流机制，深化“室组地”联合办案、“室组”联动监督内涵。推动各类监督贯通协同，建立《纪检监察机关与人大财经委、巡察机构、审计部门“四函”联系协调机制》《关于推进纪检监察监督、巡察监督与审计监督贯通协同实施办法》《关于酒驾、醉驾问题线索移送、比对和分办操作办法》，将移送问题线索情况列入县委全面从严治党有关情况通报重要内容，每季度定期向县委主要领导汇报并在县委常委会上通报，推进“四类监督”贯通协调高效，增强监督合力。

【强化政治监督】 按照“一领域一清单、一单位一清单”模式建立政治监督任务清单，发现问题92个，给予“第一种形态”处理8人，移送问题线索4条，给予党纪政务处分2人。配合开展统计造假屡禁难绝问题专项治理，严肃查处盲目引进“空壳公司”，纵容“空壳”外贸企业数据造假行为；推动高质量开展医药领域腐败问题和不正之风集中整治，立案1人。持续深化粮食购销领域腐败问题专项整治，推动开展农村乱占耕地建房等耕地“非农化”“非粮化”排查工作，对2017年以来全县范围内实施的高标准农田建设情况进行全面分析研判，引导11名党员干部向县纪委监委主动交代问题，立案3起4人，收缴违法获利57.8万元，挽回经济损失165.2万元。全力支持配合省委巡视县委和市委提级联动巡察县纪委监委机关，高质量高标准推进整改落实，积极稳妥处置巡视、提级联动巡察移交的28件问题线索，推动开展执行招商引资优惠政策、公职人员违规兼职取酬、房屋市政工程招投标领域人员充当“黄牛”掮客等违纪违法行为专项整治行动，切实把整治成果转化为全面从严治党和高质量发展新成效。

【严明政治纪律】 做深同级监督，坚持将政治审查摆在首要位置，严肃查处县工信商务局落实党中央“三新一高”决策部署打折扣、搞变通问题，对三名“一把手”给予党纪政务处分。紧抓责任落实，协助县委开展政治谈话，推动县级领导干部开展政治谈话436次，全县累计开展政治谈话1400余次，发现并推动整改问题3500余个。制定《资溪县纪委书记对县委书记开展同级监督常态化规范化实施办法（试行）》和《资溪县纪委书记对县委书记开展同级监督实施细则》，县纪委书记先后对6名县领导开展同级监督谈话，指出具体问题，推动整改预防行业性、系统性问题。坚持在县委常委会上每季度定期通报全面从严治党有关情况，持续压实党委（党组）全面从严治党主体责任和“一把手”第一责任人责任。

【开展专项治理】 做精日常监督，累计查处违反中央八项规定精神问题28起35人，给予党纪政务处分32人，处分率在全市靠前。协助县委开展“九查九改”干部作风整顿活动，梳理分析查处典型案例，在全县警示教育大会上点名道姓通报20个单位、40名在职科级领导干部作风问题，集中整治重大决策部署落实、重大项目推进、重点工作落实中存在的执行不力、作风不实、为官不廉等问题，营造担当实干、为民干事良好氛围。聚焦群众办事难、办事慢等问题，部署开展专项治理，推动解决群众“急难愁盼”问题，追究背后存在的干部作风问题，累计查处“科股长文化”问题75起98人、营商环境领域腐败和作风问题46起67人，更加用心用情为民纾困，加强监督执纪。

【开展巡察监督】 修订完善《十五届资溪县委巡察工作规划》，开展4轮常规巡察，涉及34个单位（党组织），发现普遍性、倾向性问题853个，移交问题线索6件。从群众最关心、最直接、最现实的利益问题入手，紧扣村（社区）职能职责，将全县78个村（社区）进行科学分类、因村施策、分步推进。一年来，共计完成15个村级党组织巡察，其中直巡村10个，发现并反馈问题267个，移交村级问题线索2件3人，立案1人。十五届县委第一轮至第五轮巡察反馈的590个问题完成销号571个，整改率96.8%。

【查处违纪违法案件】 一年来，累计处置问题线索189件，立案103件，比2022年增长27.2%，再创历史新高，查处同级党委管理干部32人，平均系数6.5，位于全市首位，对县交通运输局原党委书记、局长李某采取留置措施。综合运用“四种形态”批评教育帮助和处理204人次，其中第一、二种形态处理189人次，占比91.2%。

（邹伟　陈强　万志明）

群众团体

资溪县总工会

【概况】 2023年，县总工会在县委、县政府的坚强领导和关心支持下，严格落实国家、省、市总工会“县级工会加强年”的具体要求和工作部署，全面落实工会工作职能，竭诚当好职工“娘家人”。年度获评全国、省、市五一奖、工人先锋号共9个；获评省级“六有”建设示范点2个、“六规范”示范点2个；获评市“三工”领域优秀青年和先进集体共8个；选树县“能工巧匠”10个、最美新就业群体家庭12个；全省“职工之家”“职工小家”2个。全县有基层工会238个，会员17560名，其中，私企基层工会37个，会员3760名。

【基层工会文体建设】 县总工会组织劳模工匠宣讲团进企业进校园14场次；职工主题阅读交流活动12场次；举办送文艺下基层19场次；引领全县职工参加综合文体、主题教育等活动60余场，参与1万余人次，活动上稿61篇；开展首届优秀产业工人暨“资溪能工巧匠”、最美新就业群体家庭等选树活动，建立资溪县群团组织人才信息库。依托各方资源优势，组织开展职工健步行、欢乐跑、球类联赛、青年职工联谊等综合文体系列活动100余场次，为职工生活品质提升立起“新天地”。

【关爱青少年】 牵头成立“资溪县未成年人成长指导中心”，打造“纯净资溪、阳光少年”工作品牌，全面实施“优化、保障、服务、发展”关爱工程。2023年，全县心理健康咨询师、指导师125人，较2022年增长58%。累计开展青少年系列活动80余场，覆盖全县21所学校，学生1万余人、家长2万余人、教师1000余人，为青少年身心健康发展撑起“保护伞”。

【推进职工互助保障计划】 加强职工互助保障工作推进力度，2023年，全县参保干部职工超5000人，投保金额146万余元；发生理赔案例43起、给付理赔金额96万余元，帮扶救助19起、给付救助金额2万余元，其中获得理赔金5万元以上5起（最高理赔15.8万元）；同时，为新就业群体职工赠送互助保障计划1200余份，出险职工4人，给付理赔金6万余元。

【帮扶困难职工】 加大困难职工群众帮扶力度，主动拓展帮扶项目和资金。联合县红十字会，发起并设立职工重大疾病（意外伤害）关爱公益金205万元，全年申请受益职工23余人，帮扶资金13.6万元。全县建档帮扶困难职工57户，落实帮扶资金74.173万元（其中向上级争取帮扶资金64.373万元）。常态化开展“四送”品牌活动，受益职工群众达到3000余人次；筹集18.3万元资金，为39名职工子女解困“圆梦大学”。

【帮扶企业】 全面助推企业建功立业，持续推动产改，开展各类劳动技能竞赛3场；组织劳模到新疆开展技艺交流；创新开展“三天两夜”职工疗休养活动。向市总工会为52家小微企业争取“抚工贷”970万元，其中面包经营企业（户）11家。

（方江伟）

共青团资溪县委

【概况】 2023年，共青团资溪县委以习近平总书记关于青年工作的重要论述为指导，广泛开展团员和青年主题教育，围绕县域共青团基层组织改革，着力提升共青团组织力、引领力、服务力和大局贡献度，努力加强青少年思想道德教育，持续深化“阳光少年青春建功”资溪共青团品牌建设。团县委、县青志协全年参与各类大型赛事节庆活动20余场，招募志愿者3000余人；庄驰家居竹展平技术研发团队、国家税务总局资溪县税务局青年突击队获评第七届“抚州青年五四奖章”集体，另有多个单位和个人获市级“两红两优”表彰；资溪在暑期才子归巢系列活动中获“文化抚州我来赞”短视频创作大赛优秀组织奖，选送的3部作品获三等奖1个，优秀奖1个；资溪2个少先队中队被命名为全国红领巾中队；资溪获全市少先队辅导员风采大赛团体三等奖，个人获省第六届红领巾讲解员风采大赛二等奖1个、市辅导员风采大赛一等奖1个、二等奖1个、三等奖2个。

【搭建青年服务平台】 整合资源搭建平台，成立“资溪县青年联合会”，凝聚各行各业48名优秀青年加入。高品质打造创新创业青年之家（数创中心）、旅游交友青年之家（纯净文旅）、研学实践青年之家（真相乡村景区）、就业咨询青年之家（资溪零工驿站），聚力打造服务青年数字创新、商务交流、充电提升休闲交友、创业就业、研学实践的聚能平台，为青年们提供热情周到服务，在凝聚青年、服务青年上体现新担当。

【开展青少年志愿活动】 多措并举开展活动。稳步推进7个“童心港湾”常态化运行，如司前社区、沙苑村、排上村“童心港湾”就结合党员进社区报到、为群众办实事等活动，引导机关企事业单位到“童心港湾”开展活动，关爱留守儿童成长。常态化开展防溺水宣传、青少年自护教育、亲情关护等活动，策划“青春筑梦稳就业，送衣入企暖人心”“情暖童心，伴爱成长”“爱心助成长，留守不孤单”“阳光少年，青春自护”“红领巾牵手火焰蓝”等关心关爱活动，累计覆盖1200余名留守儿童和外来务工青年，实现运行有载体、活动有组织、服务有成效，让“橄榄绿”“应急蓝”“志愿红”的各类青年在共青团触手可及。举办全县防溺水短视频大赛，吸引7000余人关注，寒暑假期间开展“流动青少年宫进农村进社区”活动3期，在县青少年宫开展公益课2期，进一步完善留守儿童关爱服务体系建设。

2023年3月15日，资溪县青年联合会成立。（县融媒体中心提供）

【关爱青少年成长】 六一期间，组织青联委员、爱心企业到高田乡高田村童心港湾开展“团青聚力、情暖六一”关爱活动，赠送价值4000元文体、生活用品帮扶山区留守儿童，该活动被人民日报转载报道；县青联联合县民政局、慈善总会等部门开展“宝贝出村”关爱孤儿活动，组织21名孤儿到野狼谷景区参观游玩；举办资溪县“五月的花海”青少年文艺汇演活动，吸引400余名青少年观看。在县政府广场、鹤城花园广场、青少年宫演艺厅举办各类大型青少年文艺汇演5场，观看演出人数超万人。在12355青少年服务工作中，联合未成年人成长指导中心打造线下服务阵地，创新开展青少年心理健康辅导。

【开展青年交友活动】 在青年婚恋上倡导新风尚，承办“不要彩礼要幸福”移风易俗集体婚礼活动，县委、县政府主要领导出席活动。引导广大青年传承传统婚典风尚，弘扬社会主义文明新风，破陈规陋习，培养健康、文明、节俭的婚俗理念。举办“遇见资溪、团聚青春”青年交友活动，吸引60余名各界青年参加；联合县民政局、高田乡开展“荷”你有缘——金溪、资溪两地单身青年联谊交友活动，服务青年实际需求，搭建青年交友平台，帮助资溪广大单身青年人才融入资溪、扎根资溪、共建资溪、发展资溪。

（曾瑞）

资溪县妇女联合会

【概况】 2023年，县妇联以习近平新时代中国特色社会主义思想为指导，认真履行组织妇女、引导妇女、服务妇女和维护妇女儿童合法权益的职责，开展各项妇女工作，为全面建设产业兴旺、生态一流、美丽幸福的现代化“纯净资溪”贡献巾帼力量。推选全县优秀典型参加“平安家庭”“最美家庭”“绿色家庭”等活动，获评市巾帼建功标兵1人、市三八红旗手2人、市三八红旗集体1个、省最美家庭2户、省巾帼文明岗1个。

【强化妇联人才队伍建设】 从党校、学校、社会团体、两新组织等领域挖掘女性人才，充实赣鄱红色娘子军和巾帼志愿者队伍；4月下旬，在县妇女儿童活动中心举办全县基层妇女干培训班，就学习党的二十大精神、妇联业务知识、家庭教育指导等方面进行培训，各乡（镇、场）妇联主席、副主席，以及各村（社区）妇联主席共计84名妇女儿童工作者参加培训；6月上旬，联合民政局举办全县儿童主任培训班，提升各级妇联干部履职能力；9月中旬，组织开展省妇女第十三次代表大会精神专题学习交流，县妇联干部、各乡镇妇联主席、社区妇联主席20余人参加。

【开展巾帼志愿活动】 组织赣鄱红色娘子军、巾帼志愿者在社区、农村、学校开展宣讲活动12场；在鹤城镇西郊村、沙苑村、司前社区开展读书分享活动；举办3期“‘资’有选择，‘溪’望遇见”联谊交友活动，倡导文明、健康、简约、时尚的婚恋交友观，200余名年轻干部参与活动；利用“三八”、“母亲节”、中秋、国庆等节假日时间节点开展系列巾帼引领活动，如：举办“纯净资溪·活力巾帼”趣味游园会（运动会），开展以“巾帼心向党、奋进新征程”为主题的门球友谊赛，展现妇女健康风采；清明节期间联合县文明办、县发改委开展“碳币兑鲜花，文明祭亲人”活动，日常开展“烟头兑鲜花”群众性活动，培树低碳文明新风。中秋、国庆期间举办“巾帼心向党，欢喜迎佳节”两新组织妇女群众文艺展演。

【帮助女性就业创业】 聚焦“妇字号”企业、返乡女农民工、外来女性务工者等群体，先后开展各类帮扶活动。在春节返乡期间开展以“春风送真情、援助暖民心”为主题的送岗专项活动，帮助返乡农民工就业；在微信公众号开设“春风送岗”女性专栏，方便女性家门口就业；开设“巾帼电商”培训班，为全县30余名有志电商创业的留守妇女提供专业指导；成立“资溪面包嫂”妇女微家，并开展2期“资溪面包嫂”培训班，帮助资溪部分城乡有意向从事面包产业就业意向妇女提供烘焙技能培训，为妇女就业、再就业、自主创业搭建平台和提供强有力的技术支持；以市场需求为导向，开展育婴员培训班，参训人数150余人次，获得学员一致好评。二月上旬联合团县委、资溪爱在人间协会开展“迎‘三八’·衣份温暖，爱心循环”活动，关心女性生产生活，为外来女工发放御寒衣物500余件。搭建女性创业者互通交流平台，建立女企业家微信群，加强资溪女性创业者们日常交流；开展“巾帼赋能·美美与共”女领导干部结对女创业者结对活动，为女性创业者提供信息、支持和帮助，选送资溪优秀女性参加省、市级女性创新创业大赛，其中，吉中竹业、大觉硒谷2家企业从60家企业中脱颖而出进入市决赛，分别在科创组和乡村振兴组拿下第二名优异成绩，吉中竹业进入省赛（全市仅3家企业入围），获得江西省女性创业创新大赛成长组优秀奖（全市唯一）。

【提升家教家风建设】 纵深推进家庭教育，联合刘莹姐姐工作室在资溪县第一中学向家长群体普及现代家庭教育理念；联合资溪县未成年人成长指导中心在多所学校举办“有效沟通，做孩子喜欢的父母”至暖家庭超级爸妈学堂系列活动；联合县文明办、检察院、民政局等单位开展“注重家庭教育，培育时代新人——资溪县2023家庭教育宣传周主题宣传活动”，举行家庭教育沙龙暨“激扬家国情，书香飘资溪”亲子诵读展演活动，激发孩子读书热情和爱国情怀；在母亲节举办“亲子马拉松”活动；端午节期间，联合县纪委举办“纯净资溪·廉韵端午”亲子沙龙活动，引导广大家庭注重家庭家风建设；在嵩市开展“家风家教宣讲暨科普进万家”活动，向基层投放保障妇女儿童权益的关怀政策，增强广大家长的家庭教育责任意识。启动“‘资’心妈妈，护‘未’成长”资溪县阳光家庭成长计划，在西郊村、泸声村、火车站社区、城东社区、司前社区、城关社区多个社区开展家庭家教家风专题讲座、心理健康辅导等活动，受益家长超过百余人。开展“清风润家，同心向廉”廉内助培训班，引导领导干部家属学习贯彻党的二十大精神和习近平总书记关于注重家庭家教家风建设的重要论述，准确把握新时代弘扬家庭美德的新内涵、新要求，充分发挥“廉内助”的作用。

【关爱妇女儿童】 聚焦女性中的特殊群体，持续开展“巾帼敲门行动”。关注困难妇儿的生活和健康，为偏远山区留守、残疾妇女发放防疫健康包140余份，为3名困难妇女发放“母亲邮包”。广泛宣传免费“两癌”检查政策，完成城镇贫困妇女“两癌”检查，共为2100余人免费检查。开展“党建带妇建，妇建促党建”——资溪县妇联夏日送清凉活动，赠送一线的环卫工人西瓜、矿泉水等解暑物品；组织各级妇联干部走访摸排“两癌”患病妇女情况，帮助6位符合条件的妇女获得全国妇联“低收入妇女两癌救助”中央专项彩票公益金6万元；启动2023—2030年加速消除宫颈癌行动计划，推进“健康中国”及宫颈癌综合防控能力建设，不断提高妇女健康水平。联合豫章师范学院美术学院开展防溺水宣传及“共绘百米长卷”、书法体验课、陶瓷体验等系列关爱留守儿童活动，丰富留守儿童暑假安全防范知识；加强与公检法司相关部门联系，形成联动机制。“三八”期间在社区、村镇开展维权周宣传活动，广泛宣传《反家暴法》《妇女权益保障法》《宪法》《民法》等法律，发放宣传册1000余份；主动为被家暴儿童林某申请《人身安全保护令》；与公安部门联系持续深化维权工作站建设，各基层派出所均建立“妇女儿童维权工作站”。

（吴适靓）

资溪县文学艺术界联合会

【概况】 资溪县文学艺术界联合会（简称县文联）以习近平新时代中国特色社会主义思想和党的二十大精神为指导，围绕县委县政府中心工作，以强化阵地建设，推动文艺事业发展，讲好中国故事，创作文艺精品等方面为重点，全方位推动资溪文艺事业高质量发展。2023年，全县有1人加入省书协，2幅书法作品入选省级书展；2名画家加入省美协，一幅美术作品入选国家级展览，6幅美术作品入选省级展览。

【搭建文艺平台】 年内，全县各文艺协会开展新时代文明实践活动60余场次。租赁一栋300平方米的办公用房供县文联下属的6个协会集中办公（文艺之家），艺术家协会集中办公，汇聚人才优势，搭建学习交流展示平台。县文联持续推进《大觉山》杂志出版，至年底，出版至第67期，在县内形成积极健康向上的主流舆论，稳步建设精神文化阵地。6月成立戏曲协会，该协会组织开展各类志愿活动13余场次，团结和凝聚全县文艺志愿者，紧贴时代、聚焦实践，积极投身志愿服务，不断满足群众的精神文化生活。7月，资溪县摄影家协会换届（第四次会员大会）。

【举办文艺活动】 年内，出版发行2021年名家写资溪文艺活动中收集的名家作品11篇。举办“纯净资溪——特色竹乡”摄影艺术大赛、“春游资溪”视频文案征集活动、“备战第十四届全国美展连环画、漆画、综合材料绘画、实验艺术全省重点作者创作”培训班、庆“七一”“纯净资溪，美好生活”摄影大赛作品展、戏曲进社区、戏韵贺新春暨“我们的中国梦，文化进万家”文艺志愿服务活动。加强与兄弟单位的联系合作，整合全县文艺资源，与县总工会联合开展“中国梦·劳动美——小县大城心向党‘读书月’”活动；参与退役军人事务局举办的2023年“文化抚州，梦想之舟”庆祝中国人民解放军建军96周年暨庆八一文艺演出活动；与县纪委等单位联合开展“好家风·万里行”主题征文活动，丰富群众文化生活，繁荣资溪文艺事业。

（周延延）

资溪县科学技术协会

【概况】 资溪县科学技术协会（以下简称县科协）是全县科学技术工作者的群众组织，县委、县政府联系科技工作者的桥梁和纽带。2023年，县科协以习近平新时代中国特色社会主义思想为指引，持续深入贯彻《全民科学素质行动规划纲要》，全力推进全域科普，努力提升全民科学素质。主动举荐优秀科技工作者，楼玫娟获2023年江西省“最美工程师”称号；曾慧获2023年江西省“最美科普志愿者”称号；方学元获2023年江西省“最美基层‘三长’”称号；涂峻松获2023年抚州市“最美科技工作者”称号；资溪县被中国工艺美术学会命名为“竹工艺产业基地”。

【引进科技人才】 加大科技人才柔性引进力度，邀请江西农业大学、省林业局等多位专家学者进笋竹“科技小院”授课，开展农业实用技术培训；承办全市农村党员创业致富带头人培训，辐射带动群众掌握一技之长。组织开展油菜种植、水产养殖、毛竹培育、健康义诊等“科技三下乡”“科技六送”活动80余次，切实将科学技术送到田间地头。

【服务企业】 组织江西庄驰家居科技有限公司、江西奉原生态科技有限公司等参加全市2023年科技信息企业应用推广暨中国创新方法大赛培训，并参加2023年中国创新方法大赛江西赛区比赛；组织江西庄驰家居科技有限公司、资溪县浙庆竹木有限公司参加2023年江西省企业科协负责人创新服务能力提升行动活动；组织企业申报2023年“科创中国”系列榜单，努力促进企业科技创新和发展。江西庄驰家居科技有限公司吴建华董事长获评2023年“科创中国”江西省企业创新达人。

【开展科普教育活动】 先后组织形式多样的科普教育活动。开展“弘扬传统文化 追寻红色记忆”研学、“科创筑梦、畅想未来”——赴省科技馆科技一日游研学、“科技点亮童心、智慧启迪未来”“科普轻骑兵”进校园、“弘扬科学家精神”等青少年科普教育活动50余场。开展“弘扬科学家精神，传播科学思想”和好奇心科普等征文活动，进一步提升青少年的创新精神和科普创作能力。联合第三方机构对全县16所中小学32名科技骨干教师开展2023年青少年科技辅导员机器人、无人机等知识培训，促进青少年科技创新教育发展。张晨羲、赵奕恹同学获得第37届江西省青少年科技创新大赛三等奖；付小清获评“江西省优秀科普使者”。聘请第三方机构赴县第一中学、县第二实验学校、高田乡中心小学等学校开展“科普进校园”活动，科技展演等系列活动覆盖全县学校数量的1/3。参与活动学生含“特教班”学生20余名，相关报道在人民网上稿并登上新华网首页。持续开展科普宣传活动，开展全国科普日、科技活动周、公民科普知识竞赛、“讲科技故事 做中国脊梁”科技故事竞赛，法律法规、科技文化、卫生健康、动植物保护、食品安全等系列主题科普活动250余场次，惠及6万余人次。科普中国App信息传播量40余万次，人均全市第一。1月，资溪县被中国科协正式命名为“2021—2025年度第二批全国科普示范县”；8月获得抚州市公民科学素质大赛优胜奖；10月被省科协评为江西省“全国科普日”优秀组织单位；12月被中国科协评为“2023年全国科普日优秀组织单位”和“2023年全国科普日优秀活动”。全年科协科普活动在中国科学技术协会官网刊登4篇，中国科协之声公众号1篇，江西省科学技术协会刊登27篇，人民网7篇、新华网3篇（登上首页2篇）、经济日报客户端1篇、工人日报客户端1篇、学习强国3篇等，在江西新闻、抚观天下、纯净资溪App、资溪发布和科普资溪公众号等平台刊登160余条。

（徐鑫）

资溪县工商业联合会

【概况】 资溪县工商业联合会（以下简称县工商联）是全县工商界组织的人民团体和民间商会。2023年，县工商联坚持以习近平新时代中国特色社会主义思想为指导，以促进“两个健康”为主题，做好党和政府联系、服务民营经济人士的桥梁纽带。先后获评2022—2023年度全国“五好”县级工商联，全市工商联目标管理、宣传信息、非公维权先进单位，两篇调研文章获全省工商联系统优秀调研成果一等奖。

【服务经济发展】 县工商联组织外出招商活动3次，先后赴上海、福建、广东等地拜访资溪商会，考察对接当地乡贤企业，宣传推介资溪经济社会发展情况，并就项目合作进行洽谈交流，引进投资5000万元的生态鹅全产业链项目。先后邀请市工商联执委代表团、江西泉州商会、内蒙古丰镇市工商联企业家来资参观考察重点企业和项目，并就招商引资政策和对外招商项目进行宣传推介。搭建信贷平台，依托“商联信贷通”和商会平台，建立“统战＋金融＋商会（协会）”合作模式，发放贷款17笔5000余万元。

【强化政企沟通机制】 开展“入企走访连心”，举办9期“政企夜谈”和一次“政企圆桌会”摸清企业“痛点”“难点”，解决企业各类诉求37个。开展多种志愿服务帮助企业维权，联合司法局、法院、检察院、律师事务所等深入商会、企业开展“行政复议进企业、进商会”“她权益，共守护”“法治体检”等各类服务活动，发放普法宣传资料和手册，现场解答企业涉法涉诉问题。全年受理非公企业诉求24件，均完成办结。

【践行社会责任】 向省、市工商联举荐优秀企业，江西大觉山景区集团有限公司被评为2023年江西民营企业社会责任优秀案例；资溪县民营企业投资商会作为商会优秀典型案例，在全市“万企兴万村”推进会作典型发言；江西圣泽家禽育种有限公司入选全省“万企兴万村”行动先进典型名单。引导民营经济人士参与扶贫济困、公益捐赠、爱心助学等社会公益事业，全年全县民营企业捐款捐物57万元。

【推进商会建设】 规范推动商会组建工作，民营企业投资商会完成换届及更名；闽籍商会获全省“四好”商会称号；召开成立28周年暨会员代表大会，选举产生新领导班子。组织各商会按时参加年检，保证商会合法合规良性运行。规范推动乡镇商会组建工作，联合县委统战部下发《关于加强资溪县乡镇商会建设的实施方案》，有序推进乡镇商会建设工作。持续开展商会活动，组织女企业家商会开展“精彩三月，美丽绽放”活动；新生代企业家商会开展“‘六一’送关爱、真情暖童心”活动；闽籍商会会员戴建洪、何耿、栾运宇等企业家，捐资16万元为县第一中学安装12台大型净水设备。建立激励机制，在工商联（总商会）九届三次执委会上，对2023年度“万企兴万村”行动先进民营企业、优秀企业家执委进行通报表扬，激发商会活力。

（王娜）

资溪县归国华侨联合会

【概况】 资溪县归国华侨联合会（以下简称县侨联）2017年11月成立，为人民团体（正科级），归口县委统战部管理。2022年资溪县委机构编制委员会下发文件，给县侨联增加1个事业编制，事业编制人员为3名。全县有归侨、华侨、留学生、外出务工人员、港澳同胞共计193人。其中归国华侨9人、海外华人华侨41人、留学人员23人。华人华侨和海外留学人员主要分布在美国、日本、英国、法国、加拿大、澳大利亚、新加坡、印尼、马来西亚等10余个国家和地区。外出经商有30多人，外出务工人员有50多人。侨眷有426人。

【服务社会】 县侨联通过电话、微信、上门走访侨属等方式多方面了解海外华人华侨情况，春节前夕、七一建党节，走访慰问归侨侨眷、归国留学人才及侨界困难党员，为他们送去慰问金、慰问品。做好全县“三侨生”摸排工作，宣传“三侨考生”加分政策，为侨胞子女参加中考、高考做好服务。联合县委宣传部、县妇联、团县委等单位开展年度侨法宣传，结合纪念第一个党章诞生100周年暨党内法规学习宣传月、全国科普日、国家宪法日等活动，开展侨法知识问答活动，发放《侨法知识宣传手册》，并充分利用微信群、微信公众号及相关网站推送涉侨政策法规知识，营造浓烈的宣传氛围。协助举办“亲情中华，为你讲故事”网上夏令营活动直播课程——云游抚州资溪新月畲族村，145名华裔青少年观看。完善为侨服务体系，归侨、侨眷、华侨身份证明办理事项进驻县政务服务中心。

【成立“检侨驿站”】 探索推进“检侨合作”，县检察院与县侨联合作成立“检侨驿站”。充分发挥检侨职能优势，及时为广大侨商和侨资侨属企业提供全方位、多渠道、精准化的法治服务，切实维护侨商权益和保障侨资侨属企业健康发展。

（龚兴立）

资溪县哲学社会科学学会联合会

【概况】 2023年，资溪县哲学社会科学学会联合会（简称县社科联）以习近平新时代中国特色社会主义思想为指导，围绕县委、县政府中心工作和全县经济社会发展中遇到的重大理论和现实问题，持续开展课题研究、社科普及和学术交流，全县社科工作取得良好成效。县社科联被抚州市社会科学界联合会评为2023年“优秀组织单位”。

【推动社科普及】 主动加强与相关单位的联系与沟通，采取联办和参与的方式，推动全县社科普及工作。重点开展社科“六进”活动，推动习近平新时代中国特色社会主义思想和党的二十大精神在基层落地生根。先后联合县人民政府、政协、宣传部、民政、税务、教育、环境保护、文化、公安、司法、工会、共青团、妇联、文联、科协、博物馆等单位，举办理论“六进”宣讲活动23场，参与群众、学生6600余人次，展示板报93块，发放社科宣传资料8000余份。参与打造“三大高地”“五大战略”、资溪县2023年社会科学普及宣传周暨学思践悟新思想·砥砺奋进谱新篇主题活动、文化零距离，红色文化进校园等活动。在全县范围内开展纯净资溪·金秋十月摄影展征集评选活动，共征集摄影作品120余幅（件），以“线上+线下”形式同步展出精选40余幅（件）优秀作品，吸引众多党员干部、文艺爱好者观看浏览。11月26日，县社科联配合省社会科学界联合会开展学习宣传贯彻习近平总书记考察江西重要讲话精神展板宣传活动。参与“学雷锋月”“我们的节日”等各类文明实践活动72场次，覆盖群众近3万人次。

【传承红色基因】 县社科联参与“资溪事件”史迹陈列馆、高阜红七军团指挥部旧址的修复与布展。组织本县社科人才在各机关单位，农村、社区、新时代文明实践中心、两新组织为广大党群讲好“四史”，讲述资溪红色故事和发展故事，累计开展各类党史宣讲活动30场（次）。

（王君）

资溪县残疾人联合会

【概况】 资溪县残疾人联合会属于为残疾人服务的群团组织。2023年，全县残疾人登记对象2560人，（其中视力残疾153人，听力残疾255人，言语残疾45人，肢体残疾1516人，智力残疾245人，精神残疾281人，多重残疾65人），共发放残疾人证265人。

【发放残疾人补贴】 落实江西省困难残疾人生活补贴和重度残疾人护理补贴提标制度，2023年残疾人生活补贴和护理补贴均提高至100元，为符合条件的残疾人发放两项补贴197.02万元，为9名符合条件的重度失能残疾人提供照护和托养服务，发放托养补助金7.02万元。多次联合相关职能部门、爱心企业、社会组织开展困难残疾群众走访慰问活动，共计走访困难残疾群众160余名，发放走访慰问物资6.4万余元。

【服务残疾人康复】 持续开展残疾人精准康复工作，结合助残服务数字化改革，推进辅具自主适配精准化服务。为残疾儿童开展轮椅捐赠活动；在各乡镇、社区开展助听器适配活动，获得残疾群众的一致好评并收到听障人士的锦旗一面；全年为残疾人报销辅具97件，共计金额13.94万元。儿童康复训练救助6人，结算救助金7.2万元。儿童康复手术（人工耳蜗）救助1人，金额1.2万元。新增申请儿童康复训练救助（0—6岁）6人。

【帮扶残疾人就业创业】 县残联以稳定残疾人就业为重点，创新举措，明显改善残疾人就业状况。结合残疾人自身条件和市场需求，针对性举办农村实用技能培训、抖音直播带货培训班，130余名残疾人参加培训；打造残疾人辅助性就业基地。协助残疾人黄根华创建红杉“服装”厂，打造首个残疾人辅助性就业机构，安置残疾人就业5人，突破资溪县辅助性就业机构零历史；落实残疾人民生实事工程。为80名残疾人安置公益性岗位；打造阳光助残基地8个。企事业单位按比例安置残疾人就业6人，走访拓岗4个，解决10余名残疾人就业，助力乡村振兴。对未就业高校残疾人毕业生进行一对一就业服务指导，实现残疾人大学毕业生就业率100%，居全市前列。

【实施残疾人家庭无障碍改造】 重点实施农村残疾人家庭无障碍提标扩面行动，按照一户一策为残疾人量身定制家居无障碍设施，全年为91户重度残疾人实施家庭无障碍改造，改造资金24.87万元。

【开展助残活动】 丰富残疾人文化体育活动，组织残疾人观看电影1场、开展体育进社区趣味运动1次、读书日分享活动3次、红色主题爱国教育1次。残疾人体育事业取得新发展，资溪籍残奥运动员金坤在全国第十一届残运会暨第八届特奥会中成绩突出，获得省级一等功表彰。组织开展第三十三次全国助残日活动、第七次残疾预防日宣传活动、抚州市第一届钓鱼比赛活动、第三十二个国际残疾人日关爱活动，举办就业援助“春风行动”大型招聘活动，多次上稿各类平台，多方面、深层次的宣传报道残疾人事业发展，引导全社会关爱、帮助残疾人，让残疾人平等参与社会、共享社会发展成果。

（廖思思）

资溪县红十字会

【概况】 资溪县红十字会为从事人道主义工作的社会救助团体，有县红十字志愿服务队、资溪县南丁格尔志愿服务队、资溪县红十字心理救援队。2023年，新增红十字会员、志愿者342人。县红十字会紧密联系群众，聚焦“三救三献”工作，认真抓好民生实事，围绕公益事业，开展关爱救助工作。

【召开县红十字会理事会】 10月，召开县红十字会第一届理事会第二次会议、第一届监事会第四次会议，选举产生新一届红十字领导班子、新一届红十字会监事会监事。

【推进“三救三献”核心业务】 在社区、学校、机关、企业、赛事现场等，组织开展“应急救护”等生命安全教育系列活动。培训应急救护知识普及人数5850人；举办救护员培训班7期，311人通过培训取得“红十字救护员”证书；开展健康养老普及培训4期，307人参训；举办养老护理员培训班1期,46人取得“养老介护员”证书。同时，组织开展“三献”系列宣传活动，完成造血干细胞捐献登记志愿者18人，遗体器官捐献登记志愿者102人。推进AED机投放工作落实，新采购4台，共10台AED机，并分别在大觉山景区、行政中心等人员密集场所投放，确保民生工程实事落到实处。

【开展关爱救助工作】 聚焦特殊困难个体、社会弱势群体等困难人群，开展红十字博爱送万家活动，走访慰问困难职工、居民和群众500余户，发放10余万元物资。开展100+残疾人助学行动，资助6户残疾人家庭学生9000元。争取上级救灾物资5000余元，救助家庭20余户。引导动员社会力量开展救助工作，传达党和政府的关怀和温暖。

【动员社会资源】 全年共接受线下社会捐款1383.8万元，其中江西教育传媒集团有限公司定向捐赠50万元，吴乐斌夫妇定向捐赠10 万元等10项定向捐赠；近200家建筑企业向县红十字会捐款1309万元，设立资溪县美丽乡村建设、妇女儿童保护、青少年科普教育场馆建设等13项民生公益金，用于资溪县民生公益事业发展。

【红十字形象建设】 县红十字会以活动促宣传，组织开展“5·8博爱公益日”“开学第一课”“世界骨髓捐献者日”等系列主题文化活动，红十字公益形象不断提升。2023年共编发微信公众号82篇，在其他各级各类媒体上发表、播出宣传报道50篇，其中省级以上媒体宣传报道36篇（其中国家级媒体24篇），在全社会营造向善向上的浓厚氛围。坚持“一馆一特色”的理念，在老百姓家门口嵌入式建设红十字应急救护、养老、母婴等便民服务基层阵地，至年底，在社区党群服务中心、便民服务中心、5A级景区等场所建有红十字基层阵地8个。不断扩大红十字会的影响力，实现红十字志愿者服务群众“零距离”。

【监事会工作】 认真落实《中华人民共和国红十字会法》《江西省红十字会条例》等法律法规。建立和完善纪律监督、法律监督、政府监督、社会监督、自我监督的综合性监督体系。发挥监事会内部监督作用，通过参加党组会议、列席执委会议，统筹做好事前防范、事中监督、事后问效工作，围绕“三救三献”、博爱送万家和项目建设等工作，开展日常监督、专项监督。每年聘请第三方会计师事务所对年度捐赠收支情况进行专项审计，并通过微信公众号公布，切实保障捐赠人和社会公众的知情权、监督权，不断增强红十字会公信力和依法治会能力。

（邱雯婷）

军事

人民武装

【概况】 2023年，资溪县人民武装部（以下简称县人武部）在军分区党委及县委、县政府的领导下，坚持以习近平新时代中国特色社会主义思想和习近平强军思想为指导，以国动援战为牵引，坚持主业主抓、战建备一体推进，党组织正规化和基层规范化建设取得新成效，人武部高质量发展迈上新台阶。

强化政治引领，锻造绝对忠诚思想根基。组织领导坚强有力。县委、县政府坚持把党管武装作为政治责任，站位高、摆位正、举措实。县委政府主要领导对重大问题亲自把关定向、亲自决策部署，持续推进双拥模范街和钢结构民兵器材仓库建设，带领“四套班子”成员集体过军事日活动，军地联合督导基层武装部武装工作落实，不断提高基层党委班子重视度与参与度、强化人员国防意识。理论武装持续深化。全县各单位注重用好强军系列书籍以及《解放军报》、《国防报》等报刊，将习近平关于国防和军队建设等一系列讲话纳入党委理论学习中心组学习、纳入领导干部教育培训、纳入经常性学习教育，人武部主官给全县科级以上干部300余人次上国防教育课，不断强化全体领导干部国防意识与职责认知。国防教育深入扎实。结合争创省“双拥模范县”活动，邀请对越作战老兵组建“老兵宣讲团”给民兵及青少年学生讲红色故事，开展“踔厉奋发强国防 勇毅前行向复兴”全民国防教育月活动，结合全县中小学生开学第一课，组织专武干部、民兵干部骨干和退役军人入校园现身说法，开展队列训练和军事体育实践体验活动，分批次组织县直单位、中小学校130余人参加“军营开放日”活动，进一步浓厚当兵光荣、当兵打仗文化氛围，宣扬人民战争、全民支援思想，推动经济建设与国防建设高质量发展。

夯实基层基础，推动党管武装落地见效。深入推进基层治理规范化建设。坚持重心下移抓基层，依据《关于加强新时代基层人民武装部建设的意见》《规范完善基层人民武装部建设的相关规定》和《关于开展全市基层人民武装部高质量发展建设三年（2022—2024年）行动的意见》文件要求，建立人武部挂钩帮带制度机制，制定精准帮带具体措施，指导基层武装部学习教育、双向兼职、党委议武会、军事日等党管武装制度落实，结合军分区基础建设检查调研、党管武装考评和专武干部培训等时机，组织基层武装部规范化建设指导帮带。强化基层武装部队伍建设。考察上报基层武装部政治教导员任职，召开政治教导员任职大会，宣布任职命令并颁发任职通知书；组织专武干部业务培训和资格认证工作，组织专武干部集训，针对基层武装部建设和专武干部队伍短板弱项进行业务培训，指导开展兵役征集、动员准备、民兵编建等工作，督导落实入队训练、战备执勤，完善物资器材，保护军事设施和组织民兵参建等工作，组织参观见学，整体提高全县基层武装建设水平。推动双拥共建走深走实。深入开展全民国家安全教育日系列活动，指导全县基层武装部同步开展国防教育暨征兵宣传活动，持续抓好拥军优属政策落实，组织走访慰问军烈属等优抚对象，组织“光荣之家”挂牌仪式、广泛开展“军人立军功、喜报送到家”活动，人武部拿出专项经费13万元扶持挂点村甜橘柚和雷竹产业项目建设，持续拨付专项经费5000元协助挂点社区党组织建设，助力乡村振兴及社区党建工作不断走深走实，协同县双拥办梳理材料申报省“双拥模范县”，接受省双拥考评组考评。

（何天明）

【加强犯罪活动监管】 5月10日上午，县人武部牵头召开资溪县军地政法暨安全工作联席会议，会同地方政法、国保、网安、交警以及检察院等司法部门集体研究相关政法工作，同时汇总作战保卫数据，函询县政法委、县交警大队所属人员涉邪教、酒驾醉驾等情况，并部署依法严惩非法制售军服违法犯罪活动工作；同步督导国防教育工作专项清理整治行动。

（何天明）

【推进双拥创建工作】 开展全民国家安全教育日系列活动，组织全体干部职工学习国家安全基本知识、开展安全教育、参加部史馆强化荣誉使命，指导全县基层武装部同步组织开展国防教育暨征兵宣传；结合防汛骨干集训开展“军营开放日”活动，组织县法院30余人进军营，同时对人武部干部职工及参训民兵进行普法宣传，组织挂点学校100余名学生“进军营”，充分利用部史馆及现有应急装备、设备开展国防教育；协调退役军人事务局开展资溪首届“八一”阳光公益乐跑活动，慰问老兵代表、困难退役军人、军烈属等人员；会同地方宣传、文旅等部门开展文艺演出进军营活动，走访慰问困难退役军人，及时前往立功人员家庭送喜报祝贺，强化辖区现役军人荣誉感，提升适龄青年入伍积极性；实地指导挂点村乡村振兴工作，直接投入资金13万元用于挂点高田乡里木村集体经济与雷竹雷笋产业建设，协调解决发展瓶颈问题，助力挂点村持续发展；执行大觉山马拉松、自行车拉力赛、新月畲族民俗文化节等活动安保任务。

（何天明）

【组织学生军训】 为落实立德树人根本任务，根据《关于做好2023年学生军事训练工作的通知》《高级中学学生军训教学大纲》《抚州市学生军训商业化市场化问题专项整治方案》等文件精神，9月，组织资溪县中专520名和资溪县一中650名学生进行高中阶段学生军训工作。军训期间，严格落实一日生活、组织生活、请示报告、检查督导等制度和学校有关规定，主要教学包括国防教育、基本军事知识和基本军事技能三项内容，教学时间7天56课时。

（项忠靖）

人民防空

【概况】 资溪县国防动员办公室是县政府直属机构，加挂县人民防空办公室牌子，2023年机构改革，从县住建局转到县发改委，在原人民防空办公室职责的基础上增加了军事设施保护、潜力调查等职责成立的国防动员办公室。年内，县人防办认真开展人防工程安全巡查，全力推进国防（人防）宣传教育工作，稳步提高全县国防建设水平。

【夯实国防基础】 强化国防动员指挥保障，按照“专业对口、注重素质、相对集中”的原则，编成7支人防专业队伍，开展为期5天的人防专业队伍训练，切实加强人防专业力量建设。持续推进人防实战化能力提升，按照省人防办要求和资溪实际，与蓝天救援队开展合作，成立资溪人防蓝天救援队并建立应急联动机制，围绕人防宣教和救援演练等各方面不断强化人防应急救援力量队伍建设，推进人防应急救援力量深入发展。按照省市要求结合重要时间节点，会同相关部门开展人防演练及全省人防实战化演习。持续做好信息化建设及维护管理工作，加强防空警报系统维护管理，在“9.18”重大时间节点开展防空警报试鸣工作，推进后期指挥信息平台应用，完善机动指挥平台建设，促进指挥通信效能不断提高，开展国防潜力统计调查、核查，为国防动员提供信息化保障基础。

【开展宣传教育】 按照省市国防办要求，县国防办开展多种形式的国防宣传教育工作，“3·1”国际民防日集中向社区居民开展人防宣传；“5·12”防灾减灾日，联合应急管理局等相关单位开展防灾减灾宣传活动；结合安全生产月同多家单位开展咨询日活动。结合县级法治建设宣传活动，建立百米法治长廊进行国防动员宣传。为推进国防动员宣传走深走实，开展“我与国防同性”主题征文活动，并开展国防、人防竞赛知识进校园活动。县人防工作活动信息投稿至省办网站上稿2篇。加强与相关部门的合作，共同推动社区防空建设，有效提升社区的安全防范意识。

（李凡）

退役军人事务

【概况】 资溪县退役军人事务局内设综合办公室、优抚军休股、安置就业股、思想政治与权益维护股、褒扬纪念股、双拥股6个股室，另设县委退役军人事务工作领导小组办公室秘书股、县退役军人服务中心、县烈士纪念设施保护中心3个下属单位。2023年，县退役军人事务局获评全市退役军人工作先进单位二等奖、先进基层人民武装部。

【服务体系建设】 挖掘本地优

势特色，融入服务体系建设，打造“一县一品”工程。打造县城市社区管委会“资心人”退役军人服务站、高阜镇高阜村“红色”退役军人服务站、高田乡里木村绿色退役军人服务站三个特色退役军人服务站。严格专干管理考核。严格落实《江西省退役军人服务专干管理办法》，选优配强服务专干，严格管理，严格考核，将专干报酬30%纳入绩效。配强社区专干力量，专干人数提高至2人。提高专干能力水平，举办退役军人专干培训班和业务大比武活动。

【双拥共建工作】　严格按照第十二届省市创建双拥模范城要求，筹备各项工作，推动双拥创建结硕果。利用“报、网、端、微、屏”等媒体平台，多渠道、多视角、全方位宣传双拥工作，组织开展“满怀忠诚讲尊崇，千行百业共拥军”及资溪县“五最美”评选表彰活动，重点宣传双拥工作中涌现的先进人物和事迹38人次。打造双拥主题公园、广场、双拥文化长廊等双拥宣传教育阵地10余处，在城区交通要道、城乡街道等张贴双拥宣传标语60余张、制作宣传牌（栏）300余块（个），并在全县醒目处主城区、高速路下道口等地树立永久性雕塑5个，双拥宣传固定标识落实到位。

【退役军人安置就业】　做好退役士兵返乡接收工作，接收自主就业退役士兵42名，其中8名退役士兵报名参加免费职业技能培训，并开展2023年新退役自主就业退役士兵全员适应性培训，坚持即退即训全员参训，帮助退役军人尽快适应从部队到地方的角色转换。发布就业招聘信息12条，为退役军人提供就业岗位，帮助退役军人2人到消防大队、1人到公安巡逻大队就业。运用全国就业创业服务信息系统，建立健全资溪县退役军人就业创业台账和基础数据，做好退役士兵的台账和跟踪服务，推动资溪县退役军人面包产业园教育培训基地和就业实训基地、创业孵化基地的建设，全年在资溪面包烘焙技能培训学校开展退役军人免费职业教育和技能培训300余人次。

【开展清明祭扫】　组织全县中小学生开展以“缅怀革命先烈，传承红色基因”为主题的清明“网络祭英烈”活动，开通网上祭扫平台3个，1321人参与网上祭扫；组织资溪县部分烈属、参战老兵代表、“新长征”退役军人志愿者和乡镇退役军人服务站工作人员、村（社区）退役军人服务专干在县烈士陵园开展“祭英烈、传基因、向未来”清明祭扫纪念活动，共160余人参与；邀请烈士家属、战友及相关专家开展2场专题座谈会，并组织908医院专家一行为全县烈属开展“替烈士看爹娘，为烈属办实事”专项义诊活动。

【退役军人权益维护】　推动退役军人权益维护，接待各类来访群众咨询56批次50余人次，均完成答复；信访系统接到信访件1例，完成化解1例；强化思想政治引领，通过组建“新长征”志愿服务队，按时按月开展陵园清扫、植树、“护苗”、为高考护航、替烈士看爹娘（关爱烈士子女）等志愿活动，引领退役军人发挥示范引领作用。组织老兵宣传团深入学校、机关、企业、社区等地为群众宣传党的二十大精神和讲述红色故事，弘扬红色基因，全年共宣传16余次，听讲人数2000余人。

【优待抚恤退役军人】　优抚对象数据核查工作采取现场核查和网上核查2种方式同时进行，对优抚对象系统内437人第一时间全面完成核查任务；围绕“让军人成为全社会尊崇的职业”目标，全方位保障现役军人和退役军人合法权益，通过优先保障优抚资金、医疗帮扶、就业安置等工作，将各项优抚政策落实到位；在重点优抚对象医疗救助方面，本地出台政策，实施医疗救助“三保障”：（为重点优抚对象交纳城乡居民医疗保险，建立健全医疗救助制度；县财政每年能出资10万元与中国人民保险公司签订医疗二次报销保险业务；2023年将全县重点优抚对象纳入购买“抚惠保”系列保障），并建立困难优抚对象定期走访慰问制度，“八一”“春节”期间做到走访慰问全覆盖；利用资溪县特色疗休养服务体系，加强与省市互动，建立互惠互利合作机制，并承办2023年江西省第十四届军队离退休人员门球赛，提高优抚对象荣誉感，丰富军休干部业余生活。

（邱紫静　邓少俊）

法　治

综　述

2023年，资溪县委政法委聚焦政治引领、信访维稳、服务发展、社会治理、守正创新、队伍建设，忠诚履行维护社会大局稳定、促进社会公平正义、保障人民安居乐业的使命，为全面建设产业兴旺、生态一流、美丽幸福的现代化“纯净资溪”提供有力法治保障。

聚焦风险防范，坚决确保社会大局安全稳定。将总体国家安全观纳入县委理论中心组学习、县委常委会、县委党校主题班和新任公务员培训计划，组织政法干警和社区网格员、平安志愿者等群体开展“七进”活动，组织各单位充分利用新媒体宣传，先后得到新华网、人民网、江西新闻等新闻媒体报道，在县行政中心广场打造融娱乐休闲、健康养生、宣传教育于一体的国家安全教育基地。开展涉稳情报研判预警，按照属地原则或主管原则做好稳控工作，坚持和发展新时代“枫桥经验”，扎实开展信访问题源头治理三年攻坚行动，持续完善矛盾纠纷预防化解机制，开展矛盾纠纷大排查大化解专项整治。开展全县政法单位涉法涉诉信访突出问题专项整治工作，压实包案领导化解稳控责任。

聚焦提能增效，扎实提升社会治理现代化水平。纵深推进未成年人保护各项工作，成立未成年人成长指导服务工作委员会，新设指导中心（副科级单位），与“刘莹姐姐工作室”进行深度融合。加强校园“刘莹姐姐”和校外“刘莹姐姐”团队培育工作。扎实开展以“纯净资溪、阳光少年”为主题的各项活动，线上线下共开展65场，服务近5000名师生及家长。全力抓好重点项目建设，完成政法会商系统建设。智能安防小区一期完成建设15个小区、二期完成建设8个小区、三期完成建设38个小区。“访诉调”矛盾纠纷一站式平台完成主体工程建设，精心打造资溪县网格治理中心、“周长生金牌调解室”“资心人”金牌网格调解工作室和“红色物业”创建。12月，获评全省“红色物业优秀县”，金水湾小区等3个小区获评全省红色物业小区。扎实推进社会治理“多网合一”改革，持续深化“资心人悉心助”社会治理品牌，“资心人、悉心助”社会治理品牌经验做法先后在《长安》杂志及《法制日报》刊登。召开县平安志愿者协会第6次会议，对表现突出分会和优秀个人进行表彰，进一步激发全县平安志愿者参与平安建设的热情。先后开展反电信网络诈骗、打击整治养老诈骗、预防青少年溺水等专项行动。扎实开展春雷行动、长风行动等专项行动。重点开展道路交通安全和运输执法领域突出问题专项整治活动，持续推进五大“攻坚行动”。开展“水美家安——全民防溺水”专项行动，在重点水域进行拉网式排查。持续加强《反有组织犯罪法》宣传，深化十大重点行业领域专项整治。

年内，资溪获全省公众安全感先进县，县委政法委获评全国党委政法系统“新时代政法楷模”先进集体，县司法局被评为全省社区矫正“十百千万”专项行动表现突出集体，县检察院第二检查部督促整治耕地抛荒行政公益诉讼案入选省检察院耕地保护公益诉讼典型案例，县法院李微获评全省法院基层基础工作先进个人，全县政法系统获国家级集体荣誉1个，省级集体荣誉5个，市级集体荣誉6个，4人获省级荣誉、17人获市级荣誉。

政法及综治

【概况】　县委政法委是县委分管政法工作的职能部门，负责指导政法各部门对重大疑难案件的查处，使其各司其职，密切配合，组织协调、推动全县社会治安综合治理工作。内设办公室、执法监督科、综治中心、维稳科、平安办，县铁路护路联防领导小组办公室挂靠县委政法委。县委政法委建立完善综合行政执法协调联动机制，提升综合行政执法效能。抓好资溪县行政复议工作规范化示范创建。开展政法机关打造一流法治营商环境优化提升年活动。进一步完善环境资源审判机制，加大检察院和法院生态环境公益诉讼办案力度。资溪县获评全省公众安全感先进县、全省铁路护路联防春运先进集体、全省信访工作示范县、全市平安建设先进县。

【健全平安建设机制】 结合资溪实际，研究下发《2023年平安资溪工作要点》《平安资溪建设基层基础提升活动实施方案》《关于印发资溪县巩固提升市域社会治理现代化试点成果的实施方案》等文件，明确全年工作任务，细化工作措施。建立资溪县平安建设分析研判机制，工作运行机制，推动市域社会治理现代化试点10+X责任清单制度，强化工作信息报送、定期调度，保障工作的协调推进。完善平安建设工作实绩考核档案，作为晋职晋级、提拔任用、奖励惩处的重要依据，对各单位制定差异化评价方案。

【搭建法律服务平台】 以“法律明白人”蒋友良工作室为示范，广泛搭建“法律明白人”参与法治实践平台。试点设立“法治驿站”，为社区居民提供公共法律服务指引，免费提供法律咨询。依靠法学会力量，组织开展“美好生活，民法典相伴”主题宣传和普法志愿服务队送法进农村和送法进社区活动。开展“助力农民工”“关爱妇女”“关爱未成年”等系列法律援助专项维权活动。开展“法治服务小分队”活动，由县委政法委牵头，组织公检法司等单位在各乡镇场开展集中宣传、民意调查、专题讲座、调解矛盾纠纷。

【维护社会稳定】 持续推进政治重点人员教育管控、防范处理邪教、关注利益诉求群体、非法宗教组织办学传教专项排查打击行动，切实保证国家政治安全和社会稳定。

【常态化开展扫黑除恶专项行动】 出台《健全和完善资溪县市场流通领域打击防范黑恶犯罪长效常治机制》《社会治安领域长效常治工作机制》《关于深化整治自然资源领域扫黑除恶行业乱象重点问题工作方案》等制度机制20余个，堵塞管理漏洞，消除监管盲区，铲除黑恶势力滋生土壤，营造有序的行业发展环境，促进行业健康发展。加强宣传引导，强化落实《反有组织犯罪法》学习宣传贯彻工作，利用小品剧、悬挂条幅、发放宣传袋和宣传单，开展扫黑除恶宣传。深化重点行业整治，重点对信息网络、工程建设、交通运输、自然资源、水利资源、农业农村、金融、医疗、教育、市场监管等行业领域开展专项整治，巩固拓展整治效果。全年发放“四书一函”26份，处置异地恶势力集团案件1件4人，处置黑财17.5万元。

【规范综治中心运行】 进一步规范县乡村三级综治中心运行，加强乡村两级综治中心工作督促与指导，推动县、乡、村三级综治中心组团式进驻、一站式服务。强化平战结合，实现各类力量下沉到社区、网格，形成“平时组团服务、战时组团攻坚”工作机制。按照多网合一要求，整合党建、市管、城管、生态环境等网格，完善社会治理“全要素网格”，推进专职网格员落实，稳定网格员队伍，切实发挥网格员在社会治理中的主力军作用，提升综治中心实战水平。

【化解社会矛盾】 先后开展矛盾纠纷大排查、大化解专项行动。印发《关于切实做好矛盾纠纷大排查大化解坚决防范遏制“民转刑”案件发生的紧急通知》文件。开展为期两个月的矛盾纠纷大排查大化解专项整治。专项整治期间，共排查各类矛盾纠纷721件，化解713件，化解率98.89%。依托平安建设网格员队伍，优化社区网格设置，推动“多网合一”，加强社区网格党建工作，建立健全社区网格运行机制，在原有113名网格员的基础上，优化人员配备，其中选优配备40名城区专职网格员，推进矛调组织力量下沉网格，力争“小事不出村(社区)，大事不出乡(镇、场)，难事不出县，矛盾不上交”。全年全县网格员共排查矛盾纠纷2606条，已化解2604条，化解率99.81%。整合矛盾纠纷联合调处中心平台资源。在中心原有调解平台的基础上，整合为“九大平台”(即医患、交通事故、土地房屋征收和物业管理服务、劳资、水利资源权属、涉校涉教、环境污染、婚姻家庭、涉旅纠纷)，通过引入相关部门进驻，充分发挥部门职能作用，完善矛盾纠纷多元化解机制，进一步健全矛盾纠纷调解平台，规范调解程序，完善调解机制，扩大调处网络，明确调解职责，提高调解成功率，增强依法行政、依法办事的意识、能力和水平，全年中心共受理群众诉求25起，调处23起，调处率92%。同时，按照“属地管理、分类处置”原则，转办群众诉求8起，参与其他部门调处民事纠纷及治安案件5起，接待群众咨询200余人次。

【开展多元化社会治理】 全县有平安志愿者协会分会24个，平安志愿者3122名，参与单位59个，全县平安志愿者服务时间超过10万小时。调动多方资源和力量参与基层治理，加快构建“多元主体、多元平台、多元服务”的多元共治体系。努力发挥县平安志愿者协会等社会组织的作用，实现各类组织在社区建设发展、矛盾纠纷、公共安全、志愿服务、生态环境保护等方面的专业优势，填补政府在公共服务中的薄弱环节，提升市域社会治理“精细化”水平。5月，组织开展了资溪县平安志愿者协会第六次理事会，对全年工作进行谋划部署，对2022年表现突出的协会和志愿者进行表彰。

【推进铁路护路联防工作】 以“平安铁路”为工作主线，制定下发《2023年资溪县铁路护路联防工作要点》《关于开展防雨汛、战暑运、保畅通的通知》等文件，把解决涉及铁路的难点、热点问题列为年度平安建设实事工程，重点推进“智慧铁路”工作，不断深化铁路平安创建；建立健全路地护路联防工作机制，强化路地合作，将护路工作纳入网格化管理，推进铁路视频监控与网格化中心、路地公安监控系统联网对接，推进铁路沿线重点部位技防建设。开展影响铁路治安安全的风险源或关键点排查、涉路矛盾纠纷排查调处力度，及时化解影响和危及铁路行车安全的矛盾纠纷，坚决杜绝群体性冲击铁路事件。全年共开展铁路巡查200余次，开展集中排查整治活动13次，爱路护路宣传10次，为平安资溪建设奠定良好基础。

【打造资溪平安建设品牌】 以落实基层党建引领基层社会治理工作为抓手，县委主要领导制定出台《资溪县城市基层党建引领社区网格治理工作实施办法（试行）》，发挥全县退出领导岗位干部的作用，重点开展四级网格力量建设，引导广大党员干部和社会力量参与社会治理，实现干部群众由社区服务管理对象转变为参与社会治理服务力量的转变。同时因地制宜地运用“赣邻通”数字信息系统，打造具有资溪本地特色的社区治理信息系统——“资心人”微信小程序，搭建群众参与社区治理平台，通过数字赋能、让数据多跑路，群众少跑腿，实现“四级网格聚合力、党员群众齐参与”的基层治理新格局，打造“资（知）心人溪（悉）心助”的资溪网格治理品牌。

（邱紫静　邓少俊）

公安

【概况】 2023年，全县社会治安情况总体平稳，治安秩序良好。全县公安机关坚持以习近平新时代中国特色社会主义思想为指导，坚定捍卫“两个确立”，持续固化“八个认识”，牢固树立“1135”的工作思路，有效应对复杂局势，出色完成各项公安工作任务。资溪获全省公众安全感调查先进县、全省政法满意度调查先进单位，为加快全面建设产业兴旺、生态一流、美丽幸福的“纯净资溪”创造安全稳定的政治社会环境。

【交通安全治理】 定期开展道路安全隐患排查工作，严格要求工作纪律，对风险运输企业一律落实责任领导、对风险隐患车辆一律落实责任民警，排查辖区道路安全隐患72处。查处交通违法行为34914起，酒醉驾232起、超员95起、疲劳驾驶49起、无证驾驶141起，辖区未发生较大以上交通事故，全县道路交通安全形势持续保持平稳。

【校园安全治理】 持续加强校园及周边安全治理。主动与校方共同研究校园安全重点工作，及时掌握校园周边社会矛盾、不稳定因素、治安环境、交通秩序等，不断健全完善安全工作预案，围绕人员、装备、预案等方面建立快速反应机制，举办安全知识讲座50场，防溺水宣传47次，应急演练39次，切实提升对涉校案事件及苗头性问题提早发现、有效防范、迅速处置的能力和水平。

【常态化开展扫黑除恶】 坚持严打彻查涉黑涉恶犯罪不动摇，重点开展宣传《反有组织犯罪法》，鼓舞和号召全社会同黑恶势力作坚决斗争。聚焦信息网络、社会治安、生态环保等重点行业领域乱象开展专项排查，切实把黑恶势力滋生蔓延的风险管控住。打好系列专项行动整体战。统筹开展“抚安”“昆仑”“长风”等系列行动，围绕“小案快侦、抢案必破、盗案多破、有赃即追”的理念，严厉打击“盗抢骗”“黄赌毒”“食药环”及跨境赌博等突出违法犯罪，全年共破获刑事案件172起，抓获犯罪嫌疑人248人，移送起诉218人，累计抓获逃犯90人，有效提升群众安全感、满意度。

【食药环生领域综合治理】　县公安局严厉打击食品、药品、生态环境、知识产权领域犯罪行为，破获“食药环”“知水森”刑事案件38起，采取刑事强制措施50人。成功侦破的“206销售假冒注册商标的商品案”和“801非法狩猎案”被评为省督案件，在5月举办的全市公安机关食药环侦案例实战大比武评选活动中选送的“7·7非法狩猎案”被评为精品案例第一名，有效保障人民群众生命健康和舌尖上的安全。

【严厉打击涉诈犯罪】　采取综合购买服务、争取支持、警种协作等多种方式，以开展“云剑”“长风系列”专项行动为抓手，突出抓金主、铲窝点、打平台、断资金，采取稳、准、狠全方位、全链条打击，共破获电信诈骗案件19起，抓获涉嫌帮信犯罪嫌疑人39人，返还涉诈资金196余万元。5月25日，刑警大队接到一起以关闭“京东白条”为由被诈骗27万余元的案件，通过分析研判、梳理资金流，仅历时5天，便在浙江、河北、江西等地将犯罪嫌疑人抓获，为受害人挽回全部损失。强化源头整治，充分发挥县联席办协调优势，推动各地各单位加强教育引导，发现并遏制本地人员跨省出境参与电诈犯罪的苗头和倾向；强化人员管控，开展涉诈重点人员集中排查管控，积极做好高危重点人员核查劝阻工作；强化劝投逼返，多维度开展好全县滞留缅北窝点人员核减工作。

【推进公安执法规范化】　努力营造队伍法治生态。建立健全重大案件集体议案制度、受立案巡查制度，规范和加强执法办案中心管理，围绕最普遍、最多发的执法问题，抓好法治思维养成、执法习惯养成，确保公安工作的每个环节都于法有据、执法规范。整治执法突出问题。法制部门、督察部门开展常态化案件全流程监督管理，下发巡查通报42期，下大力气整治不作为、乱作为以及过度执法、机械执法等问题，对执法问题突出、执法水平落后的单位，开展“点穴式”专项督察，让被督察单位有“痛感”、有危机感，真正达到“吃一堑长一智”和整改提高的目的。加强执法能力培训。以15部公安法规为核心，组织开展法律知识考试、优劣质案件评审、宣讲等6次，让严格规范公正执法理念根植到每一名公安民警内心，落实到每一次执法活动中，不断追求“教科书式执法”，习惯在“镜头下执法”。

【提升为民服务质效】　持续深化“放管服”改革举措，紧盯人民群众急难愁盼问题和广泛关注的“关键小事”，将临时身份证受理制证下放至全县各派出所，方便群众办理业务。解决无户口人员落户问题7人次，为群众提供跨省通办服务事项82件；提供延时服务120余人次，错时服务1100余人次；为高考考生提供办证绿色通道10余次，为老年人开通老年人优先通道500余次。

【优化营商环境】　以“一企一警”警企联防服务中心为载体，持续深化警企联防、重点项目建设安保工作联动机制，畅通亲商护商安商的“绿色通道”，依法严厉打击经济领域犯罪。共受理各类经济案件7起，抓获犯罪嫌疑人15人，移送起诉10人，挽回经济损失296.46万余元。

（吴福全）

道路交通管理

【概况】　2023年，全县交通安全形势总体平稳。县交警大队与县直各相关职能部门及县局其他警种密切配合，部署开展事故源头隐患排查治理、交通违法查处、交通安全宣传等事关事故预防的大量工作，较好履行交警工作职责，确保全县道路交通安全畅通。至年底，全县共发生道路交通事故1564起，死亡7人，与2022年同期持平，受伤人数527人，财产损失78.2万元，未发生一起死亡2人的道路交通事故，未发生一起较大以上道路交通事故。

【强化电动车管理】　县交警大队努力提升管理效能，重点整治电动车违规行为，打出整治组合拳，群众文明骑行电动车意识显著增强，有效净化城市交通环境。加大电动车违停整治力度。不定期在城区街道开展电动二（三）轮车乱停乱放整治行动，采取宣传、劝导及清障车拖离等方式，增强群众的文明停车意识。强力开展电动车拆伞整治行动。与县公安局特巡警组成联合执法队，采取执勤警车加清障车协同保障拆伞执法顺利进行，拆除范围从街道逐渐向小区、单位延伸，并转为常态化持续进行，保持整治力度，全年累计拆伞17000余顶。整治不戴头盔不手软。坚持日常严管与广泛宣传相结合，持续开展“一盔一带”交通安全守护行动，截至12月31日共查处骑行摩托车、电动车不戴头盔3万余起，路面头盔佩戴率显著提高。加强源头管理。发放电动车摩托车经销商告知书，6月30日召开全县摩托车电动车非法安装整治工作会，要求商家积极履行主体责任告知义务，不售卖安装雨伞（蓬），提醒购车群众购买配齐安全头盔。严抓校园交通安全。强化警校合作，8月31日下午县交警大队邀请县一中、二中及职业中专学校领导就如何对学生违规骑行电动车加强管理进行沟通商讨；9月8日在县公安局组织召开全县校园道路交通安全工作调度会，明确学校与交警职责。

【严查交通违法行为】 县交警大队结合开展公路交通安全春季守护行动、夏季整治行动、冬季行动工作要求，合理调整勤务模式，最大限度将警力摆上路面，提高见警率和管事率。强化查处力度，采取“白＋黑”模式，白天在重点时段严查各类重点车辆“三超一疲劳”“一盔一带”、涉牌涉证等严重交通违法行为；夜间对机动车无牌无证、酒后驾驶等夜间多发交通违法行为进行重点整治，保持威慑不漏管。强化农村道路管控，通过“交所融合”联合乡镇派出所加强农村公路巡逻，牢牢守住出村口、乡镇要道口，加大对酒驾、超载、人货混装等交通违法行为的查处力度。截至12月31日，共查处各类交通违法行为73091起，其中现场查处交通违法行为40680起，非现场查处交通违法行为32411起，查处酒醉驾271起、汽车超员36起、疲劳驾驶62起、无证161起、吊销驾驶证7起。在重要节日活动保障全县交通安保，完成清明、国庆和第七届大觉山半程马拉松赛、第十一届环鄱阳湖国际自行车大赛资溪站、第八届新月民俗文化节、首届资溪越野挑战赛、第八届大觉山马拉松比赛等。

【开展交通安全风险隐患治理专项行动】 为防范化解“人车路企”道路交通安全风险隐患，县交警大队开展道路交通安全风险隐患治理年专项行动。对辖区风险运输企业一律落实责任领导、对风险隐患车辆及驾驶人一律落实责任民警。每月通过上门走访检查、警示督促、电话、短信通知等形式组织开展治理整改，组织力量动态排查道路安全隐患，并按照隐患等级梳理分类，及时报告函告相关公路、交通局、乡镇人民政府等主管部门。至12月31日，共排查整改完成辖区道路安全隐患72处（其中省级7处、市级14处、县级51处），整改率100%，有效防止因隐患整改不到位导致安全事故发生。

【加强交通安全宣教引导】 县交警大队结合“美丽乡村行”“一盔一带”“春季守护行动”“三零一戴”等主题开展交通宣传和安全引导，组织民警开展“七进”宣传活动，在企业、单位、学校、农村等地通过散发宣传资料、张贴宣传画、摆放宣传展板等方式广泛宣传交通安全知识。充分借助短视频、微信、今日头条等主流媒介发布交通违法典型案例、交警整治工作动态，加大社会面警示宣传。利用路面执勤点、巡逻警车，对过往车辆驾驶员及行人不戴头盔、违规载人、超员等进行常态化交通安全劝导。至12月31日，县交警大队在央视微博“生命线”栏目上新闻报道2条，在《道路交通管理杂志》上稿2篇，人民网3篇，《新法制报交通周刊》上新闻报道70余篇，在省市公安交警微博、抖音、网络客户端等新媒体上宣传报道170余条，发布两公布一提示11条，发送短信提醒30000余条，有效扩大交通安全宣传传播力、影响力和覆盖面。

【提升服务质量】 县交警大队践行“以人民为中心”的执法理念，对假期前来游玩游客误入禁行路段、违停等轻微交通违法行为以警告为主，对辖区企业运营车辆轻微违法以警告教育为主，落实人性化规范化执法要求。车管所持续推进“放管服”改革，进一步使用好互联网综合服务平台，引导群众在网上申办业务；开设“军人优先”窗口，努力提供更优质、更高效的服务；开展上门服务、预约服务，方便群众办事；下放车驾管业务权限和简易事故处理权限到8个乡镇派出所，并组织相关业务培训，让群众可以就近办理车驾管一般业务和简易事故处理。全年共办理机动车注册登记3066起、机动车转让登记193起、抵押登记204起、新能源汽车注册登记72起；办理补换驾驶证3172起、补领行驶证271起、转入驾驶证374起、注销登记539起。

（龙华）

森林公安

【概况】 2023年，资溪县公安局食药环侦大队切实履行“食药环知”领域工作职责，广泛宣传“食药环知”法律知识，始终保持严打态势，加大对危害食品药品安全、破坏生态环境、侵犯知识产权和涉林涉水涉野违法犯罪活动的打击力度，切实维护全县天然水域和林区治安秩序稳定，全力保障人民群众生命健康安全。

【机构改革】 4月，县公安局森林分局加挂资溪县公安局生态环境与食品药品犯罪侦查大队牌，原森林分局牌保留，两块牌子一套人马，下设情报综合中队、生态环境侦查中队、食药环侦查中队三个中队，大队班子为两正三副、中队为正股设置，之前的派出所全部剥离。

【打击“食药环知森水”犯罪行为】 年内，县食药环侦大队紧扣“食药环知森水”主责主业，先后开展“昆仑2023”“三大专项行动”等专项行动，严厉打击食品、药品、生态环境、知识产权领域犯罪行为。全年受理食药环知水森刑事案件42起，立案40起，破案38起，刑事拘留31人，逮捕2人，取保候审17人；侦破的“206销售假冒注册商标的商品案”和“801非法狩猎案”被评为省督案件。在5月举办的全市公安机关食药环侦案例实战大比武评选活动中，县食药环侦大队选送的“7·7非法狩猎案”被评为精品案例第一名。通过一系列的打击整治活动，有效维护全县河湖林区的生态环境安全，保障人民群众生命健康和舌尖上的安全。

【维护边界地区社会治安】 为强化边界防控能力，维护边界地区社会治安稳定、构筑有效的治安防控体系，有效联动打击违法犯罪活动和化解矛盾纠纷，县食药环侦大队先后走访光泽县公安局森林警察大队、寨里森林派出所、南城县公安局龙湖派出所、沙洲派出所、金溪县公安局黄通派出所、黎川县公安局洵口派出所、华山派出所以及贵溪市公安局耳口派出所等8个所队，开展警务交流并达成协作，实现与资溪交界的所（分局）警务协作的全覆盖。8月21日，对前期侦办的“2023.8.1”非法狩猎案依法进行移交，实现赣闽两省在涉林刑事犯罪打击上的无缝衔接。

【创新“三长”联动】 县食药环侦大队按照县委十五届党代会的要求，全警动员推出“三长”联动，将生态环境大保护作为工作重点。以大队和派出所警力为主、其他警种警力为辅，打造“一林一河一警长”的“三长”生态治理模式。探索“一警多责、一警多能、一警多用”的警务机制改革，构建隐患联治、风险联控、勤务联动的一体化系统化治理机制，真正实现林有人管、河有人巡、生态环境有人护的工作格局。县食药环侦大队不断发挥民间力量，将县林长办聘请的专职护林员、县狩猎队人员，以及河长办聘请的河长全部建档管理，共建微信工作群，由包片民（辅）警配合河长、护林员对山林、河流、水库等重点区域场所开展经常性巡查，树立马头山保护区派出所负责人罗莉群“女警巡山”“我和父亲守大山”的正面典型，她的个人先进事迹先后被《人民日报》《人民公安报》和《新法制报》等多家媒体转载报道。

（刘卫华）

检察工作

【概况】 2023年，县人民检察院将以习近平新时代中国特色社会主义思想为指导，深入贯彻习近平法治思想，咬定“走在前、勇争先、善作为”的目标要求，以检察工作现代化服务中国式现代化为中心任务，聚焦强化法律监督主责主业，认真落实“高质效办好每一个案件”基本价值追求，建设过硬检察队伍，为奋力谱写中国式现代化资溪篇章提供有力的法治保障。

【维护群众权益】 年内，共批准逮捕各类刑事犯罪51人，起诉263人。严惩危害人民群众生命财产安全犯罪，起诉强奸、贩卖毒品等严重犯罪7人，起诉盗窃、诈骗等多发性侵犯财产类犯罪11人。全力守护“钱袋子”安全，起诉帮助信息网络犯罪活动罪案件52件79人、掩饰隐瞒犯罪所得罪案件8件8人。坚持办案与追赃挽损并重，全年追赃挽损463.734万元，切实维护群众合法权益。

【助推市域社会治理现代化】 县人民检察院全面准确落实宽严相济刑事政策，在对严重犯罪始终保持“严”的震慑力的同时，对轻微刑事案件依法规范落实“宽”

的政策，不捕75人、不起诉48人；检察环节认罪认罚从宽制度适用率为94.32%，确定刑采纳率为100%。主动参与市域社会治理，制发社会治理检察建议8件，回复率为100%。针对部分养老机构管理不规范问题，向县民政局制发检察建议，助推开展养老机构安全隐患排查整治系列活动，整改3个隐患点，取缔1家养老机构。严惩制假售假、侵犯知识产权保护等破坏市场经济秩序犯罪行为，起诉17人。持续推进资溪县涉案企业合规第三方监督评估机制建设，办理涉嫌虚开增值税专用发票企业合规案件2件，在保护企业合法权益的同时，促进企业守法合规经营，预防和减少企业违法犯罪的发生。办理的资溪某物流公司涉嫌虚开增值税专用发票案，该公司通过企业合规第三方评估，县人民检察院对其作出不起诉处理。

【保护未成年人】　持续发挥“刘莹姐姐工作室”作用，线上、线下开展主题普法活动60次，开展法治进校园活动31次，参与的学生、教师、家长3万余人次，为建设平安校园、法治校园贡献检察力量。贯彻落实未成年人“两法”，最大限度教育挽救涉罪未成年人，对涉轻罪未成年人不批捕3件5人，不起诉3人，附条件不起诉5人。针对资溪县某食品经营部向未成年人售烟的情况，向县烟草专卖局制发检察建议，督促县烟草专卖局对该食品经营部依法作出行政处罚，开展进校园普法活动3次，对辖区卷烟零售户开展“拉网”检查，与卷烟零售户签订禁止向未成年人售烟承诺书、倡议书。

【防范化解社会矛盾】　用心用情落实“群众来信件件有回复”“检察长接待日”等制度，办理来信来访26件，全面落实7日内程序性回复、3月内办理过程和结果答复。认真推进检察听证工作，对各类案件开展听证73次，让公平正义可触可感。践行“枫桥经验”，注重调解方式，及时化解群众心结，信访案件新增为零，总结提炼“123314”调解工作法，该方法被《抚州检察》刊登，并多次在县委党校授课推广。用心解决人民群众急难愁盼，扎实开展司法救助工作，继续把军人军属、残疾人、未成年人、妇女等作为重点救助对象，将“被动受案”变为“主动服务”，主动救助19人，发放救助金22.786万元。向挂点村高田村提供帮扶资金1万元，选派9名中层以上干部对10户脱贫户进行一对一结对帮扶，为服务保障乡村振兴注入检察力量。办理的王某民事支持起诉案帮助讨薪1万余元，有效维护农民工合法权益。

【普及法律知识】　常态化开展法治服务小分队进乡村、检察官进人大代表联络工作站和“法治夜校”活动，检察官结合自身的办案经验，重点围绕婚姻家庭、邻里纠纷、新型电信诈骗、未成年人保护等方面，利用发生在身边典型案件，用通俗语言为群众普及法律知识，达到以“身边案”警示“身边人”目的，引导老百姓尊法、学法、用法，增强人民群众防范非法集资、养老诈骗和电信诈骗的能力，促进家庭和谐、邻里和睦。

【加强法律监督】　强化刑事诉讼监督，监督立案8件，监督撤案3件，纠正漏罪2条、漏犯16人，提出纠正意见70件次，提出及提请抗诉2件，对刑事诉讼中的问题发出检察建议3件。强化刑事执行和监管活动监督，办理重大案件讯问合法性核查案件4件，办理监督刑事执行违法案件35件，既保障在押人员和监外执行人员的合法权益，又充分维护法律执行的严肃性。强化精准监督理念，切实维护司法公正和当事人的合法权益，共办理各类民事检察监督案件10件，对认为确有错误的民事生效裁判提出再审检察建议3件，对民事审判程序违法提出检察建议2件，监督、支持县人民法院依法执行，对执行活动违法情形提出检察建议2件，加强民事执行和解工作，促成2起案件当事人达成和解息诉。加强对行政裁判结果和审判、执行活动的全流程监督，共办理各类行政检察监督案件11件，提出监督意见6件。坚持“一手托两家”，在履行法律监督职责中发现行政机关违法行使职权行为，提出检察建议4件，助力依法行政。推进行刑反向衔接，对办理的不起诉案件移送行政执法机关，建议给予行政处罚16人。与县司法局会签《关于开展行政争议实质性化解工作的协作意见》，成功化解行政争议4件。办理行政公益诉讼案件44件，向相关行政机关发出诉前检察建议38件，回复整改率100%，公益损害问题均在诉前得到解决。办理民事公益诉讼4件，向县人民法院提起诉讼2件。在县人大及其常委会的监督指导下，围绕“守住耕地红线”为主题，深入开展“助力耕地保护，护航粮食安全”专项监督，有效推动“公益诉讼江西行”资溪活动走深走实，办理耕地保护领域公益诉讼案件17件，督促复垦耕地4400余亩，办理的督促整治耕地抛荒行政公益诉讼案入选全省典型案例。

（程明旺）

审 判

【概 况】 2023年，县人民法院忠实履行宪法和法律赋予的职责，紧扣“公正与效率”工作主题，立足审判职能，优化法治化营商环境，践行新时代“枫桥经验”，推进法治社会建设，保障全县经济社会发展大局。全年受理各类案件1891件、已结案件1833件，比2022年分别上升18.11%、17.58%，审限内结案率97.73%，一审服判息诉率94.68%。

【严惩刑事犯罪】 聚焦全县平安建设，依法惩治各类刑事犯罪。全面贯彻落实总体国家安全观，审结刑事案件158件209人，结案率94.61%，提升5.81%。依法审结职务犯罪1件1人，邀请县人大代表、县政协委员、县纪委监委、县直单位及乡镇场干部100余人现场观摩庭审，实现法律效果和社会效果相统一。强化生态环境司法保护力度，围绕“纯净资溪生态立县”的发展定位，依法严惩破坏生态资源的犯罪行为，共审结各类环境资源案件12件。持续推进生态损害赔偿和修复，收缴生态修复费用12万余元，切实发挥审判震慑作用，有力维护生态安全。

【加强审判执行力度】 凝聚执行联动协作合力，切实推进解决执行难。执结案件854件，结案率96.83%，执行到位金额6900余万元。狠抓执行措施运用，开展春节前涉民生案件、“赣鄱利剑”涉金融案件等集中执行行动。发布失信被执行人名单147人次，发出限制高消费令196人次，拘传、拘留29人，罚款7万余元，司法网络拍卖成交1887起，成交金额4300余万元。狠抓执行联动，联合县公安局、县检察院印发《关于建立健全执行联动机制的实施方案》，形成打击拒执犯罪合力，建立常态化协助查找被执行人行踪信息共享机制，累计收到反馈信息60人次，执行到位32.59万元。

【强化民生保障】 充分发挥民商事审判定分止争、化解矛盾、保障民生、促进发展的职能作用，妥善处理民商事纠纷。审结各类民商事案件941件，结案率88.36%。依法审结借款、承揽、租赁等合同纠纷302件，维护诚实守信市场交易规则；审结房屋买卖、建设工程等纠纷21件，依法保障房地产和建筑业平稳健康发展；坚持“应救尽救”原则，加大对困难、弱势群体的司法救助力度，办理司法救助案件7件7人，依法发放救助金25万余元。妥善处理好家事案件。通过多主体参与、多资源利用、多手段处理家事纠纷，形成家庭纠纷化解合力，不断完善家事审判多元化纠纷解决机制。审结各类家事案件224件，一审以调解、撤诉方式审结家事案件151件，调撤率67.41%。加强未成年人司法保护，审结涉未成年人案件153件，发布家庭教育令9件，人身保护令1件。

【优化营商环境】 严格落实服务民营企业发展实施意见“十六条”，制定《资溪县人民法院关于开展深化“法润园区法惠千企”服务企业工作的实施方案》，主动上门向企业推广“知卫”“法惠千企”微信小程序，满足民营企业多元化的司法服务需求。与工商联、园区管委会、工会等建立协调联动机制，挂牌成立园区巡回法庭，服务保障园区内企业，定期到工作室开展法律服务，帮助园区企业查堵漏洞、防范风险，让更多纠纷解决在诉前、控制在园区内，切实创优法治化营商环境。

【智慧法院建设】 升级完善线上诉讼服务体系，开通人民法院在线服务平台、律师服务平台等多元立案渠道，引导当事人网上立案，网上立案数277件。持续推广电子送达，电子送达3536人次。开通手机网上缴费功能，通过“微信”“支付宝”等平台进行网上缴费986件，网上缴费占96.2%，极大地方便群众办事。持续推进“档案e管理”建设，升级改造科技法庭，实现全流程无纸化办案。

【社会基层治理】 县人民法院主动参与基层社会治理，坚持“抓前端、治未病”，突出源头预防、前端化解、关口把控等重点环节，做好诉前纠纷调解工作，通过多元化解e平台调解案件1186件。配合资溪县“一站式”矛盾纠纷多元化解中心建设，选派一线干警进驻。打造资溪法院“法治地摊”品牌，组织干警到乡镇、社区开展巡回审判、强制执行、领导接访、普法宣传系列活动，取得良好的社会效果。一体推进落实最高人民法院“一号司法建议”“二号司法建议”，针对电信网络诈骗及其关联犯罪案件办理中发现的问题，发出司法建议10份，反馈采纳率100%。认真落实民生举措。落实“接诉即办”“有诉必应”，高质量办结赣法民意工单124件，回访满意率100%。稳步推进“有信必复”，对收到的33件信访案件按时答复、及时办理。落实“胜诉退费”要求，清理并完成诉讼费退费案件97件。持续开展普法宣传。全面落实“谁执法、谁普法”责任制，充分延伸司法职能，认真开展民法典宣传月、知识产权周集中法制宣传10余次。送法入企、进校园、到军营20余次。联合县委党校开展“依法行政教学基地”庭审现场教学1次，参与人数50余人。通过各媒体平台累计发布以案释法、法院动态等宣传190余篇，其中在省级以上新闻媒体发布宣传报道35篇，传播资溪法治好故事。

（吕碧云）

司法行政

【概况】 县司法局认真学习并贯彻习近平法治思想和党的二十大会议精神，持续强化“一统筹、四职能”布局，发挥司法行政职能优势、主动作为，为资溪县社会经济发展提供了优质高效的法律服务，营造和谐稳定的社会环境和公平正义的法治环境。

【推进全面依法治县】 县司法局统筹推进全面依法治县工作，组织召开全面依法治县工作会议，审议通过《县委全面依法治县委员会2023年工作要点》等3个文件，对年度全面依法治县工作作出谋划部署。抽选12名乡（镇、场）和2名县直部门党政主要负责人在依法治县委员会议上进行述法，全力推进党政主要负责人履行推进法治建设第一责任人职责。严格落实法治建设重点工作指引、提醒和督办通报制度，发出重点工作提醒单23份、督办单2份。深化习近平法治思想学习、宣传、贯彻，把习近平法治思想纳入各级党委（党组）理论学习中心组学习重点内容，列入县委党校（行政学院）重点课程和各类培训班的内容。举办“习近平法治思想大讲堂”，组建专家师资库，开展习近平法治思想宣讲20余场次。购买《习近平法治思想学习纲要》专题读本1000本，发放给领导干部学习，提升法治思维。

【法治政府建设】 完善政府决策法定程序，编制并公开《2023年资溪县重大行政决策事项目录》。落实法律顾问常态化列席常务会，累计提出合法性审查意见建议70条，重大行政决策2件，保障政府决策合法性和科学性。组织召开行政执法联动工作联席会议，强化行政执法监督，建立常态化培训机制，开展培训2次，集中学法考试2次，提升执法人员能力水平。落实企业安静日制度，在“四新”企业中建立行政检查监测点2个，开展道路交通安全和运输执法、非法采矿等专项监督4次、案卷评查2次，累计抽查案卷60件，对发现的行政执法问题进行督促纠正。完成行政复议办公室规范化建设，共受理行政复议案件33件，办结28件，行政复议纠错率25%，调解率32.14%。指导各单位做好行政应诉工作，行政应诉案件28件，败诉率为15.38%，下降23.2%。

【推进“法律明白人”培养工程】 县司法局推进“法律明白人”培育工程提质增效，组织86名“法律明白人”参加全市骨干示范培训班。落实“百场公益普法基层行”活动，邀请省公安厅食药环犯罪侦查总队警长到高田乡开展法律明白人知识讲座，累计开展“法律明白人”培训10余次。持续搭建“法律明白人”参与法治实践平台，建立“法律明白人”法治实践站9个，设立“法律明白人”服务工作岗74个，引导“法律明白人”广泛参与基层社会治理。

【开展法制宣传】 认真落实年度普法工作任务，多举措推进法制宣传。组建“法律志愿服务队”深入乡村、社区、学校、企业、景区等开展法制宣传。在县法治文化公园开展“美好生活，民法典相伴”主题宣传活动，以阵地“典亮”法治文化生活。于“宪法宣传周”在司前社区拱辰广场开展宪法集中宣传活动，主动拓展新的法治文化阵地。结合学雷锋纪念日、三八妇女节、平安宣传月和“4·15”全民国家安全教育日等时间节点开展法制宣传，累计宣传130余次，发放宣传资料2万余份，解答法律咨询2000余人次。强化“民主法治示范村（社区）”创建，对全县“民主法治示范村（社区）”进行实地检查复核。乌石镇新月村获评“全国民主法治示范村（社区）”。努力开展全国守法普法示范县创建，通过省级评审并报司法部复核。

【提升公共法律服务】 完善公共法律服务平台建设，建成标准化规范化公共法律服务工作站9个，设立村公共法律服务室74个，打造“一站式”法律服务平台。先后开展“法援惠民生”“法律进乡村”等活动，满足群众法律服务需求，共开展16场次，办理法律援助案件248件，依法为254名农民工开展法律援助工作，挽回经济损失300万余元。探索“党建+公共法律服务”方式，试点成立“法治驿站”“律师工作站”，将法律服务送至企业及群众家门口，共解答咨询300余人次，获得群众一致好评。优化“资溪县掌上公共法律服务平台”，增加“视频咨询”功能，实行“一键式”法律服务。掌上平台粉丝关注量超27000人，法律咨询量超800件。开展“公证+行政执法”试点工作，与7个乡镇及7个行政执法部门签约，引入公证力量破解执法难题，参与执法部门现场执法公证8起，办理各类公证306件。资溪县公证处被评为全省优秀公证处及全省公证宣传工作先进单位。大力扶持律师开设个人所，江西龙秀律师事务所正式挂牌营业，解决一县一所问题。鼓励律师参与政府决策，律师担任46个政府部门常年法律顾问，提出法律意见50余条，参与认罪认罚170余次。鼓励公职人员参加法律职业资格考试，有10名公职人员通过考试。全县共有公职律师11人，法援及社会律师7人，全县律师“万人比”约1.98。

【维护基层社会稳定】 提高社区矫正工作智能化水平，建成“资溪县智慧社区矫正中心”并投入使用，利用“线上+线下”双重监管模式，严格落实动态管控机制，提升社区矫正智慧化、规范化水平。开展集中警示教育24次、社会公益活动24次，实施训诫、警告8人，办理远程视频会见120件。落实刑释人员帮教措施，刑释人员衔接率、帮教率、安置率、接送率均为100%，无一重新犯罪。坚持新时代“枫桥经验”，有效化解各类矛盾纠纷，共接受各类矛盾纠纷536起，调解成功525起，调解成功率98%，充分发挥人民调解“第一道防线”作用。石峡乡人民调解委员会被评为“全省优秀人民调解组织”。

（黄雯雯　陈佳）

法律宣传（吴文华摄）

农·林·水

农村工作

【概况】 全县认真践行“两山”理念，坚定实施“生态立县、旅游强县、绿色发展”战略，坚持以乡村振兴为目标，围绕“建设村庄、管理村庄、经营村庄”标准，持续巩固提升美丽宜居示范县建设成效，开展美丽活力乡村建设、农村人居环境整治、厕所革命、村庄长效管护和村庄清洁行动，实现全县村庄生活垃圾治理、乱搭乱建整治“两个全覆盖”，污水治理、厕所革命得到有效推进，村容村貌得到持续提升，村民环保意识持续增强，长效管护机制日益健全，农民群众生产生活条件得到显著改善和提升。

【打造美丽宜居示范县】 持续提升美丽宜居示范成效。围绕资溪“小县大城”战略和未来乡村建设“一核一副四群”要求，结合乡村的区位功能和发展定位，按照乡镇集镇、中心村、传统村落三个等次，构建“四线五镇”的未来乡村，全年落实了16个省级村点、16个市县自建村点的村庄整治建设任务，省市县乡村振兴重点帮扶村等村庄整治建设及环境提升工程，实现村庄整治向功能品质提升迈进，美丽宜居示范成效得到持续提升，努力呈现“点上精美、线上出彩、面上宜居”新局面。2023年顺利通过全省美丽宜居示范县动态监管，继续保留美丽宜居示范县称号。

【推进乡村民宿建设】 自2021年起，资溪县努力推进“美丽活力乡村＋乡宿”联动建设工作，以休闲乡村民宿发展为突破口，持续探索“乡村建设与农文旅融合发展”，初步形成以南源宿集、大觉古镇民宿为龙头的溪畔民宿集群，以御龙湾、山岭民宿群为龙头的森林民宿，以野狼居、年代民宿、山哈小筑、熹园茶宿为特点的主题民宿等三大民宿集聚区。至年底，全县有乡宿49家，营业房520间，床位942张，投入200余万元用于乡宿周边公共基础设施建设及环境提升。2023年南源宿集创成全国甲级民宿，野狼居创成省级4星级休闲乡宿，全年全县乡宿共接待游客8.5万人次，实现营业收入1500余万元。

【健全村庄环境长效管护】 围绕“五定包干”村庄环境长效管护要求，通过搭建5G+村庄长效管护平台，持续推进农村公共基础设施“六位一体”建后管护体系建设，将全县70个行政村655个村组生活垃圾、公共服务设施全部纳入管护范围，村庄环境长效管护机制不断健全。足额保障每年每个行政村长效管护经费不少于5万元，对村庄内损坏的公共基础设施（太阳能路灯、户外休闲凉亭、农村公厕等）进行维修更换。2023年村庄清洁行动共清理农村生活垃圾780吨、露天塑料垃圾46吨、村内水塘11口、村内沟渠58公里、进村入户宣传教育80余次、发放宣传资料31500余份、发动农民群众投工投劳18780余人次、投入财政资金900余万元，进一步提升农村人居住环境。

【推进农村厕所革命】 对照全省农村户厕管理系统台账，分步推进问题户厕整改。全年全县计划新改建户厕任务数50户，问题户厕整改数429户。通过组织召开农村厕所革命工作调度会、改厕技术培训会，印发农村改厕技术指导宣传教育手册等方式，对各乡镇相关人员进行农村改厕工作指导培训，明确改厕任务、目标，要求各乡镇严格落实农村三格式户厕建设技术规范等标准，严格把关，实行台账和销号管理，整改一个、验收一个、销号一个，确保改一户成一户，对达不到要求的坚决不予验收。2023年完成新改建户厕50户。

【开展“整洁庭院”专项整治】 依托美丽宜居示范县建设成效，率先在“316国道、大觉溪、真相乡村”三条观光带沿线村庄开展庭院整治先行先试工作并向全县辐射。通过出台《资溪县“整洁庭院”专项整治提升试点工作方案》《资溪县“美丽庭院”认定实施办法（试行）》等文件，结合村庄实际，因地制宜，将庭院建设与当地“自然环境、人文历史、建设风格”相结合，构建出一批与自然环境融为一体、极具畲族民族风情特色、与秀美乡村相映成趣的“美丽庭院”。同时鼓励引导有条件的农民群众利用庭院内外边角地、空闲地，建设“四园”，打造属于自己的美丽庭院。全年累计实施庭院绿化、造景32000余平方米，打造美丽庭院3500余个，全县整洁庭院改造率超过80%。

（毛尧卿　何文华）

粮油生产

【概况】　2023年，县农业农村局持续做好粮油生产工作，完成省市粮食生产任务，其中早稻省厅下达3000亩任务，实际完成9291.57亩，全年粮食生产8.66万亩，产量3.7万吨，实际完成粮食面积8.6734亩，产量3.835万吨。冬闲田种植面积达4万余亩，其中油菜9738亩，全面完成上级下达的5000亩任务。

【落实惠农政策】　县农业农村局申请县财政资金235.3843万，落实2022年冬种有关补助，其中油菜补贴面积10444.76亩，冬蔬菜补贴面积3709.0亩。落实2023年第一次种粮补助资金5万元，对全县早稻种植户进行补助。落实耕地地力补贴资金860万元，其中发放地力补贴资金766.9263万元，结余资金发放早稻补助。落实稻谷价格补助205.9万元，对全县水稻种植进行补贴。

【实施绿色防控建设】　根据省市下发的二批救灾资金项目建设，在鹤城镇排上村、高阜镇高阜村开展绿色防控示范基地建设，安装太阳能杀虫灯40个，辐射面积1200余亩。委托资溪县雷霆水产养殖有限公司开展统防统治工作，实施面积2万余亩。同时，持续推进农作物秸秆综合利用，秸秆综合利用率96.52%。

【推广发展水稻制种】　2023年全县水稻制种面积12000余亩，完成市局下达的7000亩任务。并在高阜镇石陂村开展中稻新品种展示活动，选择适宜资溪种植的15个品牌开展试种工作，组织种植大户进行实地观摩，择优选择适宜种植的早、中、晚稻14个品种进行推广。

【蔬菜水果生产】　至年底，全县蔬菜播种面积4.32万亩，果树种植2700亩。

水果种植主要分布在鹤城镇、乌石镇、高田乡等，其中最具代表性的资溪大觉山田园综合体有限公司，坐落在鹤城镇大觉山村、排上村，该公司开发果园面积800

2023年10月28日，县农业农村局举办全县养蜂技术培训班。（帅建忠　摄）

高阜村村民割收稻谷（帅建忠　摄）

余亩，其中果园种植面积500余亩，果苗面积200余亩，总苗木20余万株。果园种植桃树、梨树、李树、西梅、石榴等各类果树18个品种，2023年挂果300余亩，产量150吨。分布在鹤城镇排上村的资溪县果香园果树种植合作社种植红心火龙果50余亩，产量余50吨；金岛葡萄合作社种植葡萄、红提草莓50余亩，产量75余吨。

（毛尧卿　何文华）

畜禽水产

【概况】　2023年，县农业农村局以产业增效、农民增收为目标，以动物防疫、检疫为保障，水产养殖、畜产品安全为重点，全面推进畜牧业、水产业高质量发展，全县畜牧业、水产业保持平稳健康发展的良好势头。

【畜禽生产稳步发展】　年内，全县生猪、牛、羊出栏数量分别为31124头、621头、2305头，分别增长8.7%、10.7%、4.4%，完成上级年初的畜牧生产任务。2023年，江西圣泽家禽育种有限公司全面投产，销售自主培育的父母代种鸡700余万套，销售额近2亿元。

【提高畜禽防疫力度】　以防疫为工作重点，实现畜禽产业健康发展。精心组织，周密安排，同时进一步加强防疫知识及法律、法规宣传，完成2023年辖区动物疫病防控各项工作任务。明确全年任务，全力以赴抓好动物疫病防控工作，狠抓以高致病性禽流感、牲畜口蹄疫为重点的动物防疫工作，确保不发生重大畜禽产品质量安全事件，畜禽死亡率均控制在正常范围内。明确工作重点，认真做好动物疫病防控工作。年内，全县春秋两季重大动物强制免疫共计免疫生猪2.8万头，牛0.21万头，羊0.21万头，家禽66万羽，应免完成率均为100%以上。两季抗体检测水平合格率均为90%以上畜禽样品检测抗体合格率均为100%。强化疫情监测，保障畜牧产业发展。2023年全县共抽取370余份畜禽血样，完成1789项疫病检测。

【强化动物检疫监督】　做好动物卫生检疫工作，严格执行动物检疫操作规程对动物及动物产品实施检疫，全年开展生猪产地检疫3.18万头、牛羊产地检疫0.0192万头、禽产地检疫肉禽22.85万羽、种禽713.5万羽、雏禽1139.13万羽，产地检疫率100%。严格开展产地检疫和活禽及畜产品流通监管工作，规范产地检疫申报制度，建立检疫登记档案。为保障人民身体健康，吃上放心肉，对上市肉品进行检疫监管，杜绝病死或死因不明肉品上市出售。加强辖区的规模养殖场监督管理，切实加强规模养殖场免疫效果和严格病死畜禽无害化处理的监管，对病死或死因不明动物及动物产品严格作无害化处理。2023年全县养殖环节病死生猪无害化2613头，保障畜牧业健康发展。加强无纸化检疫培训，按照市局统一安排组织全县官方兽医开展无纸化出证培训，全县7个乡镇全部实现动物B证电子化。

【禽畜疫病防控】　健全完善动物疫情监测体系建设，充分发挥兽医实验室监测动物疫情作用，对全县动物养殖场（户）的动物进行随机抽样监测，对抗体监测水平不达标的，立即发出预警或组织补充免疫，确保牲畜口蹄疫、高致病性禽流感、小反刍兽疫等动物疫病的抗体合格率常年保持70%以上。全县共免疫禽流感疫苗31万羽份、牲畜口蹄疫疫苗4.2万头份、羊小反刍兽疫疫苗0.2万头份，应免畜禽免疫密度100%。未发现重大动物疫病病原，免疫抗体水平达到国家规定的安全标准。

【推动畜禽产业绿色发展】　指导畜禽企业开展粪污资源化利用，坚持绿色发展，对全县畜禽养殖企业开展不定期检查，坚决杜绝偷排漏排现象。2023年，资溪县粪污资源化率为91%，未发生畜禽养殖环境污染事件。

【科学水产养殖】　年内，全县水产养殖面积9300亩，水产品产量7105吨，比2022年增长5.1%，其中特种水产品产量4455吨，增长6.07%。县农业农村局联合县科协、县科创中心等单位开展“三下乡”活动，举办《稻渔综合种养技术》《池塘绿色健康养殖技术》培训班共4期，培训对象150余人次。

【水产项目建设】　实施资溪县锦顺水产养殖专业合作社尾水处理、资溪县泉韵鳗鱼养殖场尾水处理；江西华今石蛙养殖基地有限公司养殖大棚扩建、资溪县福丰鳗业有限公司工厂化设施改扩建；资溪县鸿盛水产养殖池塘标准化改造等项目建设。协助市农业科学研究所完成白塔河水生生物资源调查监测等项目建设，保障渔业高质量发展。江西华今石蛙养殖基地有限公司承担的市科技引导项目《棘胸蛙养殖环境与饵料饲养模式的研究》进展顺利，12月通过市科技局组织的验收。

（毛尧卿　何文华）

农业综合开发

【概况】 年内，县和丰农业公司围绕习近平总书记关于"保障粮食和重要农产品稳定安全供给始终是建设农业强国的头等大事"重要指示精神，以全面整改为抓手，以规范企业管理为目标，以促进乡村振兴为己任，深耕农业主业，筑牢产业基础，逐步探索资溪特色农业发展之路。2023年公司资产总规模4016.98万元，实现营业总收入1086.84万元，利润总额–534.15万元。

【发展种植规模】 因地制宜开展种植，制种200亩、建设抚育笋竹两用林2000亩，种植有机优质水稻400亩、水果基质蓝莓18亩、中草药和水稻轮作1440亩，蔬菜和水稻350亩、利用冬闲田种植油菜2200亩、土豆120亩，资溪特色农业雏形初步显现。申报有机大米基地认证400亩、有机笋基地2000亩，县和丰农业公司获评市级龙头企业。

【提供农业机械服务】 利用现有农机，在完成公司自有农田机械化操作的同时，为各乡镇村办公司、种粮大户提供机耕、收割、育秧、水稻病虫害防治、农资集采等农事服务，将社会化服务补贴直接让利于民，服务面积1万余亩，从实际上解决全县农民种田成本高、劳动力不足等问题。同时，全力配合乡镇开展抛荒农田整治与高标农田整改，按时完成2000余亩"2018高标农田"验收栽种，整治抛荒农田1200余亩。

【加强种植管理】 县和丰农业公司精细化管理，降低水稻种植成本，总结分析2022年的种植管理教训，在选种育秧、种植时间、田间管理、人员考核上不断优化，制定生产计划及田间管理员绩效考核细则，确保田间地头、水源、施肥、病虫害管理落实到位。2023年常规稻平均亩产1000斤，较2022年提高300斤/亩，优质稻平均亩产800斤，较2021年提高200斤/亩，种植成本降低50元/亩，粮食总产量250万余，完成县级战略粮食储备100万斤。开源节流，开拓企业增收渠道，鉴于公司主营产品的普遍性与市场

高阜务农村无人机喷洒农药（帅建忠　摄）

乌石彭家窠机械化耕田、插秧（帅建忠　摄）

竞争性，为提高公司的生存力，公司主动对接各类市场开展业务，如利用2台吸粪车创收75万元（利润20万元），开展食堂采购供应配送创收120万元（利润10万元），面向本县及县外市场销售优质大米20万元。

林业管理

【概况】　年内，县林业局努力践行绿水青山就是金山银山的发展理念，以高质量发展为主线任务，不断发展和壮大绿色生态产业，全面推进全县林业转型发展，为推动林业改革和生态文明建设作出贡献。资溪获评全国森林康养标准化建设县、中国改革2022年度地方全面深化改革典型案例（创新实施森林收储运营改革）、林业改革发展典型案例（江西省资溪县探索林业生态产品价值实现多元化路径）、抚州市2023年第一批及时奖励集体二等奖、抚州市2022年度林长制考核第一名等多项荣誉奖项。以实干促成效，承办第六届中国森林康养产业发展大会，第十二届中国竹文化节。

【植树造林】　为全面完成造林任务，县林业局高度重视、科学谋划、精细管理，遵循“应绿尽绿、能绿则绿、见缝插绿”的原则，全力推进国土绿化行动。至11月，全面完成年度造林任务，其中，人工造林（更新造林）11298亩，封山育林2202亩，退化林修复16502.6亩，油茶培育4162.7亩，其中新造3662.7亩（以株定亩3275，连片栽植387.7），低改500亩。扎实开展绿化工作。为激励全社会支持参与国土绿化事业，营造人人参与绿化、全民共享绿色的浓厚氛围。资溪县绿化委员会下发《关于开展2023年新春义务植树活动的通知》，各乡镇（场）、县直单位纷纷响应号召，结合本地实际，带动广大干部群众积极参加义务植树，开展“2023年新春义务植树”“互联网＋全民义务植树”劳动尽责等形式的义务植树活动。年内，全县各地义务植树达4500株，植树面积达800亩，营造浓厚的绿化氛围。同时，组织申报全国绿化模范单位，经全国绿化委员会办公室初审同意，于全省公示。

【推进林业生态工程建设】　结合全县造林绿化工作实际，县林业局统筹安排各项林业重点生态工程，稳步推进项目建设，实施中央财政国家储备林基地建设项目，补植补造珍贵树种闽楠1000亩。申报2023年度重点区域生态保护和修复专项营造林项目，实施人工造林15000亩；江西省抚州市国土绿化试点示范项目，实施更替修复10423亩、抚育修复6512亩。把握碳汇试点机遇，促进碳达峰碳中和工作，组织石峡林场实施省级森林固碳增汇试点项目，于高田乡里木村开展森林经营，实施抚育间伐、补植补造等固碳增汇措施，建设完成试点面积200亩，补植固碳树种木荷、枫香、鹅掌楸。组织陈坊林场实施CCER林业碳汇开发试点项目，成立县林业碳汇开发工作领导小组和CCER林业碳汇开发项目试点工作专班，聘请江西利森林业技术服务有限公司开展森林资源调查摸底和实施方案编制工作，由县两山林业产业发展有限公司、五个国有林场等单位参与开发，编制项目建设方案并通过专家评审。

【林木采伐管理】　县林业局制定《关于开展资溪县2023年度“双随机一公开”森林限额采伐执行情况检查的通知》，按照采伐技术规程开展伐区调查设计、采伐作业和伐区更新质量抽查，科学合理为作业设计把好质量关，不断强化森林资源保护管理，切实做到消耗量低于生长量，确保全县森林资源数量和质量“双提升”。建立采伐失信名单统计表，至11月，全县使用采伐蓄积量总计84495.86立方米，其中商品林主伐采伐蓄积量58500.59立方米、抚育采伐蓄积量为20822.83立方米，其他采伐蓄积量为3730.44立方米、低产林改造采伐蓄积量367立方米；公益林其他采伐1075立方米（疫木除治），公益林毛竹采伐564658株。

【推进林长制工作】　2023年度县林长办签发总林长令2次，共下发工作文件20余份、督办函6次，林长责任区问题清单12份、县级林长工作提示单48份、森林资源清单12份，交办函2份、工作提示单2份，落实落细林长制工作。至11月，县级林长巡林60余次，重点防火期内巡林10余次，协调解决笋用林示范基地建设、松材线虫防治、林下中药材种植、油茶高质量发展、森林督查、森林康养等森林资源保护发展突出问题。年内，组织开展护林员培训2次，加强对专职护林员的政策法规和业务知识培训，全面掌握上报有效事件的种类、范围，切实提升专职护林员巡护能力，对专职护林员实现“五统一”管理。

【开展《江西省林长制条例》贯彻落实年活动】 县林长办制定印发《开展〈江西省林长制条例〉贯彻落实年活动实施方案》，8月2日，组织召开《江西省林长制条例》贯彻落实年启动会。宣传活动现场通过发放宣传册和现场讲解等方式向群众宣传《江西省林长制条例》《中华人民共和国森林法》《中华人民共和国野生动物保护法》等法律法规。提升群众对林长制工作知晓度，共同参与监督林长制工作。

【重拳打击毁林毁草行为】 县林业局开展打击毁林毁草专项行动，制定《关于开展全县打击毁林毁草专项行动的通知》及《资溪县人民政府办公室关于成立资溪县打击毁林专项行动领导小组的通知》。开展全县打击毁林毁草专项行动，切实加强行业监管，提升林草资源保护管理水平。各相关单位和股室将重点整治与自查自纠结合起来，将重点整治工作与林业资源保护发展存量问题清零专项行动和森林督查变化图斑、问题图斑数量压减专项行动结合起来，与巡视审计发现问题整改结合起来，与常态化开展扫黑除恶专项斗争结合起来，依法依规严肃查处各类毁林毁草案件，坚决遏制毁林毁草现象发生。查处资溪县张某擅自改变林地用途典型案件。

【推进林业科技推广】 县林业局建设实施2022年度中央预算内林业科技推广中心建设项目，完善全县林业科技推广服务设施，加强县、乡镇林业技术推广人员的培训，提高全县林业科技推广服务水平。指导实施2023年中央财政科技推广项目，打造完成资溪县毛竹林高效培育推广示范基地520亩。开展各式各样的林业科技推广活动，联合抚州市林业局油茶技术服务队一同前往高田乡、嵩市镇等乡镇对林农进行油茶栽植技术指导，提高当地油茶质量和产量。

（应钱）

森林保护

【概况】 2023年，县林业局认真落实森林巡护看守责任，强化保障体系，筑牢生态安全屏障，坚决遏制乱捕滥猎野生动物行为。持续加强宣传教育引导，先后开展保护野生动物和古树名木宣传工作，提升全民保护生态意识。

【打击乱捕滥猎野生动物行为】 县林业局与马头山国家自然保护区管理局、县森林公安、市场监督、农业农村等部门不定期开展联合执法2次，出动执法车10台次，执法人员30余人次对全县的集贸市场、餐饮酒店等场所进行检查，有效杜绝食用野生动物行为。利用专职护林员落实开展野外巡护和定点看守，全年护林员共提供破坏野生动植物资源违法线索10余条，协助森林公安破获刑事案件2起，刑事拘留犯罪嫌疑人3名，协助林业执法大队办理野保案件3起，有效地打击与震慑破坏野生动物资源的违法分子。

【打击破坏森林资源违法行为】 年内，县林业执法大队严厉打击破坏森林资源的违法行为，共办理各类林业行政案件18起，收取罚款396891元，林业秩序进一步好转。对调出县的其他森林植物及其产品实行现场检疫，全年现场检疫28批次，检疫杂原木420立方米、杂柴765立方米、杉原木273立方米。

【加强林业有害生物防控】 全县森林病虫害累计发生面积69804.85万亩（松材线虫病49754.85亩，松褐天牛20050亩），较2022年80854亩，下降13.67%，成灾面积49754.85亩，成灾率29.57‰，全县无公害防治率100%。资溪县除治以集中清理病（枯）死树、诱捕及营林措施为主。完成松材线虫病综合治理，病（枯）死松树清理的督查和检查验，以及省、市的松材线虫病除治绩效评价和复评工作。

【加强基础设施建设】 县林业局不断完善防火基础设施建设，提高森林防火综合防控能力，在国家林草局和省、市林业局的有力支持下，完成资溪县武夷山生物防火隔离带建设项目一期工程，稳步推进抚育工作，坚持生物防火林带建设与森林“四化”建设相结合，与油茶产业发展相结合。完成江西省抚州市抚河流域东部森林火灾高风险区综合治理项目，极大提高资溪县森林火灾的综合防控能力。

【开展保护野生动植物宣传】 年内，县林业局先后开展保护野生动物和古树名木宣传工作。利用“世界野生动植物日”“世界湿地日”“爱鸟周”“野生动物保护宣传月”“全国科普日”等为契机在全县开展宣传活动，宣传小组通过“进街道、进乡村、进社区、进学校、进公园”活动集中宣传。在各乡镇（街道）及涉林村张贴海报200份、放置展板60余块、悬挂横幅6幅、大屏播放电子宣传资料10余次、发放野生动物保护宣传手册等1000余份，提高群众保护野生动物意识。开展森林防火宣传工作。根据县森林防火指挥部《2023年全县森林防火“平安春季行动”实施方案》《资溪县2023年森林防火宣传月活动方案》、违规野外用火整治“啄木鸟”专项行动、森林防灭火百日攻坚行动、开展了一系列的宣传教育活动。主动协调县防火办组织人员和宣传车到各乡（镇）场、村播放《江西省森林防火条例》和《关于禁止在森林防火区野外用火的通告》。在各乡镇（街道）重要路口和村庄张贴宣传标语7000余条，发送森林防火提示信息16万条，禁火令和封山令4000份，无人机防火巡护120架次，合计60小时，巡护面积30万余亩。在社区、农村、学校发放宣传单9000余份及宣传品4000余件。三是积极开展林业政策科普宣传。向居民科普森林病虫害防治、林业安全生产等相关林业政策法规知识，推介笋竹两用林建设和油茶种植技术，分发林业科技知识成果运用图册、讲解先进的林业生产科技。在相关林业生产企业宣传安全生产相关知识，检查生产场所是否存在安全生产漏洞，向企业工人宣传安全生产的重要性。

【开展猕猴种群调查与监测】　县林业局启动猕猴种群调查与监测项目，调查资溪县全域（除马头山保护区）内野生猕猴、种群数量、空间分布和受威胁因素，结合马头山保护区猕猴种群数据，完成资溪县猕猴种群资源调查监测报告，为加强野生猕猴种群保护提供科学依据。

（应钱）

毛竹产业发展

【概况】　全县竹林面积约55万亩，占全县土地总面积27%，占林地总面积33%，毛竹总蓄积量1亿余根，亩均188根。全县注册毛竹加工企业42家（国家级龙头企业1家、省级竹龙头企业3家），主要有户外重组竹地板、竹胶板、整竹展开板、竹砧板、竹凉席、竹碳、食品签、竹家具、竹工艺品等产品，拥有竹产业自主品牌10余项。全年全县毛竹加工企业年消耗竹材2200余万根，年产值28亿余元。

【深入实施林长制】　按照“党政同责、分级负责”的原则，建立县乡村组四级林长制管理体系，设立县级林长14名、乡级99名、村级140名、组级676名；以乡镇、村组为单位划定责任区域，层层压实责任。聘请33名森林资源监

资溪最大的红豆杉（帅建忠　摄）

古樟树（胡义生　摄）

管员、278名专职护林员，构成“一长两员”源头保护管理架构，将森林资源保护落实到每个山头地块、每个人。创新实施“林长+警长”机制，由乡镇派出所警长担任乡级林长，让“警长”为“林长”保驾护航。

【开展竹林抚育工程】　县林业局实施最优森林生态工程，完成毛竹低产林改造面积21万亩，建设高产高效竹林示范基地10万亩。推动竹林地流转，推进资溪县毛竹林科学化、集约化生产，毛竹资源培育由“量”向“质”转变，辖内毛竹林的流转价格由12元/亩年涨到40—50元/亩年。加大科技推广力度，广泛开展竹林科学培育技术推广，推广大径竹培育、笋竹两用林培育、高效丰产竹林培育，加快推进竹林使用有机肥、病虫草害防治、竹笋加工等新技术，全县完成竹林低产林改造20余万亩，培育笋竹两用丰产林2万亩。加快林区公路建设，着力解决林区管护难、采伐运输难等问题，全县累计投入资金400余万元，新改建林区公路在300公里以上，全县80%以上毛竹林区通了公路。

【发展竹科技产业】　建设竹产业专业园区。落实竹产业供给侧改革，规划建设总面积2000余亩的全省首个竹科技产业园，完成投资约10亿元，采取政府代建厂房、企业分期回购的方式，推进全县毛竹企业“退城进园”“退路进园”，实现聚集发展。引进国内竹产业龙头企业双枪、竺尚、未家、庄驰、吉中、拓竹等国内知名竹企，定位打造全国户外高性能重组竹集成材基地，初步形成从毛竹下山到精深加工全产业链条。同时，聚焦产城景融合发展，加快建设竹梦小镇，逐梦“一切的竹，竹的一切”。凝聚行业合力。出台竹木产业链发展意见，设立2亿元竹木产业发展基金和2000万元的木竹收购周转资金，支持竹产业全链条式发展。聚焦新发展格局，支持竹企以国内国外双循环，帮助拓宽市场，对建设竹林示范基地、硬化林区道路、开展森林抚育等给予补贴，保障竹原材料供应，稳定产业发展基础。强化科技引领。实施“智汇资溪”行动，先后与国际竹藤组织、中国林业产业联合会、林科院木材工业研究所、南京林业大学等高校和科研院所建立合作关系，聘请林科院木材工业研究所首席科学家于文吉教授担任资溪县竹产业发展和科技创新高级顾问，借智借力加快竹科技产业发展。建成全国首个县级竹科研基地——中国（资溪）竹科技创新中心，与高校和科研院所共建技术研究中心，着力让竹产业插上科技的“翅膀”。

【创新资源收储机制】　资溪抓住全省森林赎买试点机遇，大胆探索，制定符合资溪特色的森林赎买机制，完成毛竹林森林赎买4.2万亩，推动森林赎买以“保护生态为主”向“坚持生态优先，带动林业产业高质量发展”转变。发挥国有企业改革发展顶梁柱作用，成立资溪县两山林业产业发展有限公司，完成毛竹林收储10万亩，形成优质资产包，通过项目收益、抵押贷款、资本运作、综合经营等方式，实现青山变“金山”、资源变“资金”。

【拓展竹类旅游产品】　做优做特竹第三产业，挖掘开发传统手工竹工艺品、竹笋食品，不断延伸产业链。资溪竹板烙彩画、竹花瓶烙彩画为全国竹艺术创新，多次获奖，并深受收藏界、美术界、科研界、商贸界的青睐。竹海旅游如火如荼，法水森林温泉、石峡竹海、御龙湾竹林度假区、马头山原始竹林探险等以观光、体验、康养等竹林景观20余处，2023年资溪旅游人次突破800万。持续发挥竹产业品牌效应，举办第十二届中国竹文化节，打造世界首个规模最大的竹机构单体建筑，连续举办四届中国（资溪）竹产业发展高峰论坛，构建“弘扬竹文化、唱响竹科技、共享竹生活”现代竹产业发展理念。倡导“以竹代塑”先行先试。响应“以竹代塑”倡议，鼓励政府机关、企事业单位带头使用竹制生产生活用品，扩大竹产品在社会各领域应用，重点实施竹制品“六进工程”（进景区、进民宿、进酒店、进馆所、进商超、进街区）。全县新建政务场所全部使用竹材料装修、竹办公家具等，政务接待宾馆完成竹梳子、竹牙刷、竹剃须刀、竹筷、竹吸管等“以竹代塑”产品的更替。

（应钱）

林场管理

【概况】　年内，资溪深入践行“两山”理念，坚持“生态优先，合理利用，科学经营，永续发展”的原则，以开展林业改革发展综合试点为契机，实施“千万资源变千亿资产”行动，创新思维加快国有林场现代化发展。全面改善国有林场基础条件，切实加大以林区道路、生产生活环境改善为重点的基础设施建设，不断夯实高质量发展基础；加快推进森林生态系统修复，逐步增加国有林场森林资源总量，提高森林质量和林地生产力，有效拓展森林生态空间，提升森林生态功能；着力加强国有林场森林防火、林业有害生物防治，强化森林资源保护，夯实绿色本底，筑牢生态屏障。

【深化国有林场改革】　持续深化国有林场改革，稳定国有林场发展。加快理顺国有林场管理体制机制，全面摸清自身资源底数，科学分析资源优势和经营发展方向，合理制定经营措施。利用“百场兴百业”“欠发达林场”中央财政资金项目，加快推进国有林场饮水工程、游步道、林区公路硬化等基础设施建设。创新国有林场发展方式，打造综合性示范林场。选择一个国有林场，开展国有林场+两山林业公司经营模式探索，依托国有林场在争取上级政策、资金、项目的优势，以及两山林业公司市场化灵活的优势，建立项目申报有主体、森林经营有平台的协作机制，打造一个综合性经营示范林场。

【发展林下经济产业】　发挥森林资源优势，深入实施“千万资源变千亿资产”行动。推进林下经济产业发展，各国有林场充分发挥丰富的林下空间资源优势，引进林下种养产业发展，推进林下种植提质扩面，加快林菌、林药、林食、林笋多类型、多品种的种植模式发展；推进场外造林项目的实施，参与森林赎买，用好“场外造林”项目，重点赎买竹林、残次林、荒山，持续做大规模，增加可经营森林范围，拓宽林场经营空间，推进规模化、集约化经营。推进林业碳汇试点建设，各国有林场依托自身环境开展碳汇林建设，石峡林场要开展好全省林业碳汇“森林固碳增汇”试点，陈坊林场要开展好全省林业碳汇“CCER林业碳汇开发”试点。

（应钱）

马头山国家级自然保护区

【概况】　江西马头山国家级自然保护区管理局（简称马保局）围绕学习贯彻习近平新时代中国特色社会主义思想主题教育，稳步推进单位内部管理、资源保护、科研监测和社区共建等工作，各项事业发展呈现良好发展态势且在资源保护、科研监测等方面取得了诸多成效。马保局半专业扑火队获首届江西省森林经营管理单位大比武活动团体第一名；江西马头山站在第十二届中俄（黑河）林草生态建设学术论坛暨CFERN&TECHNO第十届学术年会上，获得“特别贡献奖”和“系列丛书成果出版奖”两个奖项；马保局被授牌“江西省林业科普基地”“生态教育基地”；刘祯等人在省林学会组织的优秀自然教育课件分别获得不同层次奖项。全年共发现新分布38种，其中昆虫类10种、菌类23种（其中1个疑似新种，进一步核实中）、植物5种。

【保护及监测项目通过验收】　《江西马头山国家级自然保护区保护及监测项目》于2020年3月获国家林业和草原局批复，项目资金1976万元。截至2021年底基本完成项目建设内容，到2022年底全面完成项目建设内容，于2023年10月通过省局验收。该项目的建成，有效地提升马保局资源保护、科研监测基础设施条件，满足区内群众生产生活所需。

【开展“清理危害野生动物器械专项行动”】　为切实强化马头山保护区野生动物和珍稀濒危物种及栖息地保护，有效遏制非法偷盗、猎杀、经营、利用野生动物等恶劣事件的发生，3月16日，马头山保护区联合资溪县公安局森林分局开展清理铁夹、绳套、围网等危害野生动物器械及入户宣传行动。此次行动共出动车辆5台次，人员20人次，排查区内水电站1处，查获渔网2只，清理铁夹1个，有效震慑破坏野生动物资源的违法犯罪行为。

【野外观测数据集通过专家认证】　8月17日，“中国山水林田湖草生态产品监测评估及绿色核算”系列丛书——《江西马头山森林生态站野外长期观测数据集》国家标准（GB/T 35377-2017）认证咨询会在南昌举办。会上，认证咨询组专家认真审阅数据集、听取编著组代表汇报，并从专业角度进行编纂指导。该数据集从意向到初稿完成仅用半年时间，于年底正式印刷出版。

【开展野生动物保护专项整治行动】　春节前夕，马保局联合县林业局、县市场监督管理局、马头山镇、马头山林场、马头山自然保护区派出所五家联保委成员单位，在马头山镇开展春节期间野生动物保护专项整治行动，全面清查马头山镇内的餐馆、集贸市场非法收购、经营野生动物等行为。此次执法行动，马头山保护区联保委共检查马头山镇6家餐馆、10余家商户，并向群众发放宣传单、作文本及宣传品300余份，营造良好生态保护氛围。

【开展“保护区专项行动”】 根据省林业局《江西省2023—2035年自然保护区专项行动实施方案》要求，为进一步加强自然保护区监督管理工作，组织各站开展保护区自查自纠工作。通过排查，未发现破坏生态环境的违法违规问题。同时加强有害生物防控工作，有效维护生态安全，对区内的松林进行全面踏查，并利用15个极紫光昆虫多样性及松墨天牛监测装置监测区内林业有害生物。全年共清理枯死松树140株，对保护区边界上的健康松树进行打孔注药3300瓶药水。

【东源资源保护检查站建成并投入使用】 为对进出保护区车辆和人员进行有效管控，保障整个保护区及周边林区森林防火和野生动植物安全，经县人民政府批准设立东源资源保护检查站。检查站点工作人员由马头山保护区、马头山镇人民政府、马头山林场、马头山自然保护区派出所派员组成，进行24小时值班值守，有必要时对进出保护区车辆和人员进行检查，并适时开展联合执法工作。

【开展自然教育及科普宣传】 马保局倚靠自身资源优势和科研监测成果，不断加强面向社会各界人士的自然教育和科普宣传工作。全年共开展各类主题研学活动、夏冬季自然教育户外课程及其他各类自然研学等活动80余次计5000余人次。被授予“江西省林业科普基地”“生态教育基地”；编写《马头山保护区自然教育手册》；3名工作人员取得自然（体验）教育的资质；刘祯选送的“关注森林，探秘马头山”获省林学会组织的优秀自然教育课件三等奖。

（张建根）

水利

【概况】 年内，县水利局以“节水优先、空间均衡、系统治理、两手发力”治水思路为工作指引，稳步推进城乡供水一体化建设，进行中小河流治理、水旱灾害防御、水土保持管控、水库移民后期扶持工作，实施农业水价综合改革，开展节水型社会创建、水资源监管等工作。在江西省水利厅2023年度市县综合水利指标考核中，县水利高质量发展综合考核排名获省级第一等次、市级优秀等次，其中水土保持工作获全市第二名、水利建设与管理工作全市第三名；农业水价综合改革工作通过省级验收；县域节水型社会创建工作通过省级技术评估；栋梁水库、江家源水库入选全国（现代化水库运行管理矩阵）先行先试试点；高阜镇安德山塘申报创建全省“红旗”山塘。

【农业水价综合改革】 县农业供水水价通过监审、听证，批复运行成本水价25.5元/亩（其中骨干工程13.5元/亩，田间工程12.0元/亩）。委托第三方维养公司对全县农田水利灌溉工程进行日常维修养护，保障农田灌溉，促进全县经济发展。结合节水配套改造、高效节水项目等建设，提升用水台账质量，安装计量设施，实现用水总量的在线监控。

【水旱灾害防御】 面对严峻的防汛形势，县水利局坚持“人民至上、生命至上”的价值引领，围绕“一个中心、三个重点、五个确保”的总体目标开展防汛工作。在汛前，全面完成工程防汛责任体系完善及防汛应急预案修编工作，重点开展两轮涉水工程隐患排查及河湖设障整治排查、及时组建水利技术队伍并为防汛抢险提供技术支撑。在应对强降雨方面，强降雨来临前，全面加强对水库、重点山塘、堤防、在建涉水项目等重点区域排查，对发现的隐患及时整改到位。台风及强降雨期间，严格落实领导带班和24小时值班制度，与上级对口单位及其他兄弟单位对接沟通，对各类水利工程进行科学调度，确保人民群众生命财产安全。

【水土保持】 年内，全县水土保持工作整体按照省市统一部署有序开展，共对26家生产建设单位或项目进行水土保持监督检查，共下达责令整改通知书26份，下达事先处罚通知书1份，开展6个生产建设项目水土保持方案技术评审，累计催缴水土保持补偿费30万余元。全县共完成水土保持综合防治面积13.6平方公里，其中实施生态公益林5.3平方公里，封禁治理8.3平方公里。

【建设幸福河湖】 为提高水生态环境建设，加强水污染治理和生态修复，打造美丽水利格局，改善城乡面貌，县水利局进一步制定建立健全县、乡、村三级河湖长，及时更新县级河湖长制公示牌，实现河流全覆盖。持续开展河湖“清四乱”行动，维护河湖健康生命、实现河湖功能永续利用。2023年与福建省光泽县签订《江西省资溪县——福建省光泽县水环境整治跨区域联动框架协议》强化流域资源整治形成联动治水格局。大觉溪“幸福河湖+康养”等一批各具特色的“幸福河湖+”产业新业态发展势头强劲。

【水资源监管】 县水利局依法开展取水许可审批和日常监督管理，严格水资源论证管理，加强取水计量管理，落实节水评价制度、规范节水评价台账管理、依法开展计划用水管理。严格落实计划用水制度，下达用户取水计划。严格落实水资源有偿使用制度，按照实际取水量和规定标准及时足额缴纳水资源费。

【水利工程建设】 县水利局根据水利工程项目建设范围和内容，科学编制建设规划，努力做到统筹兼顾，争取上级投资推动城乡共同发展。争取2023年特别国债项目6个，共计下达资金6580万元，设计综合治理河长73.135公里，保护人口3.33万人，保护面积2.63万亩；通过实施水利救灾，修复水毁水利工程10余处，保障农业灌溉；稳步推进资溪县城乡供水一体化建设，通过统一规划、统筹建设，以城市供水管网延伸和规模化供水工程为主，小型集中式供水工程为辅，分散式供水工程为补充的供水工程体系，实现全民覆盖，城乡共享优质供水服务的供水保障。

【水利工程管理】 为进一步理顺体制、健全机制、规范管理，县水利局着力完善水利工程建设与管理工作体制机制。全县水利工程建设与管理相关部门和乡镇，不断加强部门之间、部门与乡镇之间的联系与沟通，强化协作，搞好配合，统一步调，形成合力。健全标准化管理机制，水利工程管理标准化建设，改变过去水库工程、农村饮水工程重建轻管、管理杂乱无章、思想随心所欲、环境每况愈下的松散落后状况，水库及农村饮水工程呈现管理焕然一新，面貌大为改观的崭新局面。健全考核评价机制，把水利工程建设与管理工作全面纳入水利改革发展和河湖长制考核，实行定期检查、定期通报制度，加强督查督办，加大检查力度。对水利工程建设与管理工作进度快、成效好的部门和乡镇，给予表彰和奖励；对水利工程建设与管理工作进度慢、效率低、质量差的部门和乡镇，严格问责、按相关制度纪律追究相关责任人的责任。

（项金林）

大觉溪水（帅建忠摄）

乡村振兴

综述

2023年，资溪县乡村振兴局在县委、县政府的正确领导下，深入学习贯彻习近平总书记关于“三农”工作的重要论述，以习近平新时代“三农”思想为指导，围绕“走在前、勇争先、善作为”的目标，持续巩固拓展脱贫攻坚成果，扎实推进乡村全面振兴，走出了一条“红色文化繁荣、生态美丽宜居、特色产业兴旺、人民生活富裕”的新时代和美乡村振兴示范之路。

年内，县委、县政府领导高度重视巩固拓展脱贫攻坚成果衔接乡村振兴工作。县委书记吴淑琴、县长饶源中等县领导先后多次前往省局、市局汇报工作，多次在基层调研巩固拓展脱贫攻坚成果工作。先后召开4次巩固拓展脱贫攻坚成果工作领导小组会专题调度部署，听取防止返贫监测帮扶、住房安全保障、饮水安全保障、义务教育保障、健康保障、产业发展、就业帮扶、兜底保障8个工作专项小组工作汇报，及时研究部署国家、省、市历次督查、检查、审计、暗访发现问题整改，持续推动责任落实、政策落实和工作落实。

年内，资溪多项工作经验做法被上级肯定，多项示范创建被上级认可，其中《资溪县：项目资产管理“六有”破解“六难”》在《中国乡村振兴》杂志经验交流栏目刊发；资溪县笋竹两用林工作经验被国家乡村振兴局工作简报2023年第46期采纳；资溪县《乡村工匠赋能人才振兴》被省乡村振兴局向国家乡村振兴局推荐为典型案例；乌石镇《用好中央彩票公益金　争当乡村振兴示范区》被评为首届江西新时代乡村振兴优秀案例。乌石镇新月畲族村入选全国巩固拓展脱贫攻坚成果村级实践交流基地，为江西省5个基地之一。资溪县入选全国首批耕耘者计划培训试点县，为全省4个试点县之一。资溪县获评第四批“四好农村路”全国示范县。乌石镇、高阜镇石陂村、鹤城镇排上村、乌石镇陈坊村、高田乡龙英村、嵩市镇法水村入选2023年度省乡村振兴示范乡镇、示范村创建名单。

（罗崇）

防返贫监测

【概况】　资溪县在做好防止返贫动态监测和帮扶工作中，立足“早发现、早干预、早帮扶”，聚焦动态监测、精准帮扶和风险消除三个关键环节，优化政策体系，实化帮扶举措，推进防止返贫动态监测帮扶工作落地见效，坚决守住了不发生规模性返贫底线。全年全县共有脱贫户873户1958人，监测对象276户795人（其中含脱贫户31户90人），其中2023年新识别纳入监测对象90户278人，均采取针对性帮扶措施予以帮扶，全县未出现返贫致贫问题，脱贫攻坚成果得到持续巩固。

【畅通农户申报途径】　县乡村振兴局综合运用网格化、信息化手段，组织乡村干部、帮扶干部按照“不少一村、不漏一户、不留死角”的原则，在乡村公告公示栏、公众场所长期张贴申报政策“明白纸”，实现申报政策明白纸农户全覆盖，帮扶政策明白纸监测对象全覆盖。全年共有3户农户通过监测对象申报二维码扫码申报，纳入监测对象1户4人。

【完善风险预警机制】　县乡村振兴局充分发挥江西省防止返贫监测系统作用，9月，系统更新预警信息推送机制后，能够及时接收相关行业部门推送信息。通过分析研判预警信息，组织村干部、网格员入户走访核实核准农户家庭情况，及时发现和研究解决问题，做到农户核查无遗漏，风险排查无死角。形成线索收集、分析研判、排查核实、措施落实的四步工作程序，建立完善防返贫监测信息筛查预警工作机制。全年共核实省防止返贫监测系统和行业部门反馈预警信息1.7万条，纳入监测对象7户23人。

【开展网格化管理摸排】　县乡村振兴局不断优化监测对象管理，以行政村为基础、村民小组为基本单元，按照地缘相近、居住相邻、适宜管理的原则，设立动态监测管理网格，开展常态化动态监测帮扶。年内，开展两次全面排查活动，组织乡村干部、驻村第一书记、驻村工作队员、结对帮扶干部、网格员等，进村入户对农户开展走访排查、政策宣讲和帮扶工作。全年通过干部摸排纳入监测对象82户251人。

【落实帮扶政策】　县乡村振兴局持续加强“三保障”和安全饮水、产业就业等环节动态监测帮扶，压紧压实行业部门责任，按照“缺什么、补什么”的原则，及时督促指导做好“一户一策”精准帮扶，切实防范化解返贫致贫风险。全年消除返贫致贫风险监测对象24户61人，均落实针对性帮扶措施，户均享受3.46项帮扶措施，“两不愁、三保障”、饮水安全和兜底保障水平持续巩固提升，牢牢守住不发生规模性返贫底线。

【开展就业帮扶行动】　为强化产业帮带，加大产业发展的投入力度，全县共投入各级衔接资金2327.40万元实施产业项目51个，培育各类经营主体189个，带动脱贫群众和监测对象690户次。持续在挖掘就业潜力上发力，深化“雨露计划+”就业促进行动，简化跨省务工一次性交通补助发放程序，开发公益性岗位，用好以工代赈政策，推进就业规模不断扩大、质量不断提升。年内，全县实现1285名脱贫劳动力和监测对象劳动力稳定就业，就业率81.64%，其中监测对象外出务工人数占2022年度外出务工人数的115.87%。

【健全监测对象退出机制】　县乡村振兴局严格执行消除条件，明确要求“收入持续半年以上稳定且超过当年监测范围、‘三保障’及饮水安全持续巩固，经综合分析研判，监测对象识别时的返贫致贫风险已经稳定消除或自然消除，且不存在新增返贫致贫风险的”，才能启动风险消除程序。累计消除风险104户271人，其中2023年消除风险24户61人，风险消除率34.1%。严格风险消除程序。风险消除参照监测对象识别程序，标准风险消除程序包括“乡村入户核实、民主评议公示、县级审核批准”三个步骤。村、乡、县逐级把关，审慎标注监测对象风险消除，确保风险消除对象能持续稳定发展。加强持续跟踪监测。资溪县对风险消除监测对象设立观察期机制，对监测对象返贫致贫风险已稳定消除的，按规定程序消除风险后设立6个月观察期，对风险消除监测对象“扶上马，送一程”。观察期内，帮扶干部继续实行“一对一”结对帮扶，坚持每月至少入户走访1次，县乡村振兴部门不定期对监测对象风险消除情况进行抽查，确保风险消除稳定。

（罗崇）

驻村帮扶

【概况】　全县坚持以习近平新时代中国特色社会主义思想为指导，深入学习贯彻党的二十大精神和习近平总书记关于“三农”工作的重要论述，严格按照全国巩固拓展脱贫攻坚成果同乡村振兴有效衔接工作会议部署要求，常态化做好全县各级驻村第一书记和工作队员管理服务工作，压实帮扶责任，转变基层干部工作作风，确保到岗到位、履职尽责，持续巩固拓展脱贫攻坚成果，深入推进实施乡村振兴战略，始终保持工作队各项工作有序开展，为实现乡村振兴提供坚强的组织保障。

【选优建强驻村队伍】　年内，根据市委组织部要求，资溪县开展新一轮驻村工作队派驻工作，通过前期摸排，征求乡镇、派驻单位党委意见，推动派驻单位、乡镇推荐优秀人选，调换不胜任驻村第一书记和驻村队员，完成资溪县第七期驻村工作队选派工作，向25个“五类村”选派第一书记和驻村工作队，安排2个省直单位、6个市直单位、41个副科级以上县直单位75名干部参与驻村帮扶工作，共选派第一书记25人，其中省派单位2个，市直单位3个，配合县委组织部派驻68个机关企业事业单位到45个行政村接续开展结对帮扶工作，对全县1118户脱贫户和监测对象安排结对帮扶干部，实现结对帮扶全覆盖，确保做到科学精准选派，衔接不断档。

【开展乡村振兴业务培训】　7月18日至22日，县委组织部在县委党校三楼报告厅举办“2023年度乡镇干部，村（社区）党组书记、驻村工作队深化乡村振兴主题培训班”，通过开展学习党的二十大精神、发展壮大村集体经济、加强党风廉政建设、推进移风易俗、乡村治理等专题培训，切实提高驻村帮扶干部抓党建促乡村振兴本领，切实提高政治素质、业务水平和履职能力。并督促9个乡（镇、场）对村“两委”成员开展深化乡村振兴主题培训，培训对象涵盖辖区驻村工作队成员，主题培训通过集中授课、交流发言等多形式有效地提高驻村工作队乡村振兴责任担当。

【规范管理驻村队伍】　为进一步加强对驻村工作队的管理，改进干部工作作风，压实驻村第一书记和工作队的帮扶责任，年内，县委组织部联合县纪委县监委、县乡村振兴局组成督查组，坚持每月一督查制度，就全县25个行政驻村帮扶干部作风建设情况进行10次随机式暗访督导和全覆盖式暗访督导，共发现5个驻村工作队6名驻村干部存在不在岗工作未脱钩等现象。有效促进帮扶工作有序开展，督促乡镇党委派驻单位落实主体监督责任，促进驻村工作队规范管理。

【落实激励保障政策】　2023年第一季度，为做好全县第六期省派、市派15名驻村工作队成员及其选派单位驻村帮扶年度考核，推荐1个表现“好”的省直单位和3名市直单位表现“优秀”的个人。为进一步传递组织温暖、县委关心，县委组织部下发《关于调整县直驻村工作队成员生活补助的函》，提升县直单位驻村干部生活补助标准到100元/天/人，为全县驻村干部购买人身意外伤害保险，要求派驻单位年前走访驻村工作队成员，建党102周年七一之际走访2名因年龄偏大、驻村时间长、身体状况不佳等原因仍然在岗在位的驻村党员，健全驻村工作队生活福利待遇保障，鼓励单位干部开展驻村帮扶工作。

（罗崇）

村级集体经济

【概况】　2023年，资溪县按照全县域布局、全要素配套、全产业链延伸的思路，将发展壮大村级集体经济作为推进乡村振兴的引擎动能。全县共有70个行政村，70个村集体经济收入全部超15万元，占100%，其中50万元以上的村8个，占11.4%，100万元以上的村2个。

【政策扶持引领发展】　县委组织部制定出台《资溪县关于开展消除集体经济薄弱村攻坚行动的实施方案》及7个薄弱村“一村一策”实施方案，依托闲置土地、农田、山林，因地制宜，分类施策，以股份合作、使用权有偿转让、租赁等形式，投入农业、林业、养殖等项目，按照“保底+分红”模式，获取村集体资产收益分红。按照《资溪县2023年中央财政衔接推进乡村振兴补助资金扶持村集体经济发展实施方案》确定的2个帮扶村，每个村68万元的中央补助用于入股扩建房屋租赁给花儿写生基地，作固定资产收益分红。

【产业发展促增收】　资溪重点开展“林农出山”行动，全面覆盖包括笋竹两用林、中草药、灵芝等林下产业，持续推进村集体参与林下经济发展，2023年建成笋竹两用林建设15127亩，中草药种植3000余亩，套种灵芝15056.8亩，每村每年增加集体经济收入5万元左右。切实践行“两山”理念，盘活空闲的农房及宅基地，村级集体经济组织通过租赁、承包经营、股份合作等方式，建成大觉山村南源宿集、农耕文化园以及陈坊村农业科技博览园、山岭村竹排观光基地等设施，让农民既能参与设施管理又能每年获取分红收益。

【模式创新固成效】　县委组织部持续推行“党支部+合作社”模式，扶持“生态茶、百花蜜、有机米、畲族酒”等特色优质产业，将特色农副产品转化为旅游商品，辐射带动生态旅游延伸发展，走出“红色引领，绿色发展”新路子。推动“村集体+特色产业”模式，立足各地自然资源优势，发展地方特色产业。马头山镇9个村党支部联合成立甜蜜茶乡有限公司，与一蜂食品有限公司实行托管模式，对全部512个蜂箱进行托管管理，每年每箱可获500元收益；高田乡整合8个行政村1000余亩农田种植优质水稻，通过高田乡希田生态农业发展有限公司进行加工出售，达到一、二、三产业融合，每村每年可获30%收益。

（王晨曦）

工业发展

综 述

2023年，资溪县锚定目标争先进位，持续增强工业产业支撑。纵深推进资溪县制造业重点产业链“2318”计划，围绕“一区三园”产业布局，按照“强龙头、补链条、聚集群”的思路，加快推进面包食品产业城二期基础设施建设、陆恒食品国货预制菜大单品项目建设、竹科技产业园二期规划、江西圣农食品二期牛肉厂项目建设等。扎实推动个转企、小升规，持续开展工业企业达规培育。坚持调度协调。每月在常委会上通报工业创新发展强攻战工作情况，研判工业经济发展态势和运行走势。

全县规模以上工业总产值33.11亿元，比2022年减少3.98%，增加值增长13.8%。搭建“政企夜谈”平台。定期召集相关产业的企业家及商会代表进行互动式座谈交流，及时掌握重点产业和企业的市场环境、资源要素的情况，精准施策。建立惠企特派员制度。以惠企特派员工作制度为抓手，帮助企业解决融资担保、人才引进培训、政策扶持、办事审批、减税降费、配套设施和产品营销等急难愁盼问题，为企业帮办代办89件事项、争取贷款及补助资金近2000万元、解决就业近400人。

全县围绕重点环节“建链”、优势环节“强链”、薄弱环节“补链”，推动重点企业完善上下游产业配套，面包食品产业城围绕绿色食品（面包）产业，引进面包食品企业12家，竹科技产业园围绕竹木加工产业，引进毛竹加工企业16家，形成产业链。圣农二厂、圣农饲料厂、巧克力厂、双枪、拓竹、新兴等项目加快推进。扩大产业增量，推动招商引资实现突破。围绕绿色食品（面包）、竹木加工两大产业，制定全县招商引资目标任务，并细化分解到8个招商小分队和乡（镇、场），同时充分发挥企业、商会、协会作用，开展以商招商、企业招商、行业招商等，加大精准招商力度，共签约项目33个，签约项目数完成年度目标的138%。持续推动工业企业培育实现突破，开展工业企业“升规”培育行动，主动做好企业上规引导和扶持，鼓励企业申报规模以上工业企业，对2023年新增纳入统计口径的规模以上工业企业，分三年按2万元、3万元、5万元标准给予奖励。2023年新入规工业企业17家。

资溪持续加强优化营商环境力度，推进银企融资对接。通过召开政银企对接会，组织各金融机构与企业接洽，建立工作群，做好对接工作和跟踪服务，促进信贷供给双轨衔接，切实帮助企业解决融资难、融资贵等问题。累计对接企业295户、签约企业269户，授信金额318181.72万元、放款金额141041.51万元。落实惠企政策，共帮助十多家企业落实惠企助企政策500余万元。发放2021年新增的9家规上工业企业奖励资金21万元，竺尚、吉中新增先进设备补助资金分别为85.65万元、85万元，庄驰新产品开发奖励资金24万元。

全县完成电力生产固定资产投资2125.54万元，概念收益4947.45万元，比2022年增长11.55%；售电量22276.72万千瓦时，增长7.71%；主营业务收入1.6016亿元，增长8.12%；综合线损率4.37%；平均停电时长2.0254小时，全省排名第15位；电费回收率完成100%；2023年公司同业对标排名全省第17位，全年实现零投诉、零电能质量工单。

表2　2023年全县亿元以上营收工业企业表　　单位：万元

序号	企业名称	产值			营收		
		2023年完成数	2022年完成数	比2022年增长（%）	2023年完成数	2022年完成数	比2022年增长（%）
1	江西圣农食品有限公司	114756.7	100018.6	14.74	118012.8	104487.20	12.94
2	资溪泰丰混凝土有限公司	73360.6	91214.4	−19.57	75133.4	102616.60	−26.78

续表

序号	企业名称	产值			营收		
		2023年完成数	2022年完成数	比2022年增长（%）	2023年完成数	2022年完成数	比2022年增长（%）
3	江西省资溪面包科技发展股份有限公司	10210.7	12365.4	−17.43	10752.7	12122.9	−11.30
4	江西万物生汽车科技有限公司	27249.2	1690.0	1512.38	27249.2	581.1	4589.57
5	江西庄驰家居科技有限公司	12090.5	11481.5	5.30	11052.2	10874.6	1.63
6	江西鲍才胜食品有限公司	7148.4	2773.8	157.71	10482.1	4544.7	130.64

（林美平　林小宝）

园区经济

【概况】　2023年，资溪县工业园区努力践行“绿水青山就是金山银山”理念，坚定贯彻“生态立县、产业强县、科技引领、绿色发展”战略，构建以绿色食品（面包）为首位产业，竹木加工为主导产业，智能制造、大健康食品为新兴重点产业的低碳生态工业产业，通过强政策、聚链条、汇英才、优服务，资溪面包食品产业城、资溪竹科技产业园、资溪（抚州）金凤凰科技园产业园三大产业平台为全县经济发展提供了稳固支撑。

【工业发展提质增速】　县工业园区以打好工业创新发展争先擂台赛作为核心，聚焦年度任务目标压茬推进。2023年，全县44家规模以上工业企业实现产值33.11亿元，比2022年增长5.58%；税收完成1.18亿元，增长43.46%；用电量完成6066万千瓦时，增长14.41%；新增万物生、周建生食品等14家规模以上工业企业，其中园区企业10家。紧抓项目提速，厚植工业潜力。对外瞄准产业“鱼骨图”招引“源头活水”，2023年1—12月全县工业项目35个（亿元以上项目13个），投资额138.96亿元，入园企业28个，入园率80%。对内写好落地促建“后半篇文章”，抓实抓细5个专项债项目，总投资额9.8亿元，完成投资8.55亿元，涉及子项目44个，完成33个，项目完工率75%，完成厂房及配套用房44.55万平方米，陆恒食品实现当年签约当年

资溪面包产业城（帅建忠　摄）

投产当年见效，双枪竹木正式开业启动1号竹材连锁工厂，竹科博馆落成完美呈现资溪县竹产业发展与科技创新有机融合。

【建设产业品牌影响力】 县工业园区全力推动以会延链、以链促产、以产促销，首位产业“食”力出击，第七届资溪面包文化节“烘”动全城，第二十五届国际（上海）烘焙展“资溪面包”香飘四溢，圣农美食节美味巡展，陆恒食品行业客户见面会暨全国产品发布会圆满落幕，“吃资溪面包，品临川牛杂”国庆文旅活动爆火出圈，资溪面包食品产业城荣获江西省新型工业化产业基地（绿色食品）。主导产业“竹”够精彩，第十二届中国竹文化节以竹为媒共襄盛会，第五届上海国际竹产业博览会资溪竹产业特色鲜明精彩亮相，竹科技产业园正申报国家竹科技产业示范园区。园区产业链企业获省市各项荣誉60余项。

【帮扶企业】 县工业园区接待各类调研考察团队300多批次，靠前帮办代办圣农牛肉厂、木信食品等10余家企业各类工程手续20余份，首开特种设备作业人员取证培训班帮助20余名员工本地顺利取证，汇总梳理企业建设生产难题50余个上报县委政府协调销号解决。要素保障更有力，竹产业企业物流成本降低20%，面包产业城用电用水等堵点问题全面破解，通过财园信贷通为48家企业放贷32670万元，跟进兑现15家企业各类扶持资金1357万元，协助面包食品、竹木科技等产业链企业招工600余人。底线思维更扎实，对园区内污水管网开展“地毯式”“拉网式”隐患排查，发现8个问题全部销号完毕，聘请消防顾问深入企业60余批次，指导解决安全隐患120余条，全年实现园区产业工人“零”死亡。

【资溪面包食品产业城】 2023年，资溪面包食品产业城一期1500亩建设完成，圣农食品、圣农牛肉厂、圣泽饲料厂、陆恒食品等圣农系企业落地见效，面包科技公司开至180余家门店，集结费歌肉松、巧克力厂、奶油厂、预拌粉厂等上下游企业10余家强链壮链，由资溪县及相关企业参与制定《江西绿色生态面包》团体标准完成发布，面包食品产业城创成国家工业旅游示范基地。

【资溪竹科技产业园】 2023年，资溪竹科技产业园一期1000亩规划建设完成，持续推进二期1000亩项目建设，资溪县双枪标准厂房及基础设施项目完成进度90%，仓储厂房完成进度80%，标准厂房配套基础设施建设项目二期完成进度70%，入驻竹企30余家。第十二届中国竹文化节在资溪召开，建成的竹科技博物馆是世界上首个规模最大的竹结构建筑单体项目，持续推进申报国家竹科技产业示范园区。

【资溪（抚州）金凤凰科技园】

2023年，资溪县对原资溪（抚州）工业园范围进行整体重新规划设计，定位为A区大健康食品产业园，重点引进绿色食品、健康医疗产业，一期总建筑面积约7.87万平方米。收购近400亩工业用地及原金驰地面附着物，定位为B区智能制造产业园，重点引进汽车零配件、光机电一体化、智能制造、新能源新材料产业。结合AB两区实际和全县人民的期许，对飞地园区重新命名为资溪（抚州）金凤凰智能制造园，总投资20亿元，建成40万平方标准厂房及配套基础设施，鲍才胜食品、万物生汽车、玛哈特、医美医疗集群项目、三维锂电池项目等20家企业先后入驻，为全县工业产业腾飞注入新动能。

（林超超　谢鑫安）

工业投资

【概况】 2023年，资溪县凤凰工业创新投资发展集团有限公司（以下简称县工创投公司）以党的二十大精神为指引，围绕县委县政府工业发展计划，按照公司“聚焦工业、勇毅创新、团结奋进、绿色腾飞”的发展战略，加快推进三大平台的厂房及基本配套设施建设，持续完善园区经营管理，不断开拓新盈利项目，做大公司资产，提升融资能力，各项工作稳步推进。

【筑牢产业发展基础】 县工创投公司进一步完善园区要素保障，完成圣农二期15吨生物质锅炉建设，为园区13家企业供气6万余吨；收储高阜自来水厂，为1600户居民及20多家企业供水约43.52万吨；完成污水处理厂提升改造，全年累计处理污水41.18万吨。加大科技创新对产业支持和服务力度。成立江西竹产业创新联盟、江西省重组材料研究中心；成立资溪面包食品研究中心；竹科技检测中心完成第二次扩项43项，为企业提供竹产品80%的检测项目，累计检测2726项指标；竹科创中心、竹博馆累计接待参观团队280余次2400余人。支持企业做大做强解决招商引资痛点。组织园区5家烘焙企业参加中国国际焙烤展、竹木企业参加上海竹博会；为全县25家企业提供供应链服务共计8亿元（其中美味源3亿元）。

【夯实项目建设】 县工创投公司实施的工程建设项目共6个，总面积约36.46万平方米，总金额12.15亿元。由江西揽之建设工程有限公司（全资子公司）新承建的工程项目7个，总面积约42.4万平方米，总投资6.5亿元。年内，建设完成苍青大道、未家二期、陆恒食品、竹科技博物馆、双枪厂房等，有力地保证工业落地企业加速投产。

【工业发展提质增效】 全年县工创投公司资产总额30.33亿元，比2022年增长51.2%；经营性收入8.33亿元，增长135.13%；利润总额3047.05万元，增长521.65%；融资2.95亿元，已批复待放款9.4亿元；投入7437.04万元收储资溪、抚州406亩土地；收购江西大觉山旅游投资集团有限公司名下两山贸易49%股权、入股江西持有人医药有限公司（MAH平台）等3家企业；成立资溪县两山企业运营管理有限公司，完成两山医药股份有限公司股改。

（刘建峰　何娟）

县供电公司工作人员高空作业（帅建忠　摄）

电力工业

【概况】 国网江西省电力有限公司资溪县供电分公司（以下简称县供电公司）承担资溪县内的电力营销、电网建设和电力设施运行维护等工作。资溪县域供电面积约1251.03平方千米，辖5镇、2乡、5场、70个行政村，供电人口约13万人，供电户数为5.5181万户，其中县城3.2826户，农村2.2355户。年内，县供电公司坚守电网企业本质责任和使命担当，坚持稳中求进工作总基调，坚定“一二三”发展路线不动摇，统筹发展和安全，统筹保供和转型，全力以赴保供电、保安全、稳经营、防风险，高质量高标准完成全年目标任务。

【电网建设】 资溪县配电带电作业班于2022年7月成立，至2023年底，共开展263次10kV不停电作业，比2022年增长202.29%（2022年完成87次），减少停电8432时户数，多供电量29.31万千瓦时，台区平均停电时长比2022年下降29.3%。其中一类（绝缘杆作业法）作业46次，二类（绝缘手套作业法）作业217次。全年抢修90次，消缺117次，用户工程2次，配网工程46次，用户工程10次，不停电作业班自班组成立自主开展作业以来未发生人员重伤及以上人身事故，无严重及以上违章。全面完成35kV高饶线#34–#38杆大修，35kV高饶线绝缘子运维；完成35kV资乌线杆塔拉线接地大修；完成35kV资嵩线#103杆运维；完成7条35kV防山火砍青及3条110kV线路通道属地化治理。持续开展无人机线路精细化巡视及输电线路电缆头红外测温工作，完成3条线路无人机精细化巡视。配合安监部完成生产安全排查，严格按照输电线路检修规程，保障检修作业人员人身安全，落实防人身伤亡事故。全面完成35kV乌石变电站等4个变电站接地网及事故油池大修；完成35kV欧溪变电站电缆、避雷针维修；完成35kV高阜变电站综合改造工程前期改造工作（跨年项目）。完成公司所有进网设备如变压器、电缆、开关、环网柜等设备参数试验，以及公司各部门安全工器具试验工作。确保公司人身、设备、电网安全稳定。针对35kV乌石、高阜、饶桥、欧溪变电站户外端子箱潮湿现象进行运维检修，防止因二次回路引起的开关及变压器误动或拒动事故。通过视频巡视、红外线巡视、夜间巡视等方式定期巡视检查发现缺陷23处，及时合理安排消缺，全年未发生变电设备故障引起的停电事件。

【安全生产】 2023年，县供电公司系统安全生产形势平稳，未发生七级以上人身、设备和信息通信事件；未发生恶性误操作事件，未发生本单位负同等及以上责任的重大交通事故、未发生一般及以上火灾事故。深入开展安全隐患排查工作。全力抓好春、秋季安全大检查，自发发现隐患48条，整改48条，整改率100%。将五查五严风险隐患排查整治工作与春季安全大检查、安全生产三年专项整治行动等工作有机融合、统筹推进，排查问题隐患38项，整改38项，整改率100%。常态化开展隐患排查整改工作，每月给予一定的安全奖励，正向激励设备管理单位主动巡视，主动运维，确保设备稳定运行，提高供电可靠性。严格落实队伍准入审核，杜绝失信队伍及资质不足人员入场，至年底，公司主业准入合格人员121人，实现生产一线班组人员全准入，外部施工单位准入3个，人员86人，严抓人员资质，杜绝无证操作，重点抓三证（高压电工证、登高作业证、低压电工证）取证情况，全年完成高压电工证新取24人，低压电工证新取9人，登高作业证新取16人。

【优质服务】 年初，县供电公司修订完善制度，强化优质服务考核。完善《资溪供电公司服务事件考核实施方案》，建立公司管理人员帮扶客户经理走访机制，年初开始开展客户走访工作，按台区逐户进行，建立微信群、推广网上国网App、核对电话号码同步进行，做到每一位用户按照敏感客户标准精准走访。针对敏感服务事件，供电服务指挥中心组织客户经理走访客户，现场解决客户用电诉求。以大觉山供电所为试点，在城区箱式变压器、环网柜等供电设施上张贴“5795722”宣传画103张。在故障停电多发的雷雨季节发送“5795722”宣传短信6万条，针对国庆、中秋、清明、端午、春节返乡人员发送过境短信过50万余条。优简报装流程，全年共办理低压业扩2627户、新增容量37181千瓦，高压业扩37户、新增容量11600千瓦，有力地促进公司电量增长。

（林小宝）

大觉山旅游投资

【概况】 江西大觉山旅游投资集团有限公司（以下简称县旅投公司）坚持以习近平新时代中国特色社会主义思想为引领，坚决落实县委、县政府关于深化国企改革的决策部署，加快构建产业链、持续激发提质增效内生动力，党建引领助推经济高质量发展跑出“加速度”。县旅投公司国有资产总额132.15亿元，其中经营性资产90.36亿元，市场化收入7.56亿元，竞地6块共6.07亿元，完成税费7227.49万元。土地共4063亩，林权共33.6551万亩，房产共9.7425万平方米；完成店面收租共计163.6401万元。

【推动国有企业改革】 县旅投公司继部署实施国有企业改革三年行动之后，面向新时代新征程，以更大力度把国有企业改革向纵深推进。县旅投公司以市场化方式大力推进企业战略性重组和专业化整合，持续完善“集团管理+实体经营”两级架构建设，强化“1+N”（1即集团总部管理；N即建筑、材料、环卫、公交、水利、设计、物业、自然资源等）建设创新，优化配置相关领域资源。2023年，县和丰农业公司无偿划转资产入县旅投公司，泰达人力资源办理股权10%转让至县工创投公司，县污水处理厂转让至县工创投公司，划转鑫安监理至县旅投公司。泰丰混凝土23年7月投资沥青搅拌站100万元。以30元/立方米的形式收取投资收益，搅拌站6月—12月获得投资收益为33.96万元，年投资收益率33.9%。成立投资决策委员会。聘请外部专家，加强投资项目的研究分析、效益测算、风险评估及投后监测，规范程序，建立进退机制。

【重大项目建设】 为加快项目落地步伐，县旅投公司加强项目管理，成立重大项目建设专班小组，通过日报告、周调度、月通报机制，压实责任，强力推进，打造高效、廉洁、规范的城建EPC模式（EPC模式是指公司受业主委托，按照合同约定对工程建设项目的设计、采购、施工、试运行等实行全过程或若干阶段的承包）。2023年，县旅投公司完成年度投资5.19亿元，完成率37.07%。县旅投公司作为业主方在建工程项目11个。资溪县美丽乡镇建设项目（一期）总投资1.55亿，2023年完成投资1.325亿元，其中高阜镇基础设施工程完成投资5600万，教育均衡项目完成投资7650万；2023年，磊鑫公司作为施工方在建工程项目12个，其中竹科技产业园标准厂房及配套基础设施建设二期EPC总承包项目总投资3.1亿元，完成进度约90%；资溪县面包食品产业城小微创业园建设项目（标准厂房、创业大楼及配套服务设施）EPC

总承包项目合同价2.5亿元，创业大楼完成进度80%；资溪（抚州）工业园区数字产业园设施建设项目A区EPC总承包项目，合同价1.6亿元，建设任务基本完成；资溪县第一中学、泰伯小学等14所学校品质提升工程均全面优质完工。

【推动融资装配】 县旅投公司向上争取各项资金，融资总额不断增加，完成融资18.16亿元。其中获得国开行融资3亿元，用于打造资溪县农田基础水利项目改造提升，解决农田灌溉“最后一公里”。6月，县旅投公司面向专业投资者发行非公开发行公司债券，本期债券发行额度2亿元，期限5年。该次是旅投集团第二次发行债券，是直接融资的破冰之举，进一步提升县旅投公司在资本市场的关注度和影响力。

【助力乡村振兴】 县旅投公司认真践行为民服务理念，响应民生民意诉求，努力提升资溪县人民群众生活品质。与石峡乡政府建立定向采购机制，促进乡村振兴事业发展，进行消费帮扶资金24600元，达成“指定种植+定向收购”的合作模式。为提高村办公司收入，6月在县城装修的实体店开业，至年底村办公司收入突破百万。县旅投公司为解决高阜镇石陂村民出行难，对周边道路通行条件进行综合研判，筹措资金独立自主进行道路拓宽修建，专门设立农村公交专线——安港线，为乡村居民提供更为安全、便捷的乘车方式，全力保障居民的日常生活幸福感。至年底，县旅投公司共投放25辆公交车，实现7个乡镇、70个建制村城乡公交全覆盖，每日运行155班次，日均客流量0.26万人次，切实做到惠民生、暖民心。

【开展“交邮”合作】 2023年，为确保“快递进村”长稳运行，“客货邮”共送达快递25万余件，降低快递成本40%以上，增加物流收入20%，完成交易额2300余万元，惠及农户350余户，年均增收5.7万余元。《打造“客货邮+电商”新模式 赋能新时代乡村振兴——基于资溪县的调研》被省委领导肯定并作出批示。

（何少辉 黄斐帅）

纯净文化旅游运营

【概况】 2023年，资溪县纯净文化旅游运营有限公司（简称县纯净文旅公司）认真贯彻执行上级的各项方针政策，坚持解放思想、勇于创新，紧紧围绕“生态立县、产业强县、科技引领、绿色发展”战略发展，坚持立足文旅主业、提升区域品牌价值、办好重大节庆活动三大主体目标，不断做大做强。

【文旅融合新发展】 2023年，大觉溪美食村入选省第三批夜间文旅消费集聚区，火车吧美食一条街入选抚州市夜间特色示范区。县纯净文旅公司承接全县各数节庆活动如：康养产业大会、半程马拉松、白茶文化节、面包文化节、竹文化节等各类型活动24场。通过烧烤节，音乐嘉年华等活动引客来资，双节（中秋·国庆）活动吸引3万余名旅客集聚大觉溪。同时发挥“以客户为中心，以效益为目标”的服务理念，以融合为契机，重点发展广告产业，全年实现营收668.6万余元。

【打造区域品牌】 为展现区域品牌新动能，县纯净文旅公司打造建设特色网红蛋糕品牌，助力带动村集体增收；摸索白茶产业发展方式，积累宝贵经验。打造“一乡一品”，摸排全县乡镇场特色产品，通过“双标”建设赋能纯净资溪产品，摸排出石峡黄精、高田有机米、高阜竹荪、马头山蜂蜜、鹤城竹产品等区域特色品牌，探究品牌故事。年内，在上海、北京、福建等城市及20余所高校推广资溪产品，讲好资溪故事，“纯净一生的资溪，有幸遇见你”宣传口号越来越响。

【拓展学旅市场】 县面包旅行社以“内挖外引”的方式，不断拓展学旅市场。通过“一封信”及一导游一视频等多种方式，邮寄资溪县旅游宣传折页1000余封；拍摄72个宣传视频，总浏览量183.5万人次，资溪县旅游产品大获好评。在导游队伍人才不断壮大的情况下，引流2万余名游客，旅游板块营收927万元，比2022年增长150.54%；在研学市场老树开新枝，拓展省内市外的市场，对接汉光教育、研学旅行社、小羚羊旅行社，引流外地学生9000余人，本地研学生2600余人，业务收入300余万元；同钻石、走四方等旅行社合作引流北京、天津、上海等地7500余人来资旅游，党建、嘉游赣、红培等业务主营收入共627万元，真正实现研学旅游“两手抓、两手硬”的状态。

（周敏）

信息产业

综述

2023年，资溪县瞄准指标体系，持续推进数字经济发展，数字产业化成效初显。打造数字产业园区。充分利用资溪（抚州）数字产业园独有的区位优势，以产业提升为契机，主动融入高新区发展规划，以龙头企业、重大项目为依托，布局新能源汽车、半导体芯片、大数据与云计算等，打造“产区、街区、展区、社区”功能叠加的新型产业园。培育数字化重点企业。在全市率先推出集聚化发展模式，打造“数创中心”主平台，以电商服务、网络直播、平台运营等为主线，重点布局软件与信息服务行业应用软件、物联网行业应用等产业赛道。至年底，入驻赢焙网络、沣晟信息、天众、鱼得水等企业16家，特色品牌效应初步显现。2023年，县数创中心企业总营业额为15.3亿元，完成税收1.4亿元。全力以赴招商引资。持续完善招商引资政策，瞄准数字经济头部企业，引进一批重点数字企业，引进鱼得水商务秘书有限公司、江西沣晟信息科技有限公司、江铃易至科技有限公司等10家数字经济企业落地资溪。至年底，全县数字经济核心产业共有5家，累计营业收入为7.1亿元，另外，新增江西磊鑫建筑有限公司和江西瓴盛新能信息科技有限公司两家数字经济核心产业。

产业数字化全面加速。工业数字化转型纵深推进。聚焦绿色食品（面包）、竹木加工产业两大优势产业，实施智能制造升级、上云用智赋数工程，鼓励支持企业开展数字化、智能化升级。联合三大运营商专业技术团队，推动小微企业拓展云计算初级使用，推动大中型企业逐步实现云计算深度应用，全县共有942家企业实现上云。服务业数字化提升全面展开。引导服务行业运用大数据、区块链、云计算等数字技术创新发展模式，推动服务业与数字经济融合发展。推进涉农信息资源有序整合共享开放，建成“邮乐送”电商平台，香檀山茶业、一亩茶园、新航贸易、赣德龙生态农业等公司通过电子商务平台线上销售产品，带动资溪县企业进驻淘宝、天猫、京东等大型电子商务平台，极大地拉动电子商务交易额，带动本地电子商务从业人员1200余人，带动就业6000余人。农业数字化发展加速迈进。全面加强智慧农业体系建设，加强“纯净资溪”区域公共品牌建设，加快物联网、智能设备等现代信息技术与农村生产生活深度融合，打造水稻物联网综合服务平台，形成“物联网+智能装备+在线实时监控”应用模式，围绕资溪白茶、中草药、笋竹两用林等特色优势产业开展数字化应用试点，推动农业管理和农业生产更加智能高效。建设一亩茶园及正鸿祥两个省级农业物联网示范基地。

数字基建不断夯实。全面推进“双千兆”网络、物联网建设，持续扩大5G网络建设规模。县城区、乡镇（场）、景区、交通干线实现4G网络和光网全覆盖，达到百兆入住户，5G基础建设实现城区、重点景区及各乡镇（场）所在地全覆盖。5G基站共有230个，每万人拥有5G基站23个，政府门户网站完成IPv6升级改造。

（林美平）

大数据发展管理

【概况】 2023年，县大数据中心围绕做示范勇争先的目标要求，真抓实干，主动作为，全力推进重大平台建设，持续推进政务数据共享应用，不断夯实政务信息化基础设施，各项工作取得显著成效。

【政务网运维管理】 县大数据中心不断完善政务网的升级改造，按省、市要求做好政务外网等保工作，县政务网覆盖率90%以上，有效保障全年各单位的正常办公，同时保障“乡乡通”的安全畅通，保障各乡镇场的正常办公，为数字政务建设打下坚实基础。强化云、网、安全“三大支撑”，提升云、网基础支撑能力和安全保障能力。对县政务外网基本情况进行摸底统计，按照省市统一部署完成核心节点和汇聚节点改造、乡镇政务外网升级改造、安全防护升级改造，通过深化政务外网网络升级改造，不断优化政务外网网络架构，扩大政务外网覆盖范围，提升政务外网承载能力，强化政务外网安全保障。保障2个政务网视频会议室会议的正常召开，全年对接国家、省、市相关大小会议155余个。

【政务数据共享与创新应用】 依托抚州大数据平台，进行全县信息资源整合，根据各单位反馈的意见，通过网络平台进行视频培训，保证各相关单位保质保量及时对本单位的资源信息进行共享。实现定期向市大数据平台推送和调用数据，在抚州市大数据服务平台上挂接数据资源目录285条，全年全县平台目录挂载率、数据更新及时率、供需对接清单总体完成率均为100%。

【信息化项目审核】 全年，县大数据中心共完成10个信息化建设项目的技术审定。完善信息化项目建设的合理性，节省项目资金约400余万元，最大程度杜绝信息资源的重复建设与浪费。

【赣服通资溪分厅】 县大数据中心不断推广线上服务，依托市大数据平台，实现县本级不动产登记和房屋合同备案系统信息共享，资溪不动产登记信息和增量房、存量房合同备案等信息查询上线“赣服通”资溪分厅，可实现掌上办理。累计上线服务事项140项，其中“无证办理”事项19项。全县注册用户数4.57万人；用户访问量260.71万次。

（陈斌）

数字经济

【概况】 2023年，全县共有9家数字经济核心产业企业，全年完成营业收入40亿元，比2022年增长70%。不断拓展核心产业发展，将鲍师傅电子商务、天众科技、赢焙科技和周建生欧包4家企业纳入数字经济核心产业。

【增强科技创新能力】 2023年，新增省级技术中心1家（竺尚竹业）；市级工程研究中心1家（庄驰家居）；技术中心2家（木信笋业、正弘祥茶业），确认公示省级智能制造标杆企业1家（未家竹文化）。持续加强软件产业培育。中轩物联作为全县唯一一家数字经济软件产业企业，企业运营不断成熟，业务有大幅提升。至年底，共完成营业收入23.4亿元，增长374.8%。

【产业数字化全面转型】 资溪不断推进工业互联网和两化融合建设。推动大中型企业大数据融合，智能化改造逐步实现云计算深度应用，全县共有942家企业实现上云。5G应急广播系统建设项目获第六届“绽放杯”江西区一等奖。省级智能制造标杆企业1家（未家竹文化），江西鲍才胜食品有限公司、江西吉中竹业有限公司、江西庄驰竹业发展有限公司荣获江西省信息化和工业化融合示范企业，江西拓竹机械科技有限公司、江西省资溪面包科技发展股份有限公司、江西吉中竹业有限公司通过两化融化融合管理体系贯标认定，江西未家竹文化科技有限公司被评为2022年抚州市数字化转型行业标杆企业。稳步推动电子商务发展，引进跨境汽车电商营运中心。2023年，网络零售额2.63亿元，比2022年增长174.93%。强化农业互联网建设。全面加强智慧农业体系建设，2023年省工信厅批复资溪县新增2家省级物联网示范基地，分别为江西香檀山茶业有限公司和江西奉原生态科技有限公司，资溪县省级物联网示范基地累计4家，2023年度考核在全市排名第一。

（陈斌）

电信

【概况】 2023年，中国电信资溪分公司完成保底预算收入进度102.41%，累计进度完成全市第二。其中完成净计费收入进度100.76%。宽带新装比2022年提升5.75%，完成进度109.63%，净增降低19.97%。移动过网份额34.09%，排名全市第五，比2022年年底提升1.14%。全年信息基础设施建设投资约200万元，增强全县的通信基础能力，着力打造网络强县。

【信息基础设施建设】 2023年，中国电信资溪分公司新增3个4G基站，建设NR800M基站47个，新建才乡云眼点位350个；新建智慧小区2期和3期项目16个；新建智慧监所平台；新建第三幼儿园、鹤城中心小学校园信息化系统；新建资溪县应急管理局370M应急指挥窄带无线通信服务项目；新建泉坑316国道红绿灯系统项目；新建资溪县人大无纸化会议系统；新建高阜镇源头治超系统；新建资溪县基层治理态势感知平台服务系统；新建矿山监控项目；新放高阜到饶桥36芯中继光缆，新放高阜到嵩市48芯中继光缆，满足新增传输设备线缆使用需求；更换高田端局整流器；新建2720个H端口；新增96个10G PGON端口，乡镇区域千兆宽带能力全覆盖。

【保障网络运行】 中国电信资溪分公司精心组织杭州亚运会重保任务，反复排查整改网络隐患，确保重保期间网络高质量运行。保障全国面包产业现场会、畲族民俗文化节、大觉山马拉松、十二届中国竹文化节、环鄱阳湖国际自行车大赛（资溪站）、资溪“万物生杯”汽车场地越野争霸赛等重要活动的网络运行，配合县政府申办国家文明县，持续进行整治各类线路乱搭乱挂，消除城市线路安全隐患，美化环境。

（资溪电信）

移动通信

【概况】 2023年，中国移动资溪县分公司（简称资溪移动）贯彻落实党和国家的方针政策，落实行业要求，践行“人民邮电为人民”的宗旨，推动全县5G覆盖和感知双领先。至年底，有5G基站172个，网优站点8个、黑点攻坚6处，无线局部弱覆盖信号优化55余处，城乡信息点补点建设6500余个，同时借力政府人行道路开挖工程建设管道4公里。连续三年网络综合排名全市前三，城区网格获得全省优秀团队奖——2023年复兴网格、嵩市网格获得全省卓越网格。全年营运收入完成5896万元，增量增收710万元。

【推进5G网络建设】 资溪移动持续推进5G网络建设，致力于构建网络强县、科技强县与数智强县。累计开通5G基站350个，5G宏站158个，建成资溪县最大的5G商用网络，实现城区、乡镇覆盖率100%。至6月底，投入约110万元，对18个无线信号盲点和室内分布系统进行优化，并针对大觉山AAAAA景区建设专用5G基站。

【组建区县反诈专班】 资溪移动联合县公安机关进学校、进社区、进乡镇开展反诈宣讲活动30余场，有效提高公民的反诈意识，保护人民群众的财产安全。针对涉案终端串号反查分析，加强宽带与基站精准定位。

（吴志坚）

联合通信

【概况】 2023年，中国联合网络通信有限公司资溪县分公司（简称资溪联通）新增营销网点5家，存量网点16家，服务网络遍布全县。有基站数量155座，移动通信用户、固定电话、宽带互联网用户逾1.5万户，全年主营收入比2022年增加5.4%，全市排名第五；考核收入完成率101%，全市排名第三；KPI考核排名全市第五。

【5G网络建设】 全年，资溪联通共建设56个5G站点，有14条专线和电路接入，4G人口覆盖率96%，移网人口覆盖率97%，新建FTTH端口2168个。在市分公司及县政府等上级部门指导下，主动与友商推进5G共建共享，全年建设56个5G基点，助力5G商用及物联资溪建设，助力资溪数字经济发展。

【开展“断卡行动”】 为贯彻落实《资溪县打击治理电信网络诈骗违法犯罪集中整改工作方案》要求，资溪联通进一步压实反诈联席会成员单位工作责任，充分认识加强电话实名制、物联网卡安全管理工作的重要性和紧迫性，将断卡行动入列入公司全年的重点工作。坚持刀刃向内，每月组织开展反诈、断卡工作监督检查，对责任不落实的，追究相关岗位的责任。持续保持对各种新式电信网络犯罪的高压打击态势，在县委县政府、县委政法委、县公安局的指导下开展断卡行动。加大宣传力度，针对全县联通手机客户发送防诈反诈公益短信5万余条，发放宣传单页700余份，开展进村组入户宣传活动15场，下载国家反诈中心App1342余户。通过多种举措，进一步强化人民群众对反电信诈骗知识的意识，营造网络安全人人有责、人人参与的良好氛围。

（刘幼兰）

铁塔通信

【概况】　中国铁塔股份有限公司资溪办事处有基站290座，铁塔分布于城区、乡镇、农村、校区、景区、高速公司等核心位置。年内，承接运营商需求建站97座，节约投资资金565余万元，年底实现全县5G网络覆盖率100%。

【基站维护】　全县围绕提高基站维护质量的目标，高质量地完成基站维护任务，完成面包产业、畲族文化、马拉松等节日重大通信保障任务。活动期间，完成486人次基站机房巡检、125站次停电应急发电以及全量300站次基站铁架巡检。及时调度人员检修设施，对于老旧和已损坏设施进行更换清理。合理设置安排基站点的地理位置，考察地形地貌、了解人口数量以及基站与基站的距离。进行科学的规划，避免资源浪费，实现基站建设收益最大化。

（李盛）

基站（帅建忠摄）

交通运输

交通运输管理

【概况】 县交通运输局以习近平新时代中国特色社会主义思想为指导，以"走前列，勇争先，善作为"为目标，不断加快全县交通运输基础设施建设。资溪荣获"四好农村路"全国示范县、全国第四批农村物流服务品牌；入选城乡交通运输一体化全国示范县创建名单，"客货邮"工作得到省领导批示推广。

【推进交通项目建设】 2023年上级下达的农村公路投资任务为1.19亿元，年底前完成全部投资，主要包括：饶桥—榨树等2个乡道通双车道项目12.1公里，完成投资700万元；高阜—狮子山道路工程、高阜—工业园区等产业路旅游路10.2公里，完成投资9844万元；持续实施马头山—油榨窠等17公里4个安全生命防护工程，完成8公里，完成投资220万元；不断推进安港线何家桥等2个危桥改造项目，年底完成何家桥危桥改造项目。加快推动弋阳至南丰（资溪段）高速建设前期准备工作。努力争取项目办落地资溪县，完成项目招投标工作。

【农村公路养护】 全县农村公路全面实行"路长制"，按照县乡村三级管理养护体系，实行县道县管、乡道乡管、村道村管，通过落实县、镇两级农村公路管理机构的养护主体责任，实现全县农村公路列养率100%。打造"四好农村路"信息化平台，利用巡查App上传巡检记录，提高农村公路管养效率，优化农村交通环境。

【完善客货邮融合发展】 县交通运输局不断完善客货邮融合发展新模式，县级客货邮转运与共配中心新增一台快递分拣机，日快递分拣由9000单/日提升至15000单/日；将农村物流服务点按规模大小设置三个等级，设计客货邮融合发展统一标识，在服务站点、车体醒目位置张贴悬挂，探索客货邮融合发展品牌；"资溪生活"平台自2022年8月运营后，农产品成交量16100余单，成交金额268.3万余元，助力1700余人创业就业，实现农村数字经济增长。

【交通综合执法】 县交通运输局认真履行交通运输部门治超工作职责，坚持依法治理、源头治理、科学治理、奖罚治理，坚持以打击"百吨王"和严重超限超载30%以上的运输车辆为重点，严格责任倒查，规范各项基础管理工作，努力推进治超工作的长效化、制度化、规范化。依托固定检测点和"不停车"检测点对全县各主要干道进行不间断的检测与稽查，共出动执法人员900余人次，检测货运车辆3500余台，查处违法超限超载车辆8台，共处罚1.6万元，卸载货物32吨。不停车检测车辆146068辆次，处罚117台，共处罚40.85万元。

【道路安全隐患整治】 县交通运输局严格落实"三个一律"道路安全隐患整治，共排查出11个道路交通安全隐患，其中省级隐患1个，市级隐患2个，县级隐患8个，全部整治完成。同时为保障

县交通局工作人员送清凉（帅建忠　摄）

农村公路安全畅通，县交通运输局组织技术人员对县农村公路临水临崖、急弯陡坡、高边坡、平交口、事故多发及连续长陡坡路段安全隐患进行全面隐患排查，共排查平交口隐患3处，临水临崖、急弯陡坡、高边坡等隐患6处，针对排查出的安全隐患，及时进行整治，设置平交口减速带3个，安全警示提示标志牌16块，加装波形护栏436米26处，道口警示柱2组。不断强化道路运输安全监管，按照年度安全隐患排查工作责任，对辖区“二客一危一货”运输企业进行重点打击动态监控长期不在线、安全教育培训不落实、安全隐患整改不到位等进行检查，共排查13处隐患，下达整改通知书5份，完成整改13处。

（熊妍）

道路运输

【概况】 2023年，全县完成客运量93.6万人次，客运周转量2255万人千米（出租车、网约车未计算）；货运量410万吨，货运周转量40848万吨千米；办理货运业户许可22个，公路建设施工图设计文件审6件。客运车辆年检13辆，公交车年检24辆，出租车年检23辆，货运车辆年检398辆，道路运输驾驶员诚信考核全转入线上办理。

【道路运输管理】 全县有客运企业2个、货运企业40个，运输线路47条、运输站点162个，客车37辆、货车600辆。为加强公路环保节能，县交通运输局开展交通污染环境整治，完成控制减排0.063吨标准煤目标。

【城市公共交通】 2023年，资溪县公共交通有限公司（公交）有车辆24辆，线路38条，站台17个，人员42人，完成客运量88.4万人次，周转量1768万人千米。资溪县出租车公司有车辆23辆，完成客运量13万人次。江西省江南出行运输服务有限公司资溪分公司（网络预约出租汽车客运）有车辆20辆，完成客运量3.2万人次。资溪万顺叫车信息技术有限公司有车辆9辆，完成客运量0.3万人次。

（熊妍）

县交通局开展交通安全宣传（帅建忠　摄）

公路建设与管理

【概况】 2023年，资溪公路分中心紧紧围绕年初工作既定目标、工作部署，重点做好公路日常养护和养护工程建设，公路日常养护常态化、规范化、精细化初步取得成效，养护管理效能得到较大提升。

【公路养护】 资溪公路分中心按照《抚州市国省道日常养护管理考核办法》及养路二科关于日常养护具体工作要求，根据管养实际情况，采取竞争性发包模式，将管养辖区内的75公里国省道以及4座隧道发包给竞标中标公司，有效充实一线养护作业人员，新增一线养护作业人员19人，做到定人定路段定责任。加大日常养护投入，开展国省道路容路貌、路域环境整治，加强路面清扫及病害处置、水沟疏通清理、路肩除草，同步进行桥梁、隧道、涵洞及附属设施整治，至6月底，共清理疏通排水设施100余千米，完成路肩边坡打草10万平方米，修复破损排水设施0.2万米，沥青路面灌缝1.8万米，清理桥梁锥坡25座。

【公路防汛】 按照市中心公路防汛要求，资溪公路分中心印发制定公路防汛方案，成立以主要领导为组长的公路防汛工作领导小组，明确机关工作人员及一线养护人员防汛职责，落实24小时防汛值班及领导带班制度，持续开展公路汛期安全隐患排查与整治，汛期期间共计发生水毁塌方40余处，清理大小边坡塌方5000余立方米，对辖区内路基、路面排水设施进行疏通。

【公路安全隐患整治】　资溪公路分中心按照安全生产专项整治三年行动巩固提升年实施活动方案，强化安全隐患排查治理，紧盯重点施工项目、重点风险路段、重要时间节点，开展安全隐患集中整治，建立隐患排查整治台账，牢牢守住安全生产的红线底线。全年共计排查各种道路安全隐患247处，并委托设计部门进行图纸设计，实施G316长同线（资溪境内）隧道入口安全设施专项整治工程，增设道口警示柱400余根，增设更换标志标牌90余块，修复增设波形护栏900余米，基本消除安全隐患。

（陈阳春）

铁路运输和管理

【概况】　2023年，资溪火车站以安全运输生产为中心，聚焦“交通强国、铁路先行”，以安全风险管理为抓手，不断夯实安全基础，提升工作质量、服务质量，牢抓安全运输不松手，围绕经营效益不松劲，维护稳定不动摇，不断优化工作流程。

【铁路运输服务】　资溪火车站努力做好客、货运运输服务工作。春运期间，加人加岗应对大客流，组织党员团员开展志愿服务，共完成旅客发送2750人次，货运装车5000车，完成全年的运输生产目标。

【车站管理】　资溪火车站扎实推进标准化建设，车站场所干净、整洁，工作流程严谨、有序。不断深化安全风险管理，强化现场安全卡控，开展各类安全生产专项整治活动，确保运输生产安全平稳，实现“2023年安全年”。

（王国辉）

陈坊至龙湖公路茂林段（帅建忠摄）

贸　易

招商引资

【概况】　2023年，全县外贸进出口7.2973亿元，比2022年下降61.6%，其中，出口2945万元，进口7.0027亿元。出口企业有抚州珍展鞋业有限公司、江西玛哈特智能科技有限公司、江西岚洁梦地毯家饰有限公司、江西华谊食品有限公司、江西竺尚竹业有限公司。进口企业有江西圣觉供应链管理有限公司、江西圣农食品有限公司。

【招商引资有成效】　2023年，资溪县共引进1个出口项目，新签约项目2个。新引进江西玛哈特智能科技有限公司，主营工业机器人制造，实现出口贸易。新签约抚州龙盛农业发展有限公司，主营菌类调味酱，实现年生产菌类调味酱1000吨，年出口1000万美元以上，主要出口东盟市场；新签约茶业萃取项目，总投资约1.5亿元，产品出口东南亚及欧洲市场，为资溪创汇2000万美元以上。

【培育龙头商贸企业】　资溪不断做大做强外贸进出口总量。落地资溪的江西圣觉供应链管理有限公司是一家由福建圣农食品和澳大利亚客商共同投资的中外合资企业，为福建圣农食品有限公司旗下子公司，专业从事甄选世界品质牛羊肉的全产业链供应服务商，产品主要源自巴西、美国、澳大利亚、乌拉圭、新西兰、阿根廷，供应国内3000余家餐饮连锁企业以及大型加工厂。2023年圣觉公司累计进口9829万美元，占全市进口47%，为全市最大进口企业。

【拓宽出口渠道】　为帮助外贸企业抓订单、拓市场，增强发展后劲，资溪引导企业开拓多元化出口市场，优化出口产品结构。组织岚洁梦参加第133届、134届广交会，第31届华交会，展会上共洽谈客户60个，签订意向合同10份，合同金额100万美元，主要有德国、英国、波兰、巴西、阿根廷、日本、印度等国外客户来洽谈。

【落实外资帮扶政策】　为实现外资企业帮扶全覆盖，县工信局开展走访活动，一企一策帮助纾困解难，不断优化营商环境，提振外商投资信念。主动宣讲外资奖励政策，加大现汇进资奖励力度，指导企业用足用好各项政策，对嘉豪科技2021年、2022年现汇进资进行奖励，奖励金额5.46万元。进一步挖掘存量外资潜力，通过多方联动、合力公关，主动挖掘万物生进资潜力。为切实做好对外国投资者或外商投资企业履行信息报告义务的监督检查工作，加强事中事后监管，2023年6月对江西得盛堂生物科技有限公司开展联合检查。

供销合作

【概况】　县供销合作社联合社（以下简称县供销社）通过坚持三个常态化、坚持党的政治统领、坚持推进项目建设，以服务“三农”为宗旨，持续深化供销合作社综合改革。坚持在深入思考中认识大局，在扎实行动中服务大局，找准工作的切入点和着力点，推动深化供销合作社综合改革工作取得新成效。

【供销集配体系建设】　为满足广大农民群众的需求，县供销社结合资溪实际，对“互联网＋第四方物流”供销集配体系进行升级改造，以县城为中心向周边乡镇扩散分布，共计布局乡镇网点7个，覆盖率100%，村级网点70个，覆盖率100%。升级改造乡级供销集配中心7个、村级供销集配网点50个、县级供销集配配送中心开展生鲜、日用、电商等3个业务，累计完成上下行物流配送28万件，实现营业收入280万元，初步解决城乡物流上行“最先一公里”、下行“最后一公里”的问题，有效增加农民的经济收入。

【资溪供销冷链物流园】　资溪县物流园项目（资溪供销冷链物流园）基础设施建设项目位于抚州市资溪县鹤城镇火车站货场地块，园区占地面积58.98亩，项目总投资3.85亿元。项目总建筑面积约4.566万平方米，建设内容为冷冻冷库、农产品交易市场、商业、办公配套、公寓、地下室等（包括县级配送中心的建设，涵盖冷冻冷库、仓储物流、快递配送等功能），其中交易市场建筑面积2500平方米，冷库建筑面积1.2万平方米、仓储规模约1万吨，该项目在降低全县物流成本发挥着重要作用。

【安全生产】　县供销社坚持安全生产检查抓常、抓早、抓整改，稳步推进安全生产大检查工作，广泛开展安全宣传教育，全面排查整治安全风险隐患。及时向下属企业传达省、市、县等各级安全生产会议精神，并对落实工作进行详细部署，抓好落实，对下属企业安全生产检查做到常态化。11月，副县长李晔带队到下属企业开展安全生产检查工作，隐患均整改到位，进一步增强社属企业的安全生产意识，全县安全生产各项工作再上新台阶。

（何景文　曾星）

粮油流通

【概况】　资溪县坚持以习近平新时代中国特色社会主义思想为指导，认真贯彻落实习近平总书记关于粮食安全工作重要论述和指示批示精神及考察江西的重要讲话精神，始终牢记扛稳国家耕地保护和粮食安全政治责任，强化粮食流通监管，维护粮食市场稳定，保障粮食安全。县发改委主动担起牵头单位职责，加强部门联动，强化责任落实，认真完成2023年度耕地保护和粮食安全责任制考核任务。

【规范粮食市场调控】　县粮食部门拓展县级粮油储备，增加2000吨县级储备粮储备任务，完成30吨县级储备油及100吨社会责任储备任务，进一步提升粮食调控及应急保障能力。在全县范围内建立粮油应急供应网点共9个，确保粮油应急供应稳定。严格执行国家军粮供应政策，保障驻县部队粮食供给，不断提升军粮供应管理和服务水平。

【落实粮食收购政策】　县政府与企业共同参与粮食收购贷款信用保证基金，拓展粮食企业融资渠道，加大粮食市场化收购信贷支持力度。抢抓中晚稻上市时机，落实收购贷款资金873万元，及时开展粮食收购，共收购中晚稻3000吨。落实市政府下达的30吨县级储备油储备任务。落实超标粮食收购处置财政预算，做好超标粮食定点收购及定向处置工作，确保超标粮食不流入口粮市场，保障粮食安全。

【规范粮食销售】　县粮食部门通过国家粮食交易中心拍卖县级储备粮1000吨，配合省储备粮管理有限公司销售省级储备粮1047.5吨，协助中储粮完成679吨最低收购价粮食定向销售出库，进一步规范粮食销售渠道，确保粮食销售合法合规。

【强化粮食仓储能力】　县粮食部门持续推进粮食仓储能力提升，实施资溪县粮食储备库二期乌石粮库建设项目，新建总仓容1.2万吨现代化仓库2座及仓库管理用房1座，推进县级储备粮集中统一管理。持续推进储粮仓库性能提升，实施高田中心粮库气密性提升改造项目和高田中心粮库绿色仓储提升改造项目，提升仓库气密性及保温隔热水平，进一步减少库存粮食损耗，保障储粮安全。

持续推进粮食检验能力提升，实施高田中心粮库粮食质量追溯提升建设项目，通过采购粮食质量检验检测设备，覆盖粮食重金属（镉）、真菌毒素、农药残留、黄曲霉毒素等指标检验检测，项目完成验收，有效提升企业粮食质量检验检测能力，进一步保障出入库粮食安全。稳步推进监管信息化水平提升，实施县级储备粮信息化建设项目，在县级储备粮承储库点安装智能出入库、粮情检测、智能安防系统，在县级储备油承储企业安装智能安防设备，实现县级储备粮购、储、销全程信息化监管，进一步提升粮食监管信息化水平。

【粮食市场监管】　县粮食部门推进监管职责落实，利用“双随机、一公开”监管平台，认真开展“粮食安全大排查快整治严执法”集中行动，建立隐患台账制度，主动与县市场监督管理局、财政局、农发行等部门沟通协调，联合开展监督执法行动。2023年开展专项监督检查13次、粮食出入库监督检查12次、多部门联合执法5次，共参与监督检查110余人次。全年上报行政执法案例6个，在严格监管下，粮食购销市场秩序井然。为推进粮油价格监测，对粮油市场价格进行重点、常态化监测，加强市场调研和节日巡查，维护市场价格稳定，保障粮油供应。

（李凡）

面包产业

【概况】 县面包服务中心紧紧围绕“首位产业”发展定位，按照“做实主业链、扩大副业链、健全供应链、延伸服务链”思路，打造生产、研发、培训、集采“四个中心”，以“强党建、优服务、夯载体、广宣传、促融合”为重要抓手，促进资溪面包食品产业高质量发展。至年底，全县共有面包食品产业链工业企业19家（不含美味源供应链商贸企业），其中规模以上企业10家（圣农食品公司、面包公司、费歌食品公司、木信食品公司、鲍才胜食品公司、周建生食品、美意滋食品、焙合盛食品、华谊食品、阿公食品），2023年1—12月份全县规模以上面包食品企业完成总产值15亿元，比2022年增长13.87%。

【党建引领产业发展】 县面包服务中心按照“一企一阵地”要求，依托有条件的产业链上企业搭建党建活动中心，加强产业链党建阵地建设。县内依托面包科技公司打造“资溪面包馆”党建主题展厅，充分展示产业链党建和产业文化，2023年共接待参观、调研130余批次，人数2000余人。同时依托费歌食品公司，打造“委员议事厅”“资溪县产业工人建设改革示范点”，引导企业党员为产业发展建言献策。县外先后于广州（鲍师傅食品公司）、南昌（中阳设计公司）等地设立“红色驿站”党员活动中心，引导在外党员发挥招才引智、产业招商、乡贤联络等党群服务作用。持续打造党建品牌。通过打造“党旗飘扬·面包飘香”特色党建品牌，丰富党建工作内涵，提升品牌影响力。2023年，面包产业链联合党委不断丰富“党旗飘扬·面包飘香”品牌内涵，在产业发展壮大过程中，通过开展“七一”活动，促进产业链上企业广大党员职工凝心聚力，引领链上企业实现高质量发展。

【优化营商环境】 县面包服务中心通过深入企业调研、走访，了解企业发展现状及诉求，优化营商环境，助企纾困解难。为解决用工需求，组织干部参与“春风行动”“就业援助月”等系列活动，利用招工平台“村头宝”，尤其是2023年春节，通过开展“纯净资溪·职等你来”云招聘活动直播送岗及“四送”下乡活动，累计开展专项招聘会23次，帮助面包公司、费歌食品公司等面包食品企业解决用工人员200余人。持续加快人才培养，推进南大、抚职等院校在资溪挂牌成立培训学院，在资溪中专新增中西面点专业。中专学校招入专业学生共计74人、招入专业教师1名，抚职2022年秋季招健康烘焙专业完成招生30人。4月，抚职资溪面包学生烘焙创业基地正式启动。助企纾困解难，通过常态化召开“政企夜谈”“面包食品产业链工作推进会”，协调解决企业资金需求、用电用气、人才招工及技术突破等问题。全年累计召开面包食品产业发展推进会4次，提出22项重点工作，其中短期性工作全部完成，逐步推进长期性工作。累计召开面包食品产业专场“政企夜谈”2期，帮助链上企业解决问题40余件。

【推进招商引资】 县面包服务中心针对已有企业、刚落户企业、意向落户企业做好服务工作，着力推进企业厂房建设、企业选址、招商引资等方面工作。为保障企业落户，协调面包食品产业链各职能单位，对产业城整体建设进行统筹推进，加快推进二期规划，尤其是协调解决园区硬性条件问题，如厂房建设、水电供应等问题，较好完成巧克力厂内部装修设计、歌麦郎食品厂房选址等工作。为推进壮大龙头企业，一方面，鼓励面包公司尽快扩大产能和抢占市场，2023年上半年，受烘焙行业整体市场下滑、不景气影响，“资溪面包”品牌门店有所缩减，但总体保持在170家左右。另一方面，加大对肉食品企业的招商力度，引进圣农饲料厂、牛肉厂，全力保障圣农食品二期、圣泽祖代鸡和圣农饲料厂等项目建成投产。加大招商引资。围绕构建食品产业链进行走出去招商引资，全年总计外出招商5次，先后到中食协、牛氏运昌等企业、商协会走访、考察，尤其是在面包文化节期间，对行业龙头企业进行“一对一”招商。

【加强面包产业品牌建设】 资溪坚持对外推广，多措并举强品牌，持续加强“资溪面包”品牌建设，推动产业强县建设。举办节庆活动。4月，举办第七届资溪面包文化节，活动丰富多彩，邀请到行业上市公司及龙头企业30余家，参会企业200余家，人数4000余人。同时，组织产业链上8家企业走进上海国际烘焙展，“资溪面包”成为28万平方米展厅中4000多家企业关注的焦点。加强主流媒体宣传。通过在主流媒体、新媒体等平台加大宣传力度，促进“资溪面包”品牌知名度与美誉度提升。2023年，先后在央视新闻网、江西新闻、抚州发布等平台对“资溪面包”进行宣传。2月22日，《千行百行就业行》走进资溪推介资溪面包；3月8日，“面包小子”动漫上线；4月1日至3日，《江西日报》新问题专栏宣传《烘动资溪、有焙而来》；4月3日，今日头条上稿《吴淑琴：烘焙产业是朝阳产业、绿色产业》；10月国庆期间，组织“资溪面包”部分企业走进文昌里进行展销，县委书记吴淑琴参加“喜迎国庆，我与祖国同庆生”万人庆生活动，并在中央电视台一套《新闻联播》、四套《中国新闻》、光明网、央视网等主流媒体报道。重视重要窗口推广。9月底，“资溪面包”品牌门店入驻省政府食堂，该门店成为宣传“资溪面包”品牌的重要窗口。

【搭建资源交易平台】 为有效发挥县内落户面包食品企业产业聚集效益，县面包服务中心不断提升产业关联度，推进企业降本增效。3月中旬，以美味源供应链公司为主体平台，整合县内落户企业及江西省面包商会，组建资溪面包食品产业合作社，提升面包食品产业链上企业关联度。至年底，美味源供应链公司完成3.43亿元采销额；产业合作社共为县内5家企业（面包科技公司、费歌、焙合盛、金澳艺发、美意滋）采购、销售累计分别完成约1192万元、约4529万元，其中为面包科技公司采购、销售分别完成约288万元、约1645万元，为费歌肉松采购、销售分别完成约206万元、约240万元，为美意滋采购、销售分别完成约675万元、约871万元。

（曾长华）

烟草专卖

【概况】 2023年，资溪县烟草专卖局（简称县烟草局）实现税利2307.37万元，比2022年增长6.38%。全年累计卷烟总量销售2544.06箱，比2022年增长0.82%，完成全年目标进度的100.82%；重点一二类（不含高端高价）累计销售1480.65箱，增长5.84%，增幅全市排名第五；高价位销量排名前十五品牌累计销售55.2箱，增长9.62%，增幅全市排名第三；低焦油卷烟累计销售362.72箱，增长16.33%，增幅全市排名第四。

【烟草市场监管】 全年共查获各类违法案件50起，其中1万元以上案件7起，比2022年增长75%；3万元以上案件1起；5万元以上案件1起；查获各类违法卷烟11879.3条，比2022年增长69%。联合县公安局查获案值180万元无证运输案件1起，刑拘逮捕1人，实现刑拘指标首个突破；与县检察院联合建立守护未成年人免受烟侵害协作机制，合力查获1起向未成年人售烟案件，对违法当事人进行严厉处罚，起到有效震慑作用；县烟草局获得2023年专卖“双能”竞赛中队团体三等奖。

（乐小茹）

中储粮

【概况】 2023年，中央储备粮金溪直属库资溪分库认真负责中央储备粮的管理，中央储备粮的数量、质量和储存。以企业化，市场化运作主动服务国家宏观调控，稳定粮食市场，维护农民利益，同时实现国有资产的保值增值。

【粮食销售】 年末，中央储备粮金溪直属库资溪分库有中央储备粮1.66万吨，国家调节储备9178吨。2023年，按照分公司下发轮换计划，认真完成粮食销售及轮换工作，分库轮换计划为稻谷3542吨。至9月底，完成轮换出库任务3542吨，11月底完成轮换2023年产晚籼稻入库3542吨，完成量占计划任务100%；完成收购国家一次性储备玉米入库工作，储备玉米入库3590吨。

【加强储备粮监管】 中央储备粮金溪直属库资溪分库认真负责中央储备粮的经营轮换，完成年度轮换计划，确保储备粮常储常新；全辖区粮食仓储工作坚持“预防为主，综合防治”的保粮方针，严格按照《粮食储藏技术规范》，认真落实保粮责任制，坚持做到粮食“一符四无”并要求保防人员做到三天一检查，七天一大检，风霜雨雪天天检，每季一普查的定期测检和普查制度，确保仓储粮食绝对安全。

（曹婵）

石油经营

【概况】 资溪县石油公司主要工作职能是销售石油、石油化工化纤及其他化工产品，日用百货便利店经营等。2023年，轻油完成年度任务的109%，比2022年增长11%；非油品完成年度任务的101%，比2022年减少22.1%。加油站纯口径零售轻油418吨/人，较2022年350吨/人提高19%。

【加油站建设管理】　9月，沙苑站因低效能停业改造；11月，饶桥站因低效能开始因停业改造；欧溪站、茶博城站继续实行家庭联产承包责任制，且正常营业。5月，增加投入运营资溪高速省界南区加油站，属自营站，5月开始有高速省界南区加油站和城西站2个自营站。

（吴玉芳）

邮政经营

【概况】　2023年，中国邮政集团有限公司江西省资溪县分公司依法从事邮政储蓄、汇兑、包裹、函件、中邮广告、报刊发行、报刊零售、特快专递、集邮、代办电信、代理保险、邮政物流等业务经营活动，为用户提供迅速、准确、安全、方便的服务。认真负责全县邮政业务管理与邮政事业的统一规划、建设，运行管理和经营服务工作，承担邮政普遍服务义务。

【邮政金融业务】　2023年，资溪县余额规模5.8亿元，占总资产的比例由2022年的58.82%，提升到66.67%。资溪邮政保险发展有转型，重点发展长期期交，全年新增各类保费2601万，在保费规模下降的情况下实现保费收入增幅20.5%。邮政项目开发有突破，全县建成智慧场景5个，其中校园场景1个，商超场景1个，餐饮场景1个。发展社保卡1192户，完成计划的119.2%，完成比例列全市第二。

【快递寄递业务】　年内，资溪邮政实现特快业务收入124.58万元，完成市公司计划103.8%；快递包裹业务收入50.73万元，完成市公司计划101.46%；国际业务收入50.73万元，完成市公司计划101.46%。邮件运行质量情况稳定。主要质量指标全面达标，特快省际出口时限达成率97.81%；特快、快包及时妥投率分别为96.4%、99.84%；特快有责丢损量同比压降100%，完成计划占比200%。优化县乡配送体系，实现一网多用。建设县级物流分拨中心，快递由县级分拨物流中心通过货运专线集中运输至乡镇运输服务中转站，再由客运班线、乡村客车配送至各乡镇及村级服务网点，公交“定时、定点、定线”配送，收发快递时效提高40%以上，形成全链条寄递物流体系。资溪县政府建设一个县客货邮集散中心，5个乡镇客货邮综合服务站实现全覆盖，包括数字物流共配中心240平方米，分拣中心200平方米，前置仓40平方米，农特产品展示中心40平方米。同时由政府再出资10万元，在邮政自有场地内建设155立方米冷链仓储设备供邮政使用，解决农村上行商品冷链贮藏的问题。

【文化传媒业务】　全年资溪邮政文传专业累计完成163万元，完成市分公司下达的计划，集邮、报刊、函件收入均实现稳步增长；2024年报刊大收订完成流转额320.96万，完成计划比103.94%；全年实现分销业务收入48.54万，完成比100.1%；五类站点建设完成41个，完成比121%；持续活跃站点完成23个，完成比128%，叠加寄递站点43个、金融站点41个，完成比100%，常态化进销存站点完成12个，完成比120%；总批销额年计划140万，完成142.62万，完成比102%，下单站点数年计划58个，完成数81个，完成比140%。

（资溪邮政）

村村通数字物流驿站（帅建忠　摄）

财政·税收

财政管理

【概况】 2023年，全县财政总收入完成8.04亿元，比2022年增长14.0%，其中：税收收入完成7.17亿元，增长22.1%。一般公共预算收入达到3.96亿元，增长15.3%，其中：税收收入完成3.09亿元，增长37.0%；非税收入完成0.87亿元，下降26.2%。财政总收入税占比89.2%，一般公共预算收入税占比78.0%。一般公共预算收入增幅全市排名第2，一般公共预算税收收入增幅全市排名第1，非税收入增幅全市排名第8，税收占比全市排名第4。

【调整支出结构】 县财政部门调整支出结构，强化重点保障。坚持“三保”支出在财政支出中的优先顺序，截至10月31日，三保支出5.41亿元，其中保基本民生1.18亿元，保工资3.78亿元，保运转0.44亿元。努力争取上级政策支持，每月到省市财政部门主动汇报资溪县的产业发展方向、亮点特色工作和财政资金需求，争取上级转移支付，收到上级转移支付项目143个，资金11.36亿元。统筹上级转移支付，保障民生支出。按《2023年民生工作计划和台账任务的通知》要求，全面落实“幸福江西”，由县财政局牵头办好县委、县政府10件民生实事，着力全面提升和改善民生水平。从创业担保、低保、残疾人补助、城乡孤儿、养老服务、婴幼儿补贴、HPV疫苗接种、出生缺陷防控服务、智慧医疗、体外除颤器投放等10个领域足额安排财政资金支持，并将资金发放进度、资金占比情况和项目进度及时上报公开。至年底，统筹教育支出3.50亿元，社会保障支出1.79亿元，住房保障支出0.33亿元。

【推进财政改革】 资溪努力发挥财政直达资金信息公开试点“先行军”作用，一体推进视频宣传、手册宣传、调查问卷，进村到户宣讲、现场政策咨询、线上线下宣传此“六个一”举措，努力拓展更多公开形式，切实推动直达资金全流程“透明化”，不断提升群众参与度、知晓度、满意度。10月，江西“政能亮”专题报道该项工作成效。5月，抚州市政务公开交流现场会在资溪召开，向全市介绍资溪经验；10月底，市财政局以资溪财政为样板，将该项工作在全市推广。把牢政府采购评审“监管关”。加强政府采购信用体系建设，依托全省公共资源交易大数据分析预警模型，探索完善政府采购信用评价体系。用好评审中介精心“选”、项目预算合理“用”、工作流程细致“管”三举措严把政府采购评审“监管关”。收到政府采购预算评审项目22个，送审金额2782万元，审定金额2199万元，核减金额583万元，核减率20.96%；结算评审项目62个，送审金额7889.07万元，审定金额6958.33万元，核减金额930.74万元，核减率11.8%。

【打造暂付款拨付清零“先行县”】 资溪作为全市唯一财政暂付性款项动态清零试点县，通过逐步化解支出挂账，硬化预算约束，切实控制新增财政暂付性款项，制定暂付款消化方案。结合财政资金预警系统和财政预算执行动态监控系统，提高财政暂付性款项监控的实时性和全面性，并建立长效机制，将其纳入长期任务。

【加强国有资产管理】 县财政局建立健全资产盘活工作机制，通过自用、共享、调剂、出租、处置等多种方式，提升资产盘活利用效率，印发《资溪县行政事业单位国有资产盘活工作方案》，对全县122个行政事业单位闲置资产进行摸排。不断推进“公物仓”改革，提升资产利用效率，节约财政资金。2023年，公物仓入仓3批闲置资产，账面原值21235元。

（胡静　温大根）

财政预决算

【概况】 2023年，全县财政收入计划安排7.54亿元，比2022年完成数7.05亿元，增长6.9%。分口收入计划中，税务部门6.94亿元，比2022年完成数5.87亿元，增长18.17%；财政部门0.6亿元，比2022年完成数1.18亿元下降49.07%。其中：一般公共预算收入3.54亿元，比2022年完成数3.43亿元，增长3.2%。一般公共预算收入加上上级补助收入、调入资金、地方政府一般债务转贷收入、调入预算稳定调节基金后，全县当年可用财力为19.31亿元。财政总支出预算安排19.31亿元。其中，一般公共预算支出17.79亿元，上解上级支出0.58亿元，地方政府一般债务还本支出0.94亿元，实现当年预算收支平衡。

【政府性基金预算】 2023年，全县政府性基金收入预算8.89亿元，加上政府性基金上级补助收入0.37亿元、地方政府专项债务转贷收入3.30亿元，上年结余0.25亿元，政府性基金收入预算总计12.81亿元。全县政府性基金支出预算安排12.81亿元，转移性支出安排5.44亿元（含专项债务还本支出1.86亿元、上解支出0.33亿元），调出到一般公共预算安排资金2.88亿元。

【社会保险基金预算】 2023年，全县社会保险基金总收入1.41亿元，其中：保险费收入0.77亿元、财政补贴收入0.61亿元、其他社会保险基金收入0.035亿元；总支出1.27亿元，其中：社会保险待遇支出1.23亿元；年末滚存结余1.13亿元。

【国有资本经营预算】 2023年，国有资本经营预算收入总计1382万元，用于国有企业退休人员社会化管理补助支出14万元，调出到一般公共预算资金1368万元。

【一般公共预算收入执行】 2023年，全县财政总收入完成8.04亿元，比2022年增长14.0%，其中：税收收入完成7.17亿万元，增长22.1%。一般公共预算收入达到3.96亿元，增长15.3%，其中：税收收入完成3.09亿，增长37.0%；非税收入完成0.87亿元，下降26.2%。财政总收入税占比89.2%，一般公共预算收入税占比78.0%。

税收分成收入3.09亿元，增长37.0%。其中：增值税1.80亿元，企业所得税2353万元，个人所得税777万元，资源税31万元，城市维护建设税1965万元，房产税684万元，印花税623万元，城镇土地使用税658万元，土地增值税2087万元，车船税238万元，耕地占用税1189万元，契税2211万元，环境保护税25万元。

非税收入8693万元，下降26.2%。其中：专项收入1800万元，行政事业性收费收入739万元，罚没收入2731万元，国有资源（资产）有偿使用收入3293万元，政府住房基金收入130万元。

非税收入1.18亿元，增长92.7%。其中专项收入1854万元、行政事业性收费收入2353万元、罚没收入4221万元、国有资源（资产）有偿使用收入2930万元、其他收入422万元。

【一般公共预算支出执行】 2023年，全县一般公共预算支出17.86亿元（其中新增一般债支出0.82亿元），增长1.5%。其中：一般公共服务支出0.81亿元，增长0.16%。13项民生支出15.79亿元，增长1.8%，增幅较大的主要是科技支出增长13.99%，主要是增加企业扶持资金；农林水支出增长5.52%，主要是2023年增加2022年的耕地地力补贴873万元，实际中粮一次性补贴253万元，2022年目标价格补贴为专户实拨至一卡通账户，未体现在一体化系统中，年内下指标至预算单位，由预算单位通过一卡通发放稻谷价格补贴资金200万元；住房保障支出增长157.01%，主要是2023年公积金单位配套部分在此科目反映增加0.31亿元，新增一笔支付给资溪县泰丰城镇开发有限公司1230万元资溪县繁华北街住宅小区燃气管道等老化更新改造项目款；粮油物资储备支出增长77.35%，由发改委支付预算安排此科目。

【政府性基金预算执行】 2023年，全县政府性基金收入5.21亿元，增长8.0%，其中：国土基金收入4.83亿元，增长17.1%，调入资金0.23亿元。政府性基金支出9.35亿元，下降15.6%，其中：国土基金支出3.44亿元，下降5.9%，专项债券支出4.9亿元。调出到一般公共预算0.6亿元。

【社会保险基金预算执行】 2023年，全县社会保险基金收入1.51亿元，社会保险基金支出1.31亿元，当年收支结余0.20亿元，年末滚存结余1.19亿元。

【国有资本经营预算执行】 2023年，全县国有资本经营预算收入完成1.22亿元，加上国有资本经营预算转移支付收入14万元，国有资本经营预算收入总计1.23亿元。全县国有资本预算支出为14万元，调出到一般公共预算1.22亿元，无结转。

（周琳　付鸣）

税收

【概况】　2023年，县税务局完成税收收入71725万元，比2022年增收12522万元，增长21.15%；财政口径税收收入71357万元，增收12584万元，增长21.4%，县区增幅排名第2。其中：第一产业入库91万元，增收1万元，增长1.11%、第二产业工业和建筑业入库26263万元，增收5703万元，增长27.7%，县区增幅排名第4、第三产业服务业45371万元，增收6817万元，增长17.7%，县区增幅排名第7。2023年全县入库社保费收入29914万元，增收3297万元，增长12.39%；入库非税收入50123万元，增收7846万元，增长18.56%。

【落实减税退税政策】　县税务局开展“为企服务”减税降费政策宣讲活动，组织税收优惠政策专项青年小组主动下沉企业问需求、讲政策、解难题、听建议，及时发现和解决政策落实中存在的问题，做到“一企一策”精准服务，确保各项税收优惠政策应享尽享。扎实做好常态化留抵退税工作。利用“一册三表”，对可能符合条件的纳税人开展政策辅导、风险排查、意愿调查及提前预审，引导纳入确认表的纳税人申请办理退税。2023年全年新增减税降费及退税缓税缓费19697万元，其中：新增减税降费13525万元，增值税留抵退税6172万元。县税务局全面落实“六税两费”减免政策扩围、残疾人就业保障金减征免征、房产税城镇土地使用税困难减免等支持实体经济发展的税收优惠政策，做好增值税留抵退税税额抵减两费计税工作。

【优化税收营商环境】　县税务局推广税费服务“线上办”，建立24小时自助办税终端网点，让纳税人办税过程更简、办税方式更多、办税成本更低。全县办税总业务量458738件，其中电子税务局与自助办税终端业务量409770件，非接触式业务占比89.71%，排名全市第二。年内，建立公职律师涉税争议咨询调解中心1个，基层税企心连心、税费争议调解室2个，配备调解员5名，建立“税务党建＋枫桥理念”组织税务干部上门解答纳税人难题，收集纳税人关于涉税问题的需求，将矛盾化解在萌芽中，共回应纳税人问题200余次。强化纳税信用广度。对辖区内1943户企业纳税人进行2022年度纳税信用等级评定，经信用修复后，评定A级纳税人66户，占总户数的3.40%；评定B级纳税人733户，占总户数的37.73%；M级纳税人718户，占总户数的36.95%；C级纳税人48户，占总户数的2.47%；D级纳税人378户，占总户数的19.45%。同时将信用评价结果为A级纳税人名单录入资溪县公共信用信息平台，让守信者“畅通无阻”，失信者“寸步难行”。

【推进社保费“统模式”】　县税务局研究制定“统模式”试点保障机制方案、“统模式”试点征管信息化风险防控应急预案、对外培训方案等多项保障制度，并会同县人社、医保等相关部门建立跨部门联合运维、咨询解答、争议处理等跨部门协调机制，确保机制运行顺畅。开展业务培训。先后四次组织开展办税服务厅、基层分局人员内部培训及2场大型对外培训，合计培训企事业单位221户，对于少部分未参与培训的用人单位则采用上户专门辅导、电话咨询辅导等方式进行无差别全覆盖培训。加强服务保障。严格落实社会保险费相关业务首问责任制、业务办理一次性告知制度，保障缴费人办理各项社会保险业务均能“首问即办、一窗通办”。办税服务厅、社保（医保）经办大厅共同进驻行政服务中心，实现社保经办与税务缴费一厅联办。

（尧恒旭）

金融·保险

政府金融

【概况】 2023年，资溪县本外币存贷款合计183.4亿元，比2022年增长10.93%；余额存贷比124.55%。其中，各项存款余额90.09亿元，较年初增加9.31亿元，增长11.53%；各项贷款余额93.31亿元，较年初增加8.76亿元，增长10.36%。工业贷款余额9.02亿元，较年初增长27.10%，增速居全市第四；其中，制造业贷款余额5.77亿元，较年初增长27.40%，增速居全市第三。

【培育龙头企业】 政府搭建平台促进对接，定期组织召开政银企对接会，对企业资金需求和融资问题制定金融服务方案。2023年度召开政银企对接会13场，对接企业455户、签约企业407户，授信金额21.38亿元、放款金额15.52亿元。资溪县泰通融资担保公司申报政府性融资担保机构，共为86家中小微企业提供融资担保，在保余额2.08亿元。夯实基础强化企业。强化对优势企业激励和培育，推进企业上市“映山红行动”。2023年度，全县有4家拟上市省重点后备企业，1家企业在江西省联合股权交易中心完成挂牌，4家企业进入“专精特新”专板培育层展示，4家企业进入专精特新专版孵化层展示。发行直接融资2.5亿元，直接融资规模位居全市第三。

【推进“两山”转换中心建设】 资溪县持续构建“两山”转化中心标准化。主动对接省标院，加强线上与线下的沟通，推动子项目的标准化，完善生态产品价值实现标准化体系建设。11月15日，省检验检测认证总院发展院受省市场监管局委托对资溪县《江西省抚州市资溪县农村综合改革标准化试点（农村生态系统保护修复）》开展考核评估工作。完善“两山”金融服务体系。尝试变现评估法，推动生态信贷通业务可持续推广，为16家林农及企业提供免费的生态资源估值报告；首创“VEP+项目贷”、资村贷、成立全国首家“绿色竹产业支行”，加快“两山转化”绿色信贷业务发展，全力扩大普惠金融覆盖面。2023年度全县生态产品价值实现各项贷款余额38.62亿元，占全县贷款余额的41.39%，占比位居全省第一。“两山”效益日益凸显，省、市领导及省外各地领导来资调研指导该案例，共计接待500余批，改革信息被央级媒体报道6篇，省级媒体报道9篇。国有平台已收储山林23.59万亩，河湖水面5000亩，闲置农房、土地经营权等生态资源资产20余项，总价值超过20亿元，共完成生态资产交易249单12.02亿元。

【探索“碳中和”工作】 资溪县加快推进“双碳”工作。举办《碳中和模型与示范》《探索发展新路径，低碳转型共富裕》《碳中和抚州（资溪）评估模型搭建与应用》和《高精度碳中和模拟器原型》等阶段性成果研讨会，进一步推动“揭榜挂帅项目”和“过重自主项目”的研究进展交流和共同，促进资溪县“双碳”工作不断迈上新台阶。5月中旬，英国标准协会（BSI）代表向资溪县颁布全国首个县域“城市温室气体排放核查”核查声明证书。加大碳金融领域探索。推进林业改造升级碳汇能力提升项目实施，助力县域竹产业发展，为县域生态产业发展提供低成本资金支持。

（曾亚斌）

人民银行

【概况】 截至2023年11月底，全县银行业金融机构各项人民币存款余额为89.53亿元，比年初增加8.75亿元，较年初增速为10.84%。各项贷款余额93.59亿元，比年初增加9.03亿元，较年初增速10.68%。县人民银行加强舆情风险监测力度，密切关注辖内金融机构突发性舆情风险，加强协调统筹，压实防范化解金融风险各方责任，增强监测预警的主动性和前瞻性。全面落实地方法人银行主监测人制度，提升主监测人业务素质，扎实推动金融风险防范化解，守牢县域金融安全底线。

【防范金融风险】 2023年，资

溪人民银行按照“严管理、强手段、细操作、防风险、增效率”的管理目标，认真贯彻落实上级行各项工作部署，加强会计管理和检查，建立和完善各项规章制度，严肃财经纪律，勤俭节约，科学理财，保障支付系统如期安全稳定运行，强化分析和调研工作，防范会计资金风险。严格审查账户开户资料，确保资料齐全。对银行机构支付服务质量及支付服务减费让利工作进行暗访，认真做好涉案账户的排查管控工作，同时联合县公检法机关及各商业银行开展“预防洗钱，遏制犯罪”“反赌反诈，安全支付”等为主题的集中宣传活动，全年共开展8次反洗钱宣传活动，累计发放宣传资料2080余份，受众1050余人次，有效提高人民群众防非反诈的意识，提高人民群众防非反诈的意识。

【国库管理】 年内，资溪人民银行不断增强国库管理服务能力。准确高效办理预算收支业务，支持实体经济发展和各项社会事业发展。主动加强与县财政、税务部门协调配合，认真做好个人所得税汇算清缴等工作。至7月底，支库共办理退库6176笔，金额共2884.16万元，其中留抵退税7笔，金额157.62万元；个人所得税6124笔，金额224.17万元。不断提升国库服务质量，采取交流、座谈会、恳谈会及通报会等形式，广泛发放“优质服务问卷调查表”，征求意见书，设立意见簿，公布监督投诉电话，对柜面服务实行开门评议，抓好问题反馈，督促员工整改。

【推动“绿色金融”发展】 契合资溪县域发展实际，县人民银行主动策应资溪县绿色发展。指导资溪农商银行设立绿色竹科技产业支行，组织辖区金融机构赴浙江安吉、福州福清、广州南沙等地参观学习，开发VEP贷款、竹林碳汇提升项目贷，拟定资溪生态信贷通实施方案，推动辖内存贷款保持前所未有的增长，截至2023年9月末，全县生态产品价值实现类贷款余额38.11亿元，占全县贷款余额的41.63%，居全市第一。生态信贷通产品顺利推广，对接企业需求30多笔、贷款金额近5000万元，超额完成工作任务。特定地域单元生态产品价值实现路径先行先试，县工商银行为大觉山景区发放1.23亿元贷款，县农商银行为野狼谷景区发放信用贷款500万元，有力支持景区后续建设。畅通产融双向沟通渠道，一季度举办国有企业政银企对接会，二季度举办抚州资溪工业园区企业对接会，三季度举办竹科技园银企对接会，四季度举办科技型企业政企银对接会，进一步完善政银企交流合作平台建设，累计授信10亿元，实际放款8亿余元。认真贯彻落实优化营商环境“一号改革工程”，通过调研面包食品企业，面对面收集企业负责人对金融工作的意见和建议，提交“政企夜谈”现场解决，不断优化县域金融营商环境，立足全产业链发展，推动面包食品产业实现新突破，实现资溪金融高质量发展。

（何志强　张绍来　杨军）

工商银行

【概况】 2023年年末，中国工商银行股份有限公司资溪支行各项存款余额为11.46亿元，较年初增加1.10亿元，其中：储蓄存款余额9亿元，较年初增加1.76亿元；对公存款余额2.46亿元。贷款余额8.36亿，较年初增长1.12亿。

【优化贷款结构】 资溪工商银行坚持以高质量发展观为指导，在信贷领域，注重信贷基础，调整信贷结构，结合县域经济发展目标，持续发力公司贷款，贷款增量多增0.5亿元，7月，为大觉山投放1.22亿元贷款。聚焦服务地方实体经济，至12月末，普惠贷款余额11541万，较年初增长6754万，增量较2022年多增4332万，贷款投向主要是中小企业、个体工商户等实体经济。

【平安银行建设】 资溪工商银行坚持每月安全保卫制度检查，对发现的问题均及时整改，加强员工安保教育，每月开展一次消防或防盗演练等。重点开展打击非法集资、网络诈骗犯罪等活动，及时调整领导小组，明确网点、部门及员工职责，签订责任状，配合上级行在县城人群聚集地开展宣传活动，加强员工打击非法集资、网络诈骗犯罪等活动教育。认真做好“反洗钱”工作，明确各层次“反洗钱”职责，利用员工大会、晨会、例会等学习上级“反洗钱”的文件、规定、通报，提高员工“反洗钱”意识。

（俞越）

农业银行

【概况】 2023年年末，中国农业银行股份有限公司资溪县支行各项存款日均余额8.61亿元，较2022年增加1.62亿元。其中对公存款日均余额0.91亿元，下降0.10亿元；个人存款日均余额7.7亿元，增加1.72亿元。全行各项贷款时点余额8.48亿元，下降1.58%。各项贷款较2022年增加0.07亿元，其中：对公贷款时点余额6.35亿元，下降2.01%；对公贷款下降0.07亿元；个人贷款时点余额2.14亿元，提升2.63%；个人贷款增加0.13亿元。

【金融服务】 至2023年12月末，资溪农业银行普惠型小微企业贷款有贷户39户，较2022年减少2户，计划完成率-25%，全市排名第11；普惠型小微企业贷款余额1.38亿元，增加0.93亿元，计划完成率46.26%，全市排名第12。累计发放首贷户7户，计划完成率77.78%。签约电子社保客户7781户，增加1727户，全市排名第13；签约电子医保客户8731户，增加1171户，全市排名第13；对公存款客户443户，增加31户，计划完成率24%；对公折效客户数18户，增加5户，计划完成率45%，其中50万元以上对公折效客户数8户，增加3户，计划完成率167%。代发工资对公客户47户，减少5户，其中农民工代发工资对公客户6户。

【清收不良贷款】 资溪农业银行夯实业务发展基础，不良贷款表内外清收处置232.49万元，全市排名第13。其中表内不良贷款清收处置210.14万元，全市排名第9，表外不良贷款清收处置22.35万元，全市排名第13。

（县农业银行）

中国银行

【概况】 2023年年末，中国银行资溪支行存款时点余额3.62亿元，较2022年上升8979万元；其中个人存款时点余额2.89亿元，新增5707万元，时点市场占有率12.44%，个人存款日均余额2.65亿元，增加5790万元；存款余额7283万元，新增3272万元，日均余额7459万元，增加2705万元。公司贷款余额9.99亿元，上升2248万元，其中公司贷款余额9.40亿元，较年初新增2822万元；个人贷款余额5861万元，较上年下降574万元，其中个人住房贷款余额4975万元，非房消费类贷款余额886万元。

【提高资产质量】 年内，中国银行资溪支行中公司贷款无不良和关注余额，个人贷款不良余额为零，关注类余额18.92万元，信用卡不良余额21.49万元，不良率4.29%，关注类余额7.61万元，关注率1.52%，较2022年均有所下降。

【强化监管】 资溪中行强化监管，做好风险把控。加强合规建设，把好前台、后台关，确保各项业务办理符合法规和监管要求；紧抓职业道德建设，充分利用晨会、周例会、行务会学习“十严禁”、员工行为手册、违规问责处理办法等文件，筑牢思想底线；严把业务风险，贷前尽职调查、贷后认真管理，确保资产质量和风险可控。

（李赫）

建设银行

【概况】 2023年年末，中国建设银行资溪支行一般性存款余额3.83亿元，时点较年初新增6960万元，增速25.18%。其中：对公存款余额1.00亿元，时点新增741万元，增速24.4%。个人存款余额2.82亿元，时点新增6219万元，增速25.5%。各项贷款余额5.59亿元，较年初新增1.21亿元。其中：对公贷款4.1亿元，较年初新增1.19亿元；个人贷款1.49亿元，较年初新增256万元。实现中间业务净收入131万元。不良贷款余额309万元，比年初增加126万元；不良率0.55%，较年初增长0.13个百分点，走势呈额升率降。

【推动绿色经济发展】 资溪建行优化信贷结构，支持地方经济绿色发展。投放江西大觉山旅游投资集团有限公司矿山修复项目贷款5000万元，用于支持资溪县废弃矿山生态修复项目建设，该项目有效地改善矿区内生态环境，解决土地污染、水土流失等问题，将废弃矿山的尾矿及废料“变废为宝”，促进城乡和谐发展，使环境与经济发展走上良性循环，进一步推动县域经济可持续发展；投放资溪县泰丰水利投资有限公司乡村污水处理项目贷款4000万元，用于全县7个乡镇的农村污水收集基础设施以及生活污水处理终端，提升全县乡村环境治理水平，助力全县生态文明建设。

【促进市场经济】 资溪建行践行新金融理念，承接“春节”“五一”期间政府消费券，“小县大城、资溪山珍”烹饪大赛消费券发放活动，为提升当地消费市场贡献金融力量。机构业务取得新突破。在全省“固本兴新”营销活动中，开立社团重点客群资溪县总工会工会福利费专户及资溪县就业创业中心全县失业保险支出专户，推动经济高质量发展。

（钟蓉）

资溪农商银行

【概况】 2023年年底，资溪农商银行各项存款余额40.21亿元，较年初净增3.06亿元，增幅8.2%，完成任务的109.68%，存款存量市场份额为45.25%，其中核心存款余额为31.31亿元，较年初净增9.4亿元，增幅42.91%，完成省联社指导性计划任务的513.76%。实现各项收入24363.55万元，比2022年多增1042.39万元，增幅4.47%，净利润3700.58万元，完成全年计划的102.79%，多增90万元，净利差、净息差均比2022年上升。

【推进绿色金融发展】 资溪农商银行持续加快绿色金融创新发展，完善绿色金融保障机制，助力实体经济向低碳、零碳转型，持续加大对绿色发展重点行业、重点区域和重点项目的支持力度，有效助力降碳、减污、扩绿、增长协同推进，创新绿色竹产业支行金融产品，制作专属宣传单页，依托当地竹木资源禀赋和产业链，开发“资竹贷”“林下经济收益权贷”等金融产品，让金融活水持续滋养绿水青山，努力打响资溪农商银行“绿色金融”的名片。

【清收不良贷款】 至12月底，资溪农商银行不良贷款率为2.34%，较年初下降0.21%。年内，共处置表内不良8018万元，表外不良2077万元，其中现金清收4337万元，现金清收率61%，表内、表外处置完成率分别为163.63%、173.08%。

（李灵）

邮政储蓄

【概况】 2023年年底，中国邮政储蓄银行有限责任公司抚州市资溪县支行全行累计实现收入2917万元，完成计划比100.92%，列全市第七位，较2022年增长370万元，同比增幅14.53%，列全市第4位。累计实现利润1401万元，完成计划比100.82%，列全市第六位，较上年同期增长91万元，同比增幅6.94%，列全市第七位。业务规模增长强劲，全行各项存款余额4.39亿元，其中个人存款余额3.22亿元，公司存款余额1.17亿元，较2022年净增0.76亿元。各项贷款余额6.57亿元，其中个人贷款余额5.75亿元，净

2023年10月20日，资溪农商银行举行竹产业支行揭牌仪式。（县融媒体中心提供）

增0.69亿元，公司贷款余额0.35亿元，小企业贷款余额0.52亿元。银行承兑汇票余额0.1亿元。信用卡首刷新客累计完成851户，商户分期0.09亿元，完成计划比114%，列全市排名第一，信用卡消费总金额1.3亿元。理财保有量1.44亿元，累计新增455万元。累计销售保险949万元，其中趸交401万元，期交548万元。

【助力乡村振兴】 资溪邮储银行围绕乡村振兴发展战略，多措并举推动农户贷款增户扩面，不断农村信用体系建设，实现81个行政村的全面覆盖，累计为信用户提供信贷资金0.26亿元，助力农民创业致富。在2023年全市服务乡村振兴综合评价中，资溪邮储银行表现出色，获“2023年三农优秀学习支行”称号；被资溪县财政惠农信贷通工作小组授予“2023年度支持乡村振兴工作先进单位”。

【普惠金融服务】 资溪邮储银行不断为小微企业提供便捷、低成本的金融服务，助力实体经济的发展，截至2023年底，普惠小微贷款余额2.56亿元，相较于2022年净增0.45亿元，增长21.32%，支持普惠金融力度不断加大，为实体经济提供有力支撑。

【平安银行建设】 为全面推进平安银行建设，资溪邮储银行组织开展“平安建设宣传月”“安全生产月”“国家安全教育日”等主题活动。走进乡村，开展反洗钱、反假币、消保等宣传活动。配合县公检法部门，在新农贸市场开展“与民同心，为您守护”515经侦宣传活动以及第八轮安全评估、酒驾醉驾治理等专项检查。持续推进平安建设，获资溪县政府“平安单位”称号、抚州市公安局“单位内部治安保卫工作优秀集体”称号。

（吴星）

九江银行

【概况】 2023年年末，九江银行股份有限公司资溪支行各项存款余额4.09亿元，较2022年末下降0.09亿元。其中对公存款0.94亿元，下降0.39亿元；对私存款3.14亿元，新增0.3亿元。九江银行资溪支行表内外贷款余额4.6亿元（包含福费廷业务），增长0.88亿元：其中对公贷款3.78亿元，较年初新增0.85亿元，个人贷款0.82亿元，较年初新增0.03亿元，普惠型小微企业贷款余额1.63亿元，较年初增长3451万元；绿色信贷余额1.86亿元，较年初新增0.14亿元；新增有效收单商户41户；资产质量较好，不良余额6.16万元。

【助力乡村振兴】 2023年，九江银行资溪支行加大金融支持乡村振兴力度，推出乡村致富带头人贷款、种养殖大户贷款、乡村夫妻店贷款等业务，组织员工进乡镇进行金融宣传，对接各村村委会，了解各村的产业信息，及时掌握客户融资需求，加大乡镇振兴贷款的投放力度，简化业务流程，助力乡村振兴发展。至年底，九江银行资溪支行乡村致富带动贷款户数46户，余额1236.66万元。

【普惠金融服务】 针对中小微企业普遍缺乏有效担保现状，九江银行资溪支行创新推出有针对性金融产品解决企业融资问题，如利用大数据进行分析审批的“税易贷”“流水贷”，通过引入各级担保公司推出“九融贷”“易农贷”，采用“见贷即保”的批量性担保机制，简化担保流程，提升服务效率，有效解决小微企业融资需求。至年底，普惠小微企业贷款43户（含福费廷业务），授信余额1.29亿元。

【绿色金融服务】 九江银行资溪支行紧跟资溪县“生态立县、绿色发展”战略步伐，围绕资溪“1+2+2”生态产业体系，在绿色金融服务助推资溪生态产品价值实现上，锐意进取、探索创新，发放森林赎买、林权补偿收益权质押贷款、取水权质押等贷款。2023年，九江银行资溪支行为支持资溪县非国有商品林改造项目，以江西大觉山旅游投资集团有限公司名下的20.37万亩林权所产生的森林固碳价值作为质押担保，发放3040万元授信。

（李家琦）

九银村镇银行

【概况】 2023年年末，资溪九银村镇银行各项存款余额2.11亿元，较年初增加1175.15万元，其中单位存款1312.12万元，较年初增加301.4万元；储蓄存款1.96亿元，较年初增加966.86万元；保证金存款189.68万元，较年初减少38.5万元。其中储蓄存款中活

期存款为1372.53万元，定期存款为1.82亿元，定期存款占总存款的86.35%，

【加大授信投放力度】　资溪九银村镇银行围绕“严控信贷风险、优化信贷结构、提高资产质量”的经营原则，根据当地信贷需求特点，在风险可控的前提下，针对特定群体推出系列信贷产品，做到信贷投放目标明确。至年底，贷款余额1.69亿元，较年初增加1508.87万元，增幅9.78%。其中：个人贷款1.20亿元，较年初减少573.13万元，降幅4.57%；公司贷款4969万元，较年初增加2082万元，增幅72.12%。

【风险管控】　资溪九银村镇银行严控关联授信，重视做小做微。坚持“本地化、有特色、能盈利、可持续、沉下去、不做大”的指导思想，加强贷款的贷中和贷后管理，关注贷款客户的家庭情况和经营情况。及时了解、积极关注、迅速处理，在努力提升资产规模的同时兼顾资产质量。

（资溪九银）

江西银行

【概况】　2023年年末，江西银行抚州资溪支行各项存款余额3.65亿元。其中对公存款余额1.82亿元；储蓄存款余额1.82亿元。各项贷款余额8.17亿元，其中：个人贷款余额2718万元，对公贷款余额7.90亿元。

【普惠金融服务】　江西银行抚州资溪支行主动对接普惠项目，寻找新的突破点。2023年，投放对公普惠贷款合计金额1.13亿元，分别投放抚州乐谦信息科技有限公司86万元、江西菲犇文化传媒有限公司71万元、江西省邂逅资溪旅游开发有限公司950万元、资溪县泰丰自然资源经营有限公司950万元、资溪县纯净乡村环保有限公司950万元、资溪县凤凰工业创新投资发展集团有限公司900万元、资溪城投建筑规划设计院有限公司950万元、资溪泰丰混凝土有限公司1000万元、资溪县泰达水利开发有限公司950万元、资溪县三江水电有限公司950万元、资溪县一觉文化发展有限公司500万元、资溪县明科工业有限公司3000万元。

【优化存款结构】　江西银行抚州资溪支行以优化存款结构，重点拓展个人活期存款，开展代发工资及收单商户的营销，2023年营销江西磊鑫建筑有限公司员工工资代发，资溪县公共交通有限公司员工工资代发。持续发挥存款产品优势，营销天天增利、定期存款等，根据不同客户制定合适的存款产品。

（阮济民）

人寿保险

【概况】　2023年，中国人寿保险股份有限公司资溪县支公司持续开展个人和团体人寿、意外、健康保险业务，保险产品涵盖生存、养老、疾病、医疗、伤残、子女教育、婚嫁、意外伤害等保障范围。通过营销渠道，发挥中国人寿品牌和服务优势，以满足不同收入阶层人群家庭保障需求。2023年实现总保费8951.2万元（其中：续期保费6965.71万，首年新单期交保费1985.49万元）。

【拓展营销渠道】　通过渠道代理，资溪县人寿保险公司发挥银行渠道优势与县工行、县建行、县农行、县中行、县邮政银行、县江西银行等建立银保强强联合战略发展网络，发展3至10年期保险保障和意外险业务。强化内控管理机制，加大对非法集资、反洗钱等专项治理工作，坚持标本兼治，筑牢风险底线，以合规经营促业务发展。

【收展渠道】　至年底，实现首年期交保费66.55万，完成全年计划58.89%，完成比例全市第四。十年期保费40.05万，完成全年计划75.57%，完成比例全市第六。标保保费21.16万，完成全年计划51.61%，完成比例居全市第六。短险37.22万，完成全年计划232.63%，完成比例居全市第一。资溪团险全年目标短险187万，实现167万，达成全年的目标89.3%；

【提升服务水平】　资溪县人寿保险公司秉承“成己为人，成人达己”的经营理念，牢记“忠诚服务、笃守信誉”的服务宗旨，全方位为客户提供优质服务。利用“95519”热线服务电话平台及现代网络平台，向客户宣传保险理念、保险新产品，为客户量身定做家庭保障理财规划，使客户认同保险，增强保险意识，理性保险消费。诚信展业，严格按照

法律法规、银保监会及公司的要求实事求是讲解保险条款，不误导、诱导客户，做好售前、售中、售后服务。

（黄毅）

财产保险

【概况】 2023年，中国人民财产保险股份有限公司资溪支公司关注民生保障，助力乡村振兴，经营业务涵盖机动车辆险、财产险、货运险、责任信用险、意外健康险、政策性能繁母猪险、政策性水稻保险、政策性油菜保险等非寿险各个业务领域。全年累计保费收入3872万元，承担774亿元的风险保障，发挥保险社会稳定器和经济助推器的作用。

【推进开展农业保险】 资溪财产保险公司持续推进三农保险，服务地方特色农业产业。按照“政府引导、市场运作、自主经营、协同推进”的要求，以政策性农险为基础、商业性农险为补充，落实一县多种特色农业保险，深化三农服务体系建设，不断提高农业保险保障水平。开展农业保险（涉及水稻、水稻制种、能繁母猪、育肥猪、林木、油菜、蔬菜、中药材等农业保险产品），涉及全县农业保险。2023年为全县农户（包括种植户、林农、养殖户），提供风险保障7.6亿元。

【助力乡村振兴】 资溪财产保险公司强化保险保障，助力乡村振兴工作。为助力防范可能存在的规模性返贫风险，进一步强化责任担当，发挥保险体制机制作用，在“十三五”建档立卡贫困户的基础上，将脱贫不稳定人口、边缘易致贫人口和因灾因病致贫人口纳入保障范围，将保险纳入地方政府防返贫帮扶机制，推动返贫责任险改造升级为“防贫保”（农村防贫保、城镇防贫保），建立脱贫长效机制。至年底，为全县的农村及城镇人口，提供975万风险保障，有效降低防贫对象面临的潜在致贫返贫各类风险。进一步稳定巩固脱贫攻坚成果，助力乡村振兴发展。

（周广萍）

迎宾大道南端（帅建忠摄）

经济管理与监督

发展计划管理

【概况】 2023年，县发改委充分发挥政府参谋助手和综合牵头部门作用，资溪县《信用助力生态文明建设高质量发展》案例成功入选国家发改委指导的第五届“新华信用杯”全国优秀信用案例。英国标准协会（BSI）代表向资溪县颁布全国首个县域“城市温室气体排放核查”核查声明证书，资溪县获“江西省省级生态产品价值实现机制改革示范建设单位”“江西省生态文明教育实践基地”称号。帮助江西木信食品有限公司、江西正鸿祥茶叶有限公司获批2023年度市级企业技术中心，江西庄驰家居科技有限公司获批2023年度市级工程研究中心。

【全县经济分析研判】 县发改委牢固树立抓落实就是抓发展的理念，强化经济运行调度。2023年，全县生产总值完成57.95亿元、增长4.2%；固定资产投资增长率0.4%；规模以上工业增加值增长率11.5%；城镇、农村居民人均可支配收入分别增长6.5%和7.5%；规模以上服务业在库企业24家，营业收入38.29亿元，比2022年增长73.6%。

【优化营商环境】 资溪县全力培育“抚务周到”营商环境服务品牌，打造“四心”营商环境，按照《抚州市营商环境“以新促优”专项活动方案》，拟定“深化企业注销便利化改革，探索推进企业注销一件事改革（证照联动注销）”和“资溪县信用示范县创建工作”两个特色亮点工作，全面激发资溪县经济社会发展潜力。搭建使用“惠企通”平台，开展惠企政策兑现，累计通过资金池兑现资金超1000万元，兑现时限压缩至1—5天。

【项目建设】 2023年，县发改委围绕国家投资方向及规划，积极谋划项目。谋划储备2024年地方政府专项债28个，总共投资46.56亿元，申请资金需求27.94亿元。谋划储备2024年第二批新增中央投资项目24个，总投资22.46亿元，申请中央投资17.32亿元。同时按照政策性开发性金融工具的要求，谋划申报资溪县产教融合基地、资溪县城区供水水源地及灌区建设等项目，总投资17.27亿元，申请基金1.73亿元。牵头做好省大中型项目调度、地方政府专项债、中央预算内资金工作。重点推进9个省大中型项目，全年完成投资30.10亿元占年度计划投资121.14%。申报并通过发行专项债券项目9个，总投资17亿元，完成投资6.98亿元，使用债券额度3.05亿元，使用进度62.24%。中央预算内资金项目共6个，总投资1.68亿元，完成投资1.43亿元。2023年重大项目建设考核排名全市第二。

【跑项争资】 县发改委认真研究上级政策，把工作主战场放在国家、省、市发改委，加强与上级有关部门的沟通衔接，使一大批政策、资金、项目向资溪倾斜。2023年，全县中央预算内及省基建资金到位11.68亿元。县发改委争取中央预算内资金7240万元，专项债4.9亿元，到位新增国债资金7162万元。

【生态产品价值实现机制试点】 资溪县重点围绕提升优质生态产品供给能力，完善生态产品市场化交易和开展GEP核算成果应用等领域发力，做好生态产品价值实现“后半篇文章”。举办2023年“探索‘两山’转化新路径，高质量建设美丽江西样板”研讨会、“探索发展新路径，低碳转型共富裕”研讨会，承办江西省首个全国生态日现场活动，“抚州市生态产品价值评估核算结果应用”研讨会；资溪县先后获“第五批全国农村综合改革标准化试点”“江西省森林可持续经营试点”“江西省省级生态产品价值实现机制改革示范建设单位”“江西省生态文明教育实践基地”等试点及称号。

【社会信用体系建设试点】 全县36个涉信部门依托县公共信用信息平台，报送各类信用信息94万余条。县发改委持续更新发布“信用中国（江西资溪）”网站内容，发布新闻内容491篇，2023年网站访问量229.9万。通过“信用资溪”网站公开信用承诺及践诺信息2629条，持续开展信用容缺受理160余件，100余家企业和商户获得“信易批”服务。资溪县《信用助力生态文明建设高质量发展》案例成功入选第五届“新华信用杯”全国优秀信用案例，连续三年全县社会信用体系建设全市考评第一。

（李凡）

价格管理

【概况】 2023年，县发改委认真落实国家、省、市有关价费管理政策和工作任务，切实履行价格管理和服务职能，全力维护价格总水平的基本稳定，为促进全县经济社会更好、更快发展营造稳定的价格和市场环境。

【价格监测与稳定】 2023年，县发改委坚持对与群众生活密切相关的64种商品价格进行重点、常态化监测。加强市场调研和节日巡查，及时发现问题，加强分析研判，及早预警。持续关注民生物价，做好保供稳价工作。认真做好保供稳价工作，落实省市有关低温雨雪冰冻天气及“元旦”“春节”期间重要民生商品保供稳价工作精神，启动价格应急监测，增加市场巡查和监测频次，加强分析研判，配合相关部门做好供给保障和市场监管工作，用好储备调节，保持2.5吨的冻猪肉应急储备。县发改委牵头县财政、人社、民政、退役军人事务局等部门，认真落实和贯彻上级有关精神，及时启动社会救助和保障标准与物价上涨挂钩联动机制。向全县低保对象、特困人员、孤儿、事实无人抚养的儿童、优抚对象、失业人员等符合条件的9类困难人群4028人发放价格临时补贴89900元。持续开展保供稳价宣传，释放节日市场物资丰富、供给充足的信号，不断稳定市场预期，营造良好的保供稳价舆论环境。

【加强价格管理】 县发改委对全县城镇供水价格、分时电价、景区服务价格、停车收费等情况开展调研、调查并上报。对全县中晚籼稻价格进行监审和监测。联合相关部门对供电企业关于高耗能、高排放企业的优惠电价及其他名义实际执行的优惠电价机制等进行排查。根据资溪县实际，结合周边县市价格情况，协调供气企业调整非居民用气价格，从2023年10月1日后，将非居民用气临时价格由4.8元/立方米调整为4.21元/立方米，切实降低全县用气企业的用气成本，进一步优化营商环境。认真贯彻落实上级有关价费文件，转发省发改委、省财政局《关于核定新增机动车驾驶人考试收费标准的复函》等收费文件，要求相关部门公示执行，进一步规范收费行为。加强教育收费管理，规范学校服务性收费、代收费标准，联合教育部门要求学校做好收费公示，公布举报电话，接受学生和家长监督。

【价格认证和成本监审】 县发改委坚持做好涉案、涉税、涉纪财物的价格认定工作，妥善调处价格矛盾争议，加强政府调定价前可行性论证，全年完成涉案、涉纪等价格认定34件，无一起案件复议。此外，倡导经营行为价格自律，鼓励经营者自觉遵守价格法律法规，诚信经营。加强对经营者的宣传教育，提高商户的价格意识和法律意识。针对重点消费领域，如粮油肉蛋菜奶等日用品、旅游、交通运输、餐饮等，资溪县加大价格监管力度，有效地维护市场价格秩序的稳定。

（李凡）

原中央苏区振兴发展

【概况】 2023年，县原中央苏区振兴发展办公室认真负责《国务院关于支持赣南等原中央苏区振兴发展的若干意见》落实工作的日常综合协调、督促落实；研究提出县苏区振兴发展专项规划、年度计划、重大问题、重大政策的建议；组织和协调向国家部委、省、市直部门对接、做好县苏区振兴发展项目储备库（动态）建设工作、协调推进重大项目的申报和实施；做好全县各系统、各行业苏区振兴发展调研工作，及时总结县苏区振兴发展工作的好经验、好做法。

【促进苏区振兴】 县苏区办主动向上对接，及时了解熟悉上级政策，将资溪县11个项目列入抚州市原中央苏区振兴发展2023年工作要点，涵盖培育壮大资溪绿色食品等特色富民产业、继续推进资溪等城乡供水一体化先行县创建任务、支持资溪县创建国家级旅游度假区、推进吉武温铁路前期工作、争取昌厦（福）高铁等项目纳入相关规划、开工建设弋阳至南丰高速公路、推进资溪艾家等抽水蓄能项目前期工作、加快推进资溪等县接通管输天然气、推动资溪工业园区申报省级产业园、支持资溪县创建“风景独好”旅游名县等。

【谋划苏区发展】　县苏区办制定下发《资溪县原中央苏区振兴发展2023年工作要点》；同时结合资溪县经济社会发展短板，认真梳理出资溪县打造赣闽绿色产业合作创新区、资溪县S207省道公路改建项目等18个原中央苏区振兴发展支撑性项目争取纳入国家、省、市苏区振兴发展年度工作要点。

【建立项目储备】　2023年，资溪县加大跑项争资力度，获得革命老区转移支付补助（含赣南等原中央苏区补助）2599万元。全县共谋划申报中央预算内项目19个，获得资金7590万元；省基建项目1个，获得资金40万元；特别国债项目7个，获得资金7162万元；专项债项目9个，发行4.9亿元；政府融资平台融资项目147个，融资资金25.18亿元。引进医疗医美、生物医药MAH平台、陆恒国货预制菜、三维锂电池、压缩空气储能等优强项目壮大产业群，持续推进项目签约落地，2023年全县新签约项目58个，投资额121亿元，其中工业项目39个（工业项目32个、三产融合项目7个），占比94.44%，投资额114.27亿元，优强项目实现新突破。

（徐伟明）

国有资产管理

【概况】　2023年，县国资中心以习近平新时代中国特色社会主义思想为指引，认真贯彻落实党的二十大精神，在国资国企改革中不断地思考与探索，进一步加强行政事业性国有资产管理，推动公务仓改革和管理，按要求接受县人大常委会和全社会对国有资产的监督，完成《关于全县2022年国有资产管理情况综合报告》及《全县国有企业资产管理情况专项报告》，推动全县国有企业高质量发展。

【公务仓管理】　2022年底，县国资中心启动线下实体公物仓建设，以方便资产接收与调剂、有利于资产保管的原则，在新建成的县档案馆开辟3处公物仓库房约1000平方米。截至2023年6月，完成2处约200平方米的建设并投入使用。为提升公物仓管理水平，2023年4月，县国资中心联系第三方软件公司开发线上公物仓管理系统，线上公物仓系统正式启用。

【学校房屋资产管理】　为了解学校房屋资产情况，进一步调配学校闲置房屋资产，2023年8月，国资中心配合县教科体局等部门开展全县各乡镇校园校舍摸排工作，初步完成摸排学校房屋资产工作，并建立房屋资产台账。将鹤城中心小学移交给县公安局使用，石峡中心幼儿园与乌石中心小学租赁给供销社使用，高阜镇水东小学租赁给县和丰农业公司使用。

【国有资产管理】　为进一步加强企业国有资产管理，县国资中心通过盘活存量资产、做大有效资产。至年底，资溪县无偿注入县旅投集团43处房屋所有权、25宗土地、7处林权、25处特许经营权，累计价值23.94亿元。有偿注入国有企业的经营性资产1.85亿元。盘活有效资产，摸排全县行政事业单位经营性店面32间，房屋面积合计2039.04平方米，出让房地产总价4104.17万元；摸排全县各乡镇闲置校舍82处，下一步将注入国企或进行市场化转让。县旅投集团沿河鹤城镇安置房25个店面全部完成招租，完成店面收租共计163.64万元。

【行政事业单位经营性房屋管理】　县国资中心持续推进行政事业单位经营性房屋使用权统一管理，将全县行政事业所有的经营性房屋资产（含产权已移交但经营管理权仍在县直单位）整体移交县纯净文旅公司统一运营。至年底，15家行政事业单位所属的45家店铺均纳入县纯净文旅公司统一运营，公开挂牌交易21家，7家合同未到期，17家挂牌竞租。2023年，县纯净文旅实现国有店面增值10%，将县商业城闲置多年店面以21万元的价格竞租。将全县停车位经营权以及户外广告经营权出让，聘请第三方进行价值评估。持续推进县直单位所属企业脱钩划转，移交至县属国有企业。至年底，相关2家企业完成划转。

【完善国企考核评价体系】　资溪县建立科学有效的企业负责人长期激励和约束机制，出台《关于深化资溪县县属企业负责人薪酬制度改革的实施意见》《资溪县县属国有企业负责人经营业绩考核暂行办法》及《2022年度县属国有企业国有资产管理考核实施方案》，根据各公司行业分类、功能定位、管理重点等个性化因素，分别设置考核指标和权重，实现“一企一策”，科学合理开展经营业绩考核。县国资中心聘请第三方会计师事务所对全县县属国有企业进行经营业绩审计。2022年，资溪县县属国有企业经营考核结果为第一等次企业2家，第二等次企业2家，第三等次企业1家。制定《资溪县2023年度县属国有企业综合考核实施方案》及《资溪县2023年度县属国有企业综合考核指标说明》，树牢业绩导向，发挥考核指挥棒作用，引导企业坚持对标一流、效益优先，不断提高企业发展质量和效益。

（温大根）

市场监督管理

【概况】 2022年，县市场监督管理局认真贯彻学习习近平新时代中国特色社会主义思想，按照“高质量发展、保障市场安全、增进民生福祉、提升监管能力”等要求，围绕党建引领持续发力，营商环境持续优化，安全底线不断夯实，监管效能持续提升，推动全县市场监管工作再上新台阶。

【食品安全监管】 县市场监督管理局以创建省级食品安全治理示范县为抓手，利用“赣溯源”等数据平台，聚焦校园、农村、冷链食品等重点区域和重点环节，不断加大监管力度，开展专项整治。2023年，监督抽检食品445批次，不合格11批次，不合格率2.5%，全年快检食品2200余批次，发现阳性样品12批次，实施快法检验联动10批次，全年各部门互通不合格产品抽检信息10余件，为400余家餐饮单位印制“食品安全治理示范县应知应会”海报，运用食品安全快检车，结合“你点我检”活动在县区各大小区开展宣传，活动中快检食品120余批次，宣传小区16个。全年未发生食品安全事故。

【药械安全监管】 2023年，县市场监督管理局对全县101家药品、医疗器械经营使用单位进行全覆盖监督检查，重点检查药品购销渠道、药品购销存非法回收以及非法购进医疗检查制剂并销售等行为，出动检查人次200余人次，共检查98家次。做好药品抽检、不良反应监测、医疗器械风险隐患排查、检查全县疫苗接种单位7家检查覆盖率100%。完成全年30个批次药品抽检任务，上报药品不良反应240例，器械不良反应52例，化妆品不良反应15例。

【产品质量安全监管】 在产品质量安全领域，县市场监督管理局建立重点区域和重点行业清单，同时根据省、市重点产品质量安全监管目录以及资溪县实际情况，不断完善重点产品清单。2023年，共出动执法人员50人次，对多家生产和销售单位进行检查，共排查各类隐患7起，主要为标识不规范、“三无”产品等方面问题，现场均责令整改。

【特种设备安全监管】 年内，县市场监督管理局制定《资溪县特种设备安全专项整治三年行动“巩固提升”攻坚战工作方案》在全县组织开展特种设备安全“巩固提升”攻坚战行动。扎实推进特种设备安全宣传“五进”活动，组织开展“我为景区安全保驾护航、特种设备安全知识进景区、特种设备安全生产月”等主题活动。2023年，共检查出动执法人员268人次，检查设备1256台次，排查企业数127家次，下达特种设备检查指令书37份，排查隐患数58条，消除安全隐患45处，通过开展“安全生产月”“安全质量月”等活动，做好安全生产专项整治活动宣传工作。制作分发宣传画报，制作展板8块、发送宣传短信8000余条、开设专版专栏1期，将安全生产学习宣传延伸到每一个企业、每一个社区。同时发放宣传资料3000份、开展安全咨询6次，开展管理人员安全培训84人次、特种设备作业人员操作培训74人次、新上岗员工培训123人次、在岗员工技能提升培训80人次。围绕特种设备隐患判定标准及安全操作规范等内容进行专业解读和培训指导，逐步实现全县特种设备使用单位的安全管理和专业技术水平全面提升。

【企业信息监管】 县市场监督管理局采取高频度、多样化、全覆盖的宣传方式，扩大年报工作知晓面。2023年，企业年报率95.68%，位居全市第三位；农民专业合作社年报率98.77%，位居全市第四位；个体户年报率99.98%，位居全市第三位，三大指标均实现年报率提升和排位前移的好成绩。发挥牵头部门职责，编制出台《资溪县市场监管领域部门联合随机抽查事项清单（第三版）和资溪县市场监管领域2023年部门联合随机抽查计划》等多个文件，完成双随机抽查任务105次，联合相关部门检查事项249项，除重点监管外双随机覆盖率100%，抽查检查结果公示率100%，低风险市场主体“无事不扰”实现率100%。统筹推进全县27个联席会议成员单位的涉企信息归集工作，发挥好头雁引领作用，指导各部门认真落实数据归集工作。全县归集数据情况为行政处罚37条、行政许可6190条、抽查检查10549条、小微企业扶持48条、信用承诺15992条、企业标准信息20条、备案信息420条，合计33256条，位居目全市里第三。

【优化营商环境】 年内，县市场监督管理局开展知识产权质押融资“入园惠企”活动，加强知识产权质押融资工作政策宣传，搭建金融机构、企业交流平台，促进企业与金融机构的有效对接。走访知识产权重点企业10余家，完成质押融资3000万元。对标全国统一大市场要求，助力企业高效发展，主动靠前帮扶陆恒食品有限公司，联系市局食品生产科，帮助陆恒食品有限公司办理食品生产许可证。2023年，在全省率先开展竹制品产业“触发式”监管试点工作，选取高阜镇竹科技产业园内的企业作为试点范围，结合企业类型及特点，对20余家竹制品企业发放《资溪县市场监督管理局触发式监管试点宣传栏》，向企业广泛宣传该试点工作，对试点产业园企业开展行政合规性指导6次，实地检查4次，线上监测发现问题4条，推送违法预警线索1条。监管频次较2022年减少62%，问题发现率提升20%，提升监管的高效性、精准性、靶向性，有效地优化高阜镇营商环境。

【推动企业高质量发展】 年内，县市场监督管理局摸底排查辖区企业，确定质量奖培育企业，导入卓越绩效管理模式，激发企业高质量发展内生动力，2023年资溪县江西庄驰家居科技有限公司董事长吴建华入围市长质量奖的答辩环节，迈出资溪县在政府质量奖的第一步。通过帮扶指导“两山”转化中心服务质量提升项目和全国农业农村标准化试点工作，协助县农业局做好国家有机示范区创建的验收辅助工作，为全县进一步做好高质量发展打好基础。推动首批“江西绿色生态”试点县建设，制订出台《江西绿色生态白茶》《江西绿色生态重组竹地板》《江西绿色生态竹砧板》《江西绿色生态面包》4项团体标准，宣传“江西绿色生态”认证，引导和鼓励企业进行认证，全县获得“江西绿色生态”品牌认证证书8张。鼓励企业不断提高管理水平和产品质量，推动生态产品价值实现。根据资溪县产业发展布局，吉中竹业、馨田茶业有限公司两家公司申报“江西省名牌产品”。

【知识产权管理】 年内，县市场监督管理局开展知识产权万里行活动，重点向企业宣传专利培育、专利运用及专利保护等相关内容，联合多方部门，统筹相关资源，加强知识产权服务供给。2023年，资溪县专利授权量为36件，其中发明2件，有效发明专利拥有量19件，每万人有效发明专利拥有量1.98件，比2022年增长0.21件，增幅12%；高价值发明专利7件，增幅75%；新申请PCT国际专利1件，增长100%。为促进创新成果更多惠及企业，提升创新主体知识产权转化率和实施效益，资溪县制定专利转化专项行动方案，完成专利许可4件、转让17件，同比增长分别为25%、70%。全县共申请商标312件，注册成功188件，有效注册量2364件。为提升“纯净资溪”区域公用品牌知名度，指导资溪白茶企业申报使用地理标志专用标志，完成申报用标企业7家，获批1家。

【消费者权益保护】 2023年，全县共受理全国12315平台各类投诉举报案件1824件，其中投诉案件1338件，举报案件486件，已办结案件1796件，办结率98%，全年共为消费者挽回经济损失约10.7606万元，有力地维护消费者的合法权益。共受理抚州12345政务平台投诉案件257件、县网络舆情案件3件、信访案件8件，对于群众投诉热点问题，均及时反馈，实现无积案，提升群众对市场监管人员的满意度。

【开展违法违规商业营销宣传集中整治行动】 县市场监督管理局围绕民生关注重点，聚心合力做好养老诈骗、价格监管等专项行动，累计出动执法人员97人次，查处商标侵权案件1起、向未成年人销售酒水案件1起、黄金首饰标签不合格案件1起、以及县一中扩大收费范围收取费用案件1起，完成非税收入137.55万元；

聚焦省市县重点工作，开展校园食品安全治理提升专项行动检查，对辖区内14家校园食堂进行监督检查，2023年度关停校园食堂4家，行政处罚2家，罚款1万元，有效保障校园食品安全。对全县25家计量企业的1023块压力表检定、贸易结算的电子秤183台、涉粮的9台地磅进行全方位检测，完成6项计量标准复查考核和法定计量检定技术机构授权考核，巩固全县计量成果。

（余志炫）

2023年9月21日，县市管局工作人员对食品安全开展检查。（魏九康　摄）

自然资源管理

【概况】 2023年，资溪县自然资源局以习近平新时代中国特色社会主义思想为指导，以高质量发展为主题，以服务全县经济社会发展为主线，以推进自然资源事业转型升级为目标，全面加强党的建设、生态文明建设和自然资源管理。

【国土资源管理】 2023年，县自然资源局认真做好用地报批工作，共组卷报批土地17.6247公顷。其中，2023年第一批次城市建设用地报批共涉及9个项目报批面积6.2276公顷，第一批次村镇建设用地报批共涉及19个项目报批面积3.0122公顷，高阜镇石陂至高阜公路单独选址报批面积1.8504公顷；2023年第二批次城市建设用地报批共涉及6个项目报批面积6.5345公顷。继续推进土地交易收储，依法依规招拍挂出让土地20宗，出让总面积521.5463亩，成交金额1.48亿元；收储国有土地建设用地2宗，收储面积47.51亩，为资溪县后期开发建设用地提供有力保障。认真做好国土调查和地价更新工作，资溪县2022年度国土变更调查数据成果通过自然资源部核查；资溪县城区土地定级与基准地价更新工作在开展更新中，完成初步成果。

【加强土地资源保护】 2023年，县自然资源局认真落实耕地保护制度，压紧压实耕地保护责任，严格管控永久基本农田，强化耕地占补平衡管理，确保全县耕地保有量和永久基本农田面积不减少。做好存量土地消化利用。消化批而未用土地355.02亩，消化周期下降为4.78年，省厅任务完成率48.80%，市政府任务完成率44.38%；处置批而未供土地605.17亩，省厅任务完成率127.57%，市政府任务完成率116.43%；处置闲置用地4宗，面积119.76亩，省厅任务完成率78.61%，市政府任务完成率68.43%；承诺批次举证通过15宗地，面积232.31亩，任务完成率31.21%。努力做好矿山生态修复，完成《资溪县国土空间生态修复规划》工作。配合市级做好废弃矿山治理勘察设计单位做好前期工作，配合县相关部门做好全县废弃矿山生态修复的前期工作。

【优化国土空间格局】 县自然资源局有序推进乡镇国土空间总体规划编制，完成7个乡镇国土空间总体规划的初步成果编制工作，继续根据县级国土空间规划以及乡镇政府、县政府有关部门等意见进行修改完善。持续推动“多规合一”村庄规划编制。组织编制完成高田乡高田村、高田乡翁源村、嵩市镇杜兰村、马头山镇港东村等4个行政村的村庄规划。

【打击自然资源违法行为】 县自然资源局持续深入推进卫片执法、扫黑除恶、农村乱占耕地建房、大棚房问题、违建别墅问题、农村乱占非住宅类房屋信息补充摸排、“公益诉讼资溪行”以及整治规范矿产资源保护开发利用专项行动，履行好部门监管职责，构建“大部门”联动机制，开展执法查处。进一步加大执法监察力度，严格处置自然资源违法行为，发挥利用好《关于建立项目用地动工报告制度的通知》的示范效果，凝聚强大合力，落实最严格的耕地保护制度。对违反自然资源法律法规行为的，发现一起、制止一起、查处一起。2023年共立案查处违法用地7宗，收缴罚没款1589.79万元，处理责任人7人。进一步建立源头治理的防范整治机制，推进自然资源视频监控系统建设，同时加大宣传自然资源法律法规，把耕地保护相关法律法规、政策宣传到村、到户、到人。

【地灾防治】 不断加强地质灾害的监测和防治，做好地质灾害防治值班值守工作。汛前对乡镇分管领导、自然资源所工作人员、重要地灾点群测群防员开展业务知识培训，培训人数30余人。申报2023年资溪县地质灾害防治项目，鹤城镇甲木样组、窠头组地质灾害治理项目任务文件下达，共争取到上级资金217万；资溪县鹤城镇地质灾害风险调查评价（1 ∶ 10000）设计方案获得批复。

【不动产登记】 2022年全县共办理房地类登记业务6142件、林权登记137件。不断深化不动产登记领域“放管服”改革，优化登记财产营商环境，深入实施不动产登记、交易和缴税线上线下“一窗受理、并行办理”，减少办理环节，优化内部流程，压缩登记时限，提高服务质量和效率，持续推进不动产与水电气网视一链办理。

（游洪波）

统计管理

【概况】 2023年，资溪县统计局坚持依法统计，认真履行职责，不断强化职能，切实加强统计诚信及统计法制建设，提高统计工作的科学性和准确性，为全县经济社会发展提供优质统计服务。加大对各行业企业服务指导力度，联合各行业主管部门，加强企业摸排，紧盯上报进度，逐项核对指标数据，认真做好主要经济指标、高质量发展等各项主要经济指标的数据采集、分析、研判工作，从总量和增量多个方面分析对比，为县委、县政府制定决策提供坚实数据支撑。

【推进第五次全国经济普查】 2023年，为推进资溪县第五次全国经济普查工作，县政府制定《关于认真做好第五次全国经济普查工作的通知》。推进综合试点，选定中大社区为资溪县综合试点社区，通过综合试点收集单位清查中存在的重点难点问题。开展普查区划分和绘图，全县共划分普查区83个，普查小区163个，标绘建筑物5159个。认真开展“地毯式”上户清查。全县累计核查底册内法产单位5856户，其中正常填写清查表的法产单位4481户，底册单位正常填表率76.91%，高全市1.8%，全市排名第四。底册外新增法产单位67户。正常填写清查表的税务活跃单位1200户，税务活跃法产单位正常填表率93.16%，高全市3.7%，全市排名第三。全县清查个体户6169户，其中无证个体2785户，无证个体占比45.14%，正常填写清查表的税务活跃个体户1458户，税务活跃个体户正常填表率82.24%，高全市3.4%，全市排名第三。

【开展城乡一体化住户调查】 县统计局严格按照上级部署和具体要求，认真贯彻执行住户调查方案，不断加强统计基础工作，努力提高调查数据质量，将坚持如实记账、认真编码、仔细录入、严格审核等程序贯穿住户调查工作始终。按时保质完成住户调查各项报表任务，包括2023年月报、季报等报表任务；江西政府实物转移调研各项指标与季度增收量化表；录入纸质账本信息与处理收支处和住户司审核清单；全年数据的编码、录入、审核、汇总，对城乡居民收入等重要统计数据进行审核、评估、监管。

（张越亚）

审计监管

【概况】 2023年，县审计局共完成各类审计项目36个，其中上级统一部署审计项目3个，重点专项审计（调查）5个，县乡（含县直部门）财政预算执行和其他财政收支审计项目8个，国有资产资源管理审计项目1个，国有企业财务收支审计2个，领导干部经济责任审计项目10个，领导干部自然资源资产离任审计项目

1个，政府投资审计项目6个。出具审计报告和审计调查报告36篇，审计提出建议187条，另有2个重点建设项目持续开展跟踪审计。选送的《中共资溪县嵩市镇党委原书记方升同志任职期间经济责任履行情况审计项目》被评为2023年度全市审计机关优秀审计项目。

【加强审计监督力度】 县审计局进一步加大预算执行审计监督力度，促进深化财政改革。完成2022年度县级财政预算执行和其他财政收支审计，并延伸审计了县住建局、县交通局、县水利局、县科协4个县直预算单位2022年度预算执行审计。同时，对乌石镇、马头山镇、陈坊林场预算执行和决算草案及财政收支进行审计。以服务干部监督管理和促进党风廉政建设为主线，全年组织实施对县城管局、县民政局、县融媒体中心、县凤凰工创投公司、县第一中学、县住建局、县交通局、县水利局、县科协、马头山镇10个单位10名主要领导的经济责任审计。印发《资溪县2023—2027年县管领导干部经济责任五年规划》，推动领导干部履职尽责。

行政中心广场（帅建忠摄）

【开展专项审计调查】 县审计局聚焦重点领域开展专项审计调查。开展2021年教育科技类资金管理使用情况进行审计，重点关注教育科技政策落实情况、资金筹集分配管理使用等情况；以规范疫情防控捐赠资金和物资使用为目标，对全县疫情防控捐赠资金专项进行审计，发现存在物资管理不规范、账实不符等问题；对南城县近两年EPC项目进行专项审计调查，揭示南城县EPC项目在工程招投标、建设程序、合同管理、造价管理、工程质量等方面存在的不足，并提出可行性建议；开展崇仁县住宅专项维修资金专项进行审计调查，对崇仁县2022年1月1日至2023年10月31日期间住宅专项维修资金的归集、管理、使用情况进行专项审计调查；为做实研究型审计，开展森林赎买工作专项审计，更好实现生态与林农利益的“共赢”。

【固定资产投资审计】 按照审计署的要求，进一步严格规范投资审计工作，努力完成“三个转变”（即从数量规模审计向质量效益、从单一工程造价审计向全面投资、从传统投资审计向现代投资审计转变）。全年完成政府投资工程决算审计项目6个，完成200万元以上抽审项目6个。另有跟踪审计项目2个，按照要求持续对此项目进行全过程跟踪，确保资金合理、合法高效使用。

【自然资源资产审计】 县审计局结合经济责任审计，摸清领导干部任期内“生态账”与“经济账”，实现两项审计资源共享、成果公用，持续推进领导干部自然资源资产离任审计，完成马头山镇党委书记黄厚荣任期的自然资源资产离任审计，有效推动生态文明建设和环境保护工作。

（李徐阳）

应急管理

安全生产

【概况】 2023年，全县共发生各类事故13起，无人员死亡。其中，建筑施工行业事故1起；工贸行业生产安全事故1起；道路交通事故6起，无人员死亡；其他事故5起，无人员死亡；未发生较大以上生产安全事故，事故总量和死亡人数与2022年相比均有所下降。县应急管理局获2023年度全省森林防灭火“平安春季行动”先进单位、全市专业森林消防队大比武活动最佳组织奖。

【推进安全生产专项整治三年行动】 全县纳入排查整治企业（项目）共280家，抽查检查企业（项目）共605家次，排查发现重大隐患148条（其中企业自查报送16条，部门执法检查132条），排查发现主要负责人未亲自研究排查整治工作7家，未制定分管负责人职责清单2家，外包外租安全管理混乱4家，未按规定开展应急演练、企业员工不熟悉逃生出口2家。累计行政处罚106次，罚款29.2万元，约谈曝光企业8家次。

【开展安全生产“打非治违”百日行动】 县政府印发《资溪县人民政府办公室关于印发资溪县安全生产“打非治违”百日行动工作方案的通知》，出行执法人员900余人次，检查企业300余家次，查处各类违法行为300余起，共检查店面15家，存在违规行为5家，责令其整改。通过联合执法查获非法经营烟花爆竹行为3起，查获烟花、鞭炮600余件。在资溪县各乡镇街道、林场、各行政村镇张贴烟花爆竹“打非治违”通告2000份、悬挂横幅标语56条。

【开展全县城镇燃气专项整治行动】 2023年，燃气安全隐患专项整治行动导入系统475家，包括学校、餐饮、医疗等场所用气企业，排查企业数475家，排查进度100%。排查出安全隐患552个，全部整改到位。向全县居民发送2万余条安全用气知识短信，印制宣传单及安全用气知识手册5千余份；在各居住小区发放宣传单3千余份；组织各学校通过校园电子显示屏、主题班会、学生家长群等方式开展燃气安全用气知识宣教；组织绿焱燃气有限公司进行燃气安全事故应急演练和安全知识竞赛，进一步强化燃气企业的安全防范意识，提高应对突发事件的应变能力。

【安全宣传】 县应急管理局认真开展“防灾减灾日”和“安全生产月”活动，努力营造防灾减灾救灾和安全生产宣传浓厚氛围，共摆放各类宣传展板78块，悬挂横幅80余幅，出动宣传车4辆，发放宣传手册2万余份，利用微信朋友圈广告向全县推送安全生产和防灾减灾知识60万人次，现场接受群众咨询8000余人次，发放价值30元的礼品面包1000份。同时，注重强化学校宣传，在全县中小学校发放《校园安全知识读本》1万册，并通过开展“搞一次活动、讲一次专题课、出一期板报”及“小手牵大手、共筑防火墙”等多种形式增强师生安全忧患意识。同时，利用公交平台每天播放90次以上宣传标语；在重要时间节点利用电信运营商手机短信平台向全县发送短信10万余条进行安全提示。

（县应急管理局）

防灾减灾救灾

【概况】 2023年，县应急管理局认真防范重点时期的森林火灾风险，全县森林防火态势总体平稳。针对防汛抗旱工作，印发应急预案、水工程度汛预案、水工程度汛计划表等各类预案、方案。全年组织开展应急演练20余次，参与人次1200余人次，全面提升基层综合减灾能力。

【森林防火灭火】 县应急管理局在1月中旬、4月下旬和9月中旬对全县森林防灭火工作进行督查，共发现各类隐患80余处，均完成整改。重点防范持续高温天气的森林火灾风险，确保“两会”期间、清明期间、暑期和中秋国庆期间不发生重大森林火灾事故。3月4日，资溪县发布森林火险橙色预警，至3月17日解除全县森林火险橙色预警，期间，全县未发生较大发上森林火灾事故。

【防汛工作】 县应急管理局认真完成2022年水毁水利工程修复。鹤城镇沙苑村沙苑取水陂坝修复工程等14处水毁水利工程全部修复完工并投入使用；加强在建涉水水利工程监督检查。年初，县应急、水利等部门对在建水利工程资溪县泸阳河山洪沟治理工程、嵩市镇防洪工程、资溪县城乡供水一体化工程进行安全检查，未发现重大安全隐患，各项目点对现场指出的问题均完成整改；加强应急物资准备，补充各类防汛物资，储备有编织袋2.6万条、麻袋0.58万条、帐篷584顶、救生衣124件、救生圈70个、水泵17台套、油锯6把、橡皮艇冲锋舟4艘、其余救生装备300余套。

【创建省级综合减灾示范社区】 县应急管理局努力打造“牢记使命，争当应急先锋”党建品牌，利用“党建+应急管理”平台，构建“县—乡—村—小组—党员中心户”五级“党建+应急管理”组织体系，将马头山镇霞阳村打造为全市行政村示范精品点。并指导鹤城镇沙苑村、马头山镇霞阳村创建2023年江西省级综合减灾示范社区，全面提升基层综合减灾能力。

（县应急管理局）

消防救援

【概况】 2023年，资溪县消防救援大队通过开展“六熟悉”实地训练和无预案随机实战拉动演练、灭火战术研究、分批派员培训等有效手段，大幅度提升队伍的整体业务水平，战斗力显著增强。修订完善预案42份，组织熟悉演练210场，成功处置各类警情89起（火灾扑救39起，抢险救援33起，社会救助17起），营救被困群众25人，抢救财产价值60余万元，保护财产价值376余万元。特别是在5月6日的特大暴雨中，县消防救援大队营救被困孤岛群众的案例，赢得当地群众的一致好评。县消防救援大队拆除防盗网和民宿标准化管理工作经验被人民日报客户端报道。

【火灾防控】 县消防救援大队按照“政府统一领导、部门依法监管、单位全面负责、公民积极参与”的原则，健全和完善消防安全责任体系。提请县消安委先后部署开展全县劳动密集型企业消防安全专项、全省人员密集场所消防“生命通道”集中整治、消防安全重大风险隐患专项排查整治2023行动、全县城镇燃气专项整治等工作；联合县民政部门对全县养老机构开展专项检查、联合县住建部门对政府投资项目开展消防设施专项检查、联合县教育部门对全县幼儿园及中小学校开展消防安全专项整治、联合县卫健部门开展医疗机构专项检查，共排查整改火灾隐患4270余处。2023年，县消防救援大队检查单位420家，下发责令改正通知书253份，下发行政处罚决定书33份，临时查封单位8家，罚款6.6万元。

【优化队伍管理】 县消防救援大队努力探索“精细化”管理模式，定期分析研判形势，建立健全“三色”评估管理机制，开展安全工作“九无”创建活动、安全教育整顿月活动和条令纲要学习月活动，健全家庭、单位、社会“三位一体”的管教体系，完善全员参与、定期晾晒的量化考评制度，层层签订责任状，明确具体责任主体，防止和杜绝各类安全事故，保持队伍安全稳定。县消防救援大队在全市“学贯二十大、奋进新时代”系列竞赛中获团体总分第二名、知识竞赛第一名；在全市第一轮执勤岗位练兵比武竞赛获得团体总分第三名，其中消防站获团体第二名；政府专职队获得团体第五名；全市器材装备革新评比获二等奖，由消防员自主设计的“舷外机多功能调节装置”获评国家专利。

（张宇帆）

城乡建设与管理

综 述

2023年，资溪县规上建筑业实现总产值11.26亿元，比2022年增长46.37%。新增2家县外建筑企业迁入，2家建筑业资质升级为二级，新增入库建筑企业三家，评选一批县级优秀建筑业企业；城市功能与品质提升工作荣获全省考核优秀县；大觉溪美丽宜居乡村建设项目荣获全省唯一一个中国人居环境奖（范例）；经省委组织部和省住建厅评定资溪县为红色物业优秀县，评定金水湾、格兰雅栖、皇家花园3个小区为红色物业小区；安全生产工作全年零事故，城乡发展成效显著，建筑业监管转型升级态势初显，为建设产业兴旺、生态一流、美丽幸福的现代化“纯净资溪”持续发力。

2023年，资溪县实施服务优享行动，提升舒适宜居品质。深化“多规合一”改革，落实节约集约用地制度，基本完成《资溪县国土空间总体规划》编制。加大教育设施提升，新建资溪县城西教育基础设施、实验学校、排上小学、第三幼儿园、第四幼儿园和第四小学6所学校，增加幼儿学位630个，小学学位2920个，优化义务教育，扩大优质学位供给。加快医疗卫生机构建设，投资约1.3亿新建一所二级甲等综合性标准中医院，可增加床位数260床，总建筑面积4.02万平方米，其中地上建筑面积2.91万平方米，地下室建筑面积1.11万平方米。停车位280辆，其中地面停车位80辆，地下停车位200辆。建设门急诊、医技楼、住院综合楼连体楼一栋，能源中心一栋，另设门卫房四个。投资约3100万元新建一栋感染大楼，可增加床位数22床，项目占地面积7.56亩，总建筑面积为2920平方米，其中感染大楼建筑面积为2850平方米、污水处理及污物暂存建筑面积50平方米，门卫建筑面积为20平方米，共3层。建设内容包括负压病房、购置负压车、内外装饰、绿化工程、给排水工程、电气工程、暖通工程、消防工程、医用气体及传呼系统等。

打造宜居品质社区，按照布局合理、便民利民的原则，开展15分钟便民生活圈、打造城市消费商圈，建有多个幼儿园、学校，设有老年服务站、消防驿站、社区卫生机构、便民商店、邮件和快件寄递服务设施，公共绿地和活动场所充足。持续推进“互联网+红色物业”与“赣邻通”平台建设相融合，创新实行“居民点单、物业报单、社区派单、部门接单”的菜单式服务模式，通过“赣邻通”“资溪城市之声”“纯净物业”微信公众号线上接受和物业管理线下服务相结合。

攻难点、疏堵点，加快棚户区改造。按照省委、省政府、市委、市政府的工作部署，资溪县迅速启动棚改工作，召开资溪县2023年棚户区改造工作动员部署大会，明确将省厅下达的资溪县230户的目标任务，分9个片区，并将任务分解到县四套班子领导和各地各部门，将棚改工作与创建国家卫生县城结合起来，与城市功能与品质提升结合起来，举全县之力全面攻坚、全力推进。

促发展、保民生，改造老旧小区。2023年实施3个片区老旧小区改造，改造户数约1500户，投资金额5800万元。通过改造老旧小区，小区环境焕然一新，居民生活品质走上新台阶，大幅提升居民的获得感、幸福感、安全感，社会效益显著。持续推进220千伏变电站项目建设，投资约3.6亿元建设一座变电站，同时对沿线强电下地，努力解决居民用电量日益增长需求。

（县住建局）

城乡建设

【概况】 2023年，县住建局严格落实中央、省、市工作安排部署要求，实施防灾除险行动。开展自建房整治鉴定危房，纳入棚改72栋，维修407栋，拆除122栋，采取管控措施879栋。开展城区道路桥梁安全隐患“清零”攻坚战，对城区道路下沉、塌陷、破损、突起等问题进行整改，共排查隐患158处，整治到位158处。实施数字赋能行动，推动城市运行管理服务平台建设，提升创新智慧品质。实施减污降碳行动，持续完善城区污水管网建设，提升低碳绿色品质。实施交通畅通行动，完善城区景区道路建设，提升便捷出行品质。

【推进智慧工地建设】　为规范建筑市场秩序，加强建筑工人实名制管理，维护建筑工人和建筑企业合法权益，促进建筑业高质量发展，县住建局贯彻落实《2016—2020年建筑业信息化发展纲要》《江西省城市功能与品质提升三年行动方案》《关于进一步加强城市建筑工地扬尘治理工作的通知》，按照市住建局下发的《抚州市建设工程“智慧工地”管理实施办法》，对全县3个项目（资溪县城西教育基础设施建设项目——县第四幼儿园建设项目、资溪县面包食品产业城小微创业园建设项目A区创业大楼及附属设施项目、资溪县农产品批发市场建设项目一期工程）实施智慧工地建设。

【完善充电设施建设】　为加快城镇社区新能源汽车智能充电桩建设，资溪县向上级发改委申请2020年充电桩建设补贴；将项目建设纳入“十四五”规划建设中。按照市发改委关于配合做好《抚州市“十四五”电动汽车充电基础设施布局规划》收资的函文件要求，对全县停车场、停车位、电动汽车充电设施情况进行调查搜集资料汇总上报市发改委，为全县乃至全市布局推动电动车充电基础设施建设提供依据。及时对接上级发改部门，争取停车场项目纳入国家、省市盘子，2023年投资1000万元规划新建停车位400个，升级改造停车位800个及其他基础设施，总建筑面积约2100平方米。新增建设8个，全县公用桩22个。

【完善城区污水管网建设】　2023年，资溪县投资约7000万元开展城区雨污分流工作，完成投资5000万元。县住建局完成城区主路污水管网改造，完善全县污水处理功能；完成对山斜河、泸溪河截污干管改造，将原沿河污水管网提上岸；对所有漏接错接管网排查整改，不断提升城市品质。

【推广发展装配式建筑】　县住建局严格落实工程造价5000万以上的政府投资建筑项目实施装配式建筑要求，确保2023年全县新开工装配式建筑占新建建筑比例达到35%。强力推进装配式建筑，新开工装配式建筑（钢结构）项目6个，装配式建筑面积共计15.1万平方米，新开工装配式建筑面积占新开工建筑面积比例43.9%。结合2023年竹文化节大力发展竹结构建筑项目，全国首个以竹结构为主单体建筑面积最大的装配式建筑资溪县竹博物馆项目基本完工。

【挖掘红色历史】　县住建局努力发挥下张党支部第一党支部示范作用，启动下张党支部旧址修缮及环境整治项目，编制修缮方案和陈展大纲；开展抚河流域窑址调查，经核实，在资溪县高田乡发现燕山窑遗址，周边散布各种残瓷碎片、匣钵、印模等模具，堆积瓷片较为丰富，出土古窑遗的发现，对江西东部地区的瓷业发展有着重大而深远的文化内涵；开展弋阳——南丰高速段资溪境内文物勘察评估，调查发现资溪县存在部分先秦器物，可证实为先秦遗迹，是闽赣文化的交汇处，对揭示当地先秦时期文化面貌就有重要意义。

【完善城区道路建设】　以创建国家卫生县为契机，投资约6000万元对迎宾大道、泰伯大道、泰伯南路、站前南路、司前路五条城区主路进行白改黑，对破损路面清理、管网改造、强弱电下地、燃气管道建设、公交站台建设等，铺设沥青。投资约500万元对泸溪大道进行景观提升，对道路北侧彩虹桥至茶博城、道路北侧大觉府小区处、道路北侧大觉府至面包广场人行道进行贯通，对褪色彩色沥青进行面层更换处理。丰富城市生活性道路网络，实施次二路（面包科技公司至龙腾府邸小区）、规划一路（中医院至实验学校）建设，完善园区生产性道路连接。加快建设金竺山东路（金竺山路与长塘南路联通）、泰伯公园道路（从武装部对面经泰伯公园连接至司前路），促进路网整体的通行效率和环境品质的提升。

（县住建局）

房地产业

【概况】　2023年，资溪县严格落实中央、省、市关于促进房地产市场平稳健康发展的各项政策，房地产市场供求形势和房地产市场结构进一步得到改善。全县商品房销售备案363套3.442万平方米，其中住宅销售备案213套2.49万平方米；全县已批准预售许可网上备案商品房库存2143套、建筑面积17.34万平方米，其中商品住宅库存761套、建筑面积8.86万平方米。

【出台相关购房补贴政策】 资溪县出台《资溪县关于有效缓解疫情影响进一步促进房地产业良性循环和健康发展的若干举措》和《关于进一步促进资溪县中心城区房地产业良性循环和健康发展的补充措施》，阶段性发放购房和契税补贴，激发市场活力。

【建立保函担保制度】 为推进“六稳六保”工作需要，资溪县建立商业银行及国有控股的融资担保公司保函担保制度。为5家房地产开发企业办理保函业务，保函金额5900万余元，有效增加企业资金流动，保障企业健康发展。

【安置房管理】 为助力资溪县房地产企业纾困解难，结合棚户区改造安置房房源的需要，由县政府实行以购买部分商品房代替新建的方式筹集棚改安置房，有效的化解库存。并同时明确2023、2024年棚改新增“房票”安置方式，即被征收人可持“房票”在资溪县所有房地产开发企业未售的商品住房中自行选择购买商品住房。满足人民群众对安置房屋的多样化需求，又同时为房地产企业化解商品房库存的问题。

（县住建局）

物业管理

【概况】 2023年，全县29个小区中有20个小区实施专业化物业服务，街道社区托管小区数3个，2个小区业主自管，4个未实施专业化物业服务且未提供基本物业服务。有6个物业小区成立物业行业党组织，21个小区成立业主委员会，占比为78.4%。物业小区占比为86.2%。

【加强物业管理监督】 2023年，县物业办、县应急管理局、县消防、县城管、县社区党工委、县公安、县供电、县创卫办等部门联合对各个物业小区的“飞线”充电、车辆乱停乱放、占用绿化带种菜、垃圾分类等进行集中整治。有效提高居民的安全防范意识和小区幸福指数。全县11个物业小区进行全面的创建卫生城市清理工作，县物业办每个月进行环境卫生评比打分，加强居民的环保意识。

【推进智慧小区建设】 2023年，县住建局向上“跑项争资”，打造“智慧小区”建设，对小区进行全面升级改造。打造“红色”物业样板，建立以社区党工委、社区、物业党支部、业主委员会党支部、社区网格党支部的“五方联席圆满桌”协调运行机制，做到“小事不出小区、大事不出县”。引进抚州昔尔居科技有限公司通过对住宅小区物业公司考核等多种形式，引导物业公司和广大业主自觉遵守条例规定，依法维护自身权益，提升物管企业的服务理念和管理水平。

【推广物业管理平台】 2023年，全县11个物业小区完成进驻物业信用管理平台，资溪县在推广抚州市物业信用管理平台工作中，全市排名第一。“12345”市长热线平台入驻抚州市物业信用管理平台，利用抚州物业信用平台的功能，化解物业小区业主的各类矛盾纠纷160余起。全县党员干部、职工均下载使用“赣邻通”App，并在所属小区群做好相关推广宣传工作。助力文明城市创建，提高社区综合治理水平。聘请第三方抚州市物业信用管理平台（抚州昔尔居科技有限公司）对全县物业服务企业每月进行服务质量考核。

（县住建局）

重点工程项目建设

【概况】 2023年，县重点项目服务中心围绕国家投资导向、原则和重点领域，调动各乡镇林场、部门及社会各方力量参与，谋划项目做好服务，努力推动江西省重点建设项目申报、抚州市重点建设项目申报以及资溪县重点项目计划。年初通过深入调研，广泛征求全县各部门意见，推动2023年江西省重点建设项目计划申报、2023年抚州市重点建设项目计划申报，年中向各单位征集2024年资溪县重点项目谋划清单，为2024年重点项目建设做铺垫。申报2023年省重点项目3个，总投资36.5亿元。2023年市重点项目32个，总投资149.33亿元。

【重点项目管理】 根据《资溪县政府投资项目（重点工程）建设管理办法》相关规定，县重点项目服务中心对资溪县面包食品产业城三期一标工程（EPC总承包）等12个项目招标文件、资溪

（抚州）工业园区数字产业园基础设施建设B区厂房等16项目合同进行审查，提出各类针对性建议及意见109条；对竹科技产业园一标段EPC等项目105笔资金拨付、抚州数字产业园设施建设A区等36项中介服务控制价进行审核，抚草线县道升级改造工程等4个项目有关建设管理及资金的请示向县人民政府进行回复，核减项目前期各种资金计131万元；对实验小学教学楼维修改造及校园提升建设工程等4个项目进行结算审核，核减资金计17.6万元，有效提高财政资金使用效率。

【规范重点项目建设】 为对采购起监督作用，降低采购价格成本，县重点项目服务中心成立图审小组，对工程图纸进行审核，避免过度设计。成立询价小组，设立督查小组，每周定期对重点项目进行考评及年终对项目进行总考评，督促项目规范建设。通过项目督导组，对全县84个重点项目的责任单位、要素服务单位、施工单位和监理单位进行定期考核。2023年，全县56个新建项目中开工项目24个，开工率为42.86%；28个续建项目中开工项目26个，开工率为92.86%。累计完成投资24.85亿元，占年度计划的31.05%。基本完工项目7个（江西集源新能源有限公司、资溪县综合能源利用管网建设工程项目、资溪县金色年华养老基地二期建设和城区及小区污水管网建设EPC工程、资溪县碧水禅茶建设项目、江西清凉山国家级森林公园华南虎野化放归景区基础工程建设项目、冠合酒店旅游度假村、竹博馆等项目）。

（黄一嫄）

住房公积金

【概况】 2023年，全县公积金完成归集1.06亿元，完成年初计划的102%。新增参缴单位16个，其中新增私企8个。新增参缴人数620人，其中私企、新市民、社区等新增210人。至年底全县参缴单位198个，参缴总人数5160人，其中正常参缴4861人，封存562人，归集总余额4.01亿元。基础性绩效工资加入公积金基数。

【公积金服务】 2023年，公积金信贷完成1189万元，有力支持职工购房需求。信贷总余额1.74亿元，未出现贷款逾期，未发生资金安全风险。公积金各类提取6872万元。县公积金办做到严格把关，可提尽提，全力发挥公积金的作用。

【推广惠民政策】 4月，县公积金办宣传《抚州市个人自愿缴存和使用住房公积金暂行管理办法》，向各单位、各乡镇、广大市民散发宣传材料，大量群众咨询相关业务，并完成办理开户。12月，推行《关于提取住房公积金提前对冲偿还部分住房公积金个人住房款的规定》《关于住房公积金缴存人交存住宅专项维修资金提取住房公积金的规定》，进一步减轻群众购房资金压力。

（何莉莉）

不动产登记

【概况】 2023年，资溪县持续推动不动产登记改革，全年共办理不动产业务8000余件。突破技术壁垒，推行不动产登记信息化，优化服务质量；勇于革新，多举措规范林权登记，有效解决存量林地问题。

【不动产登记线上办理】 2023年，资溪县推行不动产登记信息化，实现网上通办、数据集成、一链办理。推进PC端、移动端、“赣服通”不动产登记专区等多元化办理渠道，开通不动产登记申请、信息查询、缴纳税费线上办理等操作；实现与税务、公安等18个部门的数据共享，推广电子签名、电子签章的在线应用。不动产登记中心线上直接获取身份证、结婚证、营业执照等登记要件，实现服务“零收件”。县自然资源局主动联合相关部门，将不动产电子证照应用于企业开办、教育入学等领域；实现一链办理，与水电气网视部门建立工作联系，通过集成平台实现不动产转移登记与水电气网视协同过户。

【规范林权登记】 围绕“规范登记、优化流程、清楚准确、群众满意”的目标，采取清理和规范并行的模式，在清理存量林地问题的同时，通过规范林地登记程序，杜绝增量问题的产生，有效地整合历年来的林地工作台账和矢量数据。

【打造“党建+不动产登记”品牌】　发挥党建作用，打造资溪本地不动产“党建+不动产登记”品牌，对限时承诺制、首问责任制、一次性告知承担第一责任；做好企业不动产登记服务，设立营商环境专窗，为企业开辟绿色通道，对重点项目当天限时办结；面向金融机构、房地产开发企业，分别建立线上咨询服务群，提供“24小时不打烊”在线服务；工作人员定期走访企业进行宣传，以“一对一”“多对一”的形式联系帮扶，引导企业职工及群众了解财产登记有关法规及政策，及时回应企业诉求，切实帮助企业解决生产发展中的难题；不断推进登记预约、延时、延伸、错时、上门和跨域办理不动产登记等服务。

（游洪波）

城市管理

【概况】　2023年，县城管局以习近平新时代中国特色社会主义思想为指导，认真贯彻落实党的二十大精神，以“为人民管理城市，创人民满意城市”为工作目标，坚持为人民服务、为发展服务、为稳定服务的工作方针，强化基础工作，提高服务质量，重点解决人民群众关注的实际问题，探索新形势下城市管理工作的新思路和新举措，突出抓好城市管理长效机制建设，加强队伍建设和作风建设，全面提升城市管理水平，为构建和谐社会，创建国家卫生县、创建江西省生态园林城市营造良好的市容环境秩序做出贡献。

【城市市容管理】　县城管局全面落实“门前三包”责任制，签订“门前三包”责任书4800份，张贴“门前三包”责任牌块4800块，持续推进城市市容市貌综合整治，加大执法力度，坚决取缔非法摆摊设点、店外经营等行为，共清理乱堆放1000余处，规范跨店经营1200余起，劝导流动摊占道经营5600余次，规范乱停乱放的自行车、电动车等非机动车5000余次。对城区背街小巷、小区里存在的乱堆乱放、存年垃圾及饲养家禽、菜园子等现象进行整治清理；在城区认真勘察，确定20处水果零售场地，规范果农交易，方便群众生活，营造优美的市容环境。加强学校周边环境综合整治，根据学校工作的特点，实行定人、定时、定点的工作方法，劝导学校周边流动摊贩占道经营500余次。

【市政设施建设】　县城管局对城市道路、桥梁、排水等市政设施进行定期巡查和维修保养，共维修县城大小广场、人行道破损道路进行维护，共计600余处。整改桥梁及河边护栏存在的问题共17处，确保设施正常运行，为市民提供良好的出行环境。对泉坑路、二中移动公司旁小巷、金竹山路、二小路、养路段、皂角路等背街小巷路灯进行升级，实现节能减排和改善城市夜间亮化效果。日常维修路灯4100余盏，消除路灯安全隐患90余处，保持城市亮灯率及设施完好率98%以上。统筹专项债资金3800万元开展资溪县城区污水处理提标及配套管网建设一期项目，并配套一般债资金1000万元，开展建设路人行道改造，同步将人行道两侧店面污水接入新建的污水主管中。2023年，全县平均COD浓度为131.29毫克/升，比2022年增长108.4%；BOD浓度为毫克/升，比2022年增长185.2%；污水收集率为41.81%，比2022年增长143.7%。开展全县盖板、井盖及雨水篦子隐患排查并增挂防坠网，消除隐患110余处；对城市井盖进行垫皮消除噪音。推动站前广场等人行道板水沟修复，建设中路人行道改造提升等工程，使城市人行道路面貌焕然一新。通过盘活城市闲置土地，高效利用、协同治理，加快推进小微停车场建设，新增停车场3座。

【加强环卫管理】　2023年，县城管局完成建成区城乡接合部解放北路75号、解放北路附80号、付家窠12号等户厕改造20个。新建、改建火车站工区、老搬运公司宿舍、山斜村三座公厕，保障周边600余人日常如厕需求。针对资溪县人流量大的2座公厕（农贸市场公厕、八景城公厕）作为重点模范公厕改造计划，提升其基础地面和墙面翻新之外，各加装一套智能配比除臭喷雾系统，通过科学配比的除臭剂加强公厕内异味去除功效，提升公厕异味去除效率。坚持每天清洗主街道4次，确保各主干道路及支路干净整洁、卫生达标；加大机械化清扫力度，安排清扫车每天对城区道路进行机械化清扫2次。加强日常环卫保洁工作，同时要求洒水车及清扫车每周2次专项针对城区主次干道、背街小巷进行大范围洗扫；每周对建成区进行集中清扫、上户劝导、清除乱堆乱放等工作。加强城区河道保洁，有组织地针对泸溪河一河两岸段除草、打捞、去漂浮物等重点工作23次。完成全市县域经济发展大巡查、全县乡（镇、场）经济社会发展综合巡查、助力马拉松大型比赛、2023第十一届环鄱阳湖国际自行车大赛、2023年第十二届中国竹文化节、2023中国·抚州“纯净资溪万物生杯”汽车场地越野争霸赛、2023首届中国·抚州生态康养产业发展大会等各类环卫保障任务。

【生活垃圾分类】 县城管局完善垃圾分类制度保障，强化垃圾分类执法监管，开展生活垃圾分类设施“补强”行动，构建“全程闭环”的分类体系。以创建生活垃圾分类示范区为契机，强化设备引进、创新作业模式、引导全民参与入手，多维度健全分类体系。全县83个小区建成前端垃圾分类屋亭60座（其中精品示范屋1座）、分类管理员20人，公共机构（场所）分类屋亭1座，设置有害垃圾暂存点1个、可回收物环保驿站7个。中端配置分类运输车16辆，优化166个收运点位，按“一小区一策”落实精准收运，分类工作知晓率、参与率、投放准确率均为90%。

【垃圾填埋场建设】 县城管局下设生活垃圾填埋场、建筑垃圾消纳场各一处，生活垃圾填埋场库区总面积45.29万平方米，建筑垃圾消纳场总面积1.33万平方米。生活垃圾填埋场设有厨余垃圾处理中心、生活垃圾压缩中转站各1座，2023年完成转运垃圾焚烧总量2.06万吨、填埋建筑垃圾2.75万吨、处理厨余垃圾780吨、处理渗滤液3.33万吨。

【整治拆除违建】 为推动创建国家卫生城市向纵深发展，对城市规划区内（外）进行彻底整治，县城管局对县城规划范围内违法建设行为下达各类通知书60份，拆除县规划内乱搭乱建64起，拆除面积约760平方米，及时制止违法建设面积约820平方米，处理违章建筑投诉及矛盾纠纷15余起，及时有效的控制新增违章建筑的产生。

（陈盛）

城市供水

【概况】 2023年，资溪润泉供水公司以习近平新时代中国特色社会主义思想为指导，以城乡供水一体化为核心，以服务广大用水户为己任，紧紧围绕公司发展战略及年度目标任务，为城乡居民提供安全合格的生活用水，开展城乡环境卫生、污水处理等相关业务。

【加强供水监管】 资溪润泉供水公司对取水口进行巡查，定期垃圾清理，保障取水口干净整洁。加大对管网末梢水的监测力度，定期对供水水样进行监测，发现问题及时处理，并定期不定时对新月村、大觉山管网延伸段进行冲洗，确保饮用水安全，配合水科检中心完成4次42项，4次106项水质检测，按要求完成了日检、月检、季检各项工作，全年出厂水水质综合合格率100%，管网水水质综合合格率100%，未出现因水质污染事件。

【推进供水设施改造提升工程】 为确保安全供水，以“资溪县老旧小区改造及人行道改造工程”为契机，结合对县城老旧管网设施进行更换，全年安装DN20-300口径水管34.35千米，废除建设路与繁华北街DN200口径以上水泥管6条合计2830米，DN150以下镀锌管1380米，全年管网维修共计447次、DN100以上口径管96处，更换陈旧老化DN100以上阀门7只，确保把饮水安全保障工作落实到位，让人民群众喝上安全水、干净水、放心水。升级改造水厂设施，由原来的投加氯气消毒工艺更换为次氯酸钠消毒方式，杜绝液氯在使用过程中的泄漏风险。

（付毅）

污水处理

【概况】 2023年，资溪县污水处理厂城镇生活污水处理水量250.27万吨。全年进水COD平均浓度达到131.29毫克/升，出水COD平均浓度为8.68毫克/升。进水BOD5平均浓度为84.7毫克/升，出水BOD5平均浓度为4.27毫克/升。进水NH3-N平均浓度为20.97毫克/升，出水NH3-N平均浓度为0.77毫克/升。全年污泥脱水泥量为690.06吨（含水率60%以下）。

【优化管理结构】 县污水处理厂改造原有污水脱泥车间工艺为污泥低温干化，使污泥含水率从80%降至60%以下，所产生污泥运输至抚州中节能焚烧处理。并建立各类运行台账，包括设备运行、化验、设备维修和安全生产等台账。对日常设备运行情况、每日进出水水质情况、设备仪表的故障及维修情况进行详细记录。建立日常巡检制度，设备操作规范等各项制度，对公司运行进行规范化管理。

（吴波）

城市园林绿化

【概况】 2023年，资溪县投入大量资金开展园林绿化提升，打造泰伯湿地公园、大觉溪田园综合体、“一河两岸”景观带等一批精品绿化工程，形成人在城中、城在景中的景城交融格局。资溪县成功创建江西省第三批生态园林城市。

【城市园林绿化】 节约型园林绿化建设制度落到实处，新建城市绿地达到生态型、海绵型绿地建设要求，立体绿化得到有效执行，绿色建筑和装配式建筑得到普遍推广，历史建筑得到有效保护。县城建成区绿化覆盖率45.35%，绿地率41.60%，人均公园绿地面积16.62平方米，公园绿地服务半径覆盖率96.5%，绿化覆盖面积中适生乔、灌木占比75.41%，新建居住区绿地达标率100%，道路绿地达标率86.67%，林荫停车场推广率65.05%，防护绿地实施率93.45%，林荫路推广率92.17%，公园服务设施齐全，免费开放率100%，城市绿道长度14.6公里，达到2.43公里/平方千米。

【加强绿化养护管理】 3月，通过公开招标确定园林绿地养护单位，养护期3年，养护总面积65.57万平方米，年养护投入近四百万元。通过营造市场化氛围，引入市场竞争机制，完善市场化运作规则，实现“干管分离”，并逐步建立统一开放、竞争有序、监管有力的园林绿地养护管理新机制，资溪县园林绿化管护水平得到不断提升。

（陈盛）

樱花盛开（帅建忠摄）

环境保护·自然观测

生态环境

【概况】 2023年，资溪县PM2.5平均浓度15μg/m^3（位列全省第9名）；优良天数率99.7%，较2022年同比上升3.3%。地表水环境质量断面水质综合指数3.2429，同比变差5.01%，位列全省第37名。2个省考监测断面水质优良率均达到100%，县集中式饮用水水源地水质达标率达到100%，地表水断面无Ⅴ类和劣Ⅴ类水质。资溪县在2022年度全市污染防治攻坚战成效考核中获“优秀”等级。资溪县生态环境局获2023年度全市生态环境系统目标管理考核先进单位、2023年度生态环境保护督察目标管理考核先进单位。

【加强生态环境监测】 县生态环境局盯守空气质量数据，发现异常情况，及时分析排查，提出管控建议。落实建筑工地扬尘污染防治措施。联合县住建、城管等部门多次开展建筑工地扬尘管控检查，对扬尘污染防治措施未到位的工地提出整改措施。持续推进碧水保卫战，加强水质监测。对里木桥断面水质超标情况进行溯源排查。指导园区污水处理，加强日常监管，督促县污水处理厂稳运增效。持续推进净土保卫战。完成原精细化工厂及周边地块土壤污染状况现状调查报告报告评审并通过备案。完成2个农村环境整治任务。推进重点建设用地安全利用，联合县自然资源局对“一住两公”6个地块完成调查并通过评审。

【环境安全隐患排查整治】 县生态环境局认真抓好违法排污破坏耕地问题，举一反三排查整改，组织对本辖区范围内所有受污染耕地开展了“拉网式”“地毯式”排查，坚决杜绝以短暂渗漏的幌子，长期进行违法排污的行为，切实防范环境安全风险隐患，全力筑牢生态环境安全底线。经全面细致梳理摸排，排查发现问题1个：涉县农业农村局的2019年省级反馈的“乌石镇、高阜镇、嵩市镇、高田乡、石峡乡部分土壤镉、铅轻微超标，属轻度污染”受污染耕地问题。资溪县2019年开始进行粮食安全利用，2023年完成9580.3亩，该问题完成整改。

【加大环境执法力度】 2023年，县生态环境局共对6起存在环境违法行为的企业实施行政处罚。依法对资溪县高田乡瘦肉型生猪养殖场存在排放畜禽养殖废弃物不符合国家规定的污染物排放标准的环境违法行为、江西圣农食品有限公司存在不正常运行自动监测设备的环境违法行为进行行政处罚。开展对企业帮扶，主动为企业守法治污“把脉问诊”。规范排污单位自行监测行为，为企业自行监测工作答疑解惑，确保自行监测数据准确、有效，提高排污单位自行监测工作质量。共派2批次6人参加市局环境执法“入企实训”。帮助企业解决环保问题，获企业送4面锦旗。7月，派员参加生态环境部重点区域空气质量改善监督帮扶，1人因表现突出获生态环境综合执法局表扬及感谢。完成生态环境损害赔偿16件；办理人大建议3件，环境信访件6件，办结率100%。县生态环境局获“抚州市生态环境保护综合执法知识竞赛暨大练兵实战比武单项集体知识竞赛第二名”；承办全市生态环境系统“执法护青山·建功新时代”主题演讲比赛，参赛选手获三等奖。

（县生态环境局）

气象服务

【概况】 2023年，资溪县气象局建立和完善气象灾害防御管理制度体系，印发《资溪县2023年气象灾害防御工作要点》《资溪县强降水“631”风险预警应对实施细则》等文件，建立联合会商、共享数据信息、预警联动等长效机制，召开联合会商和联络员会议，指挥部正式进入实转。编制和更新气象灾害防御重点单位目录，并以政府发文和在政府网站公布的形式进行公布，县应急、县水利、县气象部门联合开展汛期安全、气象灾害防御安全检查。

【气象平台服务】 资溪县进一步加强灾害性天气预警平台建设，

将旅游、高速交警等部门纳入12379预警信息发布平台中，结合微信公众号、抖音等新媒体，及时、准确发布专题气象服务信息，力求建立功能齐全、科学高效、覆盖城乡的预警信息发布系统。2023年，县气象局启动12次气象灾害应急响应，通过微信公众号、手机短信、抖音、显示屏、大喇叭等多种方式向党政领导、防灾责任人、气象协理员和气象信息员、种养大户、农民合作社等，共发布各类气象灾害预警信号211条、预警短信15.5万人次。发布1小时风险预警11期，开展1小时风险电话叫应141人次。

【推进气象灾害防御】 县气象局巩固树立“安全第一”意识，始终坚持底线思维，层层压紧压实防雷安全监管责任，针对县雷电灾害重点防御单位开展20次执法检查。检查的内容主要包括企业的防雷安全管理制度、防雷应急预案、气象灾害预警信息接收及响应机制、防雷装置检测报告以及现场防雷设施的设置、安全警示标志的设立等，就检查中发现的问题提出整改意见。

【气象灾害防控】 在汛期过程中，县气象局密切监视天气变化，加强监测预报预警，做好事前、事中、事后的气象信息服务，发布1小时风险预警11期，累计转移避险4428人。通过国家突发事件预警信息系统发布预警信息211次，其中高温预警信号20次，暴雨预警33次，大风预警6次，寒潮预警3次，雷电预警127次，大雾13次，道路结冰1次，霜冻8次，制作气象呈阅件27期，旬报24期，联合防汛抗旱指挥部制作地质灾害预警信息呈阅件9期，与县交警大队联合发布道路安全预警信息1期。通过建立灾害信息互通渠道，在县防汛工作群、县安全生产工作群、县自然资源工作群等及时发布预警信息，实现预警信息第一时间精准直达县政府领导、部门应急负责人、企事业单位负责人和社会公众，同时局主要领导通过微信加短信及时向县委、县政府主要领导和分管领导汇报最新天气实况及未来天气状况。

【人工降雨】 为满足资溪生态旅游发展需要，做好重大领域保障、生态系统恢复和修复保障服务，2023年，县气象局共开展人工防雹增雨作业24次，出动人员100人次，发射火箭弹24枚，点放烟条25根，有效缓解当地旱情，对水源涵养、植被恢复、生态多样性保护、水库蓄水、降低森林火险、降温减排、助力农业生产、旅游发展等起到有效作用。

（周佳芝　符芳　刘铖志）

水文监测

【概况】 2023年，资溪柏泉水文站认真负责长江流域、信江水系泸溪的防汛抗旱工作的原始资料的收集，承担向中央、长江委、省防总雨水情拍报任务，持续做好水位、流量、降雨、蒸发、水质监测等。

【雨水情况】 2023年年降雨为1976.3毫米，比多年平均降雨量少3.8%毫米；年最大日降雨量为上长兴站，降雨量149.0毫米，降雨出现日期5月5日。全年最高水位为157.90米，低于警戒水位0.10米，出现日期为5月6日。

【水文测报与服务】 资溪县属于山区性河流，全年降水偏多，汛期暴雨频繁，从而导致河水出现暴涨暴落的趋势。柏泉水文站及时投入紧张的雨水情数据收集和雨水情预报及发送工作中，同时做好地方服务，向县防办提供实时雨水情信息，服务防汛减灾工作。

（郑亚芳）

节能减排

【概况】 2023年，资溪县秉持绿色发展理念，认真践行“绿水青山就是金山银山”理念，重点实施“生态立县·旅游强县·绿色发展”战略，严格按照省、市公共机构节能工作要求，围绕节能工作目标任务，强宣传，夯基础，抓示范，大力推进节能工作，推广使用新能源、新产品、新技术，公共机构节能工作取得一定成效。

【推进示范单位创建】 资溪县严格落实《抚州市文明行为促进条例》，培育和践行社会主义核心价值观，引导、促进文明行为。发挥示范单位创建的引领表率作用，加快推进节约型机关创建，全县机关单位节约型机关建成率100%，按时完成创建阶段性任务。同时，重点开展节水创建，带动各级各类公共机构加强节水管理和技术改造，并不断健全绿色企业、绿色社区、绿色校园、绿色医院等常态化评选机制，持续开展生态乡镇、生态村等示范创建活动，培树绿色生活新风尚。

【公务用车节能管理】 全县公务车辆实行定点维修、定点加油，推进专卡专用的加油制度，严格实行单车油耗定期测算、公示制度，努力降低油耗。同时按时保养，科学驾驶，有效减少车辆部件非正常损耗，制定公车维修档案，降低车辆维修费用支出，有效控制车辆维修成本。扎实推进公务用车信息化平台建设，全面实行北斗系统平台派车，做到无纸化便捷派车、高效用车、透明管车、有效督车。

【推进绿色回收】 为有效促进资源再利用，资溪县主导推行绿色环保的垃圾处理模式，不断完善终端配套设备建设，进一步完善生活垃圾收运体系和无害化终端处理能力，实现资溪县生活垃圾处理的无害化、减量化和资源化目标，与全县有食堂的单位签订厨余垃圾回收合同，实现资源的再利用，同时也引导广大干部职工及全社会自觉形成绿色、循环利用生活理念。

【推进绿色办公】 资溪县持续推进节约型机关建设，通过开展公共机构节能宣传教育，提高公职人员节能节约意识，推广办公电子化无纸化，全面启用OA电子公文办公系统。倡导采购节能环保办公产品制度，优先采购节能、节水、节材产品。突出抓好节约用电、水、油和行政办公经费等行为，倡导机关节俭文明新风尚。倡导减少使用纸杯、塑料袋等一次性办公用品，营造绿色办公环境。开展绿色食堂行动，引导干部职工开展光盘行动，养成爱惜粮食、珍惜粮食的良好习惯，通过公共机构及全体干部职工的表率示范作用，引领和带动社会做好节能减排工作。

（林裕清）

大雾天气（帅建忠摄）

教育·科技·体育

综述

2023年，全县教育体育工作坚持以习近平新时代中国特色社会主义思想为指导，认真贯彻党的二十大、二十届二中全会精神，紧紧围绕县委、县政府决策部署，坚持党的教育方针，坚持立德树人，聚力培养德智体美劳全面发展的社会主义建设者和接班人，着力抓党建强根基、抓队伍正风纪、抓公平促普惠、抓内涵提质量。持续推进“深入推进游泳教育”“持续推进体育产业做大做强工程”“深入实施‘县管校聘’改革”“着力优化城乡教育网点布局工程”“大力推进中职学校达标建设提档升级工程”“大力推进普通高中特色发展工程”等改革试点工作。资溪县教育科技体育局先后获得“2023‘中国体育彩票·萨瓦杯’第十一届环鄱阳湖国际自行车大赛优秀赛区”“市职业教育先进单位”“市义务教育先进单位”“市体育工作先进单位”“市‘全民健身日’展示活动优秀组织奖”，全县优化教育资源工作走在全省前列。

全县科技创新工作以持续推进创新江西建设为主旋律，紧扣高质量目标任务，统筹推进建平台、育主体、攻技术、聚资源等重点工作，为全县经济发展提供强有力的科技支撑，资溪县科技创新工作呈现出良好的发展态势。

（单长庚）

教育管理

【概况】 2023年，县教科体局认真学习宣传贯彻党的二十大、二十届二中全会精神以及习近平总书记考察江西重要讲话精神，坚持以习近平新时代中国特色社会主义思想为指引，贯彻落实国家、省、市、县教育工作会议精神，以优先发展、育人为本，改革创新、促进公平为工作方针，以办好人民满意的教育为目标，凝心聚力，奋楫笃行，全面落实立德树人根本任务，加快建设资溪高质量教育体系。

【优化资源配置】 资溪县出台《资溪县农村小规模学校及教学点学生自愿选择其他乡镇学校或城区学校就读的实施办法》，为全省第一个完成50人以下小规模学校的撤并工作，平稳有序地做好撤并校学生、教师（含退休教师）的就读、安置工作，近100名学科富余教师分流到县直单位或调回原籍。教育部专程到资溪县调研并肯定资溪做法。

【实施教育帮扶】 2023年，资溪县对在县就读的贫困家庭学生（学前、义教、普通高中、中职各阶段）实施教育资助应助尽助，累计资助在校在籍各类家庭贫困学生5256人次，发放各类教育资助金464.74万元（其中对在资溪县就读的脱贫户、监测户贫困学生722人（次）实施教育帮扶全覆盖，发放各类教育资助金59.28万元）。

【推动项目建设】 资溪县累计投入7000余万元用于实施义务教育学校“五大整体提升工程”，进一步提升教学质量。新建成的“第三幼儿园、实验学校、鹤城中心小学”先后投入使用，新增优质学位2000余个；先后投入1000余万元，实施中小学、幼儿园装备提升工程，推动学校智慧图书馆、图书阅览室、大屏幕LED彩色显示屏、多媒体教室等设施装备的标准化。

【强化教师队伍管理】 县教科体局持续加强教师队伍补充，先后出台《资溪县义务教育学校教师“县管校聘”管理体制改革实施方案（试行）》《资溪县中小学教师评价实施方案》等文件。2023年，选拔29名优秀校长教师进行城乡交流轮岗，通过选调考试安排54名乡镇教师至城区中小学任教，省招中小学音体美教师15人、初中心理健康教师2人，为中专招聘编外合同制教师20人。持续加大教师培育力度。认真开展全县中小学（幼儿园）优质课、教师素养、全红色文化课、学科命题竞赛、送教下乡、“同上一堂思政课”等系列教研活动，先后组织中小学（园）管理人员能力提升培训班、幼儿园骨干教师研修培训、中小学幼儿园校（园）长和责任督学能力提升高级研修培训班、中小学德育创新与班主任综合素养能力提升高级研修培训、中小学新入职教师培训、中小学思想政治课培训班、中小学图书管理员培训班、中小学新课标背景下学科骨干教师课堂教学观摩研讨培训等系列培训，累计培训教师2000余人（次），另外选派、输送180余人（次）校长、骨干教师参加“国培、省培”和市级其他各类培训，有效地提升资溪县教师的教学业务水平。

【加强校园安全管理】 资溪县印发《资溪县2023年校园及周边安全治理专项行动工作方案》等文件，县委政法委牵头联合多个部门，在春秋两季开学前重点整治校园及周边环境，认真开展校车安全整治、校园图书排查、校园食品安全排查、扫黑除恶专项斗争行动、涉校安全隐患排查、治安乱点整治、非法经营治理、法治宣传教育、违法犯罪打击等综合治理工作。谨慎做好学生心理危机干预。稳步推进心理辅导室标准化建设，配备专兼职心理健康教师240余名，全面开足开齐心理健康教育课程，对心理特异学生实行“一对一”结对帮扶；定期联合县未成年人成长指导中心、“阳光职场”等组织开展线上或线下家庭教育活动，切实加强全县中小学生心理健康教育的指导与干预力度。

（单长庚）

学前教育

【概况】 2023年秋季学期，全县共有幼儿园15所，在园幼儿1997人。其中，公办幼儿园12所，在园幼儿1250人；普惠性民办幼儿园3所，在园幼儿747人。全县公办幼儿园在园幼儿占比为62.6%，普惠性幼儿园在园幼儿占比为100%。以2023年度教育事业统计年报中幼儿园总数15所为基数核算，通过标准化建设幼儿园7所，全县标准化幼儿园通过率46.7%。

【推动幼教发展】 2023年，资溪县不断完善政策保障机制，出台《资溪县推进县域学前教育普及普惠工作实施方案（2022—2025年）》《资溪县认定“江西省标准化幼儿园”实施方案》等文件，为有效破除制约学前教育发展的瓶颈问题提供有力的政策保障。持续完善投入激励机制，全年争取学前教育发展专项资金1116.3万元（其中中央资金810.8万元，省级资金305.5万元），逐步提高财政性学前教育经费在同级财政性教育经费中的比例。完善督导考核机制。将学前教育行动计划纳入全县经济社会发展规划及乡村振兴战略，纳入对各乡镇的年度绩效考核。

【办园建设】 2023年秋季，资溪县第三幼儿园正式开园招生，提供学位数270个，有效缓解资溪县公办学前教育资源紧张问题。投资约2800万元新建县第四幼儿园，占地面积约11亩，总建筑面积约5604.74平方米，建成可提供

2023年11月2日，教育部基础教育司与中国教育科学研究院一行在资溪调研。（县融媒体中心提供）

学位360个。实施一批提升幼儿园办学条件项目，重点对高阜中心幼儿园、嵩市幼儿园等进行改造提升，全力改善乡镇公办园办学条件。为县第二幼儿园争取幼教楼西侧约1011平方米地块，用于弥补该园户外活动场所面积不足现象，使其达到市一级一类幼儿园建设标准，推动资溪县学前教育优质均衡发展。

（单长庚）

义务教育

【概况】 为推动义务教育优质均衡，资溪县制定印发《关于做好2023年中小学（幼儿园）招生（转学）工作的通知》《关于做好2023年秋季开学工作的通知》，免试就近入学，义务教育所有学校同步招生。保障全县外来务工人员子女、残疾儿童少年、特困家庭儿童、农村留守儿童能够依据政策就近入学。2023年秋季，全县义务教育阶段共有在校学生9418人（其中：初中生3572人、小学生5846人），义务教育阶段做到应入尽入，应读尽读。

【实施教育提升工程】 2023年，县实验学校及新鹤城中心小学均正式投入使用，提供学位共计约1620个，义务教育阶段大校额、大班额实现完全化解；投入约7000余万元实施一批义务教育五大提升工程，涵盖县一中、县二中、实验小学、第二小学及各乡镇中小学共计15所学校；至年底全县义务教育学校教学楼、教室、学生厕所、宿舍等改造和装修升级工程，学生运动场地的新建、改扩建和提升工程，学校路面和通道的硬化和改造提升（白改黑）工程，教学辅助用房的新建工程，校园美化、绿化、亮化、净化、教学及学生活动区域空间的环境布置等整体提升工程基本完成。

【落实“双减”政策】 县教科体局持续加大“双减”政策的宣传力度，认真落实五项管理制度，完善作业管理办法，联合相关职能部门对全县16家非学科类校外培训机构现场进行审核登记，由行政审批局重新下发办学许可证，严厉打击隐形变异学科类培训，切实减轻学生过重作业负担和校外培训负担。

（单长庚）

高中教育

【概况】 2023年秋季，全县高中（资溪县一中）共有41个班2068名学生。资溪县一中进一步规范普通高中招生工作，严格控制普通高中录取比例；稳步推进高考改革，指导学校做好内部培训、学生测评、高考选科等工作，做好标准化考点和保密室的建、配、管、用工作。学校先后获得江西省语言文字规范化示范校、抚州市教育体育改革工作试点单位（试点项目名称：大力推进普通高中特色发展工程）、抚州市教育体育系统先进集体、抚州市模范党支部、资溪县五四红旗团委、全市中学生篮球比赛中高中组第三名等荣誉。

【举办资溪一中首届中青年教师能力大赛】 2023年2月17日起，资溪一中举办首届中青年教师能力大赛，跨越2个学期，于10月底落幕。大赛按初高中年级分组，覆盖语文、数学、英语、物理、化学、生物、历史、政治、地理9门学科。赛事内容包含解题和优质课比赛两大部分，共计106位优秀中青年教师参赛。共25名教师获大赛一等奖，36名教师获大赛二等奖，45名教师获优胜奖，并从中选送17名教师代表资溪县参加抚州市优质课比赛。

【提升教学质量】 2023年，资溪县高考成绩取得新突破：2位同学通过清华大学组织的3次日常测试和资格审查，入围清华大学“自强计划”初试。其中1人入围复试（全省20人，抚州市3人），获得清华自主招生20分加分。高分段人数和排位大幅度提升，600分以上8人，全省前6000名6人，其中最高分664分，全省排位527名，创资溪一中在新校区办学以来历史最好成绩。本科上线数再创新高，二本以上（含一本）上线总计284人，比2022年增加13人，上线率41.52%，比全省平均上线率37.15%高出4.37%。

【高中体育课程改革】 2023年，县一中实施高中体育课程改革实践取得显著成效。体育走班选课教学以学生的兴趣和爱好为出发点，学生自主选择自己喜爱的运动项目。县一中共有12名体育教师，专项分别是篮球4人、足球1人、乒乓球3人、排球3人、健美操1人，学校根据场地、教师、器材、体育传统和地方体育特色（气排球、武术太极、花式跳绳）

等条件综合考虑确定“走班制”教学形式。在教学中，引入更多的团队运动项目和特色运动项目。例如，乒乓球、篮球、气排球、足球、健美操、羽毛球、武术太极、花式跳绳等共8个项目，在保证学生安全的前提下，增加学生的活动时间和锻炼量，让学生们在动感中享受运动的乐趣。

（单长庚）

职业技术教育

【概况】 2023年，资溪中等专业学校持续扩大周边县区的招生力度，新招学生526人，招生占比75%，在校学生人数1526人，为历史最高水平。高考成绩取得新突破，一本上线人数1人，二本上线人数2人，为2006年后的最好成绩。10名同学获高技能拔尖人才免试入学资格（全市仅16名），在全市独占鳌头；“三校生”上线率90%，远高于全省47%的平均水平。县中专先后获“抚州市模范党支部”“抚州市依法治校示范校”“抚州市五四红旗团委”等称号；中央电视台《千行百品就业行》栏目对学校产教融合进行专题报道。

【打造“双师”型教师团队】 2023年，县中专努力打造“双师”型教师团队。发挥名师作用，借助校、市、省、国家四级技能大赛平台，以赛促教，在名师的引领和帮助下，提高青年教师专业理论及实践技能；鼓励教师参加对口专业的技能培训，在获得技能合格证书的同时提升自身的专业技能；鼓励符合条件的教师积极申报双师型教师认定，提高本校双师型教师所占比重。

【开展教研活动】 县中专多次组织有经验的教师通过“公开课”“示范课”“知识讲座”等教学交流活动，努力提高新教师备课、听课、评课和研课等能力。组织教师参加“优质课竞赛”“教师技能大赛”“班主任能力竞赛”等比赛，并安排每周五作为教研固定活动日，不断创新教研活动的形式，促进教师各方面能力的提高。

【促进产教融合和校企合作】 县中专与被省发改委纳入“全省产教融合型企业建设培育范围”的大觉山旅游景区、资溪面包科技有限公司2家企业进行产教融合，为全市唯一。同时，资溪中专是全国食品智慧加工与检测产教融合共同体的首批成员和“常务理事单位”，为推动产业发展夯实基础。

（单长庚）

科技创新

【概况】 2023年，县科技创新促进中心围绕培育科技型企业，壮大创新发展“主引擎”，推动科技惠企政策应享尽享，加快构建科技强促产业强、经济强的新局面。围绕科技合作，厚植创新发展“新优势”，推动加强与高校科研院所的合作交流，有效畅通引才引智渠道。围绕科技服务，提升创新服务“驱动力”，开展送科技下乡服务及科学普及，传播科学思想。

【培育科技型企业】 资溪县注重梯次培育，持续对科技型企业进行一对一精准对接服务，在“孵、育、引、壮”四字上下功夫，为企业制定差异化培育计划，着力壮大优质市场主体，以科技创新赋能产业发展。全县有高新技术企业8家，新增高新技术企业3家，推动41家企业入库科技型中小企业，新增入库科技型中小企业18家，完成率137%。落实奖励兑现。将科技政策兑现作为加快推进企业高质量发展的重要抓手，对高新技术企业、科技型中小企业、企业研发平台等认定奖励政策实行免申即享、即申即享。帮助企业争取各类科技创新奖补资金1370余万元，发放“科贷通”贷款共计1460万元，较2022年增长386.6%。推动科技惠企政策应享尽享，加快构建科技强促产业强、经济强的新局面。加大研发投入。鼓励企业加大研发投入，提高对R & D投入的积极性，县科创中心采取一对一、多对一、建群线上答疑等形式，为全县重点企业研发投入补助政策、研发投入的填报、辅助账的归集等进行宣传、指导服务百余次，2023年1—12月工业研发投入1.54亿元。

【打造科技服务平台】 县科创中心指导面包科技公司组建江西省资溪面包产业技术创新战略联盟，大洋山白茶合作社被认定为市级“星创天地”，东坡笋业获评市级科技特派员产业技术服务基地，庄驰家居有限公司被评为2023年市级工程研究中心，木信笋业、正弘祥茶业被评为2023年度市级企业技术中心，资溪县数创中心成功申报市级众创空间。2023年，全县共有省级平台（载体）5个、市级平台19个，新增省级载体1个，市级平台3个，市级载体2个。

【推动校企合作】 县科创中心发挥“智汇资溪”校地企科技创新成果合作工作专班作用，制定专班方案，从人才培养引进、研究开发、互助共建、信息交流等4个方向的合作模式上明确工作内容，从平台载体创建、项目申报、人才引进、技术交易等4个方面厘清奖励政策。推动加强与高校科研院所的合作交流，发挥高校院所在产业项目对接、高端人才引进、科研成果转化等方面的支撑和引领作用，推动县政府与江南大学洽谈，与南京林业大学签订战略合作协议；企业与中科院、省林科院、江西中医药大学等多个省内外高校院所校地企合作26项，组织校企联合申报赣鄱俊才人才支持计划9项，刚性和柔性引进硕士以上人才80余人。

【加大科技研发投入】 2023年，资溪县共摸排企业技术需求16个，组织企业上报省、市“揭榜挂帅”项目需求12个，争取到市级重大（重点）揭榜挂帅项目5个。同时全力推进全县11个揭榜项目的研究进展，增强创新需求与科研供给之间的融通对接，带动企业研发投入5200余万元。抚州市重大揭榜挂帅项目《碳中和抚州（资溪）评估模型搭建与应用》于年初启动。该项目由中国科学院碳中和领域知名学者岳天祥研究员牵头，在2023年5月和11月分别召开学术研讨会和中期检查会议，对项目成果进行研讨和评价，来自科技部、生态环境部、清华大学、加拿大纽布朗什维克大学等单位和高校的国内外碳中和领域专家参与，并对该项目的成果给予肯定。全年完成技术合同成交额3.1亿元，较2022年增长73%。

【开展送科技下乡服务】 县科创中心持续开展送科技下乡服务活动，组织科技特派团到农业企业、合作社、种植（养殖）企业开展巡诊服务和技术指导。资溪县竹类团队连续两年获评抚州市科技特派员工作优秀团队，团长余林获得省科技厅通报表扬。县科创中心组织资溪竹类科技特派团专家指导资溪县东坡笋业有限公司等经营主体建示范林6000余亩，通过毛竹林喷灌设施布设、施肥、留笋养竹等经营措施，有效地提高毛竹产业生产过程的科技水平。挂牌成立“江西省林业科学院科技成果转化基地”，共同开展竹材、竹笋精深加工关键技术攻关。

（王资佩）

体　育

【概　况】 2023年，资溪县持续推进全民健身运动，广泛开展体育健身活动。先后组织举办全民健身运动会篮球、足球、羽毛球、门球等系列比赛以及2023年第三届全县职工“中国梦·劳动美——凝心铸魂跟党走团结奋斗新征程”“红五月”系列文体活动、国庆、新年登高、“全民健身大拜年”节庆主题活动等一系列群体活动80余项，先后参加人次37000余人，全民健身活动群众参与率大幅提高，经常参加体育锻炼人数比例在38.8%以上。

【举办体育赛事】 2023年，资溪县举办第八届大觉山马拉松、“中国体育彩票·萨瓦杯”第十一届环鄱阳湖国际自行车大赛、2023资溪县首届徒步越野挑战赛、资溪2023年首届大觉山杯全国门球邀请赛、2023中国·抚州“纯净资溪　万物生杯”汽车场地越野争霸赛、“全民健身·幸福江西”2023年江西省气排球公开赛等多场大型体育赛事活动。其中第八届大觉山马拉松升级为全程马拉松，逐步形成资溪最大规模且影响最大的一项品牌全民健身赛事。

【学校体育】 县教科体局在做好体育美育课“晒课表”工作的基础上，定期对学校音体美课程管理、开课率、实践活动、师资力量等开展督导检查。先后组织教师参加上级游泳、健身操、排舞等培训30余人次，全县1091名四年级在校学生参加游泳教育；组织学生参加省、市阳光体育竞赛和艺术作品展示活动和举办中小学阳光体育竞赛活动，其中县第一小学代表在“全民健身·幸福抚州”2023年抚州市首届小学生围棋比赛中获团体二等奖；在“中国体育彩票杯”2022年江西省第八届百县青少年“三人制”篮球运动会中我县代表队获第三名；举办由抚州市教体局主办的“2023抚州市中小学生体育运动会暨全市青少年锦标赛篮球赛”，县第一中学高中男子篮球队获第三名。

（单长庚）

文化·传媒

综 述

2023年，资溪县围绕文化设施建设、文艺繁荣、文化资源保护、文化队伍建设等，不断提升公共文化服务能力，全面推进文化高质量发展。文化阵地资源功能作用充分发挥，县文化馆、图书馆、博物馆、资溪事件陈列馆等文化场馆全部对外免费开放，与9个乡镇文化站建立总分馆制，共同联动组织形式多样的群众文化活动。新增24小时微型图书馆1家，新增资溪县文艺之家、资溪县真相乡村花儿艺术空间2家文化驿站。各类文化活动丰富多彩，支持群众性文化活动，挖掘培育本地文化。组织开展“贺新春，闹元宵”群众篝火联欢晚会、“畲迪”广场舞大赛暨5·19中国旅游日主题活动、“文化抚州，梦想之舟”庆中秋，迎国庆系列文艺汇演等文艺活动43场。文化遗产保护成效显著，努力做好非遗工作。参加省市各类非遗展演活动，并且以表演形式开展“非遗进景区”“非遗进社区”活动10余场。

（熊歆）

文艺演出与创作

【概况】 2023年，资溪县以文化惠民服务为根本，采取政府引导、市场参与、协会共办的形式优化节假日活动，开展文艺展演，丰富群众精神文化生活。全年共组织“‘建功新时代，唱响资溪情’大合唱表演”“贺新春群众篝火联欢晚会”等文艺活动43场，服务人次11万余人。2023年群众文化创作事业取得显著成绩，群众美术作品《雅舍寒香》《大凉山的朵乐荷》入选江西省第五届人物·花鸟画作品展，《唱支畲歌给党听》入选江西省文化和旅游厅主办的2023年“百馆千万场 服务来共享”——“永不落幕”的百姓大舞台优秀文艺作品展演（滕王阁专场）等。

【举办公共文化活动】 县文旅局全年开展线上线下全民阅读活动共计106场，服务人次5万余人次。举办免费成人书法班、成人爵士舞班、成人架子鼓班等11场培训班，服务人次855人。举办四好公路摄影作品展、省级非遗展等5场展览，共服务1.4万余人次。组织非遗文化讲座、红色文化讲座等13场公益性讲座，服务人次425余人。购买民营剧团为百姓演出，完成送戏下乡36场，服务群众1万余人次，送电影下乡1142场，观影群众11.4万人次。

【开展文艺展演】 2023年，县文旅局为第十二届中国竹文化节、世界旅游小姐集结仪式、第11届环鄱阳湖自行车大赛、第7届大觉山半程马拉松大赛等节庆赛事提供文艺演出暖场。先后开展“4·23世界读书日”“5·18国际博物馆日”“5·19中国旅游日”文化进景区、6·12“文化和自然遗产日”非遗展演进景区等节日活动。

【丰富文艺作品】 2023年，县文旅局创作完成《烟雨醉故园》《烟雨空濛染家山》和《春风进万家》3幅美术作品，小品《后疫情时代》，舞蹈《亲吻祖国》，朗诵《礼赞资溪》；改编完成戏剧《天仙配》，舞蹈《唱支畲歌给党听》，音乐《天耀中华》。

（熊歆）

文化遗产保护

【概况】 2023年，资溪县参加省市各类非遗展演活动。带领省级非遗项目“畲族山歌”“资溪猴狮舞”及市级非遗“畲族武术”参加抚州市“文化过大年，旅游迎新春”活动，带领省级非遗项目“资溪竹烙画”参加2023年江西省非物质文化遗产与旅游融合发展活动周启动仪式并进行展览。对省级非遗传承人进行考核，提升非遗传承人综合能力。促进非遗的保护与传承，全面实施三普文物数据复核工作，进一步健全数据档案，更新文物数据，将更多可利用的文物资源纳入。

【发现燕山窑遗址】 县文旅局

开展全县窑址田野调查，经核实，在高田乡发现燕山窑遗址，周边散布各种残瓷碎片、匣钵、印模等模具，堆积瓷片较为丰富。出土古窑遗的发现，对江西东部地区的瓷业发展有着重大而深远的意义。

【革命遗址利用】 资溪县以实施革命旧址保护、展示和利用工程项目为抓手，全面做好革命文物保护利用工作，推动马头山下张村为示范，开展长征文化公园项目建设，盘活革命文物资源，活化利用高阜红七军团指挥部旧址、嵩市红一、三军团指挥部旧址，指导陈展水平提升。

（熊歆）

文物博物

【概况】 2023年，县博物馆认真贯彻落实习近平总书记对文物工作作出的重要指示精神，坚定文化自信，着力发挥文博单位职能作用。落实免费开放政策，在文物保护与利用、丰富陈展、未成年人教育实践、红色基因普及等工作上有一定成效。

【陈列展览】 县博物馆有4个固定陈展对外免费开放：李觏人文展厅、文物展厅、苏区展厅、书法展厅。为创新展览形式，丰富展览内容，举办6次临时展览："春节对联展""李觏诗词专题展览""古代钱币专题展""书协作品交流展""喜迎国庆——书法美术作品展""道德楷模事迹展"等专题展览。在做好常设展览的同时，组织革命文物图文巡回展览走进校园、社区、景区累计4次。

【红色文化普及】 县博物馆持续推进馆校联合机制，精心开发红色乡土教育课程，将革命文物资源融入教育体系。先后在资溪实验小学、资溪县幼儿园、资溪县第一中学、资溪县第二幼儿园、资溪县第二小学开展思政课，依托博物馆的文化资源举行学习"苏区精神"主题研学活动。通过学习"苏区精神"厚植爱党、爱国、爱社会主义的情感，帮助广大青少年坚持正确价值导向，推动青少年增强文化自信、坚定理想信念。

【举办社教活动】 2023年，县博物馆强化社会教育职能，举办多项社教活动。以传统节假日和重大节假日为契机，传承传统文化，举办"二十四节气知多少""虎辞旧岁峥嵘去，兔迎新春好运来""寓教于学过大年"系列专题活动、"只此青绿'手工青团制作'""劳动我最棒之竹编小能手""劳动我最棒之盖房小能手""巧手造陶罐""驱毒引福"端午节专题系列手工活动、"体验古法造纸的魅力""遇见非遗——彩绘油纸伞""情系祖国，走进博物馆"国庆系列活动、"秋尽冬来，'柿柿'如意"等系列专题社教活动共计25场，服务人次500余人。

（黄志英）

图书馆藏

【概况】 2023年，县图书馆图书总藏量16万余册，其中包含纸质书籍11万余册，电子书1万余册，古籍7册，善本6册，报刊4.8万余册，视听文献7百余册，少儿文献1.5万余册。图书馆各项制度健全，全年免费开放。

【推广全民阅读】 2023年，县图书馆在规范基础文献借阅工作基础上，大胆探索、主动创新，利用全县各界社会团体机关协会组织合作推广全民阅读。开展全民阅读活动共计153场，其中线上活动24场，线下活动129场，共计服务13万余人次。开展线下全民阅读"八进"活动13场，服务5.1万人次。开展溪畔读书会12场，服务1200余人次。开展科普教育活动10场，服务1.6万余人次。开展少儿活动54场，服务1.3万余人次。4月，联合县妇联、县残联开展以"书屋读经典，农家颂新风"主题阅读活动。7月，与县政协联合举办《书香政协，悦读履职》活动，开展线上21天阅读打卡和线下读书分享结合的方式推广全民阅读，以政协委员读书实践引领全民阅读，有力助推"书香社会"建设。11月，联合资溪县童画艺术培训中心共同开展"经典诵读，诗歌传唱"系列活动，以诗歌传唱的方式让孩子们感受中华诗词的独特魅力，深入传承中华传统文化。12月，联合县内优秀视频拍摄爱好者以南源宿集为试点开展街头随机纯净资溪抖音对诗活动。

【智慧化图书馆建设】 2023年，县图书馆以读者为本，从读者需求出发提升改造公共服务文化基地建设，在图书馆大院车库新建"24小时微型图书馆"，丰富资溪夜读空间。6月，加装图书馆大数据系统，提高公共文化服务的便捷性和实效性。对分馆加强管理，结合实际，完善资溪县夜读空间建设。安排专人对县城分馆进行日常维护和整理，对各乡镇农家书屋的图书业务工作进行指导，围绕“我的中国梦”主题开展系列活动。利用县游客服务中心24小时智慧书房、图书馆大院24小时微信图书馆等夜读服务阵地，通过拓展阅读服务时间、自助办证借还服务模式进行夜间开放，填补老城区夜读空间的空白。

（邱思芳）

新闻媒体

【概况】 2023年，融媒体中心新闻播发稿件736条。县融媒体中心先后获“今翼杯·寻美江西”优秀视频展播活动优秀作品奖、“党的二十大精神线上知识竞赛”集体三等奖、学雷锋活动示范点、资溪县老年体育工作重视支持奖，列“八扬八治”深化作风建设活动“优秀”方阵。作品《资溪面包产业：下活“产业棋”奏响“富民曲”》获江西省第5期市县融媒体优秀原创作品双月赛内宣作品县级二等奖、2022年度江西广播电视奖优秀电视节目三等奖；《向着梦的方向》获2023年“美好乡村看江西”优秀奖及2022年度抚州广播电视奖优秀电视节目一等奖。

【开设新闻专栏】 县融媒体中心立足党的路线方针政策宣传，先后开设“学习贯彻习近平新时代中国特色社会主义思想主题教育”“全面深入学习贯彻党的二十大精神”“融媒看资溪”等专题专栏，主动对接服务全县中心工作，多方位展现资溪县在新时代新征程上的新面貌、新成就。对全县“两会”、每季度集中开工会、创卫巩卫、九查九改、主题教育、乡村振兴等全程跟进报道，全面反映资溪县高质量发展取得成效。

【新媒体运营】 2023年“纯净资溪”App下载量累计为6.6万余次，稿件编发总量为35226条，原创发稿量4300余条，转发33.8万余条，访问量67.7万余人次，点赞量9.3万次，评论5.5万余条；“资溪发布”微信公众号累计关注人数6.28万余人，推送微信1988条，阅读总量132.48万余人次；“抚州资溪发布”微博粉丝数累计5.8万人，发布微博11147条，在全省排名保持前列。通过“资溪融媒体中心”抖音号、“资溪发布”视频号制作发布《融媒看资溪》专栏，推送《2022第七届大觉山半程马拉松赛》《白茶文化节》《五月烧烤文化节》《资溪两会》《资溪县马头山镇第六届“摇蜜节”启动》《新月第八届畲族民俗文化节》《资溪首届越野跑挑战赛》《第十二届中国竹文化节》《“纯净资溪万物生杯”汽车场地越野争霸》《康养资溪》等880多部具有特色短视频，推出县域旅游景点短视频350余条，助力县域旅游事业发展。“资溪县融媒体中心”抖音号粉丝数累计11万余人、总点赞数193万余次。

【新媒体宣传】 2023年，县融媒体中心稿件上人民网、新华网等央媒150余条，中央、省主题教育官网42条，“学习强国”平台通过并签发稿件296条。央视新媒体《想不到！“中国面包之乡”在这里》《改革开放之路丨大国强县看资溪：面包香喷喷，民心甜蜜蜜》推文阅读量10万余次，并登上微博热搜。国庆期间“吃资溪面包、品临川牛杂”在抚州市成为爆款。“我为资溪当导游双语秀”、资溪新月畲族村在海外媒体脸书、推特、照片墙上推出，扩大资溪“朋友圈”。2023年《前三季度网络零售拉动消费效应显著》在央视《新闻联播》播出。

（方世忠　邓俊）

广电网络管理

【概况】 2023年，资溪县广电网络公司围绕“控支出、保用户、努力拓展新业务”的工作思路，取得明显效益，完成各项收入320余万元，其中出账收入135万元，现金收入100.8万元，政企业务结转收入85万元。

【用户发展】 2023年初，县网络公司有线电视用户数为3843户，截至11月底，新装有线电视用户38户，在线有线电视用户数为3331户，流失率13.84%；年初宽带用户数为890户，截至11月，新装宽带用户39户，在线宽带用户为802户，流失率9.7%；年初互动用户为1256户，截至11月，在线互动用户为997户，流失率20%。

【弱电工程建设】 2023年，县网络公司签约并完成八景城弱电改造项目，融媒体发射系统维保代管、安源安置房、壹号地块安置房、排上农场弱电改造。签约的项目还有抚州市资溪县信息化服务项目、乌石人居品质提升改造之弱电项目、应急广播2期建设，并持续跟进资溪城区2024年老旧小区改造。

（林迎春）

图书发行

【概况】 2023年，江西新华发行集团有限公司资溪县分公司认真承担全县中小学校教材教辅发行，一般图书、音像制品的零售、批发，兼营文化用品。县新华书店获"资溪县红十字博爱单位""2022年度平安建设优秀单位""江西新华发行集团有限公司抚州市分公司一般图书营销先进单位"、获"江西新华发行集团有限公司抚州市分公司政治读物发行先进单位"。

【图书发行】 县新华书店采取送书到校的方式，做好全县各中小学校教材的调剂工作。到各校进行走访，征求意见，做好教材售后服务工作。全年共发行中小学生免费教材22.6万册。开展政治书籍征订上门服务，征订《习近平著作选读》（第一、二卷）、《习近平新时代中国特色社会主义思想专题摘编》《习近平新时代中国特色社会主义思想学习纲要》等政治读物，满足全县各单位党员干部开展廉政教育以及政治思想学习的需求。

【农家书屋图书配送】 按照"2023年度抚州市农家书屋出版物补充更新配送工作流程规范"要求，县新华书店完成2023年度的农家书屋整理配送工作。全县农家书屋共有70个网点，全面完成图书配送工作。安排文化下乡活动，开展流动售书活动7次。

【农家书屋文化下乡】 县新华书店继续巩固开展脱贫攻坚与乡村振兴有效衔接工作。捐赠2.7万元给挂点村马头山镇梁家村进行帮扶工作的开展。向全县332名建档立卡贫困生捐赠春秋季教辅12.77万元。

（付文娟）

2023年"阳光少年成长营"开营仪式（融媒体中心提供）

生态旅游

综述

2023年以来，资溪县以党的二十大精神为统领，以全域旅游提质增效为抓手，以唱响“文化抚州、梦想之舟”品牌为目标牵引，围绕打造全国知名休闲旅游度假目的地，持续在产业政策、重点项目、品牌宣传、惠民活动、文旅消费等方面发力，推动文旅经济高质量跨越式发展。全年全县共接待游客806.4万人次，比2022年增长38.96%，实现旅游综合收入42.23亿元，增长39.53%。

以“产”做文章，打造旅游产业厚土。聚焦产业培育，焕发文旅产业生机活力。创建文旅品牌增引力，以创建国家级旅游度假区为抓手，推进文创产品、设施配套、服务体验等提质升级。持续发挥生态优势和“纯净资溪”文旅品牌作用，联合打造“金资南”（金溪、资溪、南城）国家文旅产业融合发展建设区，着力构建文旅产业跨地域、品牌化发展新体系。开展资溪县“风景独好”旅游名县、大觉山景区旅游名景区、大觉山村旅游名村申报工作，推动南源民宿甲级民宿、泰伯公园国家AAAA级旅游景区、大觉溪美食村夜间文旅消费集聚区、资溪县优秀旅游服务体验城市试点等创建工作。6月资溪获江西省“风景独好”旅游名县称号，9月正鸿祥·资溪白茶获2023中国特色旅游商品大赛金奖，10月大觉溪美食村创成省级夜间文旅消费集聚区，11月资溪入选全省优秀服务体验城市试点。项目建设持续发力，以项目建设为依托、龙头项目为引领，拉动文旅产业高质量发展，常态化开展文旅产业链“政企夜谈”活动，不断优化营商环境，引进社会资本投入文旅开发。联合召开助企惠企座谈、政企夜谈等会议4次，为御龙湾景区、野狼居酒店、全龙影视城等8个链上企业筹集财园信贷通资金7500万元，帮助大觉山景区筹资1.5亿余元，发放文旅消费券20万元，兑现奖励超800万元。有序推进大觉山二期、乐享果玩、香草花海、冠合芳草地酒店、南源二期等一批文旅融合度高、投资规模大、产业带动能力强的文旅项目，文旅产业发展态势蓬勃。建成冠合开元芳草地酒店并于6月正式对外营业。精准投放旅游营销，围绕“文旅+康养+运动”主题，常态化举办面包（白茶）文化节、畲族民俗文化节、大觉山半程马拉松等节庆活动，借助承办全国森林康养产业发展大会、环鄱阳湖自行车赛、中国竹文化节、中国·抚州生态康养产业发展大会等赛会，强化文旅宣传推介，不断集聚旅游人气。全年开展各类主题活动共计47场，吸引众多游客。开展“我为资溪代言”活动，重点培育一批资溪本土网红，通过短视频“出圈”、网红推“出彩”等创意宣传，多渠道讲好资溪故事。坚持“走出去”和“引进来”相结合，瞄准长三角、粤港澳大湾区客源市场，主攻上海、泉州、福州、杭州等地，开展旅游宣传推介活动，进一步提高宣传精准性、有效性、辨识度，构建立体、多维、全面三位一体的旅游营销大体系。

以“融”促活力，厚植旅游内涵底蕴。纵深推进“文旅+”“+旅游”等新模式，助力文旅产业提质增效。红色旅游赋新能。以长征国家文化公园拓展建设区为契机，谋划建设两山红色学院和泰伯红色文化体验基地等项目。充分发挥博物馆、纪念馆的载体作用，丰富陈展形式，加快推进中央苏区纪念馆数字化建设。依托资溪中央苏区纪念馆、高阜红色名村的资源禀赋，串联红色场馆、红色景区、红色名村，创新推出3条红色研学精品线路。康养旅游助新力。立足“大觉文化”，开辟太极行走康养路线，围绕养肤、养胃、养眼、养心、养气、养神、养肺、养颜，培育中药护养、森林疗养、温泉康养等多样化康养产品，形成多层次、多类型、多元化的生态康养产业发展格局。依托资溪生态、森林和气候核心优势，深入挖掘睡眠、养生核心价值，重点发展特色民宿，拓展“民宿+农事体验”“民宿+文化体验”等业态，有效促进产业链延伸，资溪南源宿集获全国甲级评定，“纯净资溪·中国睡都”康养品牌更加响亮。工业旅游添新彩。以彰显“面包之乡”“特色竹乡”产业文化为特色，培育一批集设计、生产、观光、体验、康养于一体的生态工业文旅龙头企业。在面包食品产业城获评国家级工业旅游示范基地的基础上，进一步培育面包DIY、观光等工业旅游业态。以竹工业为基础，融入竹文化，开发的竹家具、竹餐具、竹工艺品等系列产品受到游客青睐。在规模以上文化企业庄驰被评为省级文化产业示范基地的基础上，开展国家级文化产业示范基地创建工作。不断延伸打造“竹文化”产业链条，“竹林＋康养”“竹加工＋旅游”“竹文化创意＋旅游”等新业态不断涌现。以第12届中国竹文化节为契机，创建以重组竹材料为特色的竹科技博物馆，构建竹文化沉浸式体验景区，促进园区、镇区、景区“三区”融合、三产融合发展。

以“优”奠基石，绘就旅游美好画卷。深入开展全域文旅服务质量提升行动，把文旅标准化服务落实到岗位、渗透到细节、体现在常态。紧扣党建服务，唱响“红”的赞歌。发挥党员在推动文旅产业融合等重点工作中模范带头作用，成立“环境卫生监督”“交通秩序疏导”“景区志愿讲解”等党员志愿服务队，将美丽乡村建设和景区创建深度融合，实现“景村共建”。深入推进文旅综合执法改革，游客满意度持续保持全省前列。聚焦智慧服务，建成集信息服务、共享、营销、管理于一体的全域智慧文旅平台，发挥智慧旅游指挥中心和数创中心作用，推进智慧景区建设。开发建设“乐游资溪”小程序，汇聚资溪吃住行游购娱信息，一站式满足游客游前、游中、游后服务需求，实现“一个系统管文旅”“一部手机游资溪”，让科技改革提升文旅发展质量。深化体验服务，做足“优”的文章。深入推进旅游综合执法改革，优化旅游110机制，实现旅游执法事项相对集中。围绕服务提升，开办资溪县景区、宾馆服务质量培训会，邀请专家对景区、酒店和民宿进行授课，推动旅游企业提升质量。加强讲解队伍建设，提升讲解水平，开展3次讲解员培训，180余人次参加。积极开展优秀旅游服务体验城市试点工作，加快文旅管理全域化、过程全优化，引导全县群众争当纯净资溪“宣传员”、资溪故事“讲解员”、畅游资溪“引导员”、全域旅游“服务员”，让广大游客感受到温馨服务在身边，进一步彰显了资溪城市形象。

（陈思铭）

旅游资源

【大觉山景区】 为国家AAAAA级景区。坐落于资溪县内、闽赣交界处武夷山西麓，距316国道、资溪高速公路4千米，位于县城以东7千米。面积204平方千米，森林覆盖率97%以上，是集文化博览、探险旅游、养生体验、娱乐休闲为一体的国内首个以大觉文化为主题的旅游景区。大觉山旅游风景区建成的项目有：全长3.6千米号称“亚洲第一漂”的原始森林大峡谷漂流、大觉古镇、八仙阁、大觉神女、大觉岩寺、大型旅游广场、景区购物中心、景区美食城、景区接待中心、影视拍摄基地、重力蓄水坝、高空索道缆车、太空步廊等“九天八地”景观。景区二期项目有：大觉山酒店、国际会议中心、独轨观光车、飞拉达、冰雪大世界、钟鼓楼、梦幻大觉宫。主要景点有莲花山、聪明泉、双烛石、将军石、宝塔、吕洞宾读书洞、逍遥峰，还有传奇色彩的龙床洞、水帘洞、神女石、不老松、神龟问天、双乳峰等50余个景点。莲花山大觉寺为大觉山中心景区之一，核心区域面积12平方千米，佛、道、儒三教合一。大觉者头像高108米，头部圆形直径70米。森林观光有原始森林独轨车观光、高山湖泊度假、原始森林大峡谷漂流等。

2023年11月3日，世界旅游小姐中国年度冠军总决赛佳丽们在大觉山景区进行才艺展示。（帅建忠　摄）

2023年11月2日，世界旅游小姐中国年度冠军总决赛佳丽们在野狼谷景区进行才艺展示。（帅建忠　摄）

【大觉溪旅游区】　是全省首个乡村旅游综合示范区、国家4A级旅游景区。位于资溪县城郊，鹤城镇内，东西两端连接高速出入口和大觉山景区，东西横跨3个村、14个村小组，全长7300米，面积约40平方千米。南北两侧为连绵山体，中间有7300米长的大觉溪和长约5400米、宽9米的大觉山旅游大道穿插而过。该综合示范区按点、线、面相结合的方式布局，集田园休闲、步道慢生活、村落群驿站为一体，与大觉山景区珠联璧合、相得益彰。以打造“最美溪畔田园”为发展目标，以“多彩山水、恬淡乡野、水墨人文”为主题，与面包产业城、资溪县城区进行产城景融合发展，是资溪县重点打造的旅游项目之一，也是实施“乡村振兴战略”探索与实践的又一个示范工程。项目建设造价预算1.88亿元，2017年8月正式开工，2018年5月竣工。主要有绿道、石磨坊酒吧街、1956火车吧、野鹿观赏园、农耕文化园、驿站、亲水平台、景观坝周家村、上傅村酒吧街、美食吧、无动力乐园、水果采摘园、花儿写生基地、康熊基地、房车露营地等业态景点。

【真相乡村旅游区】　为国家4A级旅游景区。位于资溪县乌石镇，主要景观景点为“一谷四人家”，即“野狼谷”“古韵陈坊·老俵人家”“古朴草坪·公社人家”“古远新月·畲乡人家”“古幽长源·山里人家”，打造集个性化乡村体验、田园农事参与、乡野食宿感知、特色文化品鉴等为一体的综合性旅游景区。其中，陈坊村表演赣剧、老俵上梁民俗等，打造老俵习俗体验项目；草坪村再现计划经济年代人民公社、知青宿舍，打造精品民宿、乡村文体等项目；新月村突出打造集畲族民俗体验、生态旅游、农业观光、休闲娱乐为一体的民族风情旅游景区；长源村重点展现最原味的山里村落，打造原真古朴的诗意山间聚落。草坪公社人家、新月畲乡人家打造形成规模，让游客在游览乡村田园风光、体验特色民俗活动中寻迹真相，回归初心。“一谷四人家”位于乌石镇内资洵公路边，规划区域20余平方千米，并辐射株溪林场、石峡林场、石峡乡。

【野狼谷景区】　为国家4A级景区。位于真相乡村旅游带，距离县城14千米，景区规划面积2000余亩，项目总投资约1.57亿元。景区围绕狼文化的展示、狼驯养的观览、狼精神的拓展、狼生存的探索、狼图腾的解密等相关内容，打造集亲子萌宠、户外拓展、森林康养、生态休闲、旅居度假为一体的旅游胜地。引进西北狼、草原狼、西伯利亚黑狼等种狼30余头，完成狼牙鼎矗大道、孤狼啸月广场、与狼共舞区、天狼·户外拓展基地、狼小宝与他的朋友们、狼小宝的射击场、狼小宝的后花园、天狼峰观景台和天空的倒影等项目。

【御龙湾国际旅游度假区】　为国家4A级旅游景区。位于马头山镇永胜村泸溪河畔，距县城20千米，毗邻马头山国家森林公园，集度假、休闲、养生、运动、亲子、影视等于一体。依托华夏中部地区生态第一的马头山原始森林，打造高负氧离子养生、运动、居住、会议、观光、休闲等功能为一体的高端养生度假综合区。度假区以马尔代夫、东南亚风情规划建设，围绕四周水系环绕的原生态毛竹岛开发，以人工沙滩、竹林休闲、亲子活动、休闲度假、文化影视、运动拓展6大板块为支撑。景区总占地面积66.67万平方米，总建筑面积约8万平方米，项目总投资6.6亿元，分两期建设，一期项目于2017年8月对外营业。主要景点有：情人海滩、星际罗盘、星河游览、射箭俱乐部、爱心岛、神秘绿廊、露营基地、温泉中心、儿童乐园、滨水度假屋、烧烤营地、养生部落。景区还建有景观游步道、生态停车场、游客中心、旅游公厕等景区硬件设施。

【泰伯公园】 为国家3A级景区。位于县城北新区泰伯大道南侧，总占地面积1100多亩，总投资8100万元，是为纪念资溪历代乡贤之首——北宋著名思想家、教育家、文学家李觏（字泰伯，北宋江西建昌郡长山、今资溪县人）而建。是集生态教育、观光娱乐、文化传播、旅游休闲等功能于一体的公园。园内建有森林广场、李觏石像、文鼎台、泰伯广场、泰伯楼（资溪博物馆）、泰伯湖、长寿廊等自然和人文景观。

【面包文化园】 为国家3A级景区。位于资溪县创新大道，是以面包制作培训为核心，集体验、住宿、娱乐为一体的创业示范基地。11月创建国家级工业旅游示范基地，占地5万余平方米，景区与面包产业、旅游产业、文化产业相融合，建有面包DIY体验馆、手工巧克力梦工厂、艺术蛋糕亲子拓展中心、面包主题度假酒店、动感影视城、面包培训学校等项目。

【清凉山国家级森林公园】 位于资溪县南部株溪林场内，距资溪县城24千米，规划面积34平方千米。2006年12月经国家林业和草原局批准为国家级森林公园。森林公园以地带性植被常绿阔叶林为主，动植物资源十分丰富，溪流瀑布随处可见，溪水清澈萦回，碧水深潭数十个，飞泻瀑布二十余处，有多种国家一、二级保护动、植物。林区森林覆盖率为95%，公园内的空气负氧离子最高为36万个每立方厘米，被誉为“清凉仙境、天然氧吧”，是全国罕见的山、水、林、瀑、人文景观元素融合区。该公园主要有五大景区：清凉山景区（主要景点是微波站）、清凉河景区（主要景点是清凉山庄和一帘瀑布）、瀑布群景区（主要景点是龙爪瀑布和华山古道）、葫芦鹰景区（主要景点是江南油杉林）、望仙峰景区（主要景点是望仙峰寺庙）。建设清凉山度假山庄，重点引进生态观光、休闲度假、养生养老、艺术创作基地、森林旅游等项目。

【资溪法水温泉度假村】 位于资溪县嵩市镇法水村，距县城约25千米，紧邻316国道。是一个集景区游览、道教文化、户外运动、休闲农业、温泉养生等多功能于一体的综合性度假村，有四星级度假酒店、温泉游泳馆、室内室外泡池、水上乐园等，酒店客房232间，会议室5个，可承接大型会议、展览和活动。该地原有法水庙，故名法水。泉在山腰，泉眼约7厘米，泉下方10余米处建有浴室。区域面积9.8平方千米，温泉日流水量120万千克以上，水温43.5℃，水质清澈透明，是全国唯一半山自涌的冷热鸳鸯泉，温泉水质属优质碳酸型（富硒、含氡、含硫等元素），冬可御寒，夏可避暑。

【马头山国家级自然保护区】 位于资溪县东北部，距县城30千米。森林覆盖率90%以上，总面积为13866.5万平方米，是江西省面积最大的森林生态系统类型省级自然保护区。2007年8月，晋升为国家级自然保护区。保护区内物种资源丰富，有国家一级保护植物4种、国家二级保护植物16种（长叶榧树、花榈木、香果树、银钟花等）、省级重点保护植物14种，以及国家一级保护动物5种、国家二级保护动物20种、省级保护动物46种。保护区处于信江流域源头，对保护国家级5A风景名胜区龙虎山乃至信江流域的水资源质量起到重要作用，核心区内分布的一片面积7万平方米的南方红豆杉群，在南方地区极为少见，是重点保护对象。马头山自然保护区风景独特，还有三叠、五叠泉等20余个不同落差瀑布。

【方家山景区】 位于鹤城镇下长兴村方家山，距县城5千米。方家山又称“师公山”，传说两千多年前道教门徒方师公父女勇斗孽龙、“神功普济”龙王显灵降甘霖而更具神奇魅力。区域内负氧离子含量居全县最高，据中科院在此2年的观测，这里的负氧离子最高为36万个每立方厘米，堪称“天然大氧吧”。方家山悬崖峭壁，翠嶂青峰巍然矗立，峰石突兀险峻，有石潭、土地潭、关公潭、脚潭、龙王潭、墨潭、龙门潭、假龙潭等。方家山景点有47处，是一个集道教、自然景观于一体的风景旅游胜地。

【竹科技博物馆】 位于资溪县高阜镇，是世界上首个规模最大的胶合竹结构建筑单体项目，展示了竹子在现代科技下的全新表达。竹科技博物馆使用毛竹10万根，合成的小单元（竹片）250万片以上，占地面积3800平方米，建筑造型顺地形走势采用三层退进式的大扇形。其中，主梁构造为双曲异形构件，次梁构造为单曲异形构件，这种全异形构件在竹结构建筑中尚为首次。同时，竹科技博物馆的设计灵活多变，展现出自然与科技的完美结合。屋面弧线轻巧舒缓，从高低错落的缝隙中洒下的阳光为展厅提供了充沛的日光，大挑高的竹木结构使室内空间更宽敞明亮。建筑主体结构使用当地原生竹木材料，减少建材消耗和碳排放。竹科技博物馆围绕可持续发展理念，顺应自然，建筑结合景观、尊重景观并引入利用多种植被。

【灵芝小镇】 资溪灵芝小镇位于资溪县鹤城镇，是一片以种植、加工、销售灵芝为主的产业园区。该小镇灵芝种植历史悠久，起源于20世纪50年代初。在中国灵芝产业初期，资溪灵芝小镇就是研究灵芝种植和加工技术的重要基地，为中国灵芝产业中心之一，拥有一条完善的灵芝产业链。灵芝种植面积为3万亩以上，年产值超过10亿元人民币。除种植和加工灵芝外，该小镇还创建灵芝博物馆和灵芝种质资源库，让游客更全面地了解灵芝文化。

（陈思铭）

旅游规划与服务

【概况】 资溪县深入实施“1+4+N”全域旅游发展战略，以每年创建一个国家4A级旅游景区为目标，加快推进全域旅游向纵深发展，全县旅游呈现出百花齐放的良好局面。资溪获评“风景独好”旅游名县、优秀旅游服务体验城市试点。大觉溪美食村获评省级夜间文旅消费集聚区，南源民宿入选“甲级民宿”。江西避暑旅游目的地研学基地、资溪面包科技产业园、嵩市镇红一三军团旧址指挥部、资溪县博物馆创成市级研学实践教育基地，资溪旅游的吸引力和影响力越来越强。

【规划目标】 在国家层面、赣闽区域、江西省域、抚州市域以及资溪县域等不同层面明确资溪全域旅游发展的总体目标，即建设三大目的地、一个中转地、一个溯源地、一个复兴地。三大目的地分别为国家层面的“森林田园休闲康养目的地”、赣闽区域层面的“杉林竹海自驾拓展目的地”、江西省域层面的“民俗体验研学教育目的地”；一个中转地是指江西省域层面的“光辉岁月红色文化中转地”；一个溯源地是指抚州市域层面的“乡村传统聚落寻根溯源地”；一个复兴地指的是资溪县域层面的“农耕文明诗意田园复兴地”。

【生态保护】 坚持“在保护中发展，在发展中保护”的方针，

竹科技博物馆（魏九康　摄）

竹科技博物馆内部（高阜镇供图）

划定保障区域和城乡可持续发展的基本生态空间，严格控制旅游开发范围和强度。加强对水体资源、生物资源、地质地貌等资源保护，按照国家主体功能区规划，加强对马头山、陈坊、高阜、株溪、石峡等五大林场以及马头山国家自然保护区、九龙湖国家湿地公园、清凉山国家森林公园、方家山森林公园等生态功能区的保护。对信江和抚河源头资溪水域进行综合治理，促进鄱阳湖水域源头的环境保护，针对资溪县城饮用水不足的问题，选择刘家山、泸溪河进行备用自来水水源保护工程。重点对泸溪河、山斜河、增坊河、长源河、昌坪河、高河、石河、斗垣河、石峡涧、欧溪河等流域进行全面治理。

【民宿服务】 深化“放管服”改革，强化政府服务，降低民宿申报准入门槛。以“优化事前服务、强化事中事后监管”的政策服务理念，简化民宿申办手续和流程，推动民宿发展“春水涌动”。强化民宿管理，把民宿纳入旅游产业管理体系，完善民宿初审环节，形成建设前设计方案集体联审，让审批效能靠前服务，及时指出民宿建设中不符合规定之处，有效化解民宿建设不达标后期整改问题。实施联勘联审，县民宿产业发展工作领导小组会同各有关成员单位组成联合审核小组，对民宿实行联合受理、联合踏勘、联合审核、一表式审批，变“坐等审批”为“上门服务”，破解民宿业审批瓶颈。建立“一站式办证”机制，在民宿项目建设及证照办理过程中，由县行政审批局联合县公安、文旅、住建、自然资源、卫健委、市监等多个部门，建立“一站式办证”政策，形成一套流程化、清晰化、简洁化的办证指南，推进民宿经营证照全覆盖。

（陈思铭）

旅游宣传

【概况】 以节庆活动为媒介，培育音乐嘉年华、漂流、滑翔伞、畲族婚俗、畲迪、露营和体育赛事等为主的业态，唱响“面包之乡，纯净资溪”文旅品牌。年初制定全年活动安排表，谋划四季特色的主题旅游活动20余项，引导各景区配合全县出台相关配套活动和优惠政策；着力筹办五一资溪烧烤主题月、国庆文昌里“吃资溪面包”、第十二届中国竹文化节、资溪县汽车越野争霸赛和稻田“村超”等多元活动47场。以活动带动人气，其中第八届畲族民俗文化节接待游客27712人次。

【新媒体宣传】 推出文旅局长代言系列视频，在特色业态和重要节庆上输出创意宣传内容，其中“资溪文旅申请出战”视频火爆全网，累计播放量近1000万、点赞量13.2万、评论2.5万，文旅局长代言系列视频对资溪面包、资溪白茶、畲族文化和滑翔伞等特色业态和旅游景点起到了强有力的宣传推广。以第七届面包文化节为契机，与高校合作制作《面包小子》二维动画片，在各平台进行更新发布，塑造“面包之乡”IP形象。日常更新发布“资溪旅游”公众号、“早安·资溪”公众号、“资溪文旅”抖音号和“纯净资溪”视频号新媒体平台，发布旅游宣传推文50篇左右、抖音及视频号小视频近100个。

【全民旅游宣传】 开展单位旅游营销工作，整合调动全县力量，各单位紧盯会议、培训、团建、疗休养等活动，引进企业团建、年会、文化体育赛事活动等业态，各单位下达营销任务，定期评比

国家AAAA级大觉溪景区溪南源民宿村（帅建忠　摄）

附　录

主要统计资料

表13　2023年资溪县土地面积与村（居）委情况

单位：平方千米

乡镇场	辖区面积	镇	乡	场	居委会	村委会	村民小组	居委会、村委会名称
合　计	1247.71	5	2	5	8	70	693	
鹤城镇	153.11	1			4	10	115	城关、城东、司前、火车站居委会。泸声村、西郊村、泉坑村、三江村、沙苑村、排上村、朱崖村、下长兴村、上皇村、长兴村
马头山镇	237.72	1			1	13	101	马头山镇居委会。彭坊村、永胜村、杨坊村、湖石村、榨树村、霞阳村、柏泉村、梁家村、斗垣村、马头山村、港东村、山岭村、昌坪村
高阜镇	141.26	1			1	9	109	高阜镇居委会。高阜村、孔坑村、务农村、石陂村、港口村、溪南村、初居村、莒洲村、水东村
嵩市镇	126.08	1			1	9	70	嵩市镇居委会。高陂村、桥湾村、云际村、杜兰村、葫芦关村、抚地村、法水村、三源村、彭山村
乌石镇	139.30	1			1	10	126	乌石镇居委会。横山村、陈坊村、草坪村、长源村、茂林村、余家边村、乌石村、关刀山村、桐埠村、新月村
高田乡	131.02		1			8	108	许坊村、龙荫村、里木村、黄坊村、高田村、枫林村、城上村、翁源村
石峡乡	105.15		1			7	45	石峡村、堡上村、彭田村、双斜村、茶园山村、云溪村、后坑村
株溪林场	39.65			1		2	8	上株溪村、下株溪村
高阜林场	39.99			1		2	11	下源村、五里山村
马头山林场	100.87			1				
陈坊林场	17.73			1				
石峡林场	15.75			1				

表14　2022—2023年资溪县主要经济指标

指标名称	单位	2022年	2023年
年末总人口	万人	9.49	9.39
#非农业人口	万人	5.88	5.91
人口出生率	‰	6.12	5.8
人口死亡率	‰	5.97	6.55
人口自然增长率	‰	0.15	−0.74
地区生产总值（当年价格）	万元	557191	588868
第一产业	万元	46226	45181
第二产业	万元	161417	177453
#工业	万元	127072	138288
第三产业	万元	349548	366234
地区生产总值指数（上年＝100）	%	107.4	105.7
第一产业	%	102	97.7
第二产业	%	111.4	109.9
#工业	%	112.4	108.8
第三产业	%	106.4	104.8
人均地区生产总值（当年价格）	元	58603	62319
人均地区生产总值指数（上年=100）	%	107.7	106.3
全社会固定资产投资	万元	256907	245243
#国有	万元	82598	74550
#房地产开发	万元	46441	15250
建筑业总产值	万元	76961	120166
全社会用电量	万千瓦时	21544	23333
#工业用电量	万千瓦时	8121	8752
农业用电量	万千瓦时	684	2256
单位GDP能耗	吨标准煤/万元	0.274	0.2702
财政总收入	万元	70536	80405
一般公共预算收入	万元	34307	39555
财政支出	万元	175903	178617
金融机构存款余额	万元	807775	900893
金融机构贷款余额	万元	845564	933142
农村居民人均可支配收入	元	19200	20725

续表

指标名称	单位	2022年	2023年
农村居民人均年生活消费支出	元	12672	13869
农村人均住房面积	平方米	69.04	81.65
城镇居民人均可支配收入	元	34404	36209
居民储蓄存款年末余额	万元	648816	749907
人均储蓄存款	元	57246	66629
农林牧渔业总产值（当年价格）	万元	49101	48217
农 业	万元	25581	24878
林 业	万元	24771	24244
牧 业	万元	8583	7813
渔 业	万元	14516	14573
农林牧渔业总产值指数（上年 = 100）	%	103.1	98.2
农作物播种面积	公顷	9116	9432
粮食产量	吨	36582	37005
油料产量	吨	118	362
肉类总产量	吨	3097.89	4006
水产品产量	吨	6760	7105
规模以上工业企业单位数	个	31	54
工业总产值（当年价格）	万元	313610	331122
工业增加值（当年价格）	万元	72171	138288
工业增加值指数（上年 =100）	%	119.3	108.2
资产总计	万元	260057	385605
主营业务收入	万元	327259	337282
利税总额	万元	16965	30547
发电量	万千瓦时	13647.49	13970.15
公路通车里程（县、乡、村）	公里	677.07	675.902
社会消费品零售总额	万元	317245	318197
出口总额	万元	119610	2945
实际利用外商直接投资	万美元	16	0
普通中学在校学生数	人	7122	7147

续表

指标名称	单位	2022年	2023年
小学在校学生数	人	6134	5830
学龄儿童入学率	%	100	100
医院、卫生院数	个	11	11
医院、卫生院病床数	张	530	616
医生数	人	247	295

表15　2023年资溪县农作物面积和产量（一）

单位 名称	农作物总面积（亩）	一、粮食作物			（一）谷物			1. 稻谷		
		播种面积（亩）	播面单产（公斤）	总产量（吨）	播种面积（亩）	播面单产（公斤）	总产量（吨）	播种面积（亩）	播面单产（公斤）	总产量（吨）
合　计	141472.9	86600	427	37005	84939	432	36657	84939	432	36657
鹤城镇	19426.3	8972	434	3894	8700	441	3837	8700	441	3837
马头山镇	13095.6	7398	415	3069	7158	423	3030	7158	423	3030
高阜镇	24844.8	16160	422	6817	15912	425	6766	15912	425	6766
嵩市镇	13099.8	7036	431	3035	6858	438	3007	6858	438	3007
乌石镇	27246.2	18775	431	8097	18529	434	8033	18529	434	8033
高田乡	32143.7	23234	425	9875	22972	427	9815	22972	427	9815
石峡乡	8070	3597	439	1578	3400	451	1535	3400	451	1535
株溪林场	2080.2	796	417	332	787	418	329	787	418	329
高阜林场	1466.3	632	487	308	623	490	305	623	490	305

表16　2023年资溪县农作物面积和产量（二）

<table>
<tr><th rowspan="2">单位
名称</th><th colspan="3">（1）早稻</th><th colspan="3">（2）中稻及一季晚稻</th><th colspan="3">（3）二季晚稻</th><th colspan="3">2. 杂谷（玉米）</th></tr>
<tr><th>播种面积（亩）</th><th>播面单产（公斤）</th><th>总产量（吨）</th><th>播种面积（亩）</th><th>播面单产（公斤）</th><th>总产量（吨）</th><th>播种面积（亩）</th><th>播面单产（公斤）</th><th>总产量（吨）</th><th>播种面积（亩）</th><th>播面单产（公斤）</th><th>总产量（吨）</th></tr>
<tr><td>合　计</td><td>3060</td><td>345</td><td>1055</td><td>78746</td><td>436</td><td>34355</td><td>3133</td><td>398</td><td>1247</td><td></td><td></td><td></td></tr>
<tr><td>鹤城镇</td><td>167</td><td>341</td><td>57</td><td>8330</td><td>444</td><td>3699</td><td>203</td><td>399</td><td>81</td><td></td><td></td><td></td></tr>
<tr><td>马头山镇</td><td>185</td><td>351</td><td>65</td><td>6902</td><td>425</td><td>2936</td><td>71</td><td>408</td><td>29</td><td></td><td></td><td></td></tr>
</table>

续表

单位 名称	(1)早稻			(2)中稻及一季晚稻			(3)二季晚稻			2. 杂谷(玉米)		
	播种面积(亩)	播面单产(公斤)	总产量(吨)	播种面积(亩)	播面单产(公斤)	总产量(吨)	播种面积(亩)	播面单产(公斤)	总产量(吨)	播种面积(亩)	播面单产(公斤)	总产量(吨)
高阜镇	608	344	209	14232	431	6130	1072	398	427			
嵩市镇	475	347	165	5608	452	2533	775	399	309			
乌石镇	197	345	68	17889	435	7790	443	395	175			
高田乡	1428	344	491	20975	434	9098	569	397	226			
石峡乡				3400	451	1535						
株溪林场				787	418	329						
高阜林场				623	490	305						

表17　2023年资溪县农作物面积和产量(三)

单位 名称	(二)豆类			1. 大豆			(三)薯类(鲜薯)			其中:红薯		
	播种面积(亩)	播面单产(公斤)	总产量(吨)	播种面积(亩)	播面单产(公斤)	总产量(吨)	播种面积(亩)	播面单产(公斤)	总产量(吨)	播种面积(亩)	播面单产(公斤)	总产量(吨)
合　计	748	730	78	748	730	78	913	13133	1350	913	13133	1350
鹤城镇	120	108	13	120	108	13	152	1461	222	152	1461	222
马头山镇	139	101	14	139	101	14	101	1248	126	101	1248	126
高阜镇	105	105	11	105	105	11	143	1399	200	143	1399	200
嵩市镇	109	101	11	109	101	11	69	1232	85	69	1232	85
乌石镇	95	105	10	95	105	10	151	1781	269	151	1781	269
高田乡	101	109	11	101	109	11	161	1522	245	161	1522	245
石峡乡	79	101	8	79	101	8	118	1492	176	118	1492	176
株溪林场							9	1556	14	9	1556	14
高阜林场							9	1444	13	9	1444	13

表18　2023年资溪县牧业生产情况

单位 名称	一、年末生猪存栏（头）	其中：能繁殖母猪（头）	二、年末牛存栏（头）	肉牛（头）	三、羊年末数（只）	四、家禽年末数百只	其中：活鸡（百只）	（1）肉鸡（百只）	（2）蛋鸡（百只）	五、当年出栏肉猪（头）	当年出栏肉牛（头）	当年出栏肉羊（只）	当年出栏家禽（百只）	出栏活鸡（百只）
合　计	26620	2710	1490	1490	1810	3556.2	2709.1	2276.55	432.55	33837	744	2350	6036	5262
鹤城镇	3284	915	174	174	242	161.3	96.3	8.1	88.2	4298	64	456	356	313
马头山镇	1884	175	260	260	309	95.5	68.0	9.1	58.9	1594	99	502	125	118
高阜镇	2619	234	259	259	358	106.1	76.0	13.4	62.6	2644	187	287	254	191
嵩市镇	1897	150	347	347	205	121.5	71.6	16.9	54.8	3487	118	238	400	312
乌石镇	1289	105	137	137	402	2886.8	2268.1	2188.1	80.0	1561	57	398	4323	3847
高田乡	14081	1033	171	171	294	83.2	64.8	20.3	44.5	18327	48	446	388	307
石峡乡	812	61	96	96	0	71.2	46.3	14.0	32.3	1108	118	0	86	77
株溪林场	0	0	0	0	0	18.5	9.8	5.5	4.3	5	0	0	75	71
高阜林场	754	37	46	46	0	12.2	8.3	1.3	7.0	813	53	23	29	24

表19 2022—2023年资溪县财政收入情况

单位：万元

指标名称	2022年	2023年
一、税收收入	22525	30862
增值税	9556	18021
企业所得税（32%）	2495	2353
个人所得税（32%）	573	777
资源税	228	31
城市维护建设税	1727	1965
房产税	486	684
印花税	352	623
城镇土地使用税	870	658
土地增值税	864	2087
车船使用和牌照税	193	238
烟叶税	806	
耕地占用税	4357	1189
契税		2211
环保税	18	25
其他税		
二、非税收入	11780	8693
专项收入	1854	1800
行政事业性收费收入	2353	739
罚没收入	4221	2731
国有资源（资产）有偿使用收入	2930	3293
政府住房基金收入	422	130
地方一般预算收入小计	34305	39555
财政收入合计	70533	80403
其中：税务部门收入	58753	71710
财政部门收入	11780	8693

表20　2022—2023年资溪县财政支出情况

单位：万元

指标名称	2022年	2023年
一般公共服务支出	8124	8137
国防支出	389	391
公共安全支出	5890	5841
教育支出	36766	37338
科学技术支出	10127	11544
文化体育与传媒支出	5363	5535
社会保障和就业支出	24044	23777
卫生健康支出	17440	12486
节能环保支出	14965	15205
城乡社区支出	13476	11664
农林水支出	23174	24453
交通运输支出	4780	6558
资源勘探信息等支出	620	619
商业服务业等支出	235	973
金融支出	29	4
自然资源海洋气象等支出	1948	1544
住房保障支出	2412	6199
粮油物资储备支出	340	603
国债付息支出	3256	3519
灾害防治及应急管理支出	2404	2211
其他支出	104	
债务发行费用支出	17	16
支出总计	175903	178617

表21　2022—2023年资溪县各类全日制学校基本情况（一）

项　目	学校（所）		在校学生数（人）		招生人数（人）	
	2022年	2023年	2022年	2023年	2022年	2023年
一、普通中学	9	7	5714	5625	2029	1816
高　中	1	1	2023	2057	724	657

续表

项 目	学校（所）		在校学生数（人）		招生人数（人）	
	2022年	2023年	2022年	2023年	2022年	2023年
初 中	8	6	3691	3568	1305	1159
二、中等专业学校	1	1	1408	1522	584	523
三、小 学	11	11	6134	5830	825	895
四、幼儿园	30	15	2445	1997	569	523
五、特殊教育学校	1	1	40	47	6	11

表22 2022-2023年资溪县各类全日制学校基本情况（二）

项 目	毕业人数（人）		毕业班学生数（人）		教职工数（人）	
	2022年	2023年	2022年	2023年	2022年	2023年
一、普通中学	2108	1900	1884	1770	489	495
高 中	649	620	620	677	166	252
初 中	1459	1280	1264	1093	323	243
二、中等专业学校	138	323	323	436	88	97
三、小学	1360	1169	1174	1182	510	418
四、幼儿园	792	950	963	839	362	285
五、特殊教育学校	5	7	3	14	7	7

表23 2023年中共资溪县委主要文件目录

文件名称	文号
《关于深入学习宣传贯彻党的二十大精神　加快全面建设产业兴旺、生态一流、美丽幸福的现代化“纯净资溪”的决定》	资发〔2023〕1号
关于印发《关于深化资溪县县属企业负责人薪酬制度改革的实施意见（试行）》的通知	资发〔2023〕2号
关于印发资溪县“小县大城”工作实施方案（2023—2025）（试行）的通知	资发〔2023〕3号
关于印发《资溪县推进2023年全面从严治党的实施意见》的通知	资发〔2023〕4号
关于印发《中共资溪县第十五届委员会常务委员会工作规则》的通知	资发〔2023〕5号
关于印发《学习宣传贯彻习近平总书记考察江西重要讲话精神工作方案》的通知	资发〔2023〕14号
关于印发《资溪县大觉溪沿线提升工作方案》的通知	资办发〔2023〕1号

续表

文件名称	文号
印发《关于加强新时代关心下一代工作委员会工作的实施意见》的通知	资办发〔2023〕2号
关于印发《资溪县关于进一步巩固提升经济回稳向好态势的若干措施》的通知	资办发〔2023〕3号
关于印发《资溪县“小县大城”幸福宜居专项工作实施方案》的通知	资办发〔2023〕4号
关于印发《资溪县“小县大城”创新创业专项工作实施方案》的通知	资办发〔2023〕5号
关于印发《资溪县“小县大城”社会事务专项工作实施方案》的通知	资办发〔2023〕6号
关于印发《资溪县“小县大城”和美乡村专项工作实施方案》的通知	资办发〔2023〕7号
《关于在全县大兴调查研究的实施方案》的通知	资办发〔2023〕8号
关于印发《资溪县文化产业提质扩容三年行动方案（2023—2025年）》的通知	资办发〔2023〕11号
关于印发《资溪县竹笋产业2023—2025年高质量发展实施方案》的通知	资办发〔2023〕12号
关于印发《档案工作规范化建设三年提升行动实施方案（2023—2025年）》的通知	资办发〔2023〕14号
印发《关于在城乡建设中加强历史文化保护传承的若干措施》的通知	资办发〔2023〕15号
关于印发《中共资溪县委常委会和资溪县人民政府领导班子及其成员耕地保护和粮食安全工作职责清单》的通知	资办发〔2023〕17号

表24　2023年资溪县人大常委会主要文件目录

文件名称	文号
关于印发《资溪县本级民生实事项目人大代表票决制实施办法（试行）》的通知	资常发〔2023〕1号
资溪县人民代表大会常务委员会关于接受胡建祥辞去资溪县人大常委会委员职务请求的决定	资常发〔2023〕2号
资溪县人民代表大会常务委员会关于接受曹真辞去资溪县人大财政经济委会委员职务请求的决定	资常发〔2023〕3号
关于补选资溪县第十八届人民代表大会常务委员会委员结果的通知	资常发〔2023〕4号
关于表决资溪县第十八届人民代表大会财政经济委员会有关人员名单结果的通知	资常发〔2023〕5号
关于印发资溪县第十八届人民代表大会第三次会议关于资溪县2022年国民经济和社会发展计划执行情况与2023年国民经济和社会发展计划的决议通知	资常发〔2023〕6号
关于印发资溪县第十八届人民代表大会第三次会议关于资溪县2022年预算执行情况及2023预算的决议的通知	资常发〔2023〕7号
关于林莉等职务任免的通知	资常发〔2023〕8号
资溪县人民代表大会常务委员会关于接受陈新华辞去资溪县人大常委会委员和资溪县人大法制委员会副主任委员职务请求的决定	资常发〔2023〕9号
关于游卫攀等职务任免的通知	资常发〔2023〕10号
资溪县人民代表大会常务委员会关于许可公安机关对县人大代表黄伯政采取刑事强制措施的决定	资常发〔2023〕11号
资溪县人民代表大会常务委员会关于接受叶文华辞去资溪县人大常委会委员职务请求的决定	资常发〔2023〕12号
资溪县人民代表大会常务委员会关于接受杨坚辞去县人大法制委员会委员职务请求的决定	资常发〔2023〕13号

续表

文件名称	文号
关于周学军免职的通知	资常发〔2023〕14号
关于李明华等职务任免的通知	资常发〔2023〕15号
资溪县人民代表大会常务委员会关于批准《资溪县国土空间总体规划（2021—2025年）》的决议	资常发〔2023〕16号
关于成立江西数字人大资溪分厅建设工作领导小组的通知	资常发〔2023〕17号
关于任波任职的通知	资常发〔2023〕18号
关于部分现政府工作部门2023年上半年工作情况测评结果的通报	资常发〔2023〕19号
资溪县人民代表大会常务委员会关于批准《关于提请审议旅游投资集团股权无偿转让的议案》的决议	资常发〔2023〕20号
关于赵起超等职务任免的通知	资常发〔2023〕21号
资溪县人民代表大会常务委员会关于同意设置泸阳街道办事处撤销石峡乡的决定	资常发〔2023〕22号
资溪县人民代表大会常务委员会关于批准2022年县级决算的决议	资常发〔2023〕23号
资溪县人民代表大会常务委员会关于批准2023年新增地方政府债务限额及县级预算调整方案的决议	资常发〔2023〕24号
关于开展“法官、检察官进人大代表联络工作站”活动的实施意见	资常发〔2023〕25号
资溪县人大常委会关于设立基层立法信息采集点和聘任基层立法信息员（第一批）的通知	资常发〔2023〕26号
资溪县人民代表大会常务委员会关于接受吴开发辞去资溪县人大常委会副主任和资溪县人大财政经济委员会主任委员职务请求的决定	资常发〔2023〕27号
资溪县人民代表大会常务委员会关于接受陈淑萍辞去资溪县人大常委会副主任和资溪县人大社会建设委员会委员职务请求的决定	资常发〔2023〕28号
资溪县人民代表大会常务委员会议事规则	资常发〔2023〕30号
资溪县人民代表大会常务委员会主任会议议事规则	资常发〔2023〕31号
关于补选资溪县第十八届人民代表大会常务委员会委员会主任结果的通知	资常发〔2023〕32号
资溪县人大常委会关于2023年度优秀先锋代表、优秀代表建议、代表建议办理工作先进承办单位和先进个人的通报	资常发〔2023〕33号
资溪县人大常委会关于星级人大代表联络工作室评选结果的通报	资常发〔2023〕34号
资溪县人大常委会关于接受吴国庆辞去资溪县人大常委会副主任职务请求的决定	资常发〔2023〕35号
资溪县人大常委会关于接受邹峰辞去资溪县监察委员会主任职务请求的决定	资常发〔2023〕36号
关于龚明明任职的通知	资常发〔2023〕37号
资溪县人民代表大会常务委员会关于龚明明代理资溪县监察委员会主任职务的决定	资常发〔2023〕38号
关于吴剑任职的通知	资常发〔2023〕39号
关于石岩等职务任免的通知	资常发〔2023〕40号
关于何晡免职的通知	资常发〔2023〕41号

续表

文件名称	文号
资溪县人民代表大会常务委员会关于批准《资溪县国民经济和社会发展第十四个五年规划纲要实施情况的中期评估报告》的决议	资常发〔2023〕42号
资溪县人民代表大会常务委员会关于加强经济工作监督的决定	资常发〔2023〕43号

表25　2023年资溪县人民政府主要文件目录

文件名称	文号
关于印发《江西省抚州市资溪县地质灾害防治“十四五”规划》的通知	资府发〔2023〕1号
关于印发《资溪县出资监管企业工资总额管理暂行办法》的通知	资府发〔2023〕2号
关于印发《资溪县民兵工作经费使用管理办法》的通知	资府发〔2023〕3号
关于印发《2023年资溪县民兵整组工作方案》的通知	资府发〔2023〕4号
资溪县人民政府关于公布规范性文件清理结果的决定	资府发〔2023〕5号
关于印发《资溪县人民政府工作规则》的通知	资府发〔2023〕6号
关于表彰李国平等78位教体系统先进个人的通报	资府发〔2023〕7号
关于印发《资溪县企业破产处置府院协调联动工作机制》的通知	资府发〔2023〕8号
资溪县人民政府关于印发资溪县制造业重点产业链现代化建设“2318”发展计划的通知	资府发〔2023〕9号
关于公布资溪县县级文物保护单位保护范围的通知	资府发〔2023〕10号
关于印发《资溪县碳达峰实施方案》的通知	资府发〔2023〕11号

表26　2023年资溪县政协常委会主要文件目录

文件名称	文号
关于我县重病、慢性病情况的调研报告	资协〔2023〕1号
关于表彰县政协十届二次会议以来优秀县政协委员、优秀提案、优秀社情民意信息、提案承办先进单位和先进个人的决定	资协〔2023〕2号
关于召开中国人民政治协商会议资溪县第十届委员会第三次会议的决定	资协〔2023〕3号
发展壮大我县村集体经济的调研报告	资协〔2023〕4号
政协资溪县委员会关于反映社情民意信息和新闻宣传上稿奖励细则	资协〔2023〕5号
关于对县生态环境局开展民主评议的报告	资协〔2023〕6号
关于调整县政协领导分工的通知	资协〔2023〕7号
关于印发《政协资溪县第十届委员会专门委员会组成人员名单	资协〔2023〕8号
关于县政协主席、副主席、秘书长联系界别工作的意见	资协〔2023〕10号
关于开展“政协工作提质年”活动的实施方案	资协〔2023〕11号
关于加强和改进专门委员会建设的实施办法	资协〔2023〕12号
关于政协委员联系界别群众的制度	资协〔2023〕13号

续表

文件名称	文号
政协资溪县第十届委员会常务委员会议事规则	资协〔2023〕14号
关于我县城市功能品质提升工作的视察报告	资协〔2023〕15号
关于学习贯彻习近平新时代中国特色社会主义思想主题教育开展调查研究的实施方案	资协〔2023〕16号
建强基层小网格　优化治理大服务——资溪县城市社区网格化管理工作情况调研报告	资协〔2023〕18号
关于对我县食品安全监管工作情况开展民主监督的报告	资协〔2023〕20号
找准“融”点抓整合　提升“热”度聚人气——资溪县全域旅游提质增效专题调研报告	资协〔2023〕22号
厚植生态优势 发展森林康养产业	资协〔2023〕23号
关于民主评议县工信商务局工作的评议报告	资协〔2023〕24号
加快物流产业发展　助推县域经济循环——推进资溪县域物流体系建设的调研报告	资协〔2023〕25号
资溪县政协关于高标准农田建设与抛荒整治情况的专题监督报告	资协〔2023〕26号
大觉山下赓续鱼水情　泸溪河畔争创双拥县——资溪县拥军优属工作政协委员视察报告	资协〔2023〕27号
关于民主评议县公安局交通警察大队工作评议报告	资协〔2023〕28号
筑梦未来乡村　建设“纯净资溪”——推进乡村振兴战略 着力打造未来乡村调研报告	资协〔2023〕29号
“破短板 扬优势“构建资溪面包食品产业发展新路径	资协〔2023〕30号

表27　2023年资溪县在抚州日报头条及省级以上新闻用稿目录

日期	媒体名称	类别	新闻标题
1月16日	央视 CCTV-13 影音	视频	“新闻直播间”江西　多地降雪降温　交通受影响
1月28日	《江西日报》	文字	快递“搭车”进乡村 打开振兴幸福门 ——资溪推进“村村通数字物流”改革观察
1月30日	《江西日报》	图片	新春招聘忙
1月30日	《光明日报》	文字	群山之中护线
1月31日	《新华每日电讯》	文字	江西：青山绿水间绽放“美丽乡愁”
2月1日	《江西日报》	文字	数字物流打通乡村致富路
2月2日	《江西日报》	图片	江西资溪：农民趣味运动会　点燃乡村新活力
2月10日	《江西日报》	图片	护航快乐成长
2月13日	央视 CCTV-2 正点财经	视频	江西资溪：年产值近300亿元 面包之乡“烤”出新成绩
2月16日	央视 CCTV-2 正点财经	视频	抚州资溪：下活“产业棋”奏响“富民曲”
2月17日	《江西日报》	图文	打造新时代“才子之乡”人才高地 ——抚州市人才工作巡礼
2月20日	《江西日报》	图片	资溪县高阜镇石陂村农民在播种土

续表

日期	媒体名称	类别	新闻标题
2月21日	《江西日报》	文字	我省加快推动林业产业高质量发展
2月23日	央视 CCTV-17 农业农村	视频	县域新闻 | 江西资溪：发展劳务品牌 提供就业契机
2月27日	《江西日报》	文字	江西竹业：期待更挺立
2月28日	《江西日报》	文字	匠心树品牌 劳动创未来 “千行百品就业行”江西站直播活动举行
3月16日	《江西日报》	文字	第七届资溪面包文化节月底开启
3月28日	《江西日报》	文图	招大引强活经济　释放发展新动能
4月3日	《江西日报》	文图	资溪：面包产业“链”出高质量发展
4月3日	《江西日报》	文字	资溪县壮大森林康养产业
4月6日	《江西日报》	文图	香飘千家万户 ——访资溪面包师劳务品牌代言人鲍丽红
4月10日	《江西日报》	文图	局长进站办　服务接地气 资溪人大创新举措提升为民服务质效
4月17日	《人民日报》	文图	巡山路上（逐梦）
4月25日	《江西日报》	文字	预授信10亿元　支持面包产业做大做强
5月9日	《江西日报》	文字	推行林长制　以绿生金银
5月10日	《江西日报》	文字	环境卫生治理落地见效
5月17日	《江西日报》	文字	金融活水助力竹产业链发展
5月24日	《江西日报》	文字	建立健全“两山”金融服务机制
5月24日	《江西日报》	文字	“爱心驿站”优质服务暖心
6月12日	《经济日报》	文图	晾晒白茶
6月14日	《江西日报》	文字	进村入户“夜话问民生”
6月20日	《江西日报》	文字	以税赋能 激发文旅消费潜力
6月28日	《江西日报》	文字	实现集中指挥高效调度
7月2日	《江西日报》	文图	资溪县防溺水宣传　多举措筑牢未成年人防溺水安全网
7月4日	《江西日报》	文字	资溪：纯净山城清风扬
7月6日	《江西日报》	文字	禁毒宣传进农村
7月16日	《江西日报》	文字	“小巨人”大能量
7月17日	《江西日报》	文字	筑牢消防安全“防火墙”
7月24日	《江西日报》	文字	资溪打通群团组织服务群众“最后一公里”
7月25日	《江西日报》	文字	党风廉政建设专题课开讲
8月1日	《江西日报》	文字	资溪督查消防产品安全

续表

日期	媒体名称	类别	新闻标题
8月8日	《江西日报》	文字	资溪：推进“一把手”监督具体化常态化
8月13日	《新华每日电讯》	文字	江西资溪：山水“颜值”化为旅游价值
8月13日	《江西日报》	文图	开展技能培训
8月15日	《江西日报》	文图	林长当家，只此青绿绘万重山
8月16日	《新华每日电讯》	文字	让绿色成为发展最亮丽的底色 首个全国生态日特色活动扫描
8月16日	《光明日报》	文字	江西：厚植高质量发展的生态底色
8月16日	《江西日报》	文字	我省发布碳达峰碳中和宣示三周年重要成果“双碳”目标引领全面绿色低碳转型
8月16日	《江西日报》	文字	将生态优势转化为发展胜势——资溪县践行“绿水青山就是金山银山”理念探析
8月16日	《江西日报》	文字	首个全国生态日江西主场活动在资溪举办 任珠峰宣布活动开幕并在抚州调研
8月16日	《江西日报》	文字	开展消防安全专项排查
8月17日	《江西日报》	文字	县域经济发展要善打“特色牌”
8月17日	《江西日报》	图片	探寻江西高质量发展的“密码”
8月22日	《江西日报》	文图	强化基层监督
8月25日	《江西日报》	文字	资溪人大代表监督有新意
8月27日	《江西日报》	文字	厚植高质量发展的绿色底色 我省以制度创新筑牢生态文明根基
9月6日	《江西日报》	文图	资溪县南丁格尔志愿者进鹤城镇中心幼儿园
9月6日	《江西日报》	文图	秀美乡村
9月6日	《江西日报》	文字	“巡回接访”解民忧
9月12日	《江西日报》	文图	云海翻腾
9月12日	《江西日报》	文字	强化纪律教育　筑牢“廉洁关”
9月12日	《江西日报》	文图	骑行面包之乡　体验纯净资溪
9月14日	《人民日报》	文图	江西资溪：角逐
9月21日	《江西日报》	文图	迎宾
9月21日	《江西日报》	文图	竞逐青山绿水间“驰览”赣鄱大地美
9月30日	《江西日报》	文图	迎中秋　庆国庆
10月10日	《江西日报》	文字	开创内陆地区改革开放新局面
10月11日	《新华每日电讯》	文图	江西：架起青山与金山的桥梁
10月12日	《江西日报》	文字	打造美丽中国“江西样板”
10月12日	《江西日报》	文字	江西：架起青山与金山的桥梁

续表

日期	媒体名称	类别	新闻标题
10月12日	《江西日报》	文字	让江西茶香飘四方 ——看赣茶集团如何整合资源打响品牌
10月12日	《江西日报》	图片	做优“绿色磁场”
10月13日	《江西日报》	文字	第十二届中国竹文化节10月下旬在资溪举办
10月13日	《江西日报》	文图	送技上门
10月14日	《江西日报》	文字	加快农业农村现代化建设步伐 全面推进乡村振兴 ——习近平总书记在江西考察时的重要讲话精神引发强烈反响
10月15日	《江西日报》	文图	和谐家园
10月16日	《江西日报》	文字	我省竹产业发展节节高 竹产品产能、竹产业产值均居全国前列
10月23日	《江西日报》	文字	林下掘“金”生态富民
10月24日	《江西日报》	文字	破解“一把手”监督难题
10月26日	《江西日报》	文字	绘乡村振兴新画卷
10月26日	《江西日报》	文字	悄悄“增长”的报价
10月28日	《江西日报》	文字	第十二届中国竹文化节在资溪开幕
10月31日	《江西日报》	文字	澄清正名　为实干者撑腰
11月7日	《江西日报》	文字	抚州奋楫
11月9日	《江西日报》	文字	护航惠农资金精准落实
11月13日	《人民日报》	文字	加快推进国家生态文明试验区建设——江西积极探索生态产品价值实现路径
11月13日	《江西日报》	文字	江西：架起青山与金山的桥梁
11月28日	《江西日报》	文字	让江西茶香飘四方 ——看赣茶集团如何整合资源打响品牌
11月30日	《江西日报》	图片	做优“绿色磁场”
12月3日	《江西日报》	文字	第十二届中国竹文化节10月下旬在资溪举办
12月4日	《江西日报》	文图	送技上门
10月26日	《江西日报》	文字	加快农业农村现代化建设步伐 全面推进乡村振兴 ——习近平总书记在江西考察时的重要讲话精神引发强烈反响
10月28日	《江西日报》	文图	和谐家园
10月31日	《江西日报》	文字	我省竹产业发展节节高 竹产品产能、竹产业产值均居全国前列
11月3日	《光明日报》	文字	群山之中护线
11月7日	《江西日报》	文字	林下掘“金”生态富民
11月9日	《江西日报》	文字	破解“一把手”监督难题

续表

日期	媒体名称	类别	新闻标题
11月12日	《经济日报》	文图	护绿生金 ——江西省抚州市加快“两山”转化掠影
11月13日	《江西日报》	文字	固碳能力强　生长速度快　绿色可持续　“以竹代塑”　治理白色污染好“竹”意
11月13日	《新华每日电讯》	文字	加速减“塑”！“以竹代塑”离我们还有多远？
11月28日	《江西日报》	文字	展专题培训　赋能基层监督
11月30日	《江西日报》	文图	从无麦山城到“面包之乡”
12月3日	《江西日报》	文字	“三进三问三解”办好民生实事——抚州推动“四下基层”落到实处取得实效
12月4日	《江西日报》	文字	舒展“醉美”乡村振兴画卷　江西做优乡村旅游赓续文化传承
12月17日	《人民日报》	文字	“让生态优势不断转化为发展优势”（人民论坛）
12月29日	《光明日报》	文字	办有温度的教育 ——江西用新气象新作为回应群众的期待

索 引

说明：本索引依照国家标准《索引编制规则（总则）》GB/T22466-2008 的相关规则进行编制。本索引为主题索引，按主题词首字汉语拼音字母（同音字按声调）顺序排列。主题词后的阿拉伯数字表示该词所在页码。同一主题的内容在文中多处出现的，在其主题词后用不同的页码标明。对彩页、特载、大事记、专记、人物、重要文献、荣誉、表格等不作主题索引。

D

E

F

G

H

J

K

L

M

N

P

Q

R

S

T

W

X

Y

Z